流動的疆域

全球視野下的雲南與中國

Between Winds and Clouds

The Making of Yunnan
Second Century BCE to Twentieth Century CE

楊斌 Yang Bin —— 著 韓翔中 —— 譯

謹以此書獻給
父母親以及家人

目次

第三章 征服雲南：一個跨區域的分析

臺灣版序：何以雲南？何以中國？

◎緣起

非常榮幸臺灣八旗文化出版社翻譯及出版拙作；本書基本上是筆者於一九九八年至二〇〇四年在美國麻薩諸塞州波士頓的東北大學（Northeastern University）攻讀歷史學博士學位（世界史方向）所完成的博士論文，最初的題名為《季風之北・彩雲之南・雲南的形成（公元前二世紀至公元二十世紀）》（*Between Winds and Clouds: The Making of Yunnan*〔*Second Century BCE–20th Century CE*〕）。

完成論文後，在導師派特里克・曼寧（Patrick Manning）的建議下，本人將論文寄給了古騰堡電子出版獎（Gutenberg-e Prize）的評獎委員會，參與了該獎項於二〇〇四年舉行的年度評選。古騰堡電子出版獎開始於一九九九年，由梅隆基金（the Andrew W. Mellon Foundation）出資，並由美國歷史協會（The American Historical Association）主辦。目的是評選新近完成的優秀博士論文，不限作者國籍和畢業學校，唯一要求必須英文論文。獲獎的論文最終由哥倫比亞大學出版社出版電子書籍，以提攜年輕的學者，並促進出版業從傳統書籍到電子書籍的變革。

從一九九九年到二〇〇四年，匿名委員會總共挑選了三十六位獲獎者（大致每年六名）。前面五年，每年都有一個主題，一九九九年是「非洲史、拉美殖民史、南亞史」；二〇〇〇年是「一八〇〇年前的歐洲史」；二〇〇一年是「軍事史和國際關係史」；二〇〇二年是「一九〇〇年的北美史」；二〇〇三年是「婦女史和社會性別史」。只有二〇〇四年沒有特定的主題，只要是二〇〇一年後畢業、以英文寫作的博士論文都可以參加。筆者的論文幸運地被匿名委員會提名在二〇〇四年獲獎。當時，筆者也將論文寄給了夏威夷大學的世界史教授傑瑞·本特利（Jerry Bentley），他正為夏威夷大學出版社主編一套世界史叢書；他覺得筆者的論文符合叢書的標準，初步準備接受。正在這時（二〇〇五年一月），筆者獲知論文獲得了二〇〇四年的古騰堡電子出版獎，隨後於二〇〇八年由哥倫比亞大學出版社出版了電子書，之後於二〇〇九年出版了傳統紙本書。

古騰堡電子出版獎的主題，顯然帶有歐美中心主義的傾向。因此，筆者作為唯一的華人獲獎者，同時在三十多篇獲獎者中是極少數的以亞洲史和中國史為主題的研究（另外一篇東亞歷史的論文是歐陽泰關於臺灣史的研究），本人甚為自豪，這對一個剛剛畢業的博士生是很高的榮譽與肯定。筆者考慮得獎的原因，除了運氣，主要還是在於筆者的博士論文有兩點特色：其一是「長時段的研究方法」，這個在目前越來越細緻的歷史研究趨勢中是比較特別的；其二是「跨邊界」或說「全球視野」，將中國邊疆史、地方史作為世界史來研究，這在中國歷史研究當中是比較新穎的。當然，現在看來，筆者的論文非常粗糙，有時不免流於幼稚（naïve），有很多不恰當或不準確的地方，下文將會加以討論。

本書的部分章節曾以論文形式發表。如以第二章為基礎，並以〈馬、白銀、海貝：全球視野下的雲南〉（*Horses, Silver, Cowries: Yunnan in a Global Perspective*）為題二〇〇四年九月發表於夏威夷大學出版社出版的《世界史期刊》（*Journal of World History*）。雖然此文非常稚嫩，但引用和影響卻相當大，Google學術搜尋統計的引用次數達到一百五十次；此文的中文版本亦曾在大陸的《全球史評論》發表。其次，本書第一章的部分內容曾以中文發表於陸韌主編的《現代西方學術視野中的中國西南邊疆史》（昆明：雲南大學出版社，二〇〇七年）。最後，論文的第七章曾以〈中央體制、地方政府、雲南的民族與民族辨識，一九五〇至一九八〇年代〉（*Central State, Local Governments, Ethnic Groups, and the Minzu Identification in Yunnan, 1950s–1980s*）為名，並於二〇〇九年五月發表於劍橋大學出版社出版的《現代亞洲研究》（*Modern Asian Studies*）。此文是筆者關於「當代中國民族識別」和「民族定義」等數篇文章裡的其中一篇。大概是這一部分涉及到所謂「敏感」的「民族問題」，中國某出版機構雖然幾經提議並聯繫購買版權，甚至有譯者已經初步完成譯稿，但最終未能出版。

筆者藉此機會向相關朋友致以衷心的感謝；當然也要感謝八旗文化的厚愛，同時希望拙作不至於讓八旗文化特別是廣大讀者失望。

◎何以雲南？

筆者寫這篇博士論文的一個學術預設是：一個原本不是屬於某國（無論是古代王

國、帝國還是現代民族國家）的區域以及居民，爾後成為某國的邊疆（領土），其中必然經歷此國之占領（無論暴力的還是和平的方式）和行政管轄，從而經歷政治、經濟和文化上的劇烈變化（可以大略理解為同化），而其中的關鍵還在於此區域居民身分認同的轉變。筆者論文的章節結構正是按照這樣的思路來安排。第二章談的是南方絲綢之路，強調雲南除了與中國的關係之外，還有和東南亞以及印度和西藏的多重聯繫。既然有多重聯繫，就有多種選擇。

那麼，問題來了，為什麼雲南和越南差別如此之大？雖然越南北部從秦漢以來便在中央王朝中國的管轄之下，但在統治千年之後，最終於唐宋之際脫離中央的控制而獨立；而雲南從秦漢以來，多數時間皆在中央王朝管轄之外，直到宋末元初之際忽必烈征服大理王國之後，反而失去自主而成為中華帝國的邊疆，並被現代中國視作族群多樣性之統一的象徵。於是，第三章轉向了對雲南的軍事征服，因為沒有武力征服，就談不上中國的占領和行政管轄，也沒有之後「中國化」的轉變歷程。

那麼，中原帝國對於雲南的軍事征服的目的何在？是為了雲南的富饒（包括資源以及跨區域貿易）？還是因為雲南向南控制了東南亞的戰略位置？其實都不是。

秦漢經略雲南，或者為了統一中國，或是為了借道西南以通印度和西域左右夾攻匈奴；蜀國七擒孟獲是為了北伐中原；此後隋唐雖有南征，不過粗略其地而已，不但沒有深入雲南，而且此後南詔國和大理國皆獨立於唐宋之外，直到一二五四年為忽必烈所征服。蒙古人的征服，並非垂涎大理的資源，而是因為南宋在江淮地區的軍事防禦相當成功，迫使蒙古人繞道西南以夾攻江南。明太祖朱元璋決定征服雲南也同樣基於這樣的考慮，防止蒙古從南北兩線威脅明王朝。因此，自元代以後的中原帝國，對雲南的征服，不是對雲南本身感興趣，不是垂涎雲南的資源或對外貿易，主要原因還是在於東亞大陸（和內亞）整體的地緣政治考量。

軍事占領之後，那便是治理了。中央王朝對雲南的治理，從元代開始經歷明清乃至現代，時間長達七百多年；此中頭緒繁多，筆者在資格考試之後很久，依然不知道從哪裡下手。大約到了二〇〇二年，筆者突然醍醐灌頂，決定從行政管轄、身分認同和經濟轉型這三者出發，分為三章來總括雲南如何最終成為中國的邊疆。

行政管轄便是中央王朝在軍事征服之後，對廣大雲南地區實行各種政治的措施，這是第四章的重點。元明清三代的中央王朝，其權力在雲南這一新的邊疆持續深入，簡單說來，表現在兩個方面：一個是土司制度的設立、變革（改土歸流）以及消失；另一個是相應地任命流官的府州縣越來越多，從北向南逐漸推進。到了十八世紀雍正時代的改土歸流，雲南多數區域的行政設置已與內地無異。總體看來，在蒙古初期的分封制之後，郡縣制迅速地取代了分封制度。此後，中央政府一方面承認地方勢力和傳統，因俗而治，這便是土司制度的來源與形成；另一方面，不斷強化的中央集權，其關鍵便是任命流官以代替土司。土司制度從設立到廢除，在西南經歷了七、八百年，顯示了中央政府對邊疆和土著居民之管轄逐步加強。從數量和權力（土司的品級與管轄地域之大小）來看，明代府州縣等級的土司尚有不少；到了清代，土司基本在縣級以及縣級以下，顯示了土司在空間上和權力上都在逐漸消退。其次，從明代開始，中央王朝對土司的承襲逐漸設定了種種限制。承襲的名單、程序逐漸滲進了儒家規範，如女性之政治空間不斷縮小、政治地位逐漸下降。同時，不少土司因為種種過失或被懲罰，或被罷免，其職位甚至被廢除。中央對土司的監管加強，其社會背景是明代大量漢人進入雲南，使得「華化」成為雲南的主流。

在這期間，明初的「軍屯制度」尤其值得特別關注。在雲南當地的大量駐軍，首先保障了中央對邊疆的控制，傾向獨立的地方勢力隨時可以被鎮壓。其次，在明代的「衛所制度」下，軍屯不僅僅包括定居的士兵，士兵還帶有家屬，這便形成了雲南歷史上新的一股外來勢力，也代表中央王朝和以儒家文化為基本導向的漢人在邊疆的扎根。最後，雖然明太祖朱元璋設立的「軍屯制度」最終失敗了，但「華化」的目標基本實現了，可謂「失之東隅、收之桑榆」。到了十六世紀中期，漢人已經成為當地最大的族群。漢人移民的趨勢，在清代得到進一步強化；到了十八世紀末，漢人已經占據了雲南全部人口的三分之二，從此奠定了雲南的人口格局。

正是在原住民逐漸成為少數、漢人成為多數的歷程中，一種新的地方身分在雲南出現了，那就是「雲南人（滇人）」（Yunnanese），這是第五章的重點。最初，「雲南」這個詞本是西漢王朝的想像之地，後來逐漸被作為行政單位，指代一個縣、大理國、以及中華帝國的一個省；也就是說，所謂的「雲南人」原本是不存在的。隨著雲南成為帝國的一個行政管轄單位後，中國人（漢人為主）、中華文化（儒家文化為主）和經濟、社會生活方式逐漸在雲南落地發展，「華化」逐漸取代了「土著化」。雲南的各個土著群體以白人以及其菁英階層的「華化」最早最深，而雲南的漢人移民最熱衷於參加帝國的教育與科舉。早在明初的永樂年間，永樂皇帝就欽點了以「雲南人」為自我身分認同的儒生。雖然筆者認為「雲南人」這個身分在雲南當地被廣泛接受還需要經歷數百年的歷史進程；但「雲南人」這個新的省級身分在明代中後期的出現，不僅象徵了中華帝國融合雲南之成功（換言之，雲南真正成為中國的一個組成部分），也豐富了作為身分認同的「中國人」這一概念。

「中國人」作為自覺之概念，當然是在鴉片戰爭後的中外衝突過程中逐漸成形。不過，中國人作為自然形成的一種「政治、文化和族群主體」，應該可以追溯到早期的帝國時代。那麼，這個「主體」究竟如何形成？其形成的機制又是什麼？在中國這個歷史舞臺上又是如何「自我表述」以及「自我呈現」呢？

筆者在此大膽地提出：省級的身分認同，既是中華帝國時期中國人的基本組成單位，也是中國人在中國境內的自我體現，這在明清時期尤其如此，並為現代中國的認同奠定了基礎。從明代的十三省到清代的十八省以及東北，基本上形成了以省級行政單位為認同的地方身分，各地的帝國臣民以此在帝國官方和民間的各方面的空間（如科舉、賦稅、會館等）游弋交流。而雲南人便是這種省級認同中的後來者。因此可以說，雲南人的前提便是中國人，不言而喻的含義便是中國的雲南人。這是筆者研究雲南的終極目標。

誰是中國人？中國人的定義是什麼？這是中國歷史研究的核心問題。一九八〇年代的中國對此曾有過熱烈討論，筆者當時還是中學生，自然無從得知。而後因為這個問題太過龐大和沉重，無法得到滿意的答案，也就逐漸沉寂了。到了最近十幾年，隨著中國考古的一系列重大發現，特別是在「大國崛起」的氛圍下，「何為中國？」又成為了學術的熱門問題。

筆者的論文雖然寫於這兩次討論之間，但筆者研究雲南的出發點、核心和目的一直指向「中國」和「中國人」這兩個基本概念。筆者所持的假設便是，只有當雲南形成了以省級認同為核心的「雲南人」身分時，雲南才能被認為是中國的一部分。因為歷史上本無「雲南」，自然也就沒有「雲南人」。雲南這一省級行政區是中央王朝的發明和安排，只有當本地的居民（包括南詔、大理時代的後裔和元明清的移民）逐漸互動和融合，產生並接受了「雲南人」這個過去沒有的新身分之後，雲南才真正從政治和文化上成為中國的一個部分，而「雲南人」也理所當然地就是「中國人」的具體表述。因此，筆者提出，所謂「中國人」這個身分，在帝國內部的自然表述，便是以十八省為基礎的省籍身分，也就是浙江人、四川人、廣東人、雲南人等等；當這些省籍身分認同陸續出現後，便是「中國人」的概念的形成和演化。

權利、權利，權與利不可分割。第六章便總覽雲南從元代開始的經濟轉型。讀者從第二章可知，元代之前的雲南與東南亞地區的經濟、文化關係密切，因此本章一方面強調雲南在行政上納入中國之後的經濟貢獻；另一方面也從雲南貨幣制度的變革來揭示雲南的經濟逐漸融入於中華帝國的經濟體系。首先，雲南（與上緬甸）自古以來就是東亞著名的白銀產地，在元明兩代是中國白銀最重要的生產基地。研究明清經濟的學者一般只注意到十六世紀中期，以葡萄牙人為首的歐洲人輸入東亞的美洲白銀如何改變了中國的貨幣與經濟。但根據全漢昇和李中清的研究，雲南在歐洲人到來之前曾向中國輸入了可以與美洲相提並論數量的白銀。如此，學者們不得不考慮雲南的白銀對於中國白銀貨幣化和貨幣白銀化的重要角色，並可一窺雲南這一新近的邊疆對於帝國的運行之關鍵。

其次，雲南從南詔國後期開始（約九世紀），經大理國、元代和明代，一直使用印度洋的馬爾地夫群島所出產的海貝作為貨幣，流通的時間長達八百年以上。到了明清交替之際的一六六〇至一六八〇年代，雲南的貝幣制度突然崩潰，這引起了現代中外學者們的高度興趣。貝幣在雲南的使用，是印度洋貿易和貨幣體系在東南亞的延伸，顯示了雲南和東南亞、印度等地密切聯繫；其消亡的原因，首先是因為歐洲殖民者將印度洋的海貝經歐洲運到同樣使用海貝為貨幣的西非（黑奴海岸一帶），用海貝先是交換當地的奴隸，後來交換當地的棕櫚油，從而導致了印度洋海貝的供不應求，海貝的價格大漲。與此同時，由於中央王朝的管轄和漢人的大量流入，中國的各種制度包括貨幣制度也逐漸在雲南落地，這導致了雲南海貝與白銀兌換的價格越來越低廉。這樣，當印度洋的海貝升值的時候，雲南的海貝卻在貶值，最終導致了海貝不再流入雲南。

此外，明代後期，雲南曾經三次鑄造銅錢，期望以中國的貨幣取代土著的貝幣，前兩次均告失敗，直到十七世紀初的最後一次鑄幣才取得初步的成功。銅錢取代貨幣，便揭示了中國的貨幣制度取代了印度洋貿易圈的貨幣制度，象徵著雲南脫離印度洋貿易圈，最終融入中華帝國的經濟轉型。而十八世紀雲南的銅政，更加彰顯了邊疆的轉型和對帝國的卓越貢獻。

中國自古缺貴重金屬，尤其是鑄造錢幣的銅料。到了明代，銅荒尤其嚴重，便不得已向日本購買洋銅。直到清代初年，循照此例的日本洋銅成為北京寶泉局及寶源局的唯一銅料來源，每年數量多達四百四十多萬斤。可是，日本幕府擔心銀、銅貴金屬的流出會對日本經濟造成重大危害，因此前後兩次規定中日貿易以及銅料的出口額度，使得清王朝每年無法獲得足夠的原料鑄錢。正在這個時候，新近征服的雲南採銅業逐漸興盛，不但能滿足本省鑄錢，而且還可以幫助他省。於是，滇銅逐漸代替了日本的洋銅。加上各類損耗，雲南每年向北京提供六百三十三萬一千四百四十斤銅，以滿足五百七十萬四千斤的額度。這個數字，從一七三九年開始成為定例，一直持續至十九世紀前期的道光年間。雲南在這近百年間提供的銅料，是個天文數字，集中體現了雲南對於帝國經濟的關鍵地位。因此可以客觀地說，沒有雲南的銅，所謂「康乾盛世」不過是夢幻泡影而已。

最後，筆者的論文跳過了清末和民國時期，直接討論了一九五〇至一九八〇年代中國的民族識別。假如有人認為拙作只是轉換角度寫了雲南的通史因而意義不大的話，那麼，這一章本身的議題便超越了類似的批評。本章不再關注雲南的地方轉型，而是分析中央如何看待、歸類這個邊疆帶入中國的非漢人族群，尤其是奠定了當代中國一項基本政治制度，也就是「民族制度」的民族識別工程（一九五〇至一九八〇年代）。

一九四九年後，中國共產黨在其創建的中華人民共和國實行「民族平等」這一原則時，首先碰到的難題是，「中國有多少民族？」為此，中共經過三十年，最終將中國境內的眾多族群畫定為五十五個少數民族加上漢族，他們共同構成了中華民族。「五十五加一等於五十六，五十六等於一」，這就是鄧小平時代開始宣揚並深入人心的新傳統。

在五十五個所謂的少數民族當中，雲南就有二十二個。因此，在民族識別當中，雲南的情況最複雜，工作最困難。本章便分析指出，以雲南為中心的民族識別，並沒有像中共宣稱的那樣以馬克思主義為指導，以史達林的「四個共同的民族」定義為標準。事實上，民族識別沒有一個客觀標準，雖然語言、族群溯源、宗教等等在判別中發揮了突出的甚至過分的角色功能；但是中華帝國的傳統，也就是明清時期留下的關於雲南地方各個土著群體的名單，實際上深深影響了究竟什麼族群可以成為、並被中央政府認定為民族。簡而言之，民族識別和以民族為基礎和核心的制度，體現了中央對邊疆和少數族群的進一步控制，這是對過去中華帝國未竟事業的延續。

◎中文文獻的意義與解讀

以上可知，本書在方法論上主張將中國置於世界之中，而不是世界之外。筆者認為，很多自以為是中國歷史的問題，其實答案恰恰在中國之外，或者本身並非僅僅是中國的問題。因此，全球史的視野和方法對於理解中國和中華文明的形成不但不會貶低中華文明的獨創性，反而在比較、聯繫和互動的場景下，能夠還原歷史的真實歷程。其次，在探討中華文明與中華帝國的形成時，本書批判了北方中心論，強調須給予南方足夠的關注和重視。最近良渚文化和三星堆文化的新發現，或許便是一個旁證。筆者認為，良渚文化和三星堆文化的發現，都對傳統以地理上的北方為中心的歷史敘事，以及方法上以考古來補證文獻所勾勒的中華文明史觀提出了尖銳的挑戰。再次，在邊疆和族群研究中，本書嚴肅地批判了文化上的中國中心論（Sino-centralism）和族群上的漢人中心論（Han-centralism），也就是「吾到，吾戰，吾勝，而後文以化之」的腔調。在此，不能不談一下中文史料的意義和相關問題。

我們知道，在邊疆和族群研究當中，乃至古代東南亞的研究當中，中文史料之關鍵，無可代替。因此，這些研究必須掌握充分的中文史料才能展開。然而，中文史料的確提供了豐富的、甚至栩栩如生的資訊，但其本身是中國中心論的產物，是儒學——特別是理學的影響和指導下書寫及編撰的，充斥著以中華帝國為中心和中國文化至上的立場、心理與口吻。因此，對中文文獻的解讀，必須要努力去理解「字裡行間」（between lines）、「未盡之言」（behind lines）以及「未述之言」（beyond lines）之間的各種微妙差異，通過種種批判方法過濾中國中心論，或者說去掉中國中心論。

比如，中文文獻中記錄邊疆或古代東南亞的「貢」、「國」、「王」、「王朝」、「城」等概念，基本都基於中國文化和中國經驗；用之於描述、總結異域人群及社會，往往誘導讀者以中國文化之概念或經驗出發，去推測和理解異域文化，反而「以其昭昭、使人昏昏」，必須加以萬分警惕。

本書依賴的史料絕大多數是中文文獻，雖然當年也是盡力搜羅和使用了其他語言的文獻史料；可是，此類資料的稀缺，還是讓學者不得不面對中文文獻占主流和支配地位的現實。這既是好事，也是嚴峻的挑戰。在利用中文文獻去研究邊疆、族群和異域文化歷史的時候，必須要清理其中的中國中心論的影響。比如，中文文獻經常提到邊疆的土著、社會和政權如何仰慕中國文化，如何要求內附中華帝國，如何折腰於帝國的恩遇等等，這些不過是中國文化至上的世界觀、制度（如朝貢制度）和政策的具體體現，不過是中國單方面的敘事，不能信以為真全盤接受。在「豔羨」、「仰慕」和「自願歸附」

的背後，往往是大兵壓境，或者是其周圍以及內部自身各種權力鬥爭的推動。在這些帶有深刻文化和價值觀印記的語言背後，讀者們需要體察和同情邊疆族群、社會與政權自身的活力和靈動。他們或不得已而為之，或因自身利益主動迎合，但是不表示他們內心真正認同中國文化、世界觀和價值觀。

中文文獻除了意識形態的問題外，還需要斟酌其記錄的可靠性。以古代東南的第一個「國家」——扶南為例，過去中外學者均以中文文獻來勾勒扶南的興起和性質。最近一、二十年來，學者已經發現，中文史料雖然記錄最早，而且在數百年間頻繁記錄，重複見於各朝官、私文字，但與這幾十年來發掘解讀的考古和碑銘場景下的扶南，相差甚遠。如此，中文文獻便不能不「既使用之、又懷疑之」，必須審讀斟酌再三，尤其是要充分比較考古發現和其他文獻資料、特別是碑銘的記錄。當然，漢字文獻除了提供眾多的資訊之外，還有其他一些可取之處。在大家熟知並引為中國中心論之範例的「蠻夷」稱謂外，古代中文文獻中也出現了如「胡人」、「越人」等以「人」為指代的稱謂。這種稱謂，其實比現代使用的「民族」或者「族群」更為合適，筆者以為現代學術可以借鑑沿襲。

◎一石二鳥：雲南與中國

本書主題雖然是雲南，但最終的目的是理解「中國的形成」這個大問題；並透過研究雲南這個中國邊疆的歷史，一石二鳥，反過來揭示邊疆及帝國的形成。因此，本書的寫作目的有二：其一，以跨境視野之矢，射中國西南邊疆之的；也即用全球史觀之矢，射雲南之的；其二，以西南邊疆之矢，射中華帝國之的；也即用雲南人之矢，射中國人之的。第一點在書中表述得較為清晰；第二點則由於論題實在過於繁重巨大，筆者實在有心無力，因此在書中並未重點闡述。當年在寫最後一章時，筆者曾經想到此一問題，但終於在結論中主動避開，沒有提及，實在遺憾。不過，本人的意圖，美國學者邁克爾．布羅斯（Michael C. Brose）看得很清楚。他的書評，使得本人引其為知音，雖然我們從未謀面。

以雲南為例，我們發現，雲南的形成，也就是一個非中國的區域轉變為中國的一個邊緣省分的過程，恰恰導致了中國和東南亞這兩個世界區域（world region）的界定。所謂界定，一是指兩者的邊界基本穩定和確定下來；二是指兩者本身的文化含義也因此而得以互相區分。

中國西南邊疆的研究與二十年來所謂「新清史」之爭論也有直接的關聯。首先，學者需要注意到，美國「新清史」自有其學術旨趣，這一點，對於討論和評述「新清史」的相關研究和意義十分關鍵。美國的中國史研究在最近二、三十年內出現了一批關於清史研究的著作，但他們並不成一派，其自身也從來不承認有什麼「新清史」，即使他們有著某些共同的學術旨趣。這是美國研究中國歷史的學術界其自身發展的內在理路和訓練而產生的學術現象，其中也受到美國和西方的史學界上個世紀以來的學術影響，其間並沒有什麼政治企圖或預設立場。

美國的中國史研究，不是起步於十九世紀前、以歐洲人為發軔和中心的漢學研究，其漢學傳統較少；而是起源於費正清一代的中國近代史研究。從「刺激—反應」說到以中國為本位的考察以及對後者的反思，這是美國的中國史研究的一個內在理路。柯恩提倡的「以中國本位的考察」，其談話對象是美國的中國史學家，而不是大陸的或者東亞的中國史學者。他希望這批研究中國歷史的美國學者能夠拋棄西方／歐洲中心論，能夠互換立場，從中國的角度來研究近代中國，以達到同情之理解。因此，在中國的中國史學者不適合將自身代入到柯恩的語境中，因為很大程度上前者已經天然地以中國為本位，去考察及理解中國歷史了。這樣，中國學者需要反思的恰恰是柯恩希望美國學者應當提倡的。正是雙方學術發展的背景和場域大相徑庭，所以一般關於所謂「新清史」的批判往往是牛頭不對馬嘴。

即使在美國的學術場景中，柯恩的中國本位也是有問題的。「中國本位」的問題是所謂的「阿克琉斯之踵」（Achilles' Heel），左腳跟是邊疆問題、右腳跟是族群問題。因為「中國本位」預設了一個「中國」的存在，而其「本位」或「中心」便必然要以邊疆和居住在邊疆的非漢人為代價或妥協。以筆者的理解，正是在這樣的學術理念和途徑上，美國的中國歷史研究在反思中國本位的旨趣之際，迅速地形成了對中國邊疆和族群研究的熱點。當然，這和美國的中國研究、內亞研究等之結合和訓練也是密切相關的。此外，一般歷史研究的關於跨邊疆、跨地區和跨文化的方法，也影響了美國新清史研究的選題和角度。在強調非漢字文獻的研究和利用的同時，美國的中國史研究面臨的另一個重大問題，筆者以為，是年輕一代中文水準（尤其是古文）的下降，使得他們無法像前輩學者那樣研究或者追溯近代以前的中國歷史。這不能不說是一個遺憾。

其次，中文學界在討論何炳棣和羅友枝的文章時，幾乎都直接將「sinicization」翻譯為「漢化」，這是有問題的。何炳棣本人在其一九九八年的文章中就特意指出，須記得以「漢化」（Han-hua）來對應翻譯「sinicization」是不大準確的（is not entirely correct），正確的翻譯對應的中文是「華化」（Hua-hua）；他給的理由是，「sinicization」這一過程在漢代形成之前就已經進行了數千年。筆者多年來一直詫異的是，在討論或者批評所謂「新清史」特別是提到何炳棣和羅友枝學術之爭的時候，幾乎沒有學者注意到何炳棣關於「sinicization」的這句話，幾乎所有的中文文章中都直接說「漢化」，這在某種意義上脫離了何的本意。當然，也有學者注意到「漢化」一詞的問題，採用了「涵化」（acculturation）、「中國化」或是「滿人儒化」來替代。

撇開其數千年的歷史差異不論，何炳棣指出「sinicization」發生在漢代之前，這是值得筆者們深思並需要加以細細考察和體會的。假如何炳棣選擇「華化」一詞只是因為發生時間早於漢代，則「華化」與「漢化」只有形式上的區別，學者無論用哪一個並無實質上的區別。可是，如果「華」不等於「漢」，則「華化」與「漢化」的不同遠非形式之區別，而是內容與實質之重大差異，不能不審讀慎思之。此處不能不令人聯想到陳垣《元西域人華化考》之選詞。

再次，有關「新清史」的討論，幾乎只關注了內亞的族群。以滿人和漢人為代表的清帝國的「人」，在現代學術話語中就被簡單地倒推為「民族」關係，所謂「滿人」和「漢人」的關係就被簡化為「民族」的緊張，成為清帝國書寫的關鍵議題。如筆者在其他論文中闡述，「民族」在當代中國是官方定義的高度政治化的術語，在學術討論中應當儘量避免，故筆者採用一般的「族群」（ethnic group），雖然後者也有其本身的問題。可是，除了族群，還有什麼？

除了族群，當然還有其他人類社會和帝國共有的基本概念，如宗教，如性別，這在「新清史」研究和討論中都有所溯及。不過，和「族群」相比，學者們的興趣顯然不如前者。更令筆者疑惑的是，除了「族群」、「宗教」和「性別」，「階級」在哪裡呢？即使初步考察清帝國「滿漢一體」的政治性話語，階級至少和族群同樣重要。

最後，西南邊疆研究和「新清史」最為密切的關鍵便是中華帝國族群之複雜性。滿人、蒙人和藏人自然是清帝國成為內亞帝國的關鍵，藏傳佛教也成為清代皇室構建與蒙古和西藏特殊關係的紐帶。可是，難道清帝國除了「內亞」以及「內亞」的滿、漢、藏、蒙和回人，就沒有其他的嗎？清帝國的臣民當然遠非如此。

在「新清史」的討論中，似乎出現了內亞的滿、蒙、藏和中原的漢人之間的並列與對立。簡單說來，內亞和中原的二重性，不過是漢唐以來（乃至漢唐以前，如何炳棣所提）中原的「天子」與草原的「可汗」合二為一在清代的表述而已。這種跨文化和跨族群的帝國現象在初唐時期達到頂峰，如唐太宗的「天可汗」之稱呼。只不過，唐朝被大致認可為漢人王朝兼領內亞（雖然現在大家都知道唐室大有胡氣），而清朝是滿人王朝兼領內亞（抑或中原？）。另一方面，以筆者看來，「新清史」提倡利用滿、藏等非漢文文獻，強調清帝國的內亞屬性，但忽視了清帝國也是亞熱帶的南方帝國。

有意思的是，「新清史」的批評者和「新清史」學者一樣，也忽視了清帝國的「南方」屬性。以筆者相對熟悉的西南邊疆而言，這是蒙古時期忽必烈征服大理王國而留下的歷史遺產，先後被明、清兩朝繼承，並在清代達到了頂峰，其影響和疆域亦為當代所不及，這是側重於北方的「新清史」爭論的雙方都沒有意識到的問題。滿洲、蒙古高原、新疆、西藏對於清帝國當然重要，雲南難道不重要嗎？臺灣難道不重要嗎？海疆難道不重要嗎？這些都是構成清帝國的重要地理空間、族群和文化區域，也都是清帝國運行的重要組成部分，雖然因時間不同，清帝國的重心和關注有其變遷。

若以族群的複雜性而言，西南或遠遠勝於北方，而清代「改土歸流」之舉措，意義之深遠已為學界公認。正如本書最後指出，現代中國北方的疆域大致要歸功於清王朝，但南疆的界定，則是明王朝奠定了基石。如果從西南出發，不但循著「新清史」重視邊疆與族群的內在學術理路，而且可以得出和「新清史」並行而又對立的結論，那就是：其一，清帝國繼承了明帝國在西南（和南方）的傳統，彰顯了清帝國就是「中國」；其二，與內亞的族群和宗教關係使得清帝國具有內亞屬性，那麼，與東南亞大陸毗鄰和交融使得清帝國在某種程度上也是「東南亞」帝國。以此看來，本書其實對於新清史試圖回答以及存在問題也做了一些間接的回應，尤其是強調了應當重視南方以及南方族群在明清中國乃至中華文明進程的歷史角色重要性。

◎反思與遺憾

本書時空跨度如此之大，其中議題之抉擇、資料之取捨、結構之定奪、細節之處置，不免有粗率之處，有時草草了事。其中以下兩點，至今思來尤為遺憾。

第一，是對雲南「在地角色」（local agents）書寫的不足。筆者在資格考試中的博論選題中曾開門見山地自問自答：雲南的形成難道就是憑藉著中國的「一己之力」嗎？難道沒有國際（foreign）角色和勢力的影響嗎？難道沒有地方角色的作用嗎？因此，在尚未開始研究之前，筆者的構思已經非常明確地將中國、國際以及地方三者並列，這在當時，確實是個相當新穎的立意。可惜的是，在寫作過程中，幾稿之後，關於地方角色的問句消失了，實在不應該。

回想起來，對於變動中的地方，筆者當時學力未逮，理解還不夠深入，感覺無法把握，雖然正文中有幾處闡述，但高度不夠，實在是失去了本來可以在方法論上有所創新的另一個機會。須知，「地方」往往也非均質和一致，尤其是多重不同的利益集團，正如所謂國際，也是因時、因地而不同。無論如何，對於這個問題，回想起來，三分遺憾，三分羞慚，三分自責。不過，筆者藉此指出，讓．米哈德（Jean Michaud）對於本書、特別是第七章的批評，認為此章「缺失地方的聲音」，這個批評毫無道理。因為第七章是從前面幾章的「地方」轉到「中央」，分析中央如何實行和指導進行民族識別；而且第七章中，筆者一再引用地方上的少數族群的話語來討論這個過程。尤其值得注意的是，本書首次把土著化在邊疆形成以及中國形成的過程中提到了和華化一樣的高度，同時力圖加以理論上的詮釋。這一點，便是對地方角色的高度重視。

第二，很多讀者注意到，本書宏觀鳥瞰了雲南的歷史，卻對雲南社會中極其重要的宗教、尤其是佛教幾乎不置一詞。其實，原因很簡單，筆者當時對於佛教、尤其是雲南佛教的源流雖有關注，但自覺還不足以加以論斷，故擱置一邊。不過，論文完成之後，對於雲南的佛教，筆者一直有所思考，亦在二〇一一年至二〇一二年訪問哈佛燕京學社之際一度旁聽梵文課程，希望可以幫助解決這個問題。可惜的是，梵文課程進展太快，筆者精力和記憶力無法和哈佛的本科生和研究生媲美，堅持數周後便放棄了。嗚呼，人生有許多未竟難竟之事，這便是筆者的終身遺憾。不過，筆者不妨藉此機會談一下對於雲南佛教源流的看法。

絕大多數研究雲南的學者認為，雲南的佛教先從漢地（四川）和藏地（吐蕃王國）而來，時間約在唐代；而後，南傳上座部佛教從東南亞的緬甸和泰國傳入雲南南部，這便形成了目前雲南佛教的狀況。不過，這個廣為接受的說法是以今推古的結論，筆者以為並不符合歷史事實。

筆者認為，雲南最早的佛教是在七世紀末至八世紀初，其來源是東南亞大陸帶有密教色彩的大乘佛教。而後，佛教的其他派別分別從漢地和藏地而來；到了十一世紀左右，南傳上座部佛教在緬甸、泰國盛行，也傳到了雲南南部地區。隨著南詔和大理的中國化進程，雲南的佛教也逐漸漢地化。筆者以為，這樣的說法比較符合歷史事實。那麼，有沒有證據呢？直接證據是非常薄弱的，不過，以孟加拉為基地和中心的貝幣制度傳播並扎根於泰國和雲南地區，便是一個非常有力的旁證，特別是南詔國皈依佛教和使用貝幣幾乎發生在同一期間（公元八世紀末和九世紀初），應該不只是巧合而已。

此外，本書作為一個宏觀的研究，時間的跨度也長達兩千年，但是對於地理環境的變遷著眼甚少，不免令人質疑。實際上，本人的研究直接或間接受到年鑑學派的影響，在研究當中也注意到了環境和疾病對於雲南中國化的重大影響。其中令筆者念念不忘於心的，便是中國南方邊疆的蠱和瘴。在博士論文完成之後，本人便開始了對蠱的研究，搜集資料，閱讀相關著述，並有了大致的理解。不過，由於興趣太廣，精力分散，一直未能將其完成；反而最先完成了關於中國歷史上的瘴的論文，二〇一〇年夏季發表於霍普金斯大學的《醫療史公報》（*Bulletin of the History of Medicine*），題名為〈中國南方邊疆的瘴：疾病防範、環境變遷與帝國殖民〉（*The Zhang on Southern Chinese Frontiers: Disease-Construction, Environmental Changes, and Imperial Colonization*），這是一篇以中國的瘴為案例，揭示疾病概念（disease conceptualization）的醫療史文章。此後，本人發展了對科技醫療史和環境史的興趣，十幾年來也有數篇論文發表，涉及到疾病史、火山氣候和古代航海與造船，同時希望自己能夠集中精力在不久的將來完成已經十幾年的蠱之研究。

再次，筆者在反思批評邊疆和族群研究中的中國中心論，但在闡述或行文中有時也不免落入此陷阱。如在討論梁毗斥金而感動南中蠻夷酋長，不再相互攻伐。這其實也是中文文獻中儒家觀念的體現。類似的例子很多，大致都體現了儒家站在道德高處並以道德治國的邏輯。又如筆者在論及麗江木氏的「華化」過程時，實在流於表面，紀若誠在其書評中所言甚是。邊疆的族群由於受到多元文化的影響，其身分認同也同樣多元，不能從單方面的行為和表現便加以斷言人們對某一身分和文化的認同。再如，本書第二章強調雲南跨地區的貿易與文化聯繫，但在後來的章節幾乎不置一詞，似乎元、明、清時期這樣的跨界交流不存在了，這固然是由於議題選擇之無奈與無力，也當然是筆者認識之局限，否則行文亦可略加敘述。此乃另一大失誤。總體而言，一方面是在許多細節上過於依賴中文文獻，另一方面是本人失察，使得對中國中心論的反思和破解仍有許多未盡之努力。

當然，本書中的紕漏和差錯還有許多。由於相關研究之進展，當年引用的某些觀點或結論已被修正或推翻，但譯本無法充分展現。比如在談到黑死病的時候，不適當地沿襲了麥克尼爾幾十年前提出的假說，認為黑死病也許是由蒙古騎兵從上緬甸與雲南帶到歐亞草原的，這已經被證實為錯誤之說。

其次，李中清在何炳棣指導下完成的關於中國西南歷史的博士論文與筆者論題極其密切，當時交付哈佛大學出版社出版當中，所以筆者無緣得見這一卓越的博士論文。幸運的是，筆者閱讀並思考了李氏論文基礎上發表的兩篇期刊論文，其方法、論證、結論和見識令筆者受益極大；不幸的是，筆者畢竟不得窺其全豹，不能全面汲取並推介其研究成果，遺憾之至。

再如，在談到上古時期中國的海貝時，筆者仍基本接受了商周時期的海貝是貨幣的傳統說法。這一觀點，筆者在近作《海貝與貝幣：鮮為人知的全球史》（*Cowrie Shells and Cowrie Money: A Global History, Routledge, 2019*）已作詳盡的批駁。

又如本書引用金正耀當年之研究，認為商代青銅礦料有源自雲南東北部者，原因是婦好墓中發現的青銅器中高放射成因鉛，只有雲南東北部的永善金沙等礦山的鉛同位素數據與之相符；而二〇一七年的考古發現則推翻了這個觀點，金正耀本人也做了糾正，因為南陽發現了高品位的鉛礦石。因此，商代青銅器中的高放射成因鉛來源於豫西，而不是數千里之外的雲南。再者，在討論民族識別時，筆者強調帝國遺產對當代民族國家構建的影響，這固然沒錯，但卻忽視了西方殖民主義、帝國主義帶來的現代知識體系的影響。此點墨磊寧（Thomas Mullaney）在其專著中作了很好的闡述，雖然他認為中國的民族識別本質上是一個學術工程的斷言令人咋舌。

另外，本書的編校也不盡如人意，哥倫比亞大學為古騰堡電子出版獎設立的編輯出版小組在某種程度上令人失望。當年此項目的電子出版，開風氣之先，學界和出版界頗為關注，結果卻難孚眾望，有學者對此有專門的論文討論，不再贅述。又如，吐蕃應讀作「土番」，這是一個至今並不相識的美國學生在當年讀了拙作之後寫電子郵件告知筆者的，感激之餘實在慚愧。還有許多拼音的錯誤，令人汗顏。

因此，讀者所看到的是一個努力掙扎來破除文化上中國中心論和族群上漢人中心論的年輕學者，一個企圖用跨境的全球視野來理解中國邊疆乃至中國之形成的不成熟也不成功的案例。如果以圍棋為比喻，拙作一開始布局宏大、構思巧妙，中盤雖也有一些妙手，但最終依然是左支右絀、虎頭蛇尾的棋局而已。

由於本人的失誤，英文版致謝中忘記感謝大理的董鳳雲一家，他們對筆者在二〇〇〇年夏季的大理之行幫助極大。在那次雲南之行之後，筆者才確定雲南作為博士論文的選題。筆者還要感謝波士頓的丁志勇和關鶯迎一家，以及中國、新加坡和美國的諸位師友，他們都給本人以慷慨的幫助和關懷。

本書議題眾多，時空跨度很大，因而援引文獻頗多。在那個沒有數字化和電子化的時代，筆者於今更加感激東北大學史內爾圖書館（Snell Library）館際流通部的卓越服務以及哈佛燕京圖書館提供的方便。東北大學當年雖然幾乎沒有一本中文書籍，但館際流通部卻幫助筆者從美國各地各院校（乃至美國境外）借到許多書籍，影印或傳真數以百計的論文，而且完全是免費服務，不收分文，實在是了不起。哈佛燕京圖書館則允許筆者以校外讀者的身分自由瀏覽其藏書、使用其閱覽室，特此致謝。

第一章

導論

雲南是個奇特的案例，它是檢證中國文化及政治擴張的整體發展的試金石。它可以被視為某種模式，如果該模式在政治上是可行的，更進一步的擴張便會隨之而來；或者，它可以視為中國兼併原本非漢地區的可能極限之所在。[1]

——費子智（C. P. FitzGerald）

本章開頭所引用的費子智的論述暗示著，中國兼併雲南的非漢人群，乃是中華帝國主義（Chinese imperialism）的結果；然而，筆者認為，全球互動以及中華殖民主義（Chinese colonialism），才是中國成功兼併雲南的原因。

當代的地緣政治（geopolitical）情況與第九世紀時大相徑庭。九世紀時，南詔這個以雲南為基地的強大王國，正對中國的西部、西南部、南部邊疆造成巨大衝擊。[2]那時，位於西藏的吐蕃帝國乃是中國唐朝的對手，同時也是唐帝國邊疆的主要麻煩製造者，甚至曾經一度占據唐朝的首都長安以及南詔王國——後者有時與唐朝結盟、有時則與吐蕃同夥。雖然盟友變來變去，不過南詔的軍隊確實具備能擊敗唐與吐蕃的實力：南詔曾三度出兵劫掠唐帝國西南的文化與經濟中心成都，也曾兩度攻陷並掌控位於現今越南北部的安南——唐政權在此地設有都護府。此外，南詔還曾入侵中南半島上的諸多王國、政權、城邦，建構起它自身的朝貢體系（tributary system）。斗轉星移，今日的政治地圖已與古代大不相同。如今，越南是一個獨立國家而且國力漸盛，挑戰且抑制著中國在南海地區的勢力；現在的西藏則是中國的一個行政區，雖然它在文化上與中國仍有差異、而中國人管轄西藏的許多措施，現在依然存在爭議；與此同時，毫無疑義，如今雲南是中國的一部分，不論行政及文化上皆然。

如果要確定在這兩張差異極大的文化與政治地圖背後運作的力量是什麼，我們必須採取長時段且更為開闊的取徑，來理解雲南是如何在兩千年之間，從一個獨特的、獨立的文化及政治實體，轉化為中國邊疆的一個省分。此事可以與中國史、亞洲史，乃至於世界史，或有切實深遠的啟迪。

在古代中國史的研究當中，北方獲得不成比例的高度關注與評價，這讓南方以及當地的居民，顯得相對邊緣、不開化或者原始，尤其是在論及族群邊疆地帶的時候更是如此。威廉．麥克尼爾（William McNeill）在其開創性的大作《西方的興起》（*The Rise of the West*）中，曾論及一個據於湄公河下游的王國，及其向北方擴張的事蹟，但是麥克尼爾卻忽略了南詔這個強大的東南亞帝國，也忽視了它在南方顯而易見的影響力。[3]雖然麥克尼爾並不是中國研究的專家，也許沒有意識到南詔的突出表現，然而更嚴重者在於，《劍橋中國史》（*The Cambridge History of China*）幾

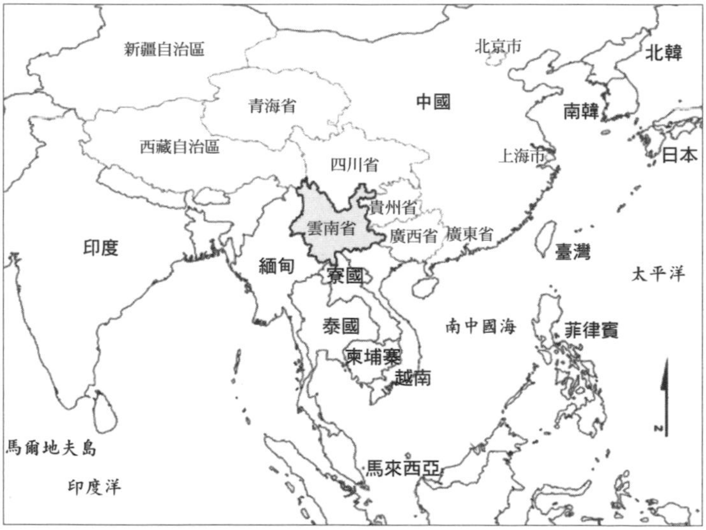

圖 1.1　世界中的雲南（米雪兒．吳與楊斌繪製。）

乎完全忽略唐、宋時期的南詔與大理王國，而將大量篇幅用來描述北方的異族政權，包括契丹人的遼、党項人的西夏、女真人的金、蒙古人的元，這顯然反映該書重北輕南的偏見。[4]中國學者也會犯類似的錯誤，舉例而言，《中國歷史年表》是大部分學者、學生、普通人常用的參考書，書內列出了遼、西夏、金、蒙古諸王國，卻沒有列出南詔與大理[5]——儘管該書採用「中國中心」（sinocentric）的觀點，聲稱雲南從秦、漢時代（公元前二世紀至公元三世紀）以來便納入了中國的版圖。

這些南方族群與國家對於中華文明興盛的重要性，直到近來才得到關注。最近在中國南方的考古發現有助於鞏固中華文明多元起源論的根基。舉例來說，近年來於四川成都附近發掘的三星堆遺址，以及在江西新幹發現的遺址，都是先進的青銅文化，而它們迥異於位在「中原」地區的商代青銅文化，雖然它們依然與商文化之間有密切關係——商人的青銅原料主要來自南方。

南部中國以及南方諸王國對中華帝國的發展非常關鍵，尤其是在族群互動與帝國統治方面更是如此。南方諸王國從東周時代開始，便積極參與中華帝國的建構，而它們的重要性也在唐、宋時期，也就是中國重心逐漸從黃河轉向長江流域的時候得以彰顯。故此，若相應地能在學術上有所轉變，從北望轉換為南眺——尤其是雲南的視角，則必能有別於傳統學術所見，開闢出一個更細微的中國歷史、文化、身分認同的全貌。[6]

當學者在討論中國近現代史時，也往往較偏重於中國東部或沿海地區。之所以如此，部分原因在於這些區域在面對鴉片戰爭（一八三九年至一八四二年）以來的西方殖民挑戰時，爆發了明顯的衝突，或者有力地加以回應。儘管如此，有些學者已逐漸意識到，中國西部與其他內陸邊陲區域的研究，對於現代中國全貌之描繪，亦有其重要意義。[7]我們甚至可以這麼說，論起對現代中國的形成，中國西部與中國東部兩者的貢獻其實是相當的，而且，西部地區對於今日的現代化建設，也扮演著決定性的角色。近年的「西部大開發」熱潮，是由中國政府刻意塑造與宣傳的，這說明，官方相信西部地區的潛能對於中國的「可持續發展」相當重要。[8]

當代中國境內，邊緣區域或邊疆區域的族群對立或衝突（如西藏與新疆），總是吸引國際的高度關注；然而，雲南竟然能成功地成為當地——官方認定的——二十五個「民族」相對和諧共處的家園，相較之下，這件事受到的注意則遠不如前者。若將雲南與西藏並置，兩者會呈現出強烈的對比，這兩位鄰居都曾經擁有輝煌的文化與宏偉的帝國，但現今它們所象徵的，一邊是中國的成功、穩定與統一，另一邊則是中國的弱點、動盪與紛亂，這種情勢可激發出以下數個問題：雲南是如何在長時期之間發生轉變的？把雲南視為殖民對象的觀點，是否能幫助我們理解中國的帝國建構呢？此外，雲南的故事對於我們理解中華帝國時代與現代中國的體制、制度、「核心—邊陲」（core-periphery）關係，又能產生什麼啟示呢？

本研究會挑戰中國學界主流的「族群本位」（ethnocentric）的研究取徑，他們通常是用「漢人」觀點，審視中國邊疆及生活在此地的原住民。幾乎所有關於邊疆地區或族群的中國史，都是用類似的風格所書寫：「吾到，吾戰，吾勝，而後文以化之」。*這種

*譯注：此句為作者改寫拉丁文格言「我來、我見、我征服」（*Veni, Vidi, Vici*），寓意為羅馬征服者凱撒擊敗蠻族統治者的勝利，是文明力量的象徵。

觀點的前提假設是中國文化的優越性，而這種文化優越性的觀念實在太過根深蒂固，以至於要消除此觀念的影響、或是將其所描繪出的偏頗簡陋形象加以扭轉改變，需要花上非常久的時間。也就在這種典型的中國「教化使命」（civilizing mission）形象塑造下，共產黨在雲南推動的「文明化」，被其宣稱描繪為一套「將少數民族從『黑暗的舊社會』中解放出來」的話語。中國政府藉由這種扭曲，讓自身作為文明、慷慨大國的常年神話繼續永久化。

威廉・麥克尼爾反對這種政治神話，他認為，被殖民的邊疆可以創造平等與自由，同時也會造成新的不平等與階級。[9]筆者的研究將會探索中華帝國晚期如何讓土著族群變成從屬，從而打破當地的權力結構、並重組為漢人主宰的階層；從另一個角度，筆者也會呈現地方文化和之前的非漢文化是如何改變中華文化，並對多元的中國國家與民族之創造作出貢獻。

本書也會注意雲南在東南亞歷史上的角色。海洋東南亞（maritime Southeast Asia）地區素來被稱為「下風之地」，而雲南的中文意涵則是「彩雲之南」。固然雲南是夾在東南亞、中國、西藏之間，但它確曾一度與中南半島內有更為密切的關係。因此筆者發明了這個標題，以同時呈現雲南在中華文明、東南亞文明之中的角色，那便是「在季風與彩雲之間」（between winds and clouds）。[10]雖然已有越來越多的學者將雲南視為東南亞的一部分，但雲南在東南亞研究中尚未占有顯要地位。雲南在現代之前曾與諸多東南亞政權有所接觸，但這種情況常常遭到忽視；此外，雲南在跨區域商業貿易中的重要性，也沒有受到應有的重視。[11]《劍橋東南亞史》（*Cambridge History of Southeast*

Asia）在討論古代東南亞諸王國時，既沒有提到南詔，也沒有提及大理。[12] 雖然中國學者主要依靠中國文獻進行研究，但他們卻帶有中國北方中心論的偏見，並且武斷地宣稱雲南自秦、漢以來就是中國的一部分。筆者下面這樣的概括或許並不算誇張，那就是：對於非中國的學術界而言，雲南始終是個謎；而對於中國學術界來說，雲南的歷史一直是被——用最好聽的說法——以偏見的方式呈現。

除此之外，雲南的邊疆化也促進了東南亞與東亞兩區域之形成。很大程度上，中國對於雲南、緬甸、越南的兼併與殖民活動，其實對東南亞、東亞兩區域現代邊界的形成，扮演了相當重要的推動力。有鑑於本書的性質與範疇，書中只會觸及雲南的議題，但是本書的努力應該可以激發出更多關於東南亞、東亞歷史發展及「概念化」之研究，俾能有助於「世界史」作為一研究領域之發展。

本書試圖以全球視野檢視雲南，並由此呈現出一幅獨特的雲南景象，故與尋常的「國史」觀點迥然有別。舉例而言，筆者對西南絲路（Southwest Silk Road）的「再概括」（reconceptualization），以闡明雲南之全球性，為歐亞大陸的交流與世界史增添新穎的研究角度。再進一步說，筆者認為雲南融入中國一事，不能僅放在中國國族歷史的範疇下解釋，全球性的力量——與中國殖民活動同等重要——也促成了雲南的變化。總之，本書企圖採取全球視野，為地區歷史定調。

本書對於世界體系（world-system）理論的分析與應用，有三方面的貢獻：可以強化這一理論擴及非西方地區的適用性，可以揭示它與前資本主義時代的歷史發展之關係，還可以呈現一個「邊疆統合」（frontier incorporation）的研究案例。儘管諸多學者注重的是全球如何統合為現代世界體系，但也有少數學者如湯瑪斯．霍爾（Thomas Hall）呼籲，要研究前資本主義時代（或者說前現代）的統合情況。[13] 中國是一個在東亞及東南亞地區發展極為成功的帝國勢力，這項事實能讓我們對於世界史上前資本主義時代的統合情況，有更深入的了解。本研究所呈現的是一個精確的案例，描述中華帝國——一個世界帝國——如何將某個外部區域（external area）轉化為邊陲。

本書旨在討論出邊疆與其人群長時期對於中華文明的貢獻，以修正和平衡北方導向的中國史方法以及關於族群與邊疆的漢人中心或中國中心論的視野。本書會將雲南的轉型與交流置於全球架構當中，認為中國史只能作為更大、更廣闊的歷史之一部分而存在。

「雲南」與「西南」的演進與使用

◎官方與學界的語彙運用及其爭議

當今雲南是中國的一個省分，但雲南自身是否可以被視為一個研究範疇，而不是被視為——在中國學術界更為流行的——「中國西南」（Southwest China）呢？更精確來說，研究雲南指的是什麼意思呢？易言之，如果「中國西南」確實是個學術用語，本書為什麼要選擇使用「雲南」一稱呢？不妨對這兩個語彙加以討論，來說明本書的選擇。

「西南」一詞，首先出現在《史記》（即《太史公書》）當中，司馬遷將居住在四川西部、南部、貴州北部、西部，以及雲南的原住民，合稱為「西南夷」；不過，「西南夷」這個詞，確切而言乃是「南夷」和「西夷」的組合，因為多數情況下漢朝是這樣看待他們的。在《史記》以及《漢書》當中，頗常提及「西夷」和「南夷」，但「西南夷」一稱則較為罕見；漢代中央政府曾一度放棄它對於所謂「西夷」的監督者角色，剩下南夷仍受到漢朝控制。精確斷定「西夷」和「南夷」的所在地並不容易，但「南夷」主要是分布在四川南部、貴州西部與北部、雲南北部，而「西夷」則居於四川西部與雲南。再者，「西南夷」一詞在東漢之後，逐漸在中華帝國的文獻紀錄中消失，一直要到晚清時期，學者們才開始重新關注雲南等邊疆地區。

在地理學方面，「西南」這個詞彙依然是模糊的，有時它會被使用、有時不被使用。曾經有好幾度，它的範疇包含了廣東與廣西，不過大部分時候，「中國西南」主要指的是以下這三個省分：四川、雲南與貴州。[14]有時候西康也會被納入，但西康省是創建於二十世紀初期，而且很快就分割併入西藏與四川。中日戰爭期間（一九三七至一九四五年），國民政府與眾多難民遷入四川、雲南與貴州，「西南」一詞遂頻繁地在各種媒體上出現，而且成為了「大後方」的同義詞。然而，「西南」未曾變成一個行政單位。

一直到一九五〇年代初期，中國共產黨將全中國區分為六大軍政區，分別是東北、西北、中南、華東、華南、西南軍政委員會，西南軍政委員會治下有四川、雲南、貴州和西康；但這只是一項過渡性政策而已，當中國共產黨的權力鞏固之後，軍政委員會便於一九五三年廢除。「西南」一詞雖然還是一個行政名稱，不過，當一九六〇年代中國共產黨誤讀國際情勢為世界大戰備戰時，就將此撤銷；共產黨又決定將四川、雲南、貴州，以及其他西部省分合起來，組成所謂的「三線」，並將大量沿海地區的現代工廠遷移至該區之內。於是，這三個省分再度被畫定為「大後方」。

自一九八〇年代以來，中共的中央控制相對放鬆，地方政府因此獲得不少空間。中國的學者再度使用「西南」一詞，將它視為一具有地方特色與身分認同的宏觀區域，由此「西南研究」（Southwest studies）逐漸成形。這個研究是如此定義中國西南的：對內，將其視為具有相對的同質性；對外，將其視為中國不可分的一部分。根據該研究領域的學者意見，中國西南包括四川（也包含新近成立且由中央直轄的重慶市）、貴州、雲南、西藏、廣西，還有湖南、湖北與青海的一部分；有時，它還會納入廣東。但無論是哪一種界定方式，四川、雲南、貴州都是「西南」的核心。[15]因此，近來對於「西南」之使用，既是「地理—文化」用詞，也是行政單位。

確實，不是每個人都接納「西南」這一概念；施堅雅（William Skinner）在其關於中華帝國晚期的經濟宏觀區域的經典研究當中，就放棄使用「西南」一詞。他將四川大部分歸為「長江上游」，且將雲南與貴州視為同一個獨立的宏觀區域。對施堅雅來說，「西南」缺乏自然地理區所必須具備的那種內在同質性。[16]眾多西方學者接受施堅雅歸類的「雲南—貴州」宏觀區域（也就是後來的「雲貴」），有時卻是以「西南」稱之。舉例而言，李中清（James Lee）沿用施堅雅的「雲貴」宏觀區域，也就是包括「整個雲南省、烏江以南的貴州省、四川省的西昌與涼山彝族自治區」[17]；但與施堅雅不同，李中清將更多注意力放在文化認同與族群認同之上，他的研究顯示漢人移民潮最終促進了地方身分認同的形成。[18]

許多當代研究也使用「中國西南」這個詞彙，但是他們的定義卻根據個案而有所不同[19]，有些西方學者也會依照中國行政定義使用「西南」。[20]「中國西南」在學術使用上非常通行，導致讀者們或許感到疑惑，為什麼本書研究要將重點放在雲南，而不是整個「中國西南」；也就是說，倘若「中國西南」是相對普遍且廣為人接受的，筆者是否仍應該將研究重心放在雲南呢？事實正好相反，經過歷史探究後可見，雲南可以被視為一個獨特的——但也是流動而不固定的——實體，有其特殊的歷史經歷。

更進一步說，長期以來，四川、貴州、雲南是分別統治的，這項事實直接挑戰了中國研究者堅持使用的「西南」一詞。尤其考慮到雲南相對獨立的歷史軌跡，這更是中國學者們從事當代西南研究的致命傷。在戰國時代晚期（公元前四七五年至公元前二二一年），秦國急速擴張，它在公元前三三二年擊敗蜀國並占領四川，四川於是成為秦國東征與南征的戰略基地。從那時開始，四川就與「中國」的其他王國、國家有密切的關係；雖然四川偶爾會被獨立的政權所統治，但它依然會企圖征服其他政權，或是自身會變成他者的征服目標。歷史事實顯示，四川——尤其是環繞成都的盆地區域——屬於中國已有超過兩千年的時光，而四川在中國的帝國鬥爭當中，也扮演著主動積極的角色。[21]正是在此歷程當中，四川建立了特別顯明的地方認同與文化。

四川被納入中國，為中國的南向、西南向擴張提供了一個立足的起點。從一方面來說，四川的角色是邊緣區域，但從另一方面而言，凡中國有意更進一步擴張之際，四川就會成為一個地域中心，無怪乎四川長期被視為「中國西南」的中心。四川也讓「西南」的古代意義與今日有所差異。秦、漢時代，「西南」所指的乃是巴、蜀地區西南方的族群與地域，是以四川為中心的視野；自此刻以降，「西南」之使用便是從中國中心論的

「中原」觀點出發。[22]

將四川與中國的關係對比於雲南與中國的關係，後者所顯示出的，是一道相對獨立的歷史軌跡。古代中國軍隊確實曾進犯雲南，此事在漢代尤其頻繁，但雲南並不是中國的一部分，這個情形一直維持到蒙古人於公元一二五三年的征服為止。此地曾孕育強大的王國，例如南詔。即便在雲南被征服之後，土司依然享有頗高的自治權，制衡著歷代中央政權的控制。對土司的改土歸流，從元代一直持續至中華民國時期，歷時約七百年。

貴州的歷史也頗為特殊。在公元一四一三年之前，貴州或是以雲南為基礎的各政治實體（Yunnan-based entities）的一部分，或附屬於其中；直到一四一三年，明王朝才將貴州設為新的一個省分。換句話說，在十五世紀早期之前並不存在「貴州」，雲南與貴州之間並無邊界。立足雲南的政權主宰者，曾對貴州地區的各族群有著重大影響，反之亦然。自一四一三年以降，貴州在行政等級上與四川省、雲南省一致，但是貴州在政治上、經濟上或文化上的重要性，不能與其他兩省相提並論。基於上述諸理由，本書在處理明代之前的雲南時，所指的是整個「雲南—貴州」大區域。

二十多年以來，中國學者在西南研究中也開始察覺到某種「東方主義」（Orientalism），並著手尋求方法論上的解決之道。他們呼籲採取「西南中心」而非「中國中心」的取徑。於此筆者引用徐新建於一九九二年的《西南研究論》，來描述學者們的成就以及其內在的矛盾，該書是關於「中國西南」的宏觀層面與方法論之研究，也是整個中國西南研究系列當中唯一呈現出新理論成果與創新觀念的論著。

徐新建論述道，「西南」是一個地理概念，也是一個歷史概念，它共可分為三個階段：第一階段是雲南元謀人（Homo erectus yuanmouensis）的文化，當時的雲南尚未進入「中原」之範圍，所以稱為「前西南」或「史前西南」會更恰當；第二階段是雲南開始受到中原地區的關注，但雲南尚未從屬於中原政權，此階段便是漢人中心論下的「西南夷」時代；而進入第三階段，西南也成為與中國不可分開的地方性區域。由此，徐新建得出結論：所謂的西南就是中國的西南，西南研究屬於中國研究的一部分。[23]

徐新建的研究表明，中國學術界對於擺脫中國中心主義（Sinocentralism）或中國式的「東方主義」，已付出巨大的努力。[24]然而，徐新建的取徑其實也受到中國中心論的限制與影響。首先，他的取徑沒有將西南當作一個整體加以考量。徐氏在他的論點中，個別地討論了雲南與四川，雖然多數狀況下他所說的「西南」其實是指雲南；類似的情形，其實也可以見於其他的中文著作。以藍勇這位著名的西南研究學者為例，藍勇總是個別探討這三個省分的文化、經濟和歷史，即便他在討論中國西南區域文化與習俗時，情況依然如此。[25]很大程度上，這項問題是起源自四川與雲貴之間固有的差距，如前所述，在歷史上，這兩個區域各自有其不同的特質與邊界。

第二，雖然徐新建企圖將「西南」概念區分為三階段，他卻武斷地認為「西南」始終是中國的西南，並將此領域歸屬於中國研究的一部分。因此，他忽視了其他外國的、外來的聯繫與互動。雲南位於中國的西南方，但雲南同時也位於西藏的東南方、中南半島的北方，以及印度的東方，在族群上、文化上、經濟上，雲南與其他地區都有非常密切的聯繫。除此之外，將雲南視為中國的一部分，也大大地低估了雲南本身的能動性，反過來削弱——近來中國學者所呼籲的——以雲南為本位的研究取徑。

在這點上，很遺憾的是，方國瑜對「西南」的定義卻被他的學生們所忽視。[26]在方國瑜看來，整個「西南」涵蓋現代雲南，往南達到四川的大渡河南岸，往東則延伸至貴州省省會貴陽。歷代中國政權在此地區所制定的行政單位不同：漢代（公元前二〇六年至公元二二〇年）為「西南夷」；魏晉時代（二二〇年至四二〇年）為「南中」；南朝時期（四二〇年至五八一年）為「寧州」；唐代（六一八年至九〇七年）為「雲南安撫使」；元代以降為「雲南行省」或「雲南省」。歷代區域的實際範圍雖有差別但大致類似，直到明代初年設立貴州省，並將金沙江以北的區域畫給四川為止。從此以後，雲南就作為中國的一塊領土一直持續到西方勢力進入導致現代邊界之形成。方國瑜對「西南」的定義，類似於施堅雅所定義的「雲南—貴州」，並且獲得李中清的肯定。不過，施堅雅的概念基本限於十九世紀，方國瑜則積極地追溯這個概念的歷史延續性。

本書使用的「雲南」一詞，類似於方國瑜的「西南」。整體上本書所根據的是方國瑜與施堅雅的觀點。雖然如此，在現代以前的中國西南與東南亞之間想像出邊界，其實是件危險的事情。[27]而本書要談的雲南，與方國瑜「西南」的差別，在於本人無法同意方氏中國中心論的假設——即認為西南地區從秦漢時代以來，就是中國的一部分。[28]本人與施堅雅也有所分歧，因為本人認為雲南的建構是經歷數次重大變遷，而同時維持某些地理、文化、經濟特質的歷史過程。儘管如此，當本書使用「雲南」一詞的時候，讀者應當知道「雲南」其實是中國的建構，是中國式東方主義的範例。

◎雲南：中國的發明

在字面意義上，雲南的意思是「彩雲之南」，這原本是個中國語彙。事實上，「南」字就像是「北」、「東」、「西」一樣，時常出現在地名當中，例如「河南」（黃河之南）、「湖南」（洞庭湖之南）、「海南」（海之南）、「河北」（黃河之北）、「山東」（太行山之東）、以及「山西」（太行山之西）。以上這些名稱，都可以給我們基本的地理位置概念；可是雲南在哪裡呢？彩雲南端之地是哪？彩雲在哪兒？

「雲南」一詞是漢人的發明，用來稱呼當地的人民與土地。這個稱呼並未被當地原住民採納，直到中華帝國的統治造就出雲南意識（Yunnanese consciousness），當地人才終於自稱為雲南人。實際上，「雲南」、「雲南人」的稱呼是在元明時期才出現；簡要地回顧當地歷史與族群——雖然主要是根據中文史料，有助於闡明雲南是如何成為「中華想像的共同體」一部分的歷程。

在中國開始與雲南原住民接觸時，後者已然發展出複雜的社會。司馬遷筆下就描述了公元前第三至第二世紀時大致的雲南社會風貌，當時此區就有許多部落、部落聯盟或者王國。[29]夜郎國所在地區，包括今日大部分的貴州、廣西與雲南，它的鄰居則是位於今日廣東的南越國。[30]

滇國之建立乃是以滇池為中心。公元前第三世紀早期，楚國將領莊蹻征服該地並且自立為王。滇國國力頗為強大，它可能曾自視為天下中央。[31]在歷史上，漢人學者們認為「滇」源自於中文，但其實「滇」更可能是以中文表意文字來呈現原住民的發音，因此，「滇」非常有可能是原住民的自我稱呼。[32]如今，「滇」與「雲」都是中國官方對於雲南的簡稱，暗示著雲南形成的過程中，原住民及漢人之共同影響。

僰人位於夜郎之西，就在今日的雲南昭通；摩沙位於雲南西北部至四川西南部一帶；勞浸和靡莫分布在滇國的東北邊；巂和昆明位於保山的東北方，洱海地區為其中心；哀牢及濮位於保山與德宏附近，但他們的分布區往南可能遠至上緬甸；邛都位於滇國與靡莫的北邊，其基地可能是在四川的西昌；冉駹位於四川西北部，毗鄰西藏；白馬位於四川西北部到甘肅南部；鉤町與漏臥都是夜郎的鄰居，鉤町橫跨了廣西與雲南的邊界，漏臥則跨越了貴州與雲南；且蘭位在今日的貴州；滇越國或許位於阿薩姆（Assam）的卡瑪拉普（Kamarapu）。[33]由此，住在雲南之內或周圍的族群豐富多彩，並沒有一個涵蓋各類原住民的通稱，這一區域也沒有一個共稱。

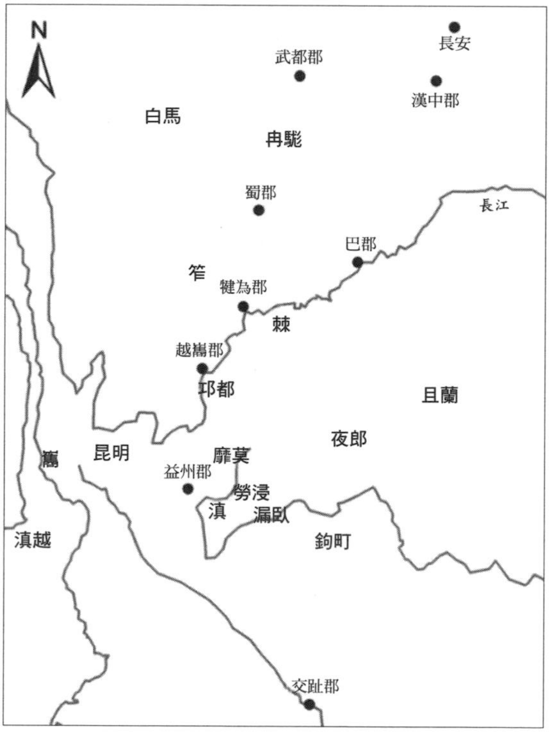

圖 1.2　西漢時代的西南夷　米雪兒．吳改製，根據譚其驤編，《中國歷史地理圖集》，卷 2，北京：中國地圖出版社，1996 年，29–32 頁。

秦政權統一中國時，據說曾將「郡縣制度」推廣遠達雲南北部，但是我們並不知道當地所建立的行政區類型或數量。西漢王朝在漢武帝（公元前一四〇年至公元前八十七年）時代大肆擴張，夜郎、且蘭、邛、筰、勞浸、靡莫、滇等在公元前第二世紀末之前或投降、或被征服，共有七個郡（犍為郡、牂牁郡、越巂郡、沈黎郡、文山郡、武都郡、益州郡）陸續建立起來。益州郡的建立是為治理滇國，滇王被頒授金印並得以繼續統治其人民；在益州郡之下，設立了一個稱為「雲南」的縣。

東漢王朝繼續南向擴張。公元一世紀，哀牢人屈服於東漢王朝的中央控制，永昌郡因此建立。然而，東漢王朝最終的崩潰使得雲南從此處在半獨立或獨立狀態，直到十三世紀蒙古的征服。從第三世紀至第七世紀初期，蜀漢政權（二二一年至二六三年）、晉朝（二六五年至四二〇年）、南朝的宋（四二〇年至四七九年）、齊（四七九年至五〇二年）與唐朝（六一八年至九〇七年），全部都將雲南設為一個郡。雲南的原住民名義上臣屬於中國政權（有時是以四川為中心的地方政權），但真正的統治者其實是土著酋長，而在多數狀況中，土著酋長對於當地事務擁有最終決定權。

第七世紀中葉，當地諸多政權之一的南詔王國，在獲得唐朝與吐蕃的支持之下，成為第一個統一雲南附近區域的國家。唐朝封給南詔「雲南王」的頭銜，顯示唐朝將南詔整體領土範圍視為雲南。第十世紀初期，大理王國在雲南建立，宋朝封大理王為「雲南節度使」以及「雲南八國郡王」。公元一二五三年，忽必烈汗征服了大理國；一二七四年，「雲南行省」設立。明、清朝廷繼續保持雲南的省制，但部分雲南地區在一四一三年時獨立設為貴州省。

因此，起初中國人以「朝貢語言」（tributary language）使用「雲南」一詞時，所指的是一個縣、一個郡，後來則是指這一整塊區域，最後才指代中華帝國之下的一個省分。諷刺的是，最終居然是非漢人的「蠻夷」蒙古人，因為建立了雲南行省從而成功將雲南納入中國版圖。從此，雲南作為中華帝國行政單位的身分就此底定。之後雖然歷經許多王朝的興衰，中國中央政府並沒有喪失對雲南的控制。在元代之後，中國統治的實施、大規模中國移民的到來，以及中華文化體制習俗的移植，最終產生了雲南意識。從明代起，一些雲南當地人開始自稱為「雲南人」（the Yunnanese）。

「雲南」一詞的起源與變遷，與「統合」（incorporation）的過程可說是息息相關。雲南是中國的一部分嗎？如果是，那又是從何時開始成為中國的一部分呢？這些問題乃是了解歷史性的雲南及歷史性的中國之關鍵。本書將雲南視為一個邊疆進程（frontier process），許多「演員」在其中扮演自己的角色，由此，我們可以將中國理解為一個變化與轉型的歷程，而不是一個固定的概念。

邊疆的視野：雲南的融合

西方學者對於中國邊疆研究貢獻良多。歐文・拉鐵摩爾（Owen Lattimore）是這個領域的先鋒人物，他或許是第一位將中國邊疆與美國西向擴張加以比較的學者；固然人們可能會責備拉鐵摩爾加強了「北方取徑」（northern approach），因為他的著作絕大多數關注的是萬里長城所象徵的北方邊疆。拉鐵摩爾雖然將西藏納入他所謂的邊疆，但是雲南、貴州、廣西與越南基本被其忽視。[34]

近年來有許多西方學者加入中國邊疆這一研究領域[35]，其中，查爾斯·巴克斯（Charles Backus）和李中清以雲南方面的開創性著作而著稱；巴克斯檢視的是南詔與唐代中國之間的互動交流，李中清的著作則頗具啟發性，其研究採取長時間性的觀點，討論的是一二五〇年至一八五〇年間西南邊疆的政治經濟。[36]除此之外還有幾部根據學位論文而成的專著以及數篇論文，側重於雲南被征服之後的明、清時期。[37]以上著作雖對於南方邊疆的學術研究有著巨大貢獻，但是它們卻都沒去探索中國對雲南的統合，也沒有探索雲南作為一個「宏觀區域」的轉型。不只如此，大多數研究是把雲南削足適履地置於想像的中國國界內，忽略了非中國的勢力、因素和影響。最後的結果是，中國研究沒有認識到雲南的東南亞因素，而東南亞研究則理所當然地將雲南歸於中國研究的範疇。

本書透過以下數個問題來理解數百年間中國對雲南之統合：雲南在成為中國的邊疆之前，發生了什麼事呢？雲南是怎麼變成中國的邊疆的呢？不像西藏人或新疆的穆斯林那樣，雲南人鮮少有脫離中國的意圖，那麼，為什麼中國對雲南的殖民可以如此成功呢？中國的邊疆及其統合之中，有什麼全球性的意義呢？

學者如紀若誠（Charles Patterson Giersch）等人將美國邊疆學派的典範、模式、理論，引介且運用至中國的邊疆。「邊疆」（frontier）一詞在美國人的字典中是個關鍵詞，因為它代表著美國人與其文化的活力與適應力。對許多美國人而言，「邊疆」不只是內含著美國歷史的菁華，還決定著他們的未來，這也就是為什麼從弗雷德里克·傑克遜·

特納（F. J. Turner）於一八九三年的演講開始，一百多年來，邊疆研究一直是美國學術界的重心。[38]

關於「邊疆」在創造美國身分認同當中所扮演的角色，特納的詮釋激發出許多讚美、批評與爭議，而他的詮釋確實非常具有價值。特納的取徑引領我去質問，雲南在經過長時期的邊疆歷程之下，對於「中國性」（Chineseness）的發展有何貢獻。本書所採取的邊疆範式，將雲南視為一方面是「華化」（sinicization）、另一方面是「土著化」（indigenization）的歷程。社會菁英們（其中最重要的就是雲南儒生，他們主要是漢人移民的後裔）首先將自己視為雲南人，雖然這個認同被普遍接受需要很長的時間；在此身分認同轉變的背後，乃是雲南在人口、行政、經濟、文化方面的根本轉型。「雲南人」（the Yunnanese）的身分認同——亦即省級的身分認同——不僅顯示中國融合之成功，而且為中國人的身分添加了新的成分。簡言之，雲南的融合促進了中國認同之多文化和多族群的屬性。

全球視野下的雲南

在中國研究與東南亞研究當中，值得注意的是，南詔與大理雙雙缺席，其肇因始於這兩個區域之間的想像性邊界。[39]為了克服區域研究的弱點，本書採取全球視野；我所謂的全球視野，便是一種「跨區域／跨國家／跨文化」（cross-regional/cross-national/cross-cultural）的取徑，或者說是一種「跨邊界」（cross-border）的方法。依循此道，本書力圖將雲南置於它自身的歷史世界，並且強調跨越想像性區域邊界的連結與互動。

本書會將重心放在所謂的「西南絲路」，努力呈現雲南於跨區域的商業與文化交流之中的重要性。和人們的普遍想法相反，雲南其實從來沒有被山脈、河流和嚴酷的天氣所孤立。西南絲路最早於公元前第二世紀便已經開始運作，各式各樣的商品在其中運送流轉，諸如象牙、白銀、棉花、鹽、茶、馬匹、玉石、木材、黃金、銅、錫、鉛、絲，以及其他地方產品，此外還有各種宗教，例如佛教、道教與伊斯蘭教。西南絲路遠達中南半島的南岸，向北延伸可到青藏高原，它與海上絲路（Maritime Silk Road）、陸上絲路（Overland Silk Road）相交，連接西藏、中國、中亞、南亞與東南亞。這三條絲路所組成的，乃是歐亞超級大陸（Eurasian supercontinent）的交通網絡。

雲南在十三世紀中葉被蒙古征服之前，不管在文化上、族群上、經濟上或政治上，其實都是更加「東南亞」化。筆者的研究會顯示，雲南在政治上臣服於中國、或在經濟上融合於中國，都不能僅僅歸因於中國政府。是蒙古人完成了先前中華帝國所無能為力的事，那就是將雲南納入「中國本部」（China proper）。簡單來說，跨區域的權力鬥爭才塑造了西南中國的現代邊界。

中國在經濟上融合雲南，也是由這些大陸性力量（continental forces）所推動的。明、清時期，雲南的貝幣由中國銅錢所取代，在很大程度要歸因於跨大西洋的奴隸貿易；同樣的，日本管控銅料出口一事，加速了清帝國對雲南的銅礦資源的開採——而要在一個新征服的邊疆省分實施如此龐大的計畫，其風險實是前所未見。在此情況下，雲南的經濟再定位，就像它在軍事上的屈服一樣，顯示出邊疆地區發展軌跡中的全球因素與影響。

因此，不可以只在中國的範疇內解釋現代雲南的形成。全球性互動形塑了雲南兩千年來的變遷。

本書的關鍵議題乃是中國對邊疆或邊緣區域之統合，換句話說，也就是中華帝國的殖民主義，這也是過去十年來邊疆研究的一個焦點。舉例而言，邵式柏（John Robert Shepherd）對於清王朝統治臺灣的研究，以及濮德培（Peter Perdue）的《中國西征》（*China Marches West*），都是豐富的案例研究。關於清王朝的殖民事業，紀若誠與鄧津華（Emma Jinhua Teng）對此已有討論。鄧津華的取徑比較特殊，她所檢視的是清代臺灣的遊記，由此描繪出清代文人對於臺灣的認知變化——也就是從蠻荒地區變成帝國的一部分。這個中華帝國概念化的轉向，反映出清帝國在新近征服之邊疆土地上所做出的各種努力，此情景也可見於邵式柏的著作。

本書的目標是要討論中國統合雲南的一些特殊之處，它與鄧氏分析的相異之處在於，本書所討論者不僅是中國對於邊疆及其住民觀點的變遷，筆者認為更重要的是發生在當地社會的轉型過程。此外，雲南長時期的邊疆化進程，讓臺灣的案例相形見絀，因為臺灣是在明、清之際被中國征服，但相較之下，中國與雲南之間的衝突、戰爭、貿易已存在兩千多年了。因此，雲南的案例不只能夠顯示中華帝國晚期的發展，也可呈現中華帝國形成之初期。同理，本書的時間、空間架構與紀若誠、濮德培亦有別，因為他們是把重點放在清代中國；紀若誠、濮德培兩人都強調「亞洲邊境／亞洲界域」（Asian borderland），借用紀若誠的用語，本書會以「亞洲界域」概念追溯中國邊疆至更久遠的時段。

確實，雲南的中國邊疆化，其進程從來不是地域性的、而是全球性的；本書獨樹一幟正在於此：它一方面採用了世界體系與長時段的方法來考察全球互動，另一方面以同樣的力度來審視這個邊疆化過程中的中華帝國的殖民主義。

自從一九七四年伊曼紐・華勒斯坦（Immanuel Wallerstein）關於「現代世界體系」的第一本書出版以來，他對於人類歷史的建構性詮釋已經受到廣泛認可和熱切辯論，此後各種不同領域、背景的學者對此紛紛加以應用。統合入世界體系的進程是一個受到許多關注的話題，因為這是世界體系自身與——由此而來的——人類歷史演化之關鍵。研究「邊疆」在最初如何成為一個邊緣區域，或有益於世界體系的理論發展。湯瑪斯・霍爾在對於美國西南邊疆的研究中揭示，統合入現代世界體系會劇烈地改變邊疆社會本身，但對世界體系本身卻沒什麼影響。[40]這樣，霍爾從華勒斯坦的現代世界體系統合與邊緣化一個外部區域出發，為邊疆與世界體系之間建立了一道概念性的聯繫。[41]霍爾與某些學者們共同呼籲，要對前資本主義時期世界體系的統合問題進行更深刻的歷史研究。某些世界體系或帝國的擴張，以及它們對於邊疆的統合，將會是檢視世界歷史整體的有效透鏡。換言之，我們可以用世界體系統合邊疆為中心橋段（central trope）來書寫世界史。大衛・威爾金森（David Wilkinson）的「中央文明」（Central Civilization）概念似乎有著類似的架構。威爾金森的「中央文明」源起於公元前一五〇〇年，並且漸進地統合鄰近的文明（那也可以被視為邊疆），由此在公元一五〇〇年之後逐漸成為全球文明。[42]

雲南從外部區域轉變成邊緣地區便是世界體系統合的一項範例。「中國」（Middle

Kingdom）起源於渭水流域，並逐漸統合周圍的區域與族群。從黃河附近的小型政治體，變成龐大的帝國如漢、唐王朝，中華帝國某種程度也是奠基在統合的歷史上。中國作為一個實體，它其實是在持續變化中，統合經驗所創造出的制度透過「華化」的歷程成功轉化了他人。本書對雲南的研究旨在指明這項機制，以呈現雲南這個案例如何在前資本主義時代統合入中國的世界體系，此研究或能改進世界體系辯論中的某些不夠精確之處。

文獻資料與全書架構

本書所依據的資料豐富多彩。中國的史料最為豐碩，其中主要資料來源乃是十三冊的《雲南史料叢刊》。這十三冊的《雲南史料叢刊》當中，幾乎收錄了所有關於雲南的官方記錄（二十六史）、碑文、銘刻、文學作品、學術作品，時段起自西漢（公元前二〇六年至公元九年）而終於清朝（一六四四年至一九一一年）。除了地方誌外，該系列近乎涵蓋所有中文史料；此外，《雲南史料叢刊》也包括一些翻譯的外國作品，馬可·孛羅（Marco Polo）在雲南的旅行便是一例。這項龐大的計畫為雲南研究提供不少便利，讓學者因此省去追蹤、查找散落文獻史料的心力。再者，《叢刊》的每一項材料都包含導論與評論，說明歷史脈絡、內容、內涵等背景知識，然而，我們在閱讀這些具有詮釋性的文字時，必須謹慎小心，因為這些論文有其中國中心的立場。本書經常引用《雲南史料叢刊》中的歷史紀錄，而不是引用《史記》或者其他中華帝國的記載或作品。

本書也仰仗其他沒有收錄在《雲南史料叢刊》的一手資料。關於歷代王朝的歷史，筆者參考的是中華書局所出版的二十四史。方志對於本研究是很重要的，方志是儒家意識型態的產物，一旦中央行政管轄實施於地方，方志的編輯便會隨即開始。雲南的方志最早出現於明代，但多數編纂於清代，正值雲南華化漸入佳境的時期。經由方志，我們可以明晰地方習俗如婚禮、節慶等儀式，是如何在儒家意識型態的推展下而改變。

雲南及其周遭區域的考古發現，對於本書的研究也幫助很大。中國西南的考古探勘對於中國史前史與早期歷史的重新書寫，具有頗大的貢獻；數千枚海貝與「滇王之印」的重大發現，揭示出雲南與其鄰居的密切互動。過去這幾十年來有許多重要的考古發現，成都附近的三星堆即是一例。

中國內部的雲南研究已有長足的進步，所以二手資料也是非常豐富的。早在一九三〇年代時，方國瑜等學者們便開始將心力投注於雲南，這是對於歐洲列強蠶食而導致的邊疆危機的學術回應。方國瑜之研究為後來的學者們奠定了基礎。公元一九五〇與一九六〇年代的大規模田野調查產生了龐大的資料，成為學者們的基礎材料。近二十年來雲南研究的蓬勃發展是有目共睹的，尤其是許多年輕學者們——包括許多出身少數族群者——加入此一領域，他們運用西方的社會學、民族誌、考古學、語言學等理論，對漢人視野發起挑戰，並藉由納西族、白族視野來呈現雲南的視角與觀點。此外，西藏研究也發展迅速，許多西藏文獻資料得以被翻譯、出版、研究。這項發展絕對有助於我們重新思考雲南、西藏與中國的關係。二手資料尚包括東南亞研究領域的文獻，中南半島與雲南的互動（某種意義上，這是指將雲南放在東南亞的脈絡背景下）乃是理解雲南活力之關鍵，雖然少有學者真正嚴肅地看待此事。

西方學者們也早已參與雲南研究。早在二十世紀初，睿智的伯希和（Paul Pelliot）便開始注意印度支那（Indochina）的重要性。他那關於中國南部（包括雲南）與印度支那間的交通網絡的著作，至今依然有其價值。在一九八〇年代之後，越來越多的西方學者開始關注雲南，因為雲南紛繁蕪雜的族群與文化，許多深有見識的作品因此問世。試舉二〇〇三年「亞洲研究協會」（Association of Asian Studies）在紐約舉辦的年度會議為例，當中便有不少專題與發表是關於中國西南（尤其是雲南）的。日本學者們也對雲南表現出興趣，其中有些學者主張古代日本文化可能源起雲南。[43]

本書的章節安排如下，除卻導論和結論之外，全書共為六章。

第二章「西南絲綢之路：全球脈絡中的雲南」，聚焦於西南絲路，以探索雲南在跨區域互動之中的重要性。

第三章「征服雲南：一個跨區域的分析」，乃是審視針對雲南的軍事行動之國際背景與諸多緣由。本書的主張是，全球性力量對於這些軍事行動的影響堪比中國因素。

第四章「『因俗而治』：土司制度的興衰」，其探討的是雲南被征服之後所建立的特殊行政等級制度。本章的中心議題是中原政權與當地勢力互動之下土司制度的演化狀況。

第五章「華化與土著化：『雲南人』的形成」，分析統合歷程如何造就雲南的新社會。本章著重明王朝時期雲南土著與大量中國移民之間的互動，並且指出土著的華化與中國移民的土著化，實是一體之兩面，其最終在明代晚期創造出「雲南人」這個新的身分認同，由此，雲南的統合有助於中國成為一個多族群的帝國。

第六章「白銀、貝幣與銅政：雲南的經濟轉型」將從行政與文化轉向經濟層面。本章分析全球及中國因素如何合力完成雲南的經濟轉型。數個事件標誌著新地方經濟模式的出現。首先，雲南輸出白銀有助於明政權的貨幣化，此事呈現的是邊疆如何服務帝國；第二，銅錢在明、清之際取代貝幣，這顯示著中國的貨幣體制取代孟加拉（Bengal）習俗；最後則是清代的銅政所體現的「邊緣—中心」架構。總而言之，當雲南建立了新的經濟結構時，它便成為中國「世界經濟」中的邊緣區，為中華帝國供應著礦產與貴金屬。

本書最後一章「納入『中華民族大家庭』」，將詳細檢視中華人民共和國的「民族識別」。該運動將地方族群籠入一種新的等級制度之下，並由此揭櫫中華帝國於現代中國的歷史延續與發展。[44]

整體而言，第二章與第三章顯示雲南地理位置的重要性，地理位置使得雲南成為跨區域貿易的核心，以及歐亞大陸勢力相互競爭的區域。第四、第五以及第六章，則是分析雲南在人口、行政、身分認同、經濟方面的轉型。第七章所討論的是中華帝國的遺產如何影響現代國家之建立，或反過來說，現代國家如何延續和發展帝國論述話語（imperial discourse）。

第二章

西南絲綢之路：全球脈絡中的雲南

導論

直到公元一八〇〇年，中國可以說是廣袤東亞地區的中心。雖然中國西北部、西南部以及更南方所分布的沙漠、山脈、叢林、海洋，連最強悍無畏的旅人都感到萬般艱難，然而陸上絲綢之路與海上絲綢之路的發現，衝擊了主張地理障礙導致中國處境孤立的觀點。上述兩條絲路之研究，頗有助於人們了解古代的東、西交流，但是這兩條絲路的研究卻讓第三條路線——那便是連結中國、中南半島、印度等地的「西南絲綢之路」（西南絲路）——相形之下黯然失色。[1]比較而言，第三條絲路的名聲不彰，但研究西南絲路實能對雲南這個邊疆區域的經濟及軍事活動、歷史、文化，產生新的啟發。

最早提及陸上絲路的文獻當然就是司馬遷《史記》當中記錄張騫對西域的探索（公元前一三八年至公元前一二六年）。不過，張騫也略為提及，他在大夏（Bactria）發現了蜀布、邛竹，因而有另一條商路可以連結中國西南與印度。唐朝（六一八年至九〇七年）之前的中國歷史資料固然破碎且晦澀，卻神祕地提到中國與東南亞之間的交流，雖然文獻從無記錄有誰完成了這條商路。至十九、二十世紀之交，漢學家（Sinologist）如伯希和等人，在這條通道上開始投注了龐大心力。

到了第二次世界大戰期間，中國學者才開始對這條絲路有更進一步的探索。方國瑜和谷春帆在一九四一年皆有論文發表，前者的文章使用中文而後者使用英文[2]；又七年之後，出版了夏光南撰述的第一本專著。[3]從那之後一直到一九八〇年代，關於西南絲路的研究停滯不前，僅偶爾出現在印度文明或中國文明類書籍中的一隅。李約瑟（Joseph

Needham）注意到了這條路線，但是他的結論乃是依賴於他對中國文獻之接受。[4]印度或東南亞的學者們有時會提到中國與印度之間途經緬甸的早期貿易，舉例而論，辛加爾（D. P. Singhal）在其著作《印度與世界文明》（*India and World Civilization*）即提到兩條跨大陸的路線，一條是經由尼泊爾、西藏至中國，一條是經由阿薩姆、上緬甸至雲南。[5]余英時對於漢代中國貿易的研究，精緻地論證了此路線之存在；雖然如此，囿於其研究之性質以及缺少近期考古發現，西南絲路的全貌依然如隱雲山。[6]

自一九八〇年代以降，中國學者們對於這條從前被低估或忽略的路線，投入巨大的努力，數十本專書、文章由此問世，但至今依然有許多問題未獲解答。[7]雖然中國方面的資料龐大，可是其中鮮少可以定位非中國地區——如西藏或阿薩姆——的路線。這條絲路的貿易量如何呢？同樣很少有精確的資訊。該路線是何時形成的呢？大家見仁見智。甚至連這條路線的名字，目前都還沒有達成共識，有人使用「西南絲綢之路」或「南方絲綢之路」，其他人則傾向使用較具描述性的「南方陸上之路」或「滇緬印古道」；有些人採取傳統的名稱「蜀身毒道」，另有人稱之為「蜀布之路」，還有人避免採用特定稱呼。本書所採用的名稱乃是「西南絲路」，以區別於北方絲路與海上絲路。[8]

中國學者在此領域之研究，弱點與成就同樣突出。許多學術作品屬於個案研究，它們雖然提供了許多細節內容，卻未能描述全貌；而少數具有宏觀視野的研究，則是根據中國——主要是漢代——的史料，且難以擺脫「中國中心主義」（Sinocentricism）。[9]孫來臣在其研究東南亞與明代中國之間經由陸路交流軍事科技的開創性著作中，便批評了先前的學術研究實是欠缺廣度與深度：

> 首先，它們欠缺廣度，因為它們並沒有將中國—東南亞的陸上交流互動，視作一個整體來加以看待。第二，它們欠缺深度，因為它們整體而言是敘述多於分析。第三，多數作品運用的材料主要是中國的，東南亞的材料受到忽略。於是，它們採用的觀點通常是從中國「向南方看」，無可避免地具有中國中心論。[10]

不妨將這段批評推而廣之。從前的研究確實缺少全球視野，也因此低估了西南絲路的全球性意義。對於西南絲路採取全球視野，會激發出許多問題，例如：三條絲路之間的關係性質是什麼？三條絲路在時間、空間方面的運作狀況如何？三條絲路是否組成緊密連結的網絡，將歐亞超級大陸帶入世界體系呢？如果是，那是在何時、情況又如何呢？詹尼絲・斯圖加特（Janice Stargardt）對於中古緬甸的研究以及孫來臣的研究各有其特定的時間範疇，然而兩人的研究都為陸上與海上絲路的交流狀況建立卓越的研究範例。[11]筆者不禁要探問此前的時代，並思考三條路線間的三角互動。

本章便聚焦西南絲路，並由此探索歐亞交通當中雲南的重要性。本章企圖以非中國的資料來補充中國學界之成果，以描繪西南絲路更全面的樣貌。首先，本章先呈現該路線的地理及歷史地圖，目的是要填補十九世紀中葉以前——較不為學者們所知——國際貿易情況的這段缺口。[12]而後，本章論述這條路線一方面對於塑造所討論區域的巨大影響，另一方面也與其他兩條絲路結合，三條絲路相輔相成，構成了一個系統性的貿易網絡。某種程度上，本章在試圖揭示雲南與鄰近地區人群的諸多聯繫以及雲南在世界歷史中的重要性之際，也為我們對於東西交通的理解增加了新的維度。

歷史上的雲南：中國、東南亞、南亞與西藏的交叉路口

雲南包含多種多樣的自然條件，有山脈、河流、峽谷、高原、河谷、盆地、森林、草原與湖泊。雲貴高原則是「世界屋脊」青藏高原的南向延展，雲南的主要山脈集中於其西北部，並且向南方、西南方呈扇形延伸。雖然雲南的地形多變且險阻，它依然創造出足以成為文明社會基礎的有利且特殊的環境因素，在山脈與河流之中，有著數以百計的肥沃的盆地與河谷，名為「壩子」。壩子的大小有別，從幾平方公里至幾百平方公里不等；壩子坐落於山脈之間且經常為河流所滋養，河流及雨水的沖積結果使壩子擁有平坦而肥沃的土地。雖然僅占雲南面積的百分之六，壩子卻是雲南經濟與文化的關鍵所在。

壩子是農業經濟的基地。滇池地區與洱海地區是雲南最大的兩個壩子，孕育出本地最為先進的農業。就是在這樣的生態條件下，大理與昆明兩大城市發展成為雲南的都市中心。再者，壩子促進了當地人群的連結與互動，壩子與壩子之間相對短的距離讓運輸及商業活動較為可行。實際上，壩子往往是商人住宿之地，為商人提供食物和房舍。更重要的是，壩子既是本地貨物的供應地，也是外來貨物的消費地。如果我們仔細檢視地圖，便會發現跨區域貿易路線實是由一個個壩子所串連起來的。最後，雲南的壩子根據海拔、地貌、氣候而有所差異，這可以某種程度解釋當地族群的多樣性。簡言之，壩子所象徵的是有活力且多樣的雲南社會。

雲南的河流相當有趣。當我們注意中南半島時，我們會發現孕育肥沃土地的主要河流（湄公河、紅河、薩爾溫江*、伊洛瓦底江），全部都是起源於青藏高原並且流經雲南。若我們讓視野更開闊，便會發現其他主要河流，如長江、珠江與布拉馬普特拉河（Brahmaputra）**，也是起源於相同的地方，或者穿越雲南高原、或者流經它的邊緣地帶。雖然雲南的河流大多數不能航行[13]，陸路才是其交通的關鍵，但查爾斯·希根姆（Charles Higham）仍指出，這些河流「在歷史上為人群、貨物、思想的活動提供了通道」。[14]

希根姆的結論是根據諸多考古學與人類學發現而得來。舊石器時代與新石器時代的遺物發掘，顯示雲南在與周遭區域互動交流的過程中開始孕育自身之文化。中國的學者們利用了——事實上是濫用——雲南考古發現來重建中華民族史。他們利用雲南出土的原始人類化石，主張「亞洲大陸可能是人類起源所在」。[15]其中有些學者相信，雲南元謀出土的「元謀直立人」（*Homo erectus yuanmouensis*）存在年代大約是在一百七十萬年前[16]，所以，元謀人乃是後來稱為中國的土地上最早的人類。由於考古學在當今中國已經變成一種展現民族主義的材料，這些學者於是論斷：「近代中國人乃是此區域舊石器時代居民的後裔。」[17]對於雲南豐富的考古寶藏冠上這種中國中心主義的論調，其實正暗示了中國的傳承感與民族驕傲，是有多麼仰賴雲南。

然而，由於雲南的地理位置，它其實與東南亞的民族、文化聯繫更為密切。凌純聲曾經列舉出五十項東南亞民族的共通文化特色，例如父子連名制、洗骨葬、崖葬、干欄式建築、紋身等等，這些習俗從太平洋到馬達加斯加（Madagascar）地區均有發現。[18]舉例而言，越南、馬來西亞、泰國與雲南都曾發掘出銅鼓，雖然關於銅鼓起源與傳播路線的爭論至今依然持續。這些可能全都來自於史前和上古人類的遷徙，對此學者所知微乎其微。[19]有鑑於這些事實，有越來越多的學者傾向將上古雲南歸類至東南亞而非東亞範圍。[20]那麼，在東南亞文明的源起及發展當中，雲南的角色是什麼呢？

作為東南亞、東亞、中亞地區的交叉口，雲南見證且參與了早期人類的遷徙。今日雲南的某些族群乃是氐、羌之後裔。氐與羌原先居住在中國西北，後來南向遷徙。費孝通等中國人類學學者認為，沿著青藏高原的那條「走廊」連接著中亞、中國西北以及中國西南、中南半島，這是一條非常重要的通道，他們將它稱為「民族走廊」（Ethnic Corridor）；他們認為，若能全面了解經由此通道的早期人類遷徙，便能解開許多與雲南相關的民族、語言、儀式之謎。[21]雲南的新石器時代遺物，顯然有氐、羌遊牧文化影響，可見雲南、西藏與中亞地區的緊密關係。[22]

然而，北方的影響並不止於雲南而已。童恩正指出，東南亞有許多文化特徵可能源自四川，而且是經由雲南而傳播。[23]舉例來說，四川三星堆文化的出現是在東山文化之前，而越南學者宣稱東山文化對中國南部有所影響。[24]希根姆曾將三星堆與殷墟的古代文明相比較，他的判斷是，在公元前第二千紀（millennium）中期，這些社群「已表現出精湛的青銅鑄造技術，在古代世界無人能出其右」。[25]希根姆並不主張地區性的起源，他傾向的可能性是，「東南亞以銅為基礎的冶金傳統，最初係受到觀念與物品傳播的刺

* 譯注：薩爾溫江在中國境內稱怒江。

** 譯注：布拉馬普特拉河在中國境內稱雅魯藏布江。

激，這些觀念和物品傳播的途徑是河流，也就是一千多年前引入種稻族群的通道。」[26] 雖然希根姆稱嶺南是這些觀念與科技傳播的走廊，但我想雲南也可能與此有關連，部分原因在於公元前第一千紀晚期時，雲南擁有重要的錫礦資源。

雲南在文化上也對東南亞地區有所貢獻，舉例而論，銅鼓似乎是從雲南傳播至東南亞的，因為在雲南所出土的青銅鼓，其定年要比東南亞的青銅鼓更早。[27] 銅鼓組成物質分析結果發現，其金屬是開採自雲南。[28] 其他考古發現如串珠與有領環（collared disc-rings）等，也支持兩區域——由銅鼓之傳播所代表——在古代有所聯繫的論點。[29]

雲南與中國、雲南與東南亞的密切關係固然不應被低估，但我們應留心其他文化對雲南也很重要。舉例而言，西藏從很早以前開始就與雲南有互動。事實上，吐蕃帝國曾經和南詔王國建立朝貢關係，而雲南西北部的族群（如納西等）深受西藏文化的影響。再者，印度世界也對雲南有著直接或間接的重大影響，最能呈現此情形的例子包括佛教的影響以及貝幣制度，詳見後續討論。

雲南當然擁有自身的創造力，並貢獻於鄰居。中原地區商、周王朝的青銅製品震驚全世界，但學者們感到納悶的是，華北地區並沒有大型的銅礦礦藏，那麼，商、周王朝的青銅是從哪來的呢？阿諾德·湯恩比（Arnold Toynbee）曾暗示其金屬來自於南方，因為「距離黃河盆地最近的錫礦與銅礦資源地，乃是馬來亞（Malaya）及雲南」。[30] 近期的化學分析也部分證實了湯恩比的推測，銅礦是從雲南開採並運輸。[31] 此外，銅礦在進行運送之前，已在雲南經過加工處理。[32] 雖然雲南的青銅器文化遠比不上殷墟或三星堆，但張增祺仍點出，雲南的新石器文化及青銅文化都是原創的、獨特的，並且處處顯示了當地的活力。[33]

此外，雲南也與東南沿海地區的百越民族保持各種聯繫。越人居住在長江以南，其分布遠達印度支那，而有些雲南住民本身屬於百越。考古發現確認了共同文化特徵，凌純聲等學者對此已有探討；同時還有語言學方面的證據。[34]

整體而言，雲南自史前時代開始，便和周圍的文化有所連結。明代學者倪輅所編纂的《南詔野史》記載一個當地悠久的傳奇故事，其中不只顯示他們與鄰居們的緊密關聯，而且還暗示著當地的世界觀。[35] 根據此傳奇，南詔的建國者乃是西天竺（印度）阿育王（Asoka）的孫子，他擁有八個兄弟，最大的兄長是（古印度）十六國的祖先；老二是吐蕃（西藏）的祖先；老三是漢人（中國）的祖先；老四是東蠻的祖先（指的可能是現代貴州境內的民族）；他自己排行第五，而他是蒙舍詔（後來的南詔）的祖先；老六是獅子國的祖先（錫蘭，Ceylon）；老七是交趾（越南北部）的祖先；老八是白子國（被南詔取代的地方王國）的祖先；老九則是白夷（傣族）的祖先。[36] 因此，南詔不只視當地族群如白子國、東蠻等為兄弟國，它也將中國、西藏、越南、錫蘭、印度視作兄弟國，由此揭示了跨越邊界的世界觀，此世界觀包含以上所述諸人群。這樣的世界觀必然奠基於西南絲路所導致的頻繁接觸與交流。

西南絲路概述

地理位置使得雲南成為一個交叉口、一個目的地、一塊文化交流之地。確實，雲南構成中國與東南亞及更遠地區之間的陸橋，但與北方絲路及海上絲路不同，西南絲路在文獻與考古證據上的缺乏，刺激學者去探尋西南絲路的全貌，尤其是其早期階段的狀況。

在張騫出使西域期間（公元前一三八年至一二六年），他就曾推測西南絲路的存在。張騫報告他在大夏時曾發現四川的物品：

> 臣在大夏時，見邛竹杖、蜀布，問曰：「安得此？」大夏國人曰：「吾賈人往市之身毒。」[37] 身毒在大夏東南，可數千里，其俗土著大與大夏同，而卑溼暑熱云，其人民乘象以戰，其國臨大水焉。」以騫度之，大夏去漢萬二千里，居漢西南，今身毒國又居大夏東南數千里，有蜀物，此其去蜀不遠矣。今使大夏，從羌中，險，羌人惡之；少北，則為匈奴所得；從蜀宜徑，又無寇。[38]

聽到張騫的報告之後，漢武帝派出四個使團尋找該路線；漢使最終沒能達成任務，但他們帶回一些關於雲南當地原住民的訊息。司馬遷筆下給我們留下了關於西南絲路的訊息，其價值無與倫比卻又頗為模糊。

西南絲路的延伸穿越中國西南、西藏、東南亞與南亞，它包含四大支線與眾多小支線。四大支線中的第一條，便是從四川／雲南經由緬甸到印度，也就是「川—滇—緬—印」路，或是中國人所稱的「蜀—身毒」路線。由於這條支線極為重要，學者們有時會直接將它等同於西南絲路。但是，其他三條支線也對西南絲路的組成與運作各有貢獻：其一連結越南與雲南；第二連結雲南與寮國、泰國及柬埔寨；第三始於雲南，路經四川到達西藏與印度，由於這條路線的主要貿易品是茶葉與馬匹，它被稱為「滇藏茶馬古道」。[39]

由於西南絲路的歷史複雜性與空間複雜性，以下不妨加以簡述，以便管窺其全貌於一二。

四川—雲南—緬甸—印度路線是西南絲路的主要路段。它起自四川省會成都，成都象徵著發達的蜀文化，其重要性不亞於商文化。距離成都不滿一百公里的廣漢，乃是著名三星堆遺址的所在地。三星堆所孕育的精湛青銅文化，也許曾對東南亞地區具有巨大影響力。[40]

昆明和大理是雲南主要的商業與文化重鎮，從成都經昆明到大理有南北兩條路線，北線途經以下的城市：成都—臨邛（邛崍）—靈關（蘆山）—笮都（漢源）—邛都（西昌）—青蛉（大姚，進入雲南）—大勃弄（祥雲）—葉榆（大理）；由於一定會通過靈關，北線因此被稱為「靈關道」。南線則經過以下城市：成都—宜賓—朱提（昭通）—味縣（曲靖）—滇（昆明）—安寧—楚雄—葉榆（大理）。兩條路線在大理匯合，連結得名自博南山的山道。博南古道經永昌與騰越，延伸抵達緬甸以及印度。

西南絲路的第二條支線從雲南到越南。[41]紅河連接著雲南與越南北部，這或可解釋雲南與越南的青銅器文化為何具有某些共通的特徵。這條路線實際上利用元江（紅河）部分河段，起始自交趾的麋泠，途經進桑與賁古而到達大理，從此可連結博南古道[42]，那也就是為什麼中國唐代的賈耽（七三〇年至八〇五年）會將這條路線稱為「安南通天竺道」。

第三條支線連接雲南、寮國、泰國及柬埔寨。事實上，雲南南部、上緬甸與寮國無論在地理上、文化上、族群上都是難以分割的。雖然我們缺乏早期的中國文獻，然自唐代以降，中南半島小國的朝貢使團數量屢見於文獻。因為這些道路可以被視作川滇─緬─印道的延伸，因此以下會將它們一併討論。

以上西南絲路的三條支線，孫來臣將其稱為「中國─東南亞陸上交通」（Sino-Southeast Asian overland interactions），構成了「中國─東南亞」交通的一半。顯然，在這些陸路交流之中，雲南扮演了核心的角色。在開始探討雲南與西藏關係之前，不妨首先檢視唐代的中國史料，看它們如何描繪這三條交叉經過雲南的南向路線之活力。

玄奘（七世紀中葉）和義淨（七世紀末）這兩位著名的中國朝聖僧侶，都曾經詳述四川與印度之間的路線，他們所記錄的里程與天數頗為相近，顯示當時的人們已頗熟悉這條路線。[43]樊綽曾在唐代中國的安南都護府擔任軍職，他的《蠻書》（大約編纂於八六三年）也記載了這些路線。[44]不過，上述諸人的貢獻，都被賈耽的詳盡記載所超越。

唐代宰相賈耽在公元八〇一年時，曾向皇帝獻上記載中外交通的書籍。雖然那些書已經亡佚，幸運的是，成書於第十世紀的《新唐書》保留了賈耽所記載的中國通四夷的七條路線，其中的第六條路線是連繫安南與印度，它開始於東京（位於今天越南北部），途經雲南、穿過卑謬（Prome）而抵達摩揭陀（Magahda）。[45]

根據賈耽的記載，從東京到大理有兩條路線，一為水路、另一為陸路；待抵達大理之後，兩條路便會匯合並延伸至緬甸及印度。從雲南到印度也有兩條路線，南線是從大理至永昌，經過驃國、卑謬、若開山脈、迦摩縷波（Kamrupa），然後抵達印度；西線則是渡過伊洛瓦底江與孟拱河、欽敦江至印度。西線約有三千二百里，南線約五千六百里長。相較之下，南線似乎太過繞路，然而南線實則非常重要。因為該路線不只連結雲南及緬甸，它也連結著西南絲路與海上絲路，這也解釋了為何商旅們願意走這條比較漫長而蜿蜒的通道。[46]

由於上述所有史料都是由中國所記錄，其中許多是引用自正史（官方歷史）或支持官方的歷史，難怪在中國人所想像的邊界範圍之內，學者們可以畫出相對較為清晰的西南絲路地圖；確實，目前研究的缺陷之一就在於連結緬甸、阿薩姆與印度諸國的路線圖。

從緬甸到阿薩姆以西的區域都是山，這些南北向的山脈是交通的自然障礙。幸好有許多山口通道的存在，想必居住於山脈兩側的人們都曾加以善用。雖然當地並沒有留下任何早期的文獻，不過現代與當代的描述應該可以幫助我們追溯這些古老的路線。

約翰・戴耶爾（John Deyell）曾研究，在公元一二〇〇至一五〇〇年之間，金、銀原料是如何自雲南運送，途經上緬甸而進入孟加拉，他描繪出三條陸路所交織成的網絡，從永昌經過上緬甸，再西向進入孟加拉：

> 第一條路線是從永昌到莫棉（Momien），渡過伊洛瓦底江至孟拱（或莫岡，Mogaung），然後往北經過胡康河谷（Hukong Valley），穿過巴特開山脈（Patkai Range）的通道，進入布拉馬普特拉河的上游河谷，這裡是迦摩縷波的東疆。
>
> 第二條路線沿著瑞麗江（Shweli River）而行，至太公（Tagaung）時跨越伊洛瓦底江，接著循欽敦江（Chindin River）往北行，再穿過依莫萊通道（Imole

pass）到曼尼普爾（Manipur），這就是經由特里普拉（Tripura）抵達孟加拉的東邊路線。第三條路線是從太公、阿瓦或蒲甘開始啟航伊洛瓦底江，然後從卑謬越過若開山脈抵達若開，有一種路線變化是直接從蒲甘經由音恩通道（Aeng pass）到達若開。從這裡或者可以經陸路北向通達查利斯貢（Chalisgaon），或者可以藉沿岸貿易船抵達孟加拉。[47]

尼薩爾．艾哈邁德（Nisar Ahmad）討論中古時代「阿薩姆—孟加拉」貿易時，也詳細談到兩區域之間的貿易路線。從阿薩姆到孟加拉共有三條路線，一條水路與兩條陸路：布拉馬普特拉河河道極適合船隻行駛，而另外的兩條陸路，第一條是從泰茲普爾（Tezpur，位於阿薩姆的達讓〔Darang〕地區）到喬茶（Lakhnauti，孟加拉蘇丹國的首都），途經布拉馬普特拉河北方的迦摩縷波與戈阿爾帕拉（Goalpara）；第二條路線位於布拉馬普特拉河的南方，渡河之後，它會與第一條路線匯合。第二條路線比較受到從事海洋貿易的商人們青睞，因為它可以連結到孟加拉的河港。再者，喬茶的一項優勢在於，它有一條路線可以經由迦摩縷波去到西藏。同樣地，有一條路線可以從喀什米爾（Kashmir）前往中國（雲南），中間會經過庫瑪翁山脈（Koh-i-kara-chal or Kumaon Mountains）、巴特開丘地，以及上緬甸區域，迦摩縷波也有一條路可以通到此地。還有，尼薩爾指出，三條路線（喬茶至泰茲普爾、喬茶至西藏、喬茶至中國）當中有些部分有可能是共通的。[48]雖然這兩位學者所建立的假說是關於中古早期的路線，然而由於當地地形的關係，上古時代的路線應當也類似。

西南絲路的最後一部分，是在雲南以及西藏之間。雲貴高原實際上是青藏高原的延伸，所以雲南西北部自然是和西藏相連的。明朝年間，雲南出口茶葉至西藏，開啟了這條路線的巔峰時期；茶葉是從普洱輸出，經過大理、麗江、中甸、察隅、波密，以至拉薩，然後可以從拉薩到達尼泊爾與印度。然而，因為四川也是西藏的鄰居，所以雲南茶葉也能夠經四川而運至西藏；同理，四川茶葉的輸出也可以經過雲南。這些路線已為約翰．戴耶爾所注意：「有另外一條暢通而無阻的著名路線，啟程於長江上游—湄公河—薩爾溫江區域，穿過西藏，然後有通道可以到達不丹、尼泊爾，接著各自通往迦摩縷波與印度斯坦（Hindustan）。」[49]

雲南—西藏間的路線以「茶馬古道」（Tea Horse Route）之名而為人所知，它的起源其實更早，是在第八世紀當西藏人開始喝茶的時期。但是，因為雲南毗鄰西藏、緬甸與印度，從雲南可以走南向路線經過緬甸、印度，然後再到西藏。樊綽也記錄了這條南方路線。[50]

這條路線很迂迴，因為它匯聚成雲南—緬甸—印度路線，在唐代之前便已有人通行，雖然如此，這條路線的距離確實遠很多。自第八世紀開始，印度與雲南之間的交通通常是走西北支線，這是雲南與西藏關係密切的結果。事實上，西藏吐蕃帝國曾經控制雲南西北部，許多當地政權在第七、第八世紀接受西藏為宗主國。

上述是一個關於西南絲路的極簡短概論。不要忘記這四個路段是出現於不同時代，這些路段的功能有別，它們的支線又隨著歷史而變更。在本章接下來的部分，筆者會逐一檢視各個路段，呈現出歷史變化的詳情。

滇—緬—印道的產生

◎早期商品來源

學者認為滇—緬—印道乃是西南絲路的主要通道，而其他三路段是它者的支線。由於滇—緬—印道的重要性，學者通常將注意力放在這條主要通道，以探索西南絲路整體的起源。

公元前第二世紀晚期，當張騫在大夏看見來自四川的蜀布和竹杖時，他推測中國西南與印度之間應有相通的路線，於是他將此稟告漢武帝[51]；武帝隨後派使節幾次前去探索通往印度的通道，但這些使節全都失敗了。其中一漢使被昆明人所阻擋。許多中國學者如方國瑜等都接受張騫的報告，他們相信這條路線晚至公元前第二世紀已經成形。但是，這個通道能不能推到更早呢？

中國學界的主流認為，這條路線最早是在公元前第四世紀出現，他們所引用的證據之一，是中印文化關係的大學者季羨林對於《政事論》（*Arthasastra*）——約公元前第四世紀的梵文作品——當中「支那帕塔」（*cinapattas*）一詞的探討。季羨林將「支那帕塔」翻譯為「中國絲織品」，暗示當時印度人已經知道中國的絲綢。[52]但是，中國絲綢是怎麼抵達印度的呢？季羨林列舉了所有中印之間的路線，包括三條絲路，以及尼泊爾—西藏—中國路線。絲綢或有可能是經由西南絲路運送，但有鑑於這條路線上的叢林對絲綢所造成的威脅，筆者對這項推測頗為懷疑。

四川與雲南的考古發現對此或有所啟發。自一九五〇年代以來，在雲南的出土墓葬當中已發現數以萬計的海貝，年代可追溯至中國戰國時代（公元前四七五年至公元前二二一年）與西漢時期（公元前二〇六年至公元九年）。這些海貝來自太平洋與印度洋，尤其是馬爾地夫（Maldives）。它們或許是先靠船運抵達緬甸，再繼續抵達雲南，然而更有可能的是，海貝先從海路運至孟加拉，然後經由陸路前往雲南，因為馬爾地夫與緬甸之間的航行要比孟加拉和馬爾地夫之間的交通更加困難。若是如此，這條路線便可以追溯至公元前第一千紀中期。那麼，這條路線還有沒有可能更早呢？可能性是存在的。

成都三星堆遺址的墓穴中也發現了幾百枚海貝，年代大約是公元前一千一百年。這些海貝與雲南出土的一樣，品種屬於黑星寶螺（*Cypraea tigris*）、環紋貨貝（*Monetaria annulus*）與貨貝（*Monetaria moneta*）；雖然它們也有可能是從東南沿岸地區溯長江而來，但是，考量到從南海或印度洋航行至華南或東南沿海的困難，它們更有可能是經由西南絲路而來。若這些海貝的運輸確實是以西南絲路為途徑，銅鼓之傳播顯示這條路線的年代可追溯至公元前第二千紀晚期。[53]

雲南發現的其他考古遺物，或許是論述西南絲路在早於張騫時代便成形的原因。夏鼐在一九七四年時注意到，石寨山遺址（位於晉寧，滇王國首都所在地）的蝕花肉紅石髓珠是人工所製作，年代約為公元前第二、第三世紀，這類的蝕花肉紅石髓珠也曾在新疆與西藏發現。珠子的製作地是印度與巴基斯坦，曾西向傳播至埃及，北向傳播至伊朗。夏鼐指出，這個蝕花肉紅石髓珠有可能是外來輸入的，但也有可能是雲南本地製作的。[54]

後來李家山（位於雲南江川）又發現了另一顆蝕花肉紅石髓珠，定年約在公元前四世紀。張增祺認為這兩顆珠子都是外地輸入的，他所持的理由之一是所發現的串珠有許多瑪瑙；另外，若珠子是本地製作，為什麼只有兩件出土，卻沒有更多發現呢？[55]在李家山的另一座墓葬中，考古學家發現了一個藍色透明琉璃珠[56]，它的定年與蝕花肉紅石髓珠相同；這種藍色琉璃珠從未在中國內地見過，它的設計、顏色、透明度與雲南當地產物都不同，因此可以推測它是自外地輸入的。[57]

中國內地所發現的琥珀珠可以作為進一步證據。人們過去相信這些琥珀來自雲南，因為根據史料記載，永昌地區生產這類珠子；但如今看來，永昌似乎只是這些來自緬甸的珠子的轉運站。[58]石寨山還有兩件發現，其年代與蝕花肉紅石髓珠相當，可能是從中亞與西亞地區輸入雲南。其一是翼虎錯金銀帶鉤，翼虎眼睛是透明的黃色琉璃珠，這類裝飾品直到公元第三世紀——也就是約四百年後——之前，才在中國出現。另一件是鎏金浮雕銅獅扣，此件上的兩隻動物疑似是獅子，但是獅子並不是中國原有的物種，據說中國的第一隻獅子是在第一世紀時由大夏傳入。雖然這些物品有可能是經由陸上絲路運送，但張增祺堅持它們是取道自西南絲路。[59]泰國中部所出土的肉紅石髓珠，或許表明張增祺的觀點的正確性[60]，雖然目前依然沒有確切證據。

張騫的描述固然是極有價值，但其可疑的程度也相當高，因為那是孤證。學者們質疑，南印度地區本有其自身的竹子與布匹，為什麼竹杖這種便宜的產品會被運到數千英里之外呢？[61]其他的學者則回應道，蜀布其實不是棉製品，而是某種麻製品，而且邛竹擁有相對高的價值。[62]夏鼐等人也質疑西南絲路的存在，因為氣候與地形因素造就的困難，再加上地方部落、政權的多樣性與敵意；他說，如果西南通道果真存在，那可真是一條最難通行的路線了。[63]

因此，這些學者們不是主張張騫的時代西南絲路並不存在，就是尋找其他的可能性。[64]其中一條可能的路線，是從蜀地（四川）經由夜郎王國（貴州），再到南越（廣東與廣西），與海上絲路會合[65]；另外一條可能的路線，則是從雲南經由紅河或盤龍江到達交趾（越南），然後接上海上絲路。[66]四川當地產品的輸出，則可能是採取川藏路線。[67]我們沒有理由否定這些路線的可能性，因為在張騫的報告之前，漢室似乎對於雲南所知甚微[68]；不過直到公元前第二世紀為止，海上絲路的險阻程度並不亞於西南絲路。而且，當然了，雲南至交趾的通道也屬於西南絲路的一部分。

絕大多數學者並不否認西南絲路的存在，他們只是懷疑在公元前第一千紀中葉之前西南絲路是否已經存在。確實，有許多重要的學者——包括伯希和、方國瑜、饒宗頤——肯定張騫與少數非中文早期史料的記載。《政事論》是孔雀王朝旃陀羅笈多（Chandragupta Maurya）統治期間（公元前第四世紀晚期）的文獻，裡頭寫道：「我的老師曾說，通往喜馬拉雅（Himalayas）的陸路，比通往南方的陸路更好。考底利耶（Kautilya）說，不是這樣子的，除了毛毯、獸皮、馬匹之外，其他商品如海螺、鑽石、寶石、珍珠等，在南方都非常豐富。」[69]若這項史料確實屬於公元前四世紀，我們便可假定印度與喜馬拉雅之間的貿易路線已經確立了。這些路線之一有可能會通過上緬甸抵達雲南，其理由是毛毯、獸皮、馬匹都是雲南的著名產物；不過，西藏也以這些產品而著名。

有些西方史料似乎支持上述的推理。第一世紀中期希臘人所寫的《厄立特利亞海航行記》（*The Periplus of the Erythraean Sea*）談到：「越過最極北處的區域（克里斯，Chryse）之後，外面的海洋終結於一塊稱為『提斯』（*This*）的陸地，這裡有座很大的內陸城市，稱為提奈（Thinae），生絲、絲紗線、絲綢會從此地靠步行運送，經過大夏，到達巴厘迦薩（Barygaza）。」[70]威爾弗雷德・紹夫（Wilfred Schoff）指出，克里斯就是麻六甲半島，提斯實際上就是指秦帝國，提奈則是秦帝國首都咸陽。

紹夫的詮釋或許是正確的，因為有許多有名的馬來產物如黃金、龜殼、珍珠等，都曾在這部希臘記錄中提到，而且這部航行記對於周遭地區的地理描述基本上準確。[71]有趣的是，航行記作者以南方中心的視野記錄位於北方的秦帝國，那表示他可能是在緬甸登陸，而且獲悉北向通往中國的陸路。如果真的是這樣，那麼從中南半島沿海穿過上緬甸與雲南進入中國內陸的路線，在希臘人到來乃至更早以前，就已經在運作了。[72]

有些學者以大夏出現蜀布與邛竹來證明物資西向運送的模式，李約瑟則是推展「大夏鎳合金理論」（Bactria alloy theory）而得出同樣的論點。在《中國科學技術史》一書中，李約瑟為他的理論總結道：「公元前第二世紀上半葉在大夏地區的希臘王國，是使用銅鎳合金的錢幣，這是目前已知世界上最古老者。」[73]銅鎳合金或稱「白銅」（*paktong*，源自中文），十九世紀的科學家們曾經對其做過測試，他們表示希臘—印度錢幣中的鎳，是來自中國的輸出；由此，開闢出後來所謂的「大夏鎳合金理論」。[74]威廉・伍德索普・塔恩（W. W. Tarn）在著作《大夏與印度的希臘人》（*Greeks in Bactria and India*）中，顯然深信大夏的鎳正是來自中國。[75]

李約瑟堅持「大夏的合金成分（銅、鉛、鐵、鎳、鈷）之比例，與中國古典時代的白銅極為相似」，而且「在亞洲九個鎳礦藏處，僅有中國的鎳可能有那樣的比例」。[76]在此，李約瑟提到雲南，表示他「傾向相信」白銅是從雲南運出，然後再通過新疆地區[77]。顯然，李約瑟忘記了經由緬甸輸出的西南路線。

反對「大夏鎳合金理論」的學者所持之論據相對較弱。舉例而言，舒勒・卡曼（Schuyler van R. Cammann）指出，公元前三世紀的永昌「是個蠻荒地區」[78]，並由此建構他的論點。然而，永昌地區哀牢族的落後與「蠻夷」形象，乃是以中國文化優越性為假設所導致的結果。畢竟，在公元前第一千紀中期，雲南的青銅冶製頗為先進。此外，當時並沒有其他的白銅產地，所以除了雲南之外，白銅還可能來自何處呢？[79]

舒勒・卡曼強調合金理論的缺點：如果白銅是經由西南絲路運送，那為什麼在印度的其他地方沒有發現鎳合金呢？[80]目前為止，這個問題並沒有答案。另一個顯而易見的問題是，在雲南所發現的白銅物品，沒有一件是早於明代（一三六八年至一六四四年）之前。[81]

筆者同意的是，西南絲路應當在秦漢時代之前就存在了，也就是早於公元前第三世紀；但是，除非有進一步的證據，否則難以確知零星交易是在何時轉變為正常貿易，此事就有待未來考古的發現了。我們固然可以假設西南絲路在當時就存在，可是也不應誇大貿易的程度。故此，筆者非常欣賞哈羅德・勃克曼（Harald Bockman）對於漢代雲南貿易情況的謹慎態度，他的結論是「目前證據稀少到不足以稱之為『西南絲路』」，關於貿易量與貿易物品的「考古證明非常少」。[82]

◎文獻、朝貢與貿易：滇－緬－印道的進一步證據

西漢與東漢致力將西南納為領土，這番努力為我們留下許多關於滇緬印貿易路線的文獻史料。公元前一二二年，漢武帝派遣的一支使節團抵達滇國，滇王嘗羌將使節扣留；漢使滯留了一年多，由於昆明人阻止他們西行，最終漢使沒能抵達印度[83]，但漢使獲知，「其西可千餘里有乘象國，名曰滇越，而蜀賈奸出物者或至焉」。[84]也許，漢使被嘗羌王與昆明人所阻擋，就像是班超——第一世紀企圖與羅馬人直接交通的東漢使節——被安息人阻攔一樣。[85]這兩次漢朝開啟直接交通的企圖都失敗了，因為當地社會希望能保有自己的祕密，以壟斷長途貿易的高額利潤。

上述史料說明了西南絲路的更多資訊，例如滇越國的存在，但學者對此意見紛紜。有些學者認為滇越國位於今日雲南南部的騰越，有學者則認為滇越國乃是緬甸古代政權盤越國或漢越國；還有學者堅持，滇越國位於阿薩姆的迦摩縷波。[86]不管滇越國究竟位在何方，蜀地商人出現在那裡，而且看來蜀商有意將此貿易保密，這顯示這項長途貿易已經進行很久了。

至第一世紀末，漢帝國已控制住今日雲南的大半，許多當時的進貢事蹟也被記錄下來。公元九十四年，「徼外敦忍乙王莫延慕義，遣使譯獻犀牛、大象」。又如公元九十七年，「徼外蠻及撣國王雍由調遣重譯奉國珍寶」[87]，漢和帝賜予雍由調金印、紫綬，並且贈與其他「蠻夷」小君長絲綢、錢幣。上述兩次進貢使節團，皆有翻譯同行。公元一〇七年，「徼外僬僥夷陸類等三千餘口，舉種內附，獻象牙、水牛、封牛」。公

元一二〇年，雍由調再次遣使者詣闕朝賀，奉獻樂師及會特技的幻人。幻人據說擅長魔法，會變化吐火，還能支解身體，把自己的頭換成牛馬頭；又善「跳丸」（古代百戲之一，表演者兩手快速連續拋接若干圓球），數乃至千。史載「獻樂及幻人，能變化吐火，自支解，易牛馬頭。又善跳丸，數乃至千。自言我海西人。海西即大秦也，撣國西南通大秦。明年元會，安帝作樂於庭，封雍由調為漢大都尉，賜印綬、金銀、綵繒各有差也」。[88]

相較於北方絲路的使團之稀少，南方來的進貢使團（公元二世紀左右）頻率實在值得加以注意。這一驚人的差異，來自於西漢政權崩潰後數十年間中亞地區的混亂，同時也顯示了西南絲路的重要性日益提高。或許是苦於北邊的險阻，人們必須轉而尋找替代路線，而西南絲路似乎便是捷徑。

有趣的是，公元一世紀《厄立特利亞海航行記》的作者或許注意到、或者他親身走過同樣的路線，其時間稍稍早於這些朝貢使團。或許我們會懷疑西南絲路在張騫的時代是否已經開通，然而上述中文與西方的史料共同顯示，該路線至少在第一世紀中葉已然十分興盛。《後漢書》清楚陳述「海西即大秦也」，而且「撣國西南通大秦」。[89]遺憾的是，印度鮮少被提及；不過，《華陽國志》倒是曾記錄「身毒之人」[90]，那也是為何余英時在檢視文獻與考古雙重證據之後，會傾向肯定印度—緬甸—雲南貿易路線於漢代便已存在。[91]余英時的結論是：「無庸置疑，西南夷與某些緬甸與印度土著發展出日益緊密的經濟關係，透過他們，漢代中國藉由這條著名的貿易路線，漸進而穩定地與緬甸及印度有了經濟交流。」[92]

◎貿易與城市的出現

受到貿易頻繁之裨益，永昌這座公元一世紀的邊疆城市遂成為重要的國際貿易中心。據史書記載，「永昌出異物」。[93]值得重視的是「出」這個字不僅表示生產，還意謂著輸出，這暗示著被認為是「異物」的東西，可能不是當地出產的。《華陽國志》及《後漢書》都有列出所謂「異物」，包括銅、錫、鉛、黃金、白銀、玉石、寶石、琉璃、海貝、珍珠、緞帶、大象、水牛、黃牛、象牙、孔雀、棉花等等。[94]多樣的商品是由各式各樣的商人所帶來，《華陽國志》提到，永昌那裡「有閩濮、鳩獠、僄越、裸濮、身毒之民」。[95]《後漢書》也有記載來自西方的商旅，比方說「海西」之人。

永昌的繁榮與活力，可以從它的人口增長獲得確認。公元六十九年，當哀牢王將其王國獻給東漢朝廷內屬之際，史書記錄哀牢的人口超過一百萬。漢朝於是設立永昌郡，掌管哀牢地區以及從益州郡割出的六個縣。一項史料寫道：「永昌郡八城，戶二十三萬一千八百九十七，口一百八十九萬七千三百四十四。」[96]永昌郡作為邊疆地區，它的人口幾乎是當時眾郡之首，比中國西南傳統重鎮的蜀郡人口（一百三十五萬零四百七十六人）還要多。[97]除了國際貿易之外，沒有其他理由足以解釋這樣的人口數量。上述的統計數字或許有所誇張，但是有其他史料依然肯定永昌曾是中國西南地區人口最多的區域之一，而且持續保持著如此的地位。[98]這些文獻大力挑戰了哈羅德．勃克曼質疑該貿易在漢代是否存在的觀點，雖然筆者同意勃克曼的說法，也就是「西南『絲』路」之存在難以證明，因為「絲」並不是其主要的貿易商品。

第三世紀初東漢政權的崩潰，再度造成中國三百年的混亂，直到隋王朝在公元五八一年再度統一。第四世紀之後關於西南絲路的史料並不多，與此同時海上絲路發展蓬勃。某文獻記載，四世紀時有位佛教朝聖者經由川滇陸路抵達印度[99]；唐代僧人義淨抵達印度東部時，曾看見室利笈多（Srigupta）有一座由二十多位來自四川的中國朝聖者所蓋之寺院，那些朝聖者的旅行路線是取道雲南與緬甸。[100]據統計，在六世紀末之前，共有兩百二十七位僧侶曾經來往於中、印之間，其中有中國至印度朝聖者，也有前來中國的印度人[101]，當中可能有許多人就是循著川滇—緬—印道旅行。

公元七世紀以降中南半島地方政權之興盛，反映出跨區域貿易持續進行的事實。大理地區有六個或八個王國興起，其中包括南詔，南詔後來成為雲南地區第一個統一的王國。在南詔國與大理國時期，所轄地區眾多城鎮繁榮發展。同樣地，在中古初期（指的是第八至十三世紀中期），中南半島也有許多政權崛起。[102]方國瑜在檢視各種中國史料後，列出一份曾與南詔接觸過的中南半島王國、城邦、城鎮、部落或部落聯盟清單，這份清單除了雲南的南詔與後來的大理國之外，還包括驃國、蒲甘、彌若、彌臣、昆侖、波斯、陸真臘、水真臘、女王國、大秦婆羅門、小秦婆羅門、迦摩縷波等等。[103]歷史學者格德菲．哈威（G. E. Harvey）指出：「中國人描述九世紀的緬甸有十八個政權與九座築牆城鎮，它們全都是依存於驃國；在這些政權與城鎮當中，最重要的城鎮是卑謬，然其傳統涵蓋的範圍最北可以達到嘉寶谷地（Kabaw valley）。」[104]哈威補充道：

卑謬淪陷之後，它的人民遷徙至蒲甘，與當地部族融合，後來便成為所謂的緬甸人。蒲甘本為十九座村莊，村莊後來發展成城鎮，成為十一至十三世紀期間全緬甸的首都。這裡的條件很好，接近欽敦江與伊洛瓦底江匯流處，從撣國而來的貿易路線與來自雲南的貿易路線，很有可能是在此處結合，並且通達至阿薩姆。[105]

由於貿易與朝貢頻仍，中國人注意到中南半島境內日益增長的內部交流。舉例來說，賈耽記錄了唐代通四夷道中的一條，也即連接驩州（越南中部）與文單國或陸真臘（約位於寮國）以及水真臘（約位於柬埔寨）的路線。[106]

貿易利潤增強了南詔的國勢，而掌控貿易的欲望可能是南詔對其他南方政權發起軍事行動的驅動力。根據中文文獻記載，南詔曾與驃國、彌臣國、彌若國、水真臘、陸真臘、女王國、昆侖爆發軍事衝突，還曾援助驃國抵禦獅子國的進犯。[107]南詔王國或許曾經將朝貢體系加諸驃國與其他東南亞政權，它還曾經督促驃國的使節前往長安進貢[108]；他們獻給唐朝的驃國音樂與樂器，據說在唐室頗受歡迎。對於中國人來說，這些使團可能是他們更新對東南亞之認識的重要訊息。賈耽上呈論中外交通的書籍，時間正是在唐朝與南詔建立同盟的七年之後，這絕對不是一個巧合。

城鎮與政權的蓬勃發展可能發生在更早之前，但中國人在唐代記載此事，由此可以得出兩個結論：第一，一系列城鎮與政權的出現，不僅是受到海上絲路的滋養而已，而且是陸上跨區域貿易與交通的結果；簡單來說，此番城鎮化的合理原因便是西南絲路與海上絲路貿易兩者的交互作用。第二，雲南（南詔與大理王國）地區的交通頻仍，中國人由此——包括直接或間接的接觸——大大增進了對於中南半島的了解，正如樊綽《蠻書》所示。[109]

在大理王國期間，貿易持續繁榮，但不幸的是，關於這些貿易路線的記載並不充足。中文史料極其匱乏，肇因於宋朝（九六一年至一二七九年）決意減少並管控對大理的交流，因為當時宋代王朝正忙於防範北邊鄰國的入侵。雖然北宋王朝封鎖了四川與雲南間的貿易，但是雲南與廣西間的商業連結卻有所進展，因為宋朝需要來自大理的馬匹。再者，考量到海上絲路的繁榮，我們實無理由去懷疑大理國與東南亞之間的貿易是否存在。有些史料顯示大理國與中南半島國家有密切的關係，例如在公元一一三六年時，大理與蒲甘曾一起向宋室納貢。[110]

如前文所討論，永昌這座極南的邊疆城市在第二世紀時成為中國主要的國際貿易中心。永昌的盛名綿延了好幾百年，其貿易在南詔與大理時期可能愈加昌盛。永昌的商人與商品不只來自南方沿海區域，還有安南地區。唐代宰相張柬之曾經注意此事，他頗有見識地指出，永昌向西與大秦交通、向南則與交趾交通，交趾即是今日的越南北部。[111]

滇越通道

雲南與越南的交通可以追溯到很久以前。雲南與越南地區青銅器及其他器物的相似性，反映了兩地之間深厚的歷史紐帶。中國史料記錄，公元前第三世紀當秦國擴張至蜀地時，有位蜀王子（蜀泮）征服了越南北部，這位蜀王子從蜀地到越南的旅途，有可能是取道雲南。雖然這個故事記載的年代已經頗晚，有些越南學者依然認為可信。[112]不過，雲南與越南之間的交通是從何時開始的呢？

二十世紀初時，伯希和雖肯定中國約在一世紀時統治著越南北部，但他表示沒有史料足以追溯當時雲南與東京之間的交流。[113]然而，中國的學者們找出《水經注》的相關段落，這部第六世紀時的地理作品被伯希和所忽略了。[114]《水經注》書中在討論葉榆水（即紅河）時，曾引述馬援的故事。

馬援是東漢時代的將軍，曾在公元四十三年撲滅交趾的一場叛亂。當馬援聽說益州（雲南）爆發叛亂時，他建議讓自己的軍隊移師至雲南，並且對於路線加以詳細描述。[115]所以，若馬援相信自己的軍隊能夠通行，那麼雲南與越南之間的通道應當寬敞才是。另一則中國史料則將雲南與越南關係再往前推十年。西漢末年約公元一世紀時，文齊被派為益州太守，此時公孫述占據了蜀地並且自立為王，公孫述曾要求文齊納降，但被文齊拒絕了；當文齊聽聞東漢建立的消息，他便派遣使節經由交趾前往洛陽。[116]

多虧四川蜀漢政權與江南（長江以南）孫吳政權對於交趾、南中的激烈爭奪，公元三世紀時有了更多史料記載滇越的聯繫。劉巴是北方魏國派遣至長沙、零陵、桂陽的使節，這三個地方都位於長江以南。但是，這三個郡當時都已經被蜀國占領，劉巴無法歸返，他於是繼續南進至交趾，而後從交趾到雲南，再從雲南到四川，最終才回到北方。[117]在蜀國投降魏國之後，魏國出兵取得交趾，交趾當時為吳國占據；七年之後，吳國又派遣軍隊三十萬，再將交趾奪回來。[118]如斯頻繁而激烈的軍事競爭，顯示著滇越交通的通暢及其重要性。

軍事活動揭示了滇越之間的密切交流，但這種交流也有相當的商業性質。因為地理位置因素，在唐王朝之前，交趾（交州）是海上絲路的主要港口城市；到了唐代，由於航海技術大有進展，船隻於是偏好停靠廣州。[119]船隻停靠交趾時，有些商人會前往雲南。商業交易的商品包括犀牛、大象、珍珠、馬匹、銀、銅、絲綢、布匹、玉石、寶石、香料、龜殼等等。國際貿易的情況，一部分解釋了為何蜀國與吳國都想要控制交趾。[120]南海貿易的繁榮無疑對雲南—安南聯繫造成了積極影響，永昌的「異物」不僅來自西方，同時也來自於交趾。[121]

公元七世紀時，雲南的南詔崛起，然雲南與越南——亦即唐朝的安南都護府——之間的貿易依然持續，南詔會以馬匹交換越南的鹽。南詔與安南曾爆發一些衝突，原因是安南都護府的都護李琢「為政貪暴」，強令以鹽一斗，交易牛或馬一頭，強迫南詔商人進行不公平的貿易；雙方的衝突當然對交通有不良的影響，但私人貿易似乎從未停止。因為唐朝長期嚴格孤立四川邊疆，再加上吐蕃控制了其東南邊境，滇越交通相映之下則較為正常，南詔王異牟尋派往長安的使節可以解釋此等情形。異牟尋不堪吐蕃的強取豪奪，故派遣三位使節前往長安尋求與唐朝結盟；其中一位使節採取的路線是通過安南，顯示雲南—安南路線被認為是正常的交通路徑。[122]

即便如此，雲南—安南交通卻在晚唐時期衰退，因為安南的戰事摧殘了貿易，而安南的獨立也對貿易產生負面衝擊。此外，廣州逐漸取代原先交趾在南海貿易中的地位，也是原因之一。不過，途經廣西的貿易在大理／宋時期很繁榮，因為這塊邊疆區域毗鄰大理王國與安南，而它們都希望能與大宋做貿易。另外，欽州、廉州這兩個廣西的港口城市，吸引了海上貿易。

宋朝在四川與廣西建立了十幾個市場，以從大理國購買雲南的馬匹。[123] 馬匹是主要的貿易商品，但其他種類的商品也不缺席，絲綢、布匹、鹽、茶葉、甚至有中國的儒家與佛教典籍，用來交易來自雲南的公牛、大象、綿羊、雞隻、黃金、白銀、武器、鎧甲，以及各類植物藥材。不只如此，大理也透過這些市場，得以取得來自海洋的產品。為了因應來自安南、載著各種海洋商品的商人，宋廷在欽州這座重要港口城市以及永平寨設立市場。於是，大理、宋、安南參與了廣西地區及其周圍的貿易網絡，也就是邕州（廣西南寧）道。

之所以稱為「邕州道」，是因為邕州有主要的馬匹市場。三條來自雲南的支線，會經過貴州（北、中、南）而抵達邕州，其中細節全部都記錄在十三世紀周去非所撰的地理書《嶺外代答》裡。[124] 其中北線起於大理，途經善闡（昆明），穿過羅甸國（貴州安順），抵達橫山寨這個官方設立的馬市。中線起於大理，經過善闡（昆明），去到石城（曲靖）、羅平、齊彌（貴州興義），渡過南盤江，來到泗城（今廣西凌雲），然後抵達橫山寨。南線起自大理，途經開遠、廣南、白州（今廣西博白）、那坡、安德，接著再抵達橫山寨。[125]

事實上，這條路線的終點既不是大理，也不是邕州，它可從大理連接到緬甸、印度，或者走東北方向到西藏；而這條路線從邕州往南，可以去到安南或廣西的港口城市欽州，商人們可以自欽州乘船前往廣州或其他中國東南沿岸港口，或者前去東南亞；若商人從邕州採取東北向路線，他們便可以前往南宋政權的重心，也就是當時全世界最富庶的江南地區。[126]在大理—兩宋時期，雲南和邕州之間的通道變得極為重要，猶如周去非所作的結論：「中國通道南蠻，必由邕州橫山寨。」[127]

滇藏通道

如前所述，滇藏通道包括兩條支線，亦即南線與北線。南線可以視為滇緬印交通連結的延伸。根據樊綽的記載，南線首先南行，越過高黎貢山脈進入上緬甸，接著轉向西北前往西藏的察隅。[128]察隅是跨區域網絡中的邊疆市鎮，由此可以到達緬甸、印度或雲南，但直接連接雲南與西藏的路線，就是被稱作茶馬古道的西北向路線。

茶馬古道的詳情可見於南詔的記錄。南詔國王所設立的《南詔德化碑》，其內容回顧了南詔、李唐、吐蕃的三角關係，並記下某次南詔在戰勝唐朝軍隊後，派遣貢使前往吐蕃一事，據說該使團有六十人之多，並進奉了重帛珍寶；作為獎賞，吐蕃遣其宰相帶著金冠、金帳、金腰帶、絲綢、珂貝、珠毯、馬匹、貂皮、銀器，以及其他地方特產前往南詔。[129]公元八二九年，南詔劫掠成都，並向吐蕃奉獻四川的俘虜兩千人及各式珍寶。[130]樊綽還曾記錄，在南詔有來自吐蕃的大綿羊。[131]

茶馬古道的名聲因為茶葉貿易而增長，雖然此路線也會運送許多地方或異國產品。藏語中的「茶」發音為「ja」，跟日語一樣，兩者都來自古代的中文發音。一直到八世紀初，西藏人民都沒有飲茶習慣；雖然吐蕃國王與貴族會飲用來自中國的茶葉，但那並不是雲南出產的茶。[132]樊綽曾記錄雲南的茶，南詔人在煮茶時會添加胡椒與薑。[133]可是，當時雲南的茶是否輸出至西藏，並無線索可循。宋代的四川茶馬貿易昌盛，後來還變成由國家專營，但我們依然不知道當時是否有雲南茶葉出口至西藏。

明、清時期是雲南茶馬貿易的巔峰期。當時，木氏崛起並控制西藏與雲南的邊境地區。後來被歸類為納西族的木氏與其祖先一樣，與藏人保持著緊密的關係。木氏家族的重心在麗江，他們先後為元、明、清歷代朝廷所承認。公元一六六一年，北勝州（永勝）設立了茶馬互市，正式承認已然存在的貿易。許多城鎮因為茶馬貿易而繁榮，長期以來作為雲南、西藏之間橋樑的麗江，便是其中之一。

值得注意的是，茶馬古道也包括四川至西藏的路線。因為四川、雲南、西藏彼此相鄰，四川的茶有時候先運輸到雲南，然後再轉運至西藏，或者是雲南的茶經四川運到西藏。乍看之下，這種轉運的作法似乎沒有必要，然上述區域中的經濟性互補與互相依賴，讓這些買賣活動有其動力與意義。我們需要提醒自己，現代政府所畫定的邊界，對於那時候的當地人民來說毫無意義。雖然西藏消耗大量的雲南的茶，但雲南的茶也有一部分是銷往尼泊爾、印度、與中國本部。事實上，雲南的第一等茶乃是供應給中國的市場。雲南的普洱茶在北京享有盛譽，而且位列帝國貢品清單之中。雲南茶葉作為一項主要的輸出品，也會經銷往東南亞地區。[134]

元、明、清三代及此後的西南絲路

上述的討論終結於元朝以前（滇藏交通除外），因為在蒙古征服之後，中國與其鄰居的交流留下了許多文獻資料，充分證明元代以降這一交通網絡的存在。雖然如此，檢視元代以後的中外交通，對於說明這些路線的歷史延續性與貿易發展不無益處。

公元一二五三年，蒙古鐵騎征服了大理王國，並於一二七四年建立了雲南行省。但是，蒙古人的腳步並不止於雲南，他們繼續向南擴張至其他東南亞國家。為了實施軍事征服與後來的政治控制，蒙古人在主要道路上設立了站赤（驛站）制度。[135]雲南一地便設置有七十八座站赤，其中包括七十四座馬站與四座水站，馬站共有二千三百四十五匹馬與三十頭牛，而水站共有二十四艘船。[136]由此，驛站涵蓋整個雲南，並且延伸至雲南以外。主要的驛站路線共有七條，足以理解雲南的站赤制度：從中慶（昆明）經建昌（西昌）至四川西部；從中慶經烏蒙（昭通）至四川；從中慶經貴州，北向至大都（北京）；從中慶經廣南至邕州（廣西南寧）；從中慶經通海至安南；從中慶經大理、永昌至緬甸；從中慶經大理至麗江。[137]事實上，這七條路線都是沿著西南絲路而展開。[138]

整體而言，除了雲南與安南通道上的驛站之外，明代在雲南沿用了元代的驛站制度。[139]每六十至八十里設立一個驛站，並配置十幾、二十幾匹馬以及人員十一位以上。驛站的耗費全由地方政府提供。明代的雲南地區大約有八十座驛站，一度多達九十座。[140]明代除了驛站之外，還會設立軍事據點性質的「堡」，堡有時還會取代驛站。[141]在萬曆年間（一五七三年至一六二〇年），雲南共有五十三座堡，其中三十六座設在驛道旁並執行驛站業務。[142]此外，出於安全考量，明廷還在戰略性關口上設置安防性質的巡檢司。於是，有時在一個地方同時並行巡檢司、驛站與堡。[143]

清朝繼承了驛站制度，並將驛站體系擴張進入明代尚未達到的土司區域。清代共在那些地區設有十九座驛站、二十座堡，以及五十四座軍站。[144] 根據當地情況，在主要的大站之間，每經十或十五、二十、三十、四十里，便會設立一座小站「鋪」。在沒有驛站的邊疆區域，會設置鋪。鋪的數量總合起來超過四百個。[145]

審視元、明、清三代，雖然這三個帝國的領土範圍有所變化，但我們可以發現驛站制度與公共交通設施的歷史承繼與發展。隨著時間變化，一項很明顯的趨勢便是，郵務基礎建設變得更加全面、更加系統，而且逐步深入少數族群控制的山區。因此，西南絲路有很大部分併入了這個官方的交通系統。

官方對道路與驛站之管理主要是為了軍事與政治目的，然商業與文化交流也因此同樣發展。首先，軍事行動與政治管理必然伴隨龐大的物資輸送。再者，當權力鬥爭結束之後，中國與東南亞的官方交流也充分利用了這些道路與設施。這一時期的中文史料充斥著朝貢活動的紀錄，那也是為何有些道路會被取名為「貢道」的原因。我們知道，朝貢除了政治與文化交流之外，尚有物資交換的功能。最後，交通制度的公共管理並不排除私營商人，反而會有利於私人商業的進行。正如余英時所言：「牟利的商賈絕不錯過利用公共設施的機會，以達成其私人目標。」[146] 道路的改善來自於官方或多或少的參與，卻因此促使了明、清時期的貴重物品貿易轉為大宗商品貿易。

西南絲路於明代的一項重大貢獻，就是將新作物傳播至中國。中國歷史領域的大學者何炳棣持論，這條路徑在明代的重要性決不低於北方絲路，因為十六世紀末玉米和番薯便是透過西南絲路首度傳入中國。[147]

歐洲勢力於十九世紀末占據中南半島，歐洲世界體系之擴張大幅改變了中南半島的貿易。[148]在此期間，英國與法國人發明了所謂的「雲南神話」（Yunnan myth），亦即認定雲南是它們在亞洲乃至世界上競爭的關鍵。[149]英國、法國分別殖民緬甸和越南之後，遂開始滲透雲南，計畫修築鐵路、公路，將緬甸或者安南與雲南相接。[150]他們對紅河開始進一步的探索，冀此建立聯繫雲南、安南、香港、廣東甚至西藏之間的通道。[151]英國的戴維斯少校（Major Davies）*在從事冒險旅程之後，提議建造連結印度與長江地區之間的鐵路，這是大英帝國在亞洲所制定的戰略性決策。[152]戴維斯的想法雖然沒有成真，但這象徵著許多殖民者的勃勃野心。最終，法國在這場殖民競爭中先下一籌，「滇越（雲南—安南）鐵路」於公元一九一〇年完工。這座鐵路總長八百多公里，連接昆明及河內，再現了當年滇越貿易的盛況。大量的礦物——尤其是錫——自雲南出口到法屬印度支那，這項貿易成為二十世紀初期雲南的經濟基礎。

英國人雖然沒有修建雲南至緬甸的鐵路，但他們成功在緬甸打造了現代化運輸，此事對於貿易大有幫助。[153]伊洛瓦底江上的輪船繁忙地載運棉花至雲南。舉例而言，當滇藏路線因一九一一年辛亥革命發生而受阻的時候，雲南的茶葉就是先靠船運送到緬甸，然後再進入西藏。

第二次世界大戰讓西南絲路獲得史無前例的國際關注。國民政府在一九三八年時退守至中國西南，當日本封鎖中國所有的沿岸交通時，西南絲路對於中國與國際的聯繫居

* 譯注：亨利・羅道夫・戴維斯（Henry Rodolph Davies, 1865-1950）受託探勘印度經雲南至長江流域的鐵路興建可能性，於一八九九年開始了兩千多英里的探勘旅程。

功厥偉。在日本於一九四〇年占領越南之前，滇越鐵路是中國唯一能通達至海洋的交通線，而在當時，滇緬鐵路與公路的修建也在考慮之中。滇緬鐵路動工於一九三八年，但卻因諸多理由而沒有完成。雖然如此，滇緬公路則成為中國當時的主要國際交通動脈，尤其是在滇越鐵路也受到封鎖之後。滇緬公路一九三八年九月開始通行，但在一九四二年五月日本占據緬甸後停止運行。與此同時，中國至印度的公路也開始施工，在同盟國在緬甸的戰事取得優勢之後，中印公路的建造更獲進展，並於一九四五年一月完工。

中印公路長達兩千多公里，它起自印度的雷多（Ledo），跨越上緬甸之後終結於昆明。不過，最著名的運輸方式或許是所謂的「駝峰航線」（Hump Airline），飛機自阿薩姆起飛，穿越喜馬拉雅山山谷與橫斷山脈之後在雲南降落。在滇緬公路被封鎖之後，駝峰航線就承擔起了前者的責任。

二戰時期現代運輸設施有其重要的角色，但傳統商隊也全力以赴，並發展至前所未有的規模。雖然駝峰航線能輸送大量物資，但仍然不敷需求。通往緬甸的路線於一九四二年之後受阻，滇—藏—印的連結成為中國西南唯一的國際性通道，充滿愛國熱情的私營商人利用此機會拓展生意，動用的馬匹數以千計。國際政局的變換導致了傳統運輸方式的黃金時代。

有一段插曲可以證明雲南在二次大戰中的特殊角色。對於位在上海的成千上萬名猶太難民而言，雲南有如仙境，而且前景可期。公元一九三九年時，曾有人提出一項遷徙十萬猶太難民至此遙遠邊疆省分的計畫，但此設想未免太過烏托邦，最終沒有付諸實施。[154]

五十年左右的孤立結束之後，雲南與中國其他地區再度尋求國際通道。基於戰略地點上的優勢以及與南方歷史上的密切聯繫，雲南正在發展連結中國、東南亞等地的公路，並再一次吸引中國內部與國際的關注。這條公路會起自西安這座象徵陸上絲路的城市，然後經過成都、昆明與大理，最終進入東南亞而止於印度洋。[155]與此同時，從中東地區興建油管穿過緬甸的計畫也在商議當中。當各國政府企圖恢復本地區自古以來的交流之際，政府以外的組織——如國際人口販運集團——也開始利用這條路線。有些非法的福建移民離開中國東南沿岸的家園前往雲南，然後越過邊界，進入緬甸或泰國，再轉乘至某些地方如拉丁美洲，最終的目的地則是美國；泰國販運婦女為娼妓的活動，也利用了這些路線。

西南絲路的個案研究——市馬

我們已經建立起西南絲路——尤其是中古時代之前——地理位置、歷史發展的概貌。各式各樣的物資在這條貿易路線上往來，包括海貝、玉石、寶石、大象、象牙、馬匹、木材、布匹、藥草、香料、鹽、茶、黃金、白銀、銅、錫、鉛、棉花和鴉片等等，這些不過是大家最熟悉的幾樣物品而已。本章當然無法討論全部的物品，故本節將會專注檢視市馬，以管窺西南絲路的活力。筆者會利用目前中國與中國之外的學術成果，來闡明西南絲路沿線貿易是如何塑造了當地社會。

馬是雲南著名的特產。根據司馬遷所言，馬、奴隸與公牛乃是滇西的財富來源。馬最初是隨著中亞草原的史前移民進入雲南。[156]經過千百年的適應，雲南的馬可以分為兩類：第一類分布在氣候較涼的雲南西北部，第二類分布在副熱帶氣候的雲南南部。[157]考古學證據顯示，畜馬一事早在公元前第六世紀便已流行，馬匹同時也用於戰爭與運輸。[158]

自漢朝開始，雲南的馬便為中國人所熟知。據說在西漢初年時，雲南的馬便輸出至四川。[159]根據《華陽國志》與《後漢書》，傳說滇池有「神馬」，這也許暗示最早在第三世紀時，雲南的馬便為當地原住民所珍視。[160]中文史料也顯示雲南畜馬之興盛，曾經一次獻給漢朝多達十萬頭的牛、馬、羊。[161]自三世紀以降，中文文獻當中便可以找到滇馬的記錄，騎乘滇馬或者川馬成為中原地區貴族人士的風尚；同時，馬也是地方政權的戰爭工具。[162]

唐代／南詔時期的史料記載著地方社會上馬匹的角色。舉例來說，南詔向唐朝進貢馬匹。[163]《蠻書》和《新唐書》都曾列舉越賧馬為最上等的馬，[164]越賧位在從前的哀牢區域，也就是今天的騰衝。周去非在《嶺外代答》當中詳述了大理／宋代時期（十世紀中至十三世紀中）雲南的馬，他的結論是，愈往西北去，馬的品質愈好。根據他的評價，滇南的馬不如滇北的馬持久耐勞；但他也承認，滇南最好的馬品質勝過滇北的馬，其價值幾十兩黃金。[165]事實上，宋代極為看重雲南的馬，認為這些馬與來自北地的馬同樣優良。[166]

長久以來中國人便垂涎來自中亞的馬匹，因為中國境內多數地區並不產馬；馬的商業價值頗高，但更關鍵的是，馬的軍事價值更高。[167]中國南方並不產馬，這或許也能解釋為何中國南方的王國罕能對抗來自北方的入侵。雲南雖位於長江以南，卻是個例外，這當然多虧了雲南特殊的地理條件，也難怪南方諸王國亟欲取得雲南的馬匹。此處不妨舉出兩個經典的例子，第一個是三國時代（二二〇年至二六五年），另一個是宋代的大理國。

滇馬的戰略性價值在第三世紀時得以體現，當時處於中國的三國時代，也就是北方的魏國、江南的吳國以及四川的蜀國各自崛起之際。其中魏國較為強大，蜀、吳兩國因此結盟，然而蜀、吳之間偶有爆發衝突。蜀、吳雙方爭奪的地區之一是交州（越南北部），控制交州一事對於吳國至關重要，因為交州不但能帶來南海貿易的豐厚利益，還可以透過滇越通道取得來自南中（雲南）的馬匹。再者，交州乃是前往雲南的跳板。蜀國雖也企圖取得交州，但情勢卻不利於蜀，因為控制南中的當地首領雍闓與士燮互通，後者掌控了交趾並且投靠吳國。因此，蜀國的當務之急不是取得交州而是平定南中；之後，蜀國確實征服了南中，並使之歸順。

孫吳求馬孔急，可由下面例子得見。吳王孫權曾派使節渡海到達遼東（中國東北）公孫淵處，希望能獲得東北的馬匹。公孫淵卻背信殺死吳使，將其首級獻給魏國。[168]雖然吳國能透過官方交流自蜀國與魏國那邊獲得一些馬匹，但主要是透過交趾，從南中進口大量馬匹[169]，這是因為交趾的士燮家族會向吳國進貢。根據記載，交趾每年向孫吳貢獻數百匹馬。[170]當吳國最終在公元二二六年吞併士氏並統治交趾之後，我們可以想見，會有更多的滇馬輸送到江南地區。

雖然史料缺乏其他西南絲路支線的市馬記錄，滇越之間的市馬至少持續到唐代。[171]大理／宋代時期的市馬貿易遠超前代，因為貿易是大理王國的經濟支柱，故大理渴望與宋朝進行貿易且經常向宋室請貢。宋室則有鑑於南詔與唐朝之間的紛爭，不再企圖伸張對大理的宗主權，尤其是因為宋室首要得應付來自北方巨大的威脅。

北宋（九六一年至一一二七年）在北方邊疆面對強大的王國，遼國（九一六年至一一二五年）、西夏（一〇三二年至一二二七年）與金國（一一一五年至一二三四年）都對北宋造成偌大的壓力；到最後，北宋無力守住黃河流域，於是撤至長江流域，這就是南宋之開端（一一二七年至一二七九年）。遼、西夏、金以及後來的蒙古人，都握有騎兵方面的優勢。為求有效作戰，宋朝急需良馬。[172]雖然宋王朝曾經努力育種戰馬，但養出來的馬卻無法符合戰事要求。[173]於是，除了與遊牧的「蠻夷」市馬之外，別無它途。西北地區的馬是北宋市馬的主要來源。宋神宗熙寧年間（一〇六八年至一〇七七年），朝廷遂將以絲茶市馬定為國策。[174]然而，在宋室王朝師失去黃河故地之後，西北馬匹已無法抵達，這就迫使宋室轉而向西南的大理國買馬。

滇馬與北地的馬相比，體型較短小。滇馬或許不利於北方邊疆作戰，但若是在淮河、長江流域，滇馬應當會有某些優勢，因為此地氣候適宜滇馬這種副熱帶的動物。此外，雲南有一些馬其實是西北高原區的產物，這也是為什麼馬可．孛羅會論斷：「（南中國）最好的馬，就是在這個省養育的。」[175]最後，姑且勿論滇馬之優劣，宋室其實沒有多少選擇，尤其因為它與「西北蠻夷」的市馬已在十一世紀末受阻。

因此，宋代官方在四川與廣西開闢了十多個市場。[176]北宋年間，四川是主要的市馬貿易重心，黎州（漢源）、雅州（雅安）、嘉州（樂山）、戎州（宜賓）、瀘州、長寧郡（鞏縣）都設有官方市場。來自大理的商人趕著馬匹、帶著其他地方產品，通過西南絲路往北到達四川。除了鼓勵所謂西南夷趕馬到四川以外，北宋還徵募人員進入雲南。

四川峨嵋的楊佐是一位進士（即通過殿試的儒家學者），他帶上了全部家當，率領數十人攜帶絲綢以及十日的補給，穿越山脈，最後終於見到當地酋長並向他們宣布宋室買馬的意願。[177]

然而，在宋室喪失黃河流域之後，四川遂成為邊疆區域，同時要應對北方的威脅以及南方大理國來犯的可能性。於是，南宋更加嚴格控制市馬，並且關閉四川的幾個市場。市馬之重心也隨即轉移至廣西。廣西的市馬貿易始於北宋，盛於南宋。如同四川，廣西建立起數座市場，由官方的買馬提舉司管理。在馬市當中，廣西的橫山寨（廣西田東縣）最為著名，持續也最久，從宋哲宗元豐年間（一〇七八年至一〇八六年）一直延續到蒙古占領雲南為止。宋代在廣西將市馬額度設定為每年一千五百匹，然而有些年分則高達三千至四千匹。[178] 市馬是南宋中央與地方政府的重大事件。官員向皇帝提出建議，朝廷為此進行辯論和討論，並且制定頒布相關的規章。此外，朝廷也為市馬設有特殊的部門與官員，地方官員必須加以協助並且承擔部分責任。

與此前的貿易不同，大理與南宋之

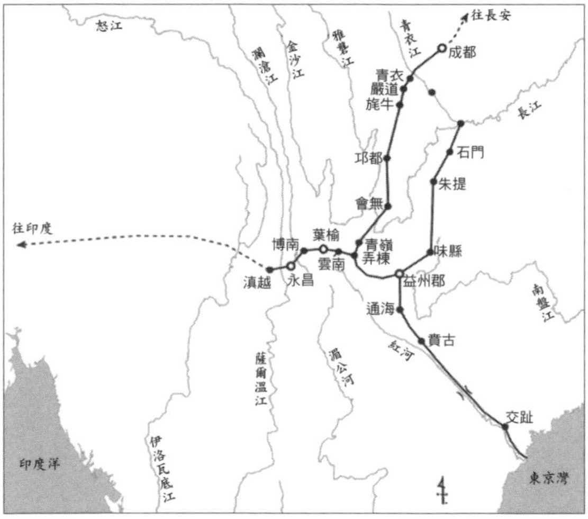

圖 2.1　秦漢時期的西南絲路　《世界史期刊》（Journal of World History）改製，根據陸韌：《雲南對外交通史》，昆明：雲南民族出版社，1997 年，5 頁。

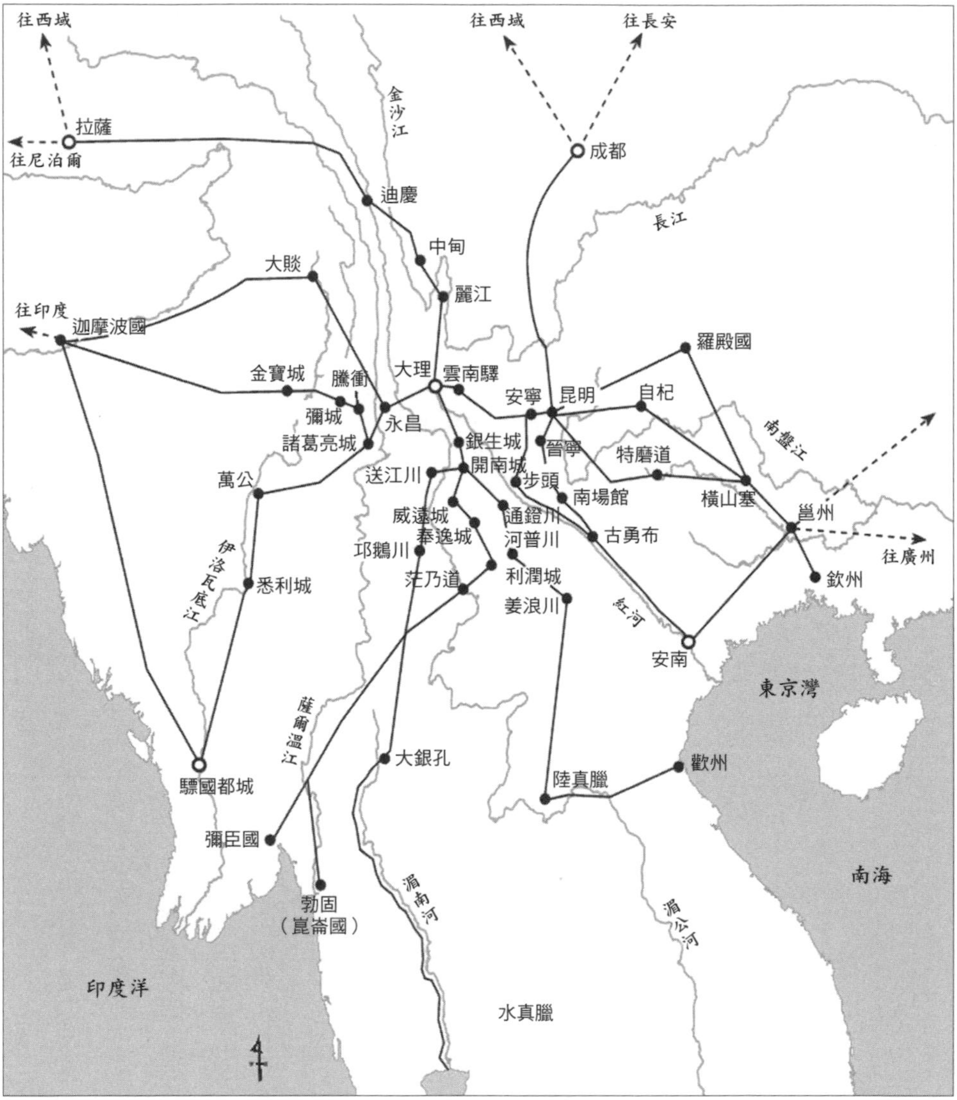

圖 2.2　南詔—大理時期的西南絲路　《世界史期刊》改製，根據陸韌：《雲南對外交通史》，昆明：雲南民族出版社，1997 年，6 頁。

間的市馬規模大致可以推定。據方國瑜估計，廣西市馬的平均貿易規模是七萬兩白銀，這是根據每年一千五百匹、每匹馬價格從三十至七十兩不等來計算的結果。[179]方國瑜的估算僅僅納入大理國與宋朝之間的官方貿易，而排除了四川的貿易以及市馬之外的貿易。此外，某些年的馬匹貿易數可能高達宋室內定額的兩倍。

公元一二五三年，蒙古人征服了大理王國，這也許標誌著市馬的終結。[180]缺乏戰馬或許是導致宋朝落敗的一個原因，雖然其影響實在難以估算。不過，我們確實知道，雲南馬匹對於南宋的防禦非常重要，而且還對於南宋某幾場軍事勝利也有所貢獻。數度擊敗金國騎兵的名將岳飛，其軍中便有來自雲南的戰馬。[181]另一方面，市馬對於大理國來說也非常重要，它藉此獲得了諸多重要物資以及奢侈品。

滇馬不只輸入中國，也輸出到了中南半島。交趾及占城是位於今日越南的兩個當地政權，雙方經常彼此交戰。雖然兩方境內都產馬，可是，所產之馬太過矮小不足以上戰場廝殺。起初，兩國均仰賴宋朝的馬匹，其實當中有許多馬匹是源自大理。宋朝疲於北方戰事，企圖讓交趾及占城這兩個南方政權維持均勢，避免某一政權獨大而成為另一個麻煩。因此，宋室控管了對兩國的馬匹輸出[182]，但到後來，交趾獲取了更多馬匹，在戰場上取得了勝利。事實上，交趾及占城擁有的馬匹主要來自大理王國，中間可能由宋朝經手。幾乎在同一時期，宋室的騎兵撲滅了廣西儂智高的叛亂。這些狀況都推動了騎兵兵種在中南半島東部的傳播，也促進滇馬的傳播。因此，馬匹與騎兵在塑造東南半島權力鬥爭中展現重要性。[183]簡而言之，說滇馬在某種程度上塑造了喜馬拉雅山以東地區的權力鬥爭，並不誇張。學者拉納比・恰克拉瓦提（Ranabir Chakravarti）對於孟加拉早期馬匹貿易之研究，也顯示來自雲南的馬匹是如何影響了印度政權。[184]

與印度的許多地區類似，古代及中古初期的孟加拉並沒有土產的優良戰馬。中古初期（公元七世紀至十四世紀）孟加拉區域的政治實體，例如波羅王朝（Palas，公元七五〇年至一一七五年）與塞納王朝（Senas，公元一〇九六年至一二二五年）的出現，必然導致戰馬需求之增加。孟加拉北部區域——有時稱作烏特帕沙（Uttarapatha）——有產馬的傳統，並且為波羅這個東印度地區的強國供應優良的戰馬。塞納王國接續波羅而成為中古早期孟加拉與比哈爾（Bihar）地區最強大的王朝，其王國內也有貴重的馬匹。此情形反映在塞納統治者的頭銜除了大象之王「蓋賈帕帝」（gajapati）與萬民之王「馬拉帕帝」（marapati）之外，還有眾馬之王「阿斯帕帝」（asvapati）。

拉納比．恰克拉瓦提辨別出「塔塔特里」（*Tatatri*）與「巴卡達西提」（*Bakadasti*），也就是來自北方與西北的馬匹以及來自不丹或西藏的山地型馬匹，後者屬於「科希」（*kohi*）品種；拉納比指出，雲南也是山地型馬匹的另一來源地，一如馬可．孛羅的觀察。馬可．孛羅很清楚滇馬的優良與強壯，他說，「阿穆（Amu）出產許多馬匹與牛隻，商人收購牛馬之後再運送到印度」，一趟旅程需要四十五天，途中會經過蒲甘及孟加拉。[185]阿穆有可能位於今日的雲南南部。

孟加拉不是馬匹貿易的唯一目的地，事實上孟加拉也是轉運中心。馬匹抵達孟加拉以後，會經由德干高原（Deccan）東部轉運至中國。根據中國文獻記載，孟加拉蘇丹派往中國的朝貢使團不下十四次，在貢品清單之中，馬是各種禮物中最為昂貴者。[186]再者，拉納比追溯孟加拉馬匹貿易至公元三世紀，並斷定在第三世紀以及十三世紀以降，孟加拉的馬匹來自各地（包括雲南），其中一部分還經海上貿易出口。拉納比所論及的時代與雲南市馬的時代契合，這絕對不是一個巧合；特別是在中古時期曾有大量滇馬輸出至宋代中國。我們不能得知有多少馬匹從雲南被賣到孟加拉，也不知道滇馬與藏馬或者西北邊疆的馬匹相比之下如何。雖然如此，我們依然足以總結說，滇馬在印度社會中扮演了重要的角色。

歐亞大陸的交通網絡——三條絲路

一如市馬所呈現，西南絲路塑造了地方社會，然而，西南絲路的角色遠遠超出地方性。筆者認為，西南絲路與其他兩條絲路互補，維繫並推動著東西交流與互動。

中國西南研究的學者不僅證明西南絲路是中外交通的三大通道之一，同時開始認識到三條絲路之間的密切連結。確實有少數學者主張，這三條絲路構建出一個「世界性的交通網絡」。舉例而言，申旭便指出「西南跨區域絲路是古代中國與外在世界接觸的三條通道之一，西南絲路也連結著海上絲路與北方陸上絲路，由此形成中國與外在世界貿易、交通、文化流動的整合網絡體系。」[187] 若對中南半島沿岸地區加以檢視，我們可以論斷海陸路線之間有相互作用，同樣的評斷也適用於北方絲路與西南絲路之間。

從雲南或者從四川（成都）開始，西南絲路可透過其中國的內部路線北向通到長安——北方絲路的起點城市[188]；或者，西南絲路可以通往西北，進入西域；又或者，西南絲路可以進入西藏。西藏是一塊交會區，連結著西域、中原、東南亞以及南亞。[189] 西南絲路曲折向南或者能夠直接進入印度，或者可以連接海上絲路到達印度，而後再往北走，與北方絲路會合。雖然這三條路線在許多方面是相連的，但是在當地住民——例如北印度、中南半島、四川與西藏的人群——看來，說兩條絲路「匯合」是很奇怪的事情；在他們看來，這明顯就是同一條路。因此，我們可以認為，三條絲路共同組成了一個縱橫歐亞大陸的交通網絡。

地理上，這三條絲路在歐亞大陸內組成平行的通道。從北到南，這三條絲路穿越且滲透了整個歐亞大陸，它們的小支線在其中縱橫交錯。陸上路線的出現似乎早於海上路線，雖然我們不知道哪條陸上路線最先存在，但北方絲路的活動在初期顯然頻繁許多。然而，中亞地區的戰爭有時會阻撓貿易，此時商人們就會轉向西南絲路與海上絲路。當東漢在第一世紀喪失了對西域的控制時，史料記載有許多朝貢使團是經由海上絲路或西南絲路來到中國，這是關於此等轉變的明確證據。羅馬帝國首次抵達中國的使節不是從北方、而是從南方而來，這並不是一種巧合。自唐代以來，海上絲路便成為主要的中西交通管道；同時，西南絲路也在發展當中。在蒙古帝國瓦解、北方絲路沒落之際，海上絲路已然是主要中西通道。不過，西南絲路的角色不容忽視。明、清帝國在東南亞的擴張是一項重大國策，東南亞地區曾派出諸多的朝貢使團便是明證。最後，歐洲殖民東南亞之後，西南絲路的貿易達到了前所未有的規模。

隨著三條絲路而來的諸多文化影響，比如絲綢、紙張與造紙術、火藥以及佛教僅是其中幾例。眾人已有共識，佛教最早是經由北方絲路傳播，後來則是透過海上絲路；雖然有些學者依然主張，對於佛教的傳播，海上絲路和西南絲路各有貢獻。確實，三條絲路應該都對於文化遷移（cultural migration）有所貢獻。

佛教流播是中印交流的有力證據，而中國的佛教經典可以解說此事。中國境內的佛教經典有五種類型：中文佛經；藏文或蒙古文佛經；新疆（西域）地區發現的佛經，其使用的是古代地方語言；雲南傣族所寫的貝葉經（pattra）；最後則是在西藏或新疆發現以古代印度語言書寫的佛經。[190]佛經的多樣性反映出其各式各樣的來源。

不妨來看看中國與印度的僧侶是怎麼往來的吧。中國僧侶前往印度，走的是西域、西藏、雲南或南海路線，也就是說，三條絲路的路線都被使用了。當義淨到達印度時，他發現了一座為紀念二十位經雲南前往印度的中國僧侶而興建的寺院。而印度僧侶途經上緬甸造訪雲南及中國。南詔晚期佛教廣播，甚至還取代了道教成為南詔的國教，此一變化據說有許多印度僧侶的功勞。大理國歷代有八位國王遜位並出家為僧。在十二、十三世紀之交，印度僧人指空到達雲南、造訪中國，後來待在朝鮮。[191]

雲南的宗教多樣性也說明了其文化多元性。儒教、道教、伊斯蘭教、基督教與佛教，雲南全部都具備。同時，雲南本地的佛教也非常複雜。雲南南部有上座部佛教（Theravada），西北部有藏傳佛教，洱海地區有密教（Tantric Buddhism），而漢人則相信漢傳佛教，顯示了這一狹小地區佛教來源的多樣性與教派的多元性。

紙張與造紙術的傳播也有助於理解三條絲路的共同運作。根據中國與阿拉伯旅人的觀察，在引入紙張之前，印度人書寫時所使用的是白樺樹皮（bhurja or Baetula bhojpattr）、或者棉布、或者羊皮、或者扇椰子葉（tada-tala or Borassus flabelliformis）；印度僧侶通常以口述教導徒弟，其中部分原因或許是書寫材料不易取得之故。如玄奘等中國僧侶帶回中

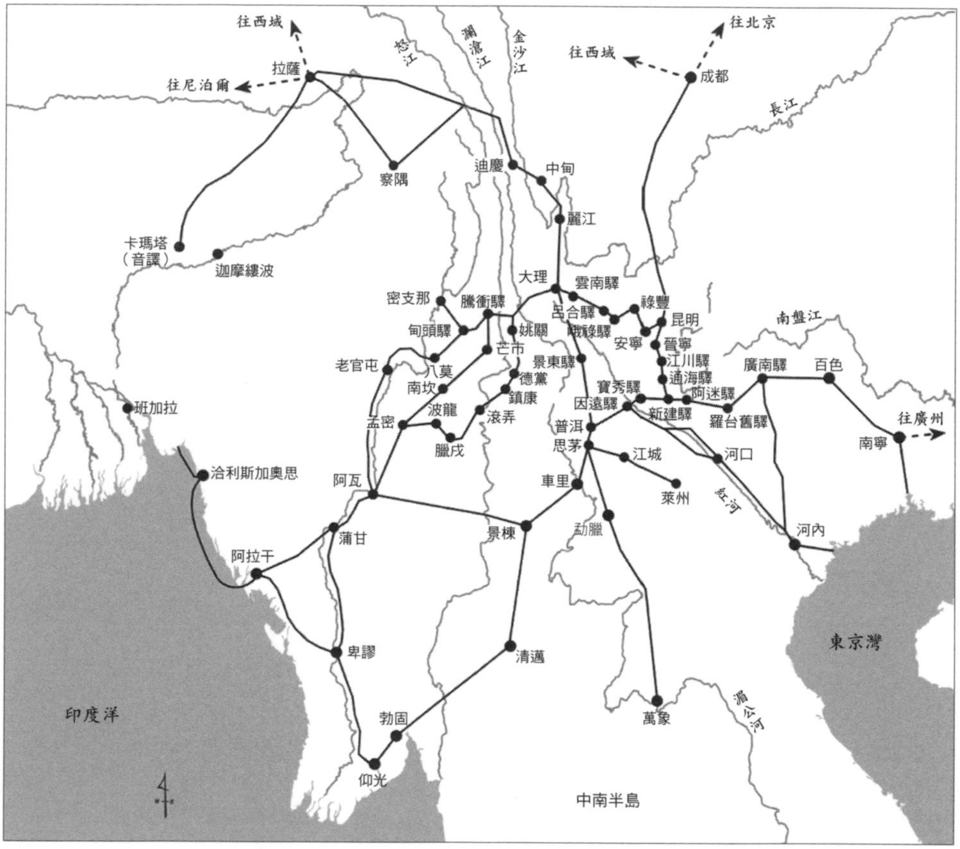

圖2.3　元、明、清時期的西南絲路　《世界史期刊》改製，根據陸韌：《雲南對外交通史》，1997年，7頁；John Deyell, "The China Connection: Problems of Silver Supply in *Medieval Bengal,*" in *Money and the Market in India 1100–1700,* ed. Sanjay Subrahmanyam (Delhi: Oxford University Press, 1994), p. 134.

國的佛經，多數是寫在貝葉上，中國人稱之為貝葉經，當這些佛經被翻譯成中文之後，就書寫於這些紙張上。[192]在公元二世紀中期，西域地區已經開始使用紙張；該時期以降的書寫文字，包括中文、希臘文、波斯文、粟特文（Sogdian）與梵文。季羨林根據中國文獻，斷定印度在七世紀末之前已開始使用紙張（雖然造紙術較晚才傳入）。[193]

季羨林的討論是基於西域地區考古之發現；這些證據似乎暗示著，紙張與造紙術是經由北方絲路傳到印度的；然而，季羨林並沒有精確地指出紙張傳播至印度一事始於何時。有沒有可能是在七世紀後期之前呢？紙張傳入印度有沒有可能是經由海路呢？

黃盛璋指出，擁有豐厚印度知識的玄奘，在他待在印度的十九年間（公元六二六年至六四五年），從來沒有提過紙張，所以，紙張一定是在玄奘離開之後才傳入印度的。由於尼泊爾、吐蕃與唐王朝之間的通婚聯姻，七世紀中葉曾出現一條連結中國與印度的新路線，即吐蕃泥婆羅道。

公元六三九年，尼泊爾尺尊公主（Bri-btsum）嫁給吐蕃松贊干布（Sron-btsan-sgampo）；兩年之後，唐朝的文成公主也嫁到了吐蕃。這些政治聯姻體現並加強了由吐蕃所進行的交流。又過了兩年（六四三年），唐朝使節李義表與王玄策循著這條路線抵達摩揭陀國（Magadha）。公元六六五年，中國朝聖者玄造採取了同樣的路線前往，卻在青海受到當地部落所阻撓而無法返回。在公元六七四年時，玄造於印度遇見義淨。前述的文獻記錄引人推想，造紙術是在公元六五〇年左右傳播至西藏。黃盛璋之所以如此相信，是因為唐朝在六四九年時，曾同意吐蕃所提出的各類中國工匠之請求，其中必然包括造紙工匠。[194]

不過，紙張究竟是如何傳到印度這件事，並沒有全部解決。李曉岑便注意到，印度次大陸上存在著好幾種不同的造紙術，印度與尼泊爾流行的造紙術，其型態與西藏的類似；孟加拉地區流行的另一種造紙術，型態則與中國內地類似，也就是所謂的桑皮紙。李曉岑檢視西南絲路沿線的造紙業，發現桑皮紙最為普遍而盛行；他還發現，雲南與孟加拉的造紙術型態相類似，因此，他主張孟加拉的造紙術是沿著西南絲路傳播而來。

雖然黃盛璋判斷造紙術之傳播與海上絲路無涉，然而，有些中國文獻卻提到爪哇地區有紙張，假設海上絲路當時已經開始發揮作用，那紙張一定是循此路線傳播至該島。[195]因此，我們不能否認紙張的傳播有經過海路的可能。極有可能的狀況是，三條絲路在紙張傳播上皆有其角色。

古代中國文明的另一項重要貢獻是火藥。火藥與造紙傳到西方，對於後來工業革命的發生具有重要影響。[196]蒙古西征造成火藥傳到中東、印度西北與歐洲地區[197]，那東南亞與印度南部呢？對此，學者推測是海上路線與陸上路線之間的交流；孫來臣在他關於明代軍事科技傳播的研究中曾有部分的討論。[198]明代中國曾經歷一場「軍事革命」（military revolution），幫助明王朝擴張至東南亞地區。明代的軍事行動與貿易立即將火器的知識傳到「十四世紀末的撣邦（Maw Shans）、蘭納（Lan Na）、大越（Dai Viet），比公元一五一一年歐洲火器到來還要早上一百二十多年」。[199]於此，我們再度見到三條絲路的共同貢獻。

最後，有三個巧合的事件，或多或少強化雲南的重要性，且促進三條絲路之間的聯繫：第一個事件是肆虐歐亞大陸的腺鼠疫——或稱為「黑死病」；第二個事件是馬可·

孛羅來到中國；最後一個事件是鄭和下西洋。

首先，雖然蒙古擴張造就的災難非常著名，但它導致的傷亡根本無法與黑死病相比，而黑死病可能是由蒙古騎兵從上緬甸與雲南帶去的。[200]其次，馬可．孛羅也許是唯一一個曾經旅行過全部三條絲路的人。他經過北方絲路來到蒙古朝廷；他曾被派遣至雲南，途中經歷西南絲路；他最終是通過海上絲路返回家鄉。[201]最後一位促進三條絲路的角色是鄭和，鄭和的祖先來自中亞，因為蒙古征伐的緣故而遷到雲南；鄭和出生在雲南。[202]明代的征服將鄭和帶到了北京，他成為燕王朱棣最寵愛的太監，燕王後來篡得皇位——即明成祖——並且派出寶船（Treasure Fleet）下西洋。鄭和的家族再一次象徵著三條絲路的三角連結。

上述討論可引起學者們的興趣，認真看待西南絲路以及雲南在古代與現代的歐亞大陸交流中的角色。無論從歷史上還是從地理上看，這三條絲路可以視作一整個網絡，交錯構成了歐亞交通的基本型態。

結論

本章描述了雲南如何靠著整合西南絲路而成為跨區域貿易的核心。西南絲路引起許多關於雲南的有趣問題：為什麼緬甸、越南、泰國都維持了其獨立地位，而雲南卻不能呢？為什麼雲南作為一種異己的非中國文化，會成為中國的一部分呢？這個轉變是在何等場景下發生的呢？

由於雲南與東南亞、西藏、中國等地有密切的關係，因此，單方面的中國式解釋——無論此等解釋是在批判中華帝國主義或頌揚中國文化之精深——都無法解釋中國如何成功統合雲南。[203]

雲南與諸多文化的諸多聯繫表明，唯有採取全球視野，方能解釋中國統合雲南的成功；然而，目前為止這一過程依然還只是在國族的歷史範疇中探討。透過想像而建立起來的國家或區域的邊界，某種程度反而阻礙了這個世界——也包括雲南這樣的邊疆地區——原本全面的、深刻的、生動的景象。

雲南為什麼被統合入中國而不是周圍的其他政權？要回答這個問題，我們首先需要考察將雲南最終併入中國的軍事征服，因為軍事行動幾乎是實施任何殖民活動的前提。

第三章

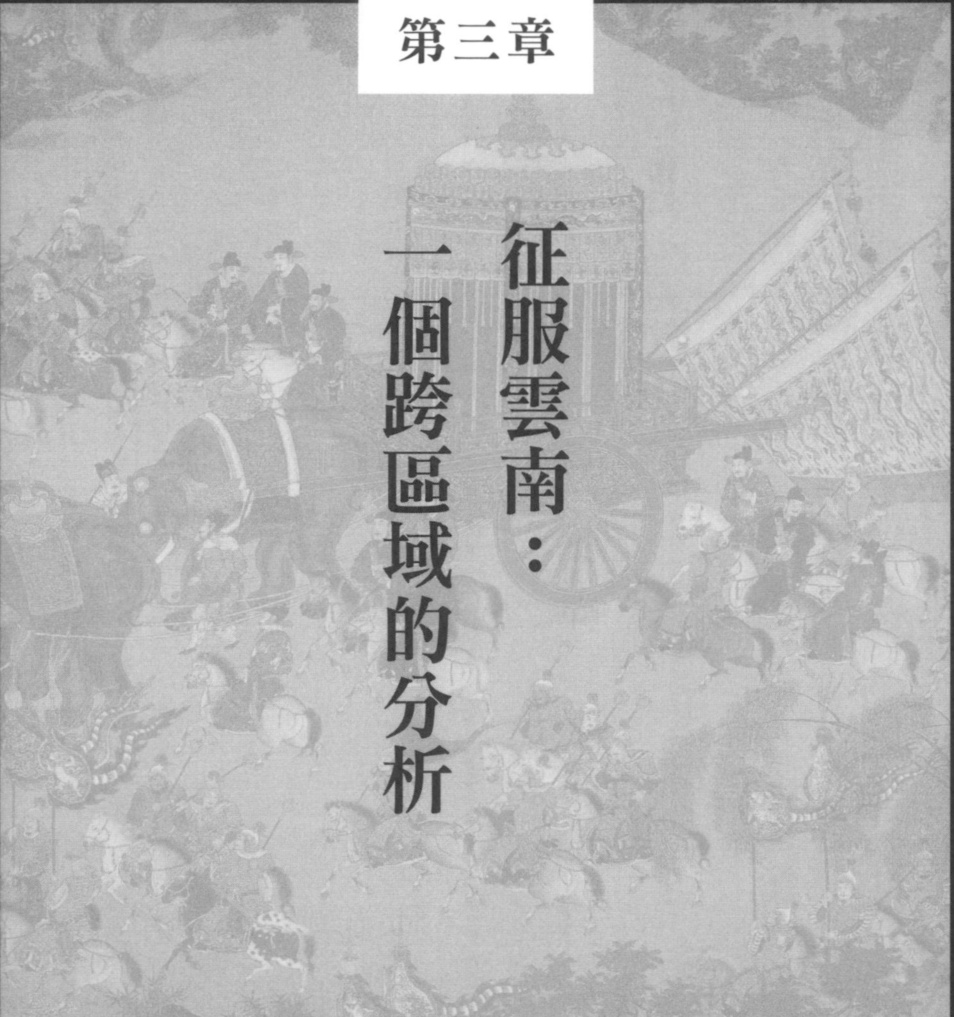

征服雲南：一個跨區域的分析

導論

「雲（之）南」一詞暗示著中國人認為此地頗為遙遠。地理因素如叢林、山脈與河流，再加上可能釀成諸多疾病的異域生態環境，共同造就了中國本部與雲南之間的自然阻礙。雖然如此，壯志躊躇的中原征服者並不因此而退縮，他們克服自然阻礙，最終征服了歷史上生活在雲南的非漢人土著居民。

確實，這些始於公元前二世紀的早期軍事征服，不但是中國統合雲南之濫觴，也為統合奠下了基礎；然而，雖然中國勢力可能暫時占據部分的雲南地區，但直到十三世紀中葉的蒙古南征為止，中原王朝始終無法長久占據管轄雲南。反倒是被中國人視為蠻夷的蒙古人，最終將雲南納入中國本部，並且開啟了在經濟上、文化上、族群上融合雲南的過程。

本章的重點放在通向「同化」的第一步，也就是軍事行動。此章企圖回答以下問題：為什麼或者在何情境下，中國人，尤其是經歷慘敗之後，會決定去對雲南進行軍事征服？又是什麼力量或因素最終讓雲南無法維持其自主性，從而開啟了中國統合之路的大門呢？筆者認為，探究中國征服雲南一事，不能僅從雙方的關係來解釋。筆者將自公元前三世紀至十四世紀期間外來勢力對雲南的軍事征服行動置於其原來的歷史場景之中，也就是跨國、跨邊界、跨區域互動的脈絡之中，其涉及的空間範圍包括東亞、東南亞、中亞與南亞之部分區域。[1] 本章以「全球的」一詞指涉此脈絡，並以此來探究公元一五〇〇年之前的軍事行動。其次，通過審視跨區域的軍事性互動，本章會揭示中亞邊疆（長城邊疆）如何與——被夾在中國、中南半島與西藏之間的——西南邊疆密切互動。筆者認為，要了解雲南如何從非中國的實體轉型為中國的一部分，單純的國族取徑或區域取徑並不足以解釋如雲南這般充滿活力的邊疆地區的歷史。

雲南與秦帝國的形成

雲南在中國政局中的戰略性地位，早在戰國時代就已經很顯著了。當時秦國企圖擴張且吞併其他國家。在這塊後來被稱之為中國的土地上，秦國與其他國家之間的戰事頻仍。在南方，秦國擴張的唯一阻礙便是楚王國。楚國是位於長江流域中游的大國，楚文化甚為複雜且對中國文明之燦爛光大頗有貢獻。楚國對於周遭政權有相當影響，向南及於廣東，往東最遠達於諸越王國，向西遠達四川、貴州及雲南。此外，楚國也屢屢參與國際政治，尤其在公元前四世紀時，楚國也許是列國之中最強大者。事實上，據說楚王曾經詢問「周鼎」，即象徵周天子正統性的三足青銅器。「問鼎」這項行為被視為無禮而狂妄，卻反映楚王取代現有統治者的雄心，換言之，就是要一統中國。

強大的楚政權對於秦國統一大計是嚴重的挑戰。在公元前四世紀末期，秦國已經征服了巴國與蜀國，巴、蜀二國位置大約是今日的重慶與四川地區。但是秦國的行動沒有到此為止。公元前二八五年，蜀郡太守張若進而征服筰地與金沙江以南的其他西南夷，並建立行政管轄。[2]以修築都江堰——至今依然存在於成都附近——知名的李冰，為了交通以及最終的控制，建造了一條通達筰地的道路。[3]另一位秦國官員常頞將此道路加以擴充，稱為「五尺道」，這也許是西南絲路當中最早的一條官道。[4]

秦國的擴張對於楚國構成嚴峻的威脅，因為楚國對那些地區原本具有很深的影響力。據說，巴、蜀的創建者都是楚的後裔[5]；有些學者甚至相信，楚地是西南絲路的起點。[6]秦國強權的到來，促使楚國在這些地區發動新攻勢。楚國的一項重大戰略性軍事行動，便是派莊蹻征服了雲南中部的滇王國。公元前二七九年，楚國將軍莊蹻率軍遠征，穿越貴州，最終來到滇池地區。[7]莊蹻取得滇國政權，自稱為滇王。[8]不過，因為秦軍阻擋了他們返家的道路，莊蹻和他的軍隊被迫留在征服之地。莊蹻的子孫繼續統治著滇國，直到一百五十年後漢室的征服為止。

秦國南向的擴張，是其統一大計的重要步驟。秦國宣稱：「得蜀則得楚，楚亡則天下並矣。」[9]莊蹻的征伐目標是威脅秦國新近征服的四川地區，以遏制秦國對楚地的侵略。就是在這樣的情境下，雲南被帶進多國相爭的局勢之中。雖然楚國的目標最終沒有達成，雲南的地理重要性卻在中國首次一統為帝國時而得以彰顯。雲南以及即將出現的中華帝國，兩者關係為雲南參與中國歷史一事建立了某種模式，即當雲南出現在中國歷史舞臺上時，多數狀況乃是中國正在面對外部或者內部的某些危機。

西漢對雲南的「再發現」

西漢、南越、匈奴間的鬥爭，是中國和雲南互動的第二起歷史事件；這起事件讓雲南的一部分納入漢代中國的統治之下。公元前二〇七年秦帝國的崩潰，讓雲南處於無人問津的狀態，直到西漢王朝的武帝時期（公元前一四〇年至公元前八十七年）。最初，西漢對雲南毫無興趣，因為它一開始缺乏關於所謂「西南夷」的資訊。[10]再者，當時漢王朝正忙於重振殘破的經濟，且盡全力與北方的匈奴維持和睦。漢室之所以開始留意西南夷，是因為它企圖掠取位於廣東的南越王國。先前，秦帝國在華南沿海地區設立三個郡，範圍包括今日的廣東、廣西與北越，而南海郡長官趙陀在秦帝國崩潰之後，自封為「南越武王」。南越國與夜郎國（位於今日貴州境內）關係密切，兩國之間有牂牁江作為便利的交通路線。

漢室一面採取與匈奴「和親」之政策，一面認可趙陀為「南越王」，同時維持越南北方及南方邊疆的和平。[11]至漢武帝登基之際，漢王朝已然昌盛，這位年經有抱負的皇帝下定決心要解決匈奴以及周圍那些對漢帝國具有威脅或潛在威脅的政權。南越遂成為漢室在南方的主要目標。

在訪問南越之後，漢使唐蒙建言漢武帝以船隻載運軍隊經牂柯江進攻南越[12]，武帝採納了他的建議。根據記載，唐蒙帶著許多禮物，率領軍隊「說服」了夜郎國王臣服於漢室，並在此設立了犍為郡。為進攻南越，漢室動員數千地方人民整修僰道，並將僰道擴築至牂柯江。與此同時，漢武帝派遣司馬相如「說服」邛、筰之人接受西漢統治。邛、筰被視為「西夷」，而夜郎則被視為「南夷」。[13]他們的臣服為漢朝在南方用兵鋪好道路，軍事征服南越一事至此已指日可待。

出乎意料的是，漢武帝在公元前一二六年放棄先前主動進取的計畫，決定全面棄守西夷區域，只保留南夷地區的兩個縣。[14]因此，漢朝行動的第一階段只達到現代雲南的邊緣地帶，它並沒有與雲南中部的滇國直接接觸，遑論雲南西部大理地區的「昆明人」（古代族群）。漢朝之所以放棄行動，是因為修築道路的巨大耗費，修路計畫徵召許多地方人民，也徵用大量錢財與物資。[15] 雖然漢室足夠富裕能完成此等建設，但地方的抱怨與反抗迫使它顧慮重重，畢竟漢室對於西南夷的控制尚淺且時間不久。不過，放棄擴張的關鍵因素其實不在當地，而在於北方匈奴的威脅。當時匈奴的威脅日益明顯，雄心壯志的漢武帝知道兩面作戰太過危險，他決定將全副心力用來解決匈奴問題，所謂「專力事匈奴」是也。[16]

公元前一二八年，漢武帝派遣了後來著名的張騫出使西域，目的是要聯合被匈奴從河西走廊驅至西域的月氏人。此次任務預示漢朝的匈奴政策將有重大更張。不久之後，漢武帝取消了和親政策，漢與匈奴的衝突於是爆發且愈演愈烈。漢王朝先是處於守勢，直到公元前一二七年漢軍隊奪回河南（鄂爾多斯）之地。自秦帝國崩潰以來，河南已在匈奴掌握之中超過七十年之久。此次勝利強化了漢朝的信心，漢武帝一改守勢並謀畫長征。隔年（公元一二六年），漢朝戰略性地從南方撤兵以籌備其北方攻勢。由此可見，漢朝在南方邊疆的行動對其北方邊疆的舉措難免有掣肘之弊。話說回來，雖然漢朝對北方的軍事行動暫時讓南方處於平靜狀態，但匈奴問題終將導致漢代中國挺進西南邊疆。

張騫返國之後告訴漢武帝，印度位於大夏的東南方，距離蜀地不遠，蜀地特產已由印度運至大夏。於是，在公元前一二二年，漢武帝派遣四個使團，尋找由蜀地經印度抵達大夏的道路，也就是繞過匈奴控制區域而抵達中亞地區的另一路線。其中一路漢使受到滇王的款待，但其後續旅程卻在洱海區域受到昆明人的阻擋。漢使得知，往西一千餘里處，有一個國家叫作滇越，滇越人乘象而戰，而蜀商也祕密前去那裡進行貿易。這樣，漢朝在搜尋前往中亞的通道時，首次與滇國有所接觸。[17]顯然，漢朝探索西南夷的首要目的不在財富，而是軍事戰略的需要：也就是找尋前往中亞地區的替代路線，以形成從右側對匈奴的包圍。[18]司馬遷說得很明確：「漢以求大夏道始通滇國。初，漢欲通西南夷，費多，道不通，罷之。及張騫言可以通大夏，乃復事西南夷。」[19]

為了打通從雲南到中亞的道路，漢武帝於是謀畫遠征西南夷。公元前一二〇年，長安人工開鑿了模仿洱海的「昆明池」，以訓練水軍。[20]可是接下來數年中國與匈奴戰事漸入高潮，漢朝對西南夷的注意力又被引開。公元前一二二年與一一九年，漢朝針對匈奴舉行了兩次大規模遠征，而戰局優勢逐漸倒向漢朝這邊。在西漢奪得河西走廊之後，軍事衝突爆發的區域自漢代中國的邊疆轉移至西域。雖然戰事依然不斷，但匈奴的力量已大為削弱，無法再發動大規模攻勢。軍事的不利處境導致並加深了政權內部的緊張，最終，匈奴分

圖 3.1　西漢時期的雲南（公元前 2 世紀後期）
米雪兒・吳改製，根據譚其驤主編：《中國歷史地理圖集》，卷 2，北京：中國地圖出版社，1996 年，13–14 頁。

裂為兩部，對中國不再構成威脅。

當北方邊疆穩定之後，漢朝再度將心力轉到南方。公元前一一二年，漢朝針對南越的軍事行動而使了南夷與西夷臣服，並在當地設立了越巂郡與沈黎郡。[21]公元前一〇九年，漢朝征服勞浸和靡莫。[22]滇王在偌大的軍事威逼之下選擇投降，滇王原先領土被置於新設的益州郡治下。[23]到公元前二世紀末，漢代中國已經觸及雲南中部與雲南西部的部分地區，由此將西南夷地區分作犍為、牂牁、越巂、益州四郡。

漢代中國與南越國及其與匈奴之間的戰爭，鮮明地呈現中亞邊疆與西南邊疆如何互相影響。確實，正是因為漢代中國擴張至中亞與華南，才讓這個「中央之國」首度注意並征服了雲南。

諸葛亮之南征

東漢王朝在公元三世紀初期為魏、蜀、吳三國所取代。劉備建立的蜀漢，根據地在今日四川；孫吳控制南方；曹魏統治北方。由於魏國相對強大，蜀國與吳國不時結盟以抗拒北方的壓力，而當北方壓力暫時遏止時，蜀國與吳國又會彼此對抗。

西南夷地區在三世紀至六世紀之間，被稱作南中（或寧州），南中雖然在名義上由蜀國統治，但地方土酋（夷帥）與大族（大姓）趁著中央混亂之際而成為實際的統治者。益州郡由雍闓掌控；朱褒統領牂牁，而高定取得越巂，[24]永昌則由依然忠於蜀漢的呂凱所統治。[25]名義上臣服吳國的士燮進取交趾（安南），雍闓則透過士燮與吳國有使節來往。[26]雍闓企圖利用吳國來鞏固自身的半獨立狀態，而吳國則將此視為一個拓展影響力於南中的機會，由此可以威脅蜀國的後方。除了控制南中的目的之外，吳國還可以取得如馬匹這類本國缺乏的寶貴資源。

南中夷帥們造成的威脅，是蜀國丞相諸葛亮的首要憂慮。諸葛亮是蜀國實際的決策者，聯吳抗曹是他所秉持的基本國策。為達到這一目的，蜀國必須與「西夷」與「西南夷」維持和睦關係，以求鞏固邊境並避免兩面作戰。但是，南中的反叛不僅危及這項戰略，還為魏國、吳國提供可趁良機。因此，平定南中成了蜀國的當務之急。

公元二二五年，蜀、吳聯盟建立之後，諸葛亮於是發動南征。在此期間，他認識到軍事力量的有限性，實施所謂「和撫」政策，以贏得夷帥大姓以及當地百姓的支持。[27]諸葛亮一方面毫不留情地摧毀頑強的叛軍，另一方面招撫夷帥大姓，為蜀國所用。此戰略之經典範例就是他對待夷帥孟獲的態度，據說諸葛亮對孟獲曾經七擒七縱。[28]諸葛亮先宣示自身的力量，接著再展現他的仁慈

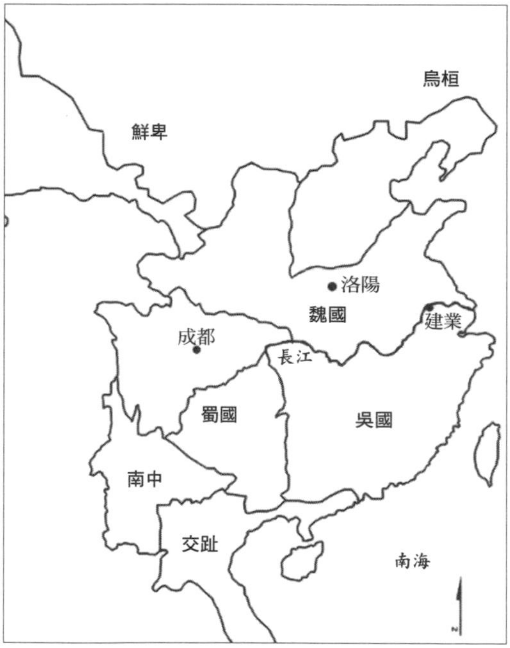

圖 3.2　三國時代的雲南（公元 220 至 265 年）
米雪兒・吳改製，根據譚其驤主編：《中國歷史地理圖集》，卷 3，北京：中國地圖出版社，1996 年，3–4 頁。

與公正，從而獲得孟獲與其他地方菁英的心悅誠服，南中也因此平定。

南中不只在蜀國戰略中具有關鍵性地位，它還是諸葛亮六次北伐的物資基地。南中生產馬匹、金銀、獸皮與其他地方特產，此外還有稅賦，這些都是軍事行動必須的重要物資。此外，被招募入蜀軍的南中土兵也參與了北伐。[29]南中在三國時代的角色，似乎重現了它在秦、楚互動時期的重要性，彼此競爭的對手們為自身的擴張都企圖掌握雲南。

南詔、唐代中國及吐蕃——三國演義

此後一連串的事件導致南中與中國各政權關係的轉變。公元二六三年，魏國征服蜀國；兩年之後，魏被晉所取代。公元二七九年，晉國征服孫吳，統一了中國。從那時起，南中主要還是處於夷帥與大姓的控制下。夷帥與大姓大約出現於在東漢末年。到了公元四世紀中葉，爨氏掌握了南中。[30]在爨氏之下，又有許多自治的土酋夷帥與大姓氏族。公元五八九年，隋朝統一中國，爨氏隨即向隋進貢。但是，隋朝官員與兵士們的殘暴激起了地方叛亂。五九七與六〇二年，隋朝對爨氏兩度用兵[31]，爨氏族長爨翫遭到處決，他的兒子們都被安置到隋都長安。[32]爨氏勢力隨即瓦解，卻促成了其他夷帥與大姓之崛起。

短命的隋朝沒能在南中建立權威，最終不得不放棄，導致南中「與中國絕」，亦即中國的交流極其有限。[33]在八世紀南詔王國興起並稱霸之前，南中的許多地方部落、氏族、政權紛紛興起。在洱海周遭——也就是大理地區——出現了「六詔」：蒙嶲詔、越嶲詔、浪穹詔、鄧賧詔、施浪詔、蒙舍詔。「詔」為中文的翻譯詞彙，意思是「國王」

或「王國」。在這六個政權之中，蒙舍詔位於最南邊，它被稱為「南詔」（南方王國之意）。[34]除了這六個政權之外，還有些較短命的地方政權，在滇池附近有西爨與東爨；此外還有許多族群與政權存在，例如所謂金齒、黑齒、撲子、壓些、鳩等等。[35]最終南詔征服了這些對手，進而與強大的帝國如唐、吐蕃相競爭。同時代的阿拉伯人，也曾注意到南詔的好戰。[36]

唐朝取代隋之後，立即企圖將宗主權推向西南。[37]唐帝國的策略是贊助土酋夷帥並與之結盟。它採取的第一步便是釋放爨氏人質（爨翫的兒子），並任命他擔任昆州（昆明）刺史，還派遣外交使節「撫慰並說服」其他地方土酋。[38]恩遇爨氏達到了預期的效果，許多土酋遣使進貢唐朝表明臣屬之意，他們也紛紛獲得唐朝封贈的頭銜與禮物。

唐朝採取的第二步就是逐步在雲南設立邊疆行政單位。公元六一八年設立了南寧州，六六四年為姚州都督府所取代。[39]因為姚州十分靠近洱海地區，此事象徵著唐王朝經營西南的成就，並顯示了唐朝欲將滇西納入直接管轄的計畫。至七世紀中葉，唐代中國已在西南地區設置超過三十六個州、一百三十七個縣，[40]雖然其中多數不過是徒有其名而已。其中巂州都督府（四川西昌）設於六一八年，戎州都督府（四川宜賓）設於六三二年，安南都護府設於六七九年，再加上黔州都督府（四川彭水），包圍雲南之勢於焉完成。

唐代中國的最後一項策略，就是在六四八年征伐洱海地區。[41]某種程度上，此次征伐是源於巂州都督劉伯英的提議。劉伯英指出：「松外諸蠻暫降複叛，請出師討之，以通西洱、天竺之道。」遠征原因或許是針對當地叛亂的直接立即反應，但劉伯英此舉其實是在重現數百年前張騫對漢朝的建議，也就是採取軍事行動以建立中國經洱海通達印度（天竺）的交通。[42]雲南關鍵的地理位置再次推動了中國方面的政治行動。財富與貿易固然是唐代中國利益所在，但是軍事考量不應該被忽視，因為初建的唐王朝正向中亞地區擴張。從張騫到劉伯英，乃至於後世，中國人腦海裡始終浮現西南邊疆與中亞邊疆之間的關聯以及（可能）的重要性。一旦有機會，中國便會努力打通雲南與印度之間的道路以通往中亞區域。

很顯然，若不是吐蕃帝國興起並威脅唐代中國的西北至西南邊疆，唐朝不會花費大量心力強化自身在西南的權威並削弱當地的自治性。與漢代情況相似，中亞地區的權力競爭決定了唐代中國的西南邊疆政策。兩個時代的唯一差別在於，此時雲南的南詔政權在國際政治中扮演非常積極威武的角色。

歷史敘述是根據敘事者的觀點而展開。過去中國的學者們傾向使用中國方面關於南詔的史料，來描述南詔統治者們是如何傾慕唐代中國，以及唐代中國是如何影響南詔，並利用南詔來遏制吐蕃的入侵。由此，一個國族主義式的故事被發明來描述地方族群（少數族群）對中國文化的仰慕。南詔對於本身的早期歷史沒有什麼記錄，幸好藏文史料為我們提供了南詔故事的另一面，顯示出南詔與吐蕃之間的文化、婚姻、軍事聯盟，雖然此聯盟為吐蕃所主宰。[43]敦煌石窟中發現的藏文資料記載，吐蕃國王赤都松贊（Vdus-srong-mang-po-rje 或 Khri-vdus-srong-btsan，六七六年至七〇四年）曾領軍出征洱海地區並逝世於該地；而且，赤都松贊的兒子可能娶了一位南詔公主。[44]在麗江發現的一塊藏文碑銘，記載了八世紀中葉之前有位南詔王子或國王向吐蕃臣服。[45]這樣的關係也為敦煌石窟的西藏編年史所確認，其中有段史料講述了南詔（古藏文：Vjang）處於吐蕃的統治之下。[46]如此密切的關係或許可以解釋，吐蕃並未干涉南詔針對其他地方政權的軍事行動，即便那些政權同時也是西藏的附庸。[47]

雖然藏文與中文兩方面的史料一致顯示，南詔處於被動狀態，為強鄰所宰制，但另一方面，兩方資料卻有大半是矛盾的。檢視兩方史料後，我們會不禁好奇，南詔為什麼一會兒與唐代中國結盟、一會兒又與吐蕃結盟，或者同時與雙方聯盟。筆者試圖吸收吐蕃與唐王朝雙方的觀點，剔除它們的民族主義偏見，建構一個以南詔為基礎的解讀。進行深入解讀與比較之後，一個活力四射、深思熟慮的南詔呼之欲出。它熟練地利用鄰國與複雜多變的國際環境，以追求自身的根本利益。有鑑於此地區歷史的三角關係頗為複雜，不妨先簡介如下。

起初，南詔獲得唐代中國的支持，保障自己不為吐蕃帝國的統一大業所吞併。後來，由於南詔占據東爨，南詔與唐朝關係破裂，轉而對抗唐朝並與吐蕃結盟，甚至協助吐蕃對與唐朝從中亞至西南邊疆的進攻。此外，當唐代中國忙於處置吐蕃—南詔威脅之際，南詔不必再面對北方的壓力，於是著手向中南半島擴張。此後，當唐代中國企圖穩定邊疆並爭取南詔的支持之際，南詔決定拋棄對自己索求大量物資與軍事支援的吐蕃。最終，南詔進攻且擊敗了吐蕃。當吐蕃氣力消耗殆盡自顧不暇之際，南詔開始劫掠唐朝的富饒之地四川以及唐朝相對孤立的邊疆地區安南。至公元九世紀末期，這三個政權都已崩潰。

◎羅曼史之前：南詔一統五詔

南詔之擴張始於其吞併五詔，也就是蒙巂詔、越巂詔、浪穹詔、鄧賧詔、施浪詔。至公元七世紀下半葉，南詔國力相當強盛激，我們不由得提出兩個問題：是什麼力量造就南詔的國力急速增長呢？為什麼唐朝與吐蕃會支持南詔呢？中國學者的典型作法是以經濟生產力來解釋內部發展[48]，而查爾斯．巴克斯強調的則是地理位置。[49]為南詔帶來財富與力量的也許是貿易，因為南詔位於極南方，控制著主要經過洱海地區的西南絲路。地理位置離開吐蕃比較遠則讓南詔得以脫離吐蕃的影響，而這正是唐朝在諸多地方政權當中選擇南詔來遏制吐蕃擴張的原因。

但另一方面，位置優越並不是故事的全貌。其餘五詔也都位在大理平原上，倘若吐蕃入侵，距離並沒有太大差別。所以，我們必須考量其他因素，諸如南詔的統治者與其政治策略等。中國學者們將南詔對唐朝的忠誠，列為唐室對它予以支持的主要原因、乃至於唯一原因[50]，可是，南詔與吐蕃的接觸自七世紀後期以降也經常記載於西藏編年史中。[51]顯然，南詔是在和這兩個強大的鄰居玩遊戲，它企圖兩面討好，贏得唐朝的支持並使吐蕃不要干涉其統一大業。

在這種策略的運作下，南詔在公元七三〇年代已成功一統整個洱海地區。[52]唐朝在七三八年封南詔統治者皮羅閣為「雲南王」，當時皮羅閣統治整個滇西地區。隨後，皮羅閣將心力轉移到滇東。南詔在滇東的擴張，很大程度上導致了它與唐朝聯盟的破局。

◎爭奪東爨

唐朝與南詔都對位於今日雲南東部的爨氏頗有興趣。爨氏阻絕了李唐之四川與安南都護府的連結。安南—四川連結若能鞏固，不但可以穩住唐代的西南邊疆，還能夠完成對雲南的包圍。此外，掌握爨氏不但可以讓唐朝有效制衡南詔、抑制吐蕃威脅，而且還可能有助於唐朝的反攻。當然，南詔則垂涎於爨氏利潤豐厚的鹽產。皮羅閣的智慧在他對唐朝與爨氏的利用並最終占領了東爨中表現得淋漓盡致。

唐朝通過對爨氏發動一系列進攻，於公元七四〇年代奪得戰略性城市安寧。對於爨氏而言，唐朝的積極進取是一場災難，爨氏不僅喪失鹽產之利，而且首次要面對唐朝施加的稅賦與勞役。不久爨氏叛亂，奪回安寧，並將其摧毀。唐朝便依循「以夷制夷」的傳統智慧，請求皮羅閣出面加以干預。[53]湊巧的是，正在這時，據說有位爨氏統治者在混亂中被殺害，他的遺孀也請求皮羅閣介入。[54]皮邏閣求之不得，藉機派兵占領了東爨。由此，南詔建立了對東爨的控制。公元七四八年，皮羅閣之子閣羅鳳將東爨的二十萬個家庭遷徙到永昌，東爨人口銳減，力量衰弱。至七五〇年代，南詔已將滇東納入它的帝國之內，儼然成為唐代中國的潛在對手。接下來唐朝與南詔的衝突爆發實是無可避免。

此番衝突似乎是地方利益與宮廷政治兩者的結果。[55]據說姚州都督張虔陀對閣羅鳳需索無度，甚至汙辱了閣羅鳳的妻子。史載閣羅鳳「常與其妻子謁見都督，虔陀皆私之。有所徵求，閣羅鳳多不應，虔陀遣人罵辱之，仍密奏其罪惡。」「閣羅鳳忿怨，因發兵反攻，圍虔陀，殺之。」[56]公元七五〇年，南詔出擊並攻下姚州。隔年，唐朝派遣劍南（四川）

節度使鮮于仲通率軍出征。閣羅鳳或許將先前事件視為私事，他先是公開尋求和解，向鮮于仲通「遣使謝罪」，並說：「吐蕃大兵壓境，若不許，當歸命吐蕃，雲南之地，非唐所有也。」[57]鮮于仲通否決此提議，還將南詔使節囚禁，但他的用兵卻演變成一場災難。

一聽聞對方否決，南詔立即投向吐蕃。吐蕃自然樂於看到南詔與唐朝互鬥。雙方互派使節之後，吐蕃與南詔正式結盟，約為「兄弟之國」：閣羅鳳被吐蕃封為「贊普鐘」（贊普之弟）和「東帝」。由此，吐蕃建立了對南詔名義上的權威。

雖然經歷一次挫敗，但唐朝並沒有放棄。公元七五三年，唐朝第二次出征，卻又再度被南詔所擊敗。[58]唐朝於七五四年組織十萬多人的大軍進攻大理平原，結局卻是另一場屠殺。據說唐軍幾乎全軍覆沒，連將領李宓都溺水而死。史載：「宓渡瀘水，為蠻所誘，至和城，不戰而敗，李宓死於陣。」[59]此次征伐是唐王朝在西南的最後一次大型軍事行動，對於唐朝造成了嚴重的惡果，中央政府對地方節度使控制不力的情況更加惡化。此次戰役，唐朝喪失了一群最優良的士兵，而隔年爆發的安史之亂最終耗盡了大唐帝國。結果，唐朝再也沒有能力或心思處置銳意進取的南詔。

◎南詔—吐蕃聯盟

既然唐朝無力應付南詔，自八世紀後期南詔便開始向四面八方進行前所未有的擴張。[60]至公元七九四年南詔與唐朝恢復前盟之際，南詔向北已擴及金沙江北岸，向東控制了東爨，向南與西南則進入了今日之緬甸，並在當地建立了朝貢制度。

南詔的力量日益增長，同時也導致它與吐蕃的關係日益緊張，因為兩者的聯盟並不是平等的關係。雖然吐蕃支持南詔對唐朝作戰並封贈南詔國王，但南詔卻為這個名義上的支持付出了沉重的代價。吐蕃索求各種物資與勞役，甚至徵用南詔軍隊至中亞為吐蕃作戰。[61]在吐蕃與中國的漫長衝突之中，南詔對於雙方力量的消長十分重要。[62]為遏制南詔，吐蕃在南詔西北邊疆扼守了數個戰略性要塞。其中最有名的是「鐵橋」，這或許是世界上第一座鐵造吊橋。吐蕃在那裡設置「神川都督」軍事要塞，居高臨下，暗暗威脅著大理平原——也就是南詔的中心。此外，五詔遺留的統治者也移居至要塞附近，這是對南詔的另一股潛在威脅。[63]吐蕃對南詔的遏制與利用激起了南詔的許多怨氣，最終南詔決定切斷與吐蕃之間的紐帶。

南詔與吐蕃之結盟很大程度是在回應唐朝的舉動；同理，此一聯盟的瓦解很大程度是源於後來唐朝對於南詔的友善和邀請。唐朝與南詔於公元七五〇年代結盟，藉此，唐朝得以專注於西北與西部地區的軍事。可是，七五〇年代過後，情況卻急轉直下，吐蕃與南詔聯盟，吐蕃騎兵從西南至西北的漫長邊疆大舉進犯唐朝。結果，吐蕃竟能將長安郊區視為自己的邊疆，長驅直進。公元七六三年，吐蕃軍隊攻陷長安，其中或許有南詔的軍士。[64]最終，唐王朝設法遏制了吐蕃的侵襲。公元七七九年，唐軍在四川大勝吐蕃與南詔的聯軍。此番勝利對三個帝國都造成重大的改變。首先，唐朝和吐蕃逐漸進入關係相對和平的時期，邊疆地區的衝突減少，雙方恢復交涉，於是有公元七八三年的畫界條約（清水之盟）。第二，本次戰事之損失加劇了南詔與吐蕃之間的緊張。南詔王異牟尋將首都遷移至大理城，在空間上拉開了與吐蕃的距離。此舉顯示出異牟尋的擔心與謹慎。[65]最後，吐蕃將撤回原來封贈南詔的頭銜，改封異牟尋為「日東王」[66]，此舉更加惡化原本不平等的關係。由此，雙方的猜疑及衝突增加。

形勢變化如此之快，唐王朝也被迫重新思考邊疆戰略。唐代宰相李泌建議唐德宗「北和回紇，南通雲南，西結大食、天竺」，也就是與回紇、突厥、南詔、印度（天竺）、阿拉伯人（大食）結盟以抗吐蕃，這個計畫頗類似當年漢武帝應對匈奴的計畫。[67]若能達成此聯盟，唐朝便可包圍吐蕃，而吐蕃的力量分散，便無法威脅中國。李泌指出，這些聯盟當中最關鍵的乃是回紇與南詔，他將與南詔結盟比喻為斷吐蕃之右臂，說：「回紇和，則吐蕃已不敢輕犯塞矣。次招雲南，則是斷吐蕃之右臂也。雲南自漢以臣屬中國，楊國忠無故擾之使叛，臣於吐蕃，苦於吐蕃賦役重，未嘗一日不思復為唐臣也。」李泌的建言又是一次「以夷制夷」的案例，也是漢代中國結盟月氏以抗匈奴的新版本。

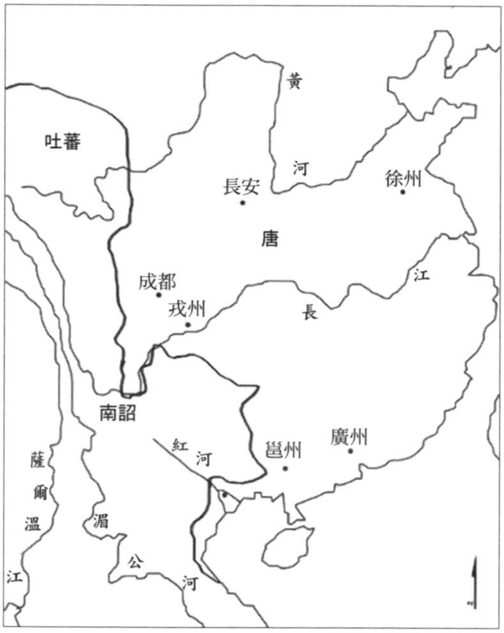

圖 3.3　南詔的世界　米雪兒．吳改製。根據譚其驤主編：《中國歷史地理圖集》，卷 5，北京：中國地圖出版社，1996 年，36–37 頁。

唐德宗同意將一位公主嫁給回紇可汗，回紇與唐朝之合作遂迅速達成。不過，唐朝恢復與南詔的聯盟則花費了較久的時間，而韋皋是其中的關鍵人物。韋皋公元七八五年擔任劍南節度使，直到八〇五年過世為止。在長達二十年擔任唐代四川邊疆指揮官的這段時期，韋皋幹練地使用當地族群來遏止——有時甚至擊敗——吐蕃的侵略。更重要的是，韋皋成功地執行唐室制定的策略，激化南詔與吐蕃之間的緊張與不信任，且最終得以與南詔結盟。

南詔王面對吐蕃日益強大的威脅，也在思考恢復與唐朝的合作。鄭回是被俘虜的大唐官員，以後他當上南詔的宰相——「清平官」，他建議南詔與唐朝重續前緣。鄭回以吐蕃貪得無厭的索求及唐朝先前的友好態度相比較，來增加說服力。[68]鄭回乃是異牟尋的導師兼顧問，他的話頗具影響力。異牟尋終於在七九三年決定接受唐朝的友誼。有鑑於吐蕃對地方勢力的控制與影響，異牟尋派出三個使團，經由不同路線前往長安，以確定自己的心意能夠傳遞給唐王朝。第一個使團取道四川，第二個穿越貴州，第三個則途經安南。公元七九四年，異牟尋接見了唐朝派來的使節，南詔重新締結與唐朝的聯盟。[69]

那時，吐蕃與回紇在中亞發生戰爭，喪失了不少軍力，因而要求南詔提供一萬士兵。異牟尋答應提供五千人支援，但偷偷地派了一支南詔大軍尾隨在援兵之後，對吐蕃軍隊發動突然且殘酷的襲擊。吐蕃始料未及，結果慘敗。南詔隨後占領了鐵橋，吐蕃通往大理的通道受阻。[70]此後數年，有了南詔這一關鍵助力，大唐軍隊在西部與西南邊疆對吐蕃連連告捷。軍事連連告敗、國內政局動盪再加上自然災害，使得吐蕃疲於應付唐朝及其盟友。至八世紀末時，吐蕃對唐朝或南詔而言，均已不再是嚴重的威脅。

◎南詔的擴張

公元七九四年之勝利開啟了南詔新一輪的擴張。南詔立刻占據吐蕃與本國之間的邊疆地區，並將先前五詔的後裔遷徙到永昌地區。同時，異牟尋之子尋閣勸給自己冠上了一個新頭銜「驃信」，意思是「驃之王」。[71]這表明南詔可能強化了對驃國的宗主權，建立了對驃國的朝貢制度。這可從八〇二年南詔對唐室的朝貢使團看出：此次朝貢使團裡包括驃國樂師及舞者。[72]驃國似乎並非唐朝而是南詔的直接附庸。

公元九世紀的前二十年是唐室與南詔的蜜月時期，期間每年都有官方使團的來往。唐朝甚至在成都設立一所學校供南詔王室青年就讀，大約維持了近五十年，大量南詔青年因而接受中國式的教育。[73]其他史料則確認南詔對於唐王朝而言意義特殊，據說在八〇八年與八一六年時，唐王朝曾為南詔王的死訊而輟朝。[74]有位日本僧人曾經注意到，公元八三九年在唐室的五支外國使節當中，南詔排在第一，位列日本和其餘外國之前。[75]

公元八二九年，南詔忽然劫掠四川。南詔軍隊攻下邛州、戎州、嶲州，並且進入成都，它退兵時還將數以百計的四川人民——包括技師和工匠——帶回雲南。[76]該年的入侵事件標誌著南詔往北擴張的開始，後來唐朝與南詔之衝突又延續了數十年之久。[77]南詔軍隊於八三二年占領位於今日上緬甸地區的驃國，超過三千驃人因此被掠到柘東。[78]三年後，南詔出征並摧毀位於今日下緬甸地區的彌臣王國，兩千至三千名俘虜被遷徙到雲南西北部的麗水淘黃金。[79]南詔也進軍攻擊真臘的高棉人。[80]此外，南詔還侵略了崑崙國和女王國，不過這兩次攻勢最後皆以失敗告終。[81]整體而言，當時的南詔是中南半島最強大的王國，而且在多國互動中扮演極為積極主動的角色。

與此同時，南詔不再維持對唐代中國的藩屬關係。南詔的新統治者世隆自上尊號，自稱「皇帝」，且將南詔重新命名為「大禮國」，不受中國冊封，也就是拒絕接受中國名義上的宗主地位。[82]南詔接著繼續向今日的貴州、廣西、安南地區擴張。公元八五九年，南詔攻陷播州（遵義），此事件更加劇了南詔與唐朝的牴觸。隔年，唐朝的安南都護收復播州，南詔卻趁唐軍移動至播州時，在安南本地人的幫助下占領了河內。當唐朝軍隊返回時，南詔軍隊又自河內撤退，轉而攻擊且掠奪邕州（廣西）。南詔靈活的游擊戰術讓唐朝的軍事防禦十分艱辛。公元八六二年冬季，南詔與當地人合作，組成了五萬人的大軍入侵安南。據說在兩次安南戰役中，唐王朝喪失了十五萬士兵（或被殺，或被南詔俘虜）。[83]這一次，南詔不只是要劫掠安南，它還要控制安南。因此留下了兩萬士兵守禦河內。[84]南詔的這項決定，或許是考慮到南海貿易所帶來的利潤。

公元八六四年，唐室派遣名將高駢出守安南都護，最終高駢奪回安南並鞏固此邊疆區域。唐軍於八六六年秋季在河內取得勝利，驅走了南詔軍隊。[85]但是，十年來的戰事釀成了這些邊疆地區的動盪和經濟災難，唐朝已經無力進攻南詔。雖然南詔在安南失利，但它仍不時進攻四川。世隆於八六九年入侵四川，經過幾次交戰之後又撤退，但撤退也僅是因為他已經掠得充足的戰利品罷了。[86]八七四年南詔再度攻擊四川，唐朝於是將高駢從安南調到四川，而高駢確實讓絕望的局面得以起死回生。[87]

唐朝與南詔在八七六年互有使節往來，隔年世隆死去，其子隆舜繼位。雙方談判繼續進行，南詔堅持兩國地位必須平等並且要求聯姻，此事在唐王朝內部激起一番辯論。[88]

公元八八〇年，唐朝面臨黃巢之亂，唐僖宗遂決定接受南詔的要求，但實際上對聯姻卻是一再拖延。[89]此時的南詔也因為連年戰事而日益衰弱。[90]公元九〇二年，鄭回後裔鄭買嗣謀害南詔幼主，建立了一個短暫的政權。昔日強大的南詔王國就此消失。數年之後，唐王朝也被好幾個王國所取代。至十世紀初期，東亞舞臺上的三位主角——吐蕃、南詔、唐王朝——全部都垮了。

古代和現代中國的學者對南詔與大唐帝國之衰亡有的關係頗有興趣。帝國時代的史家們注意到南詔、軍事叛亂、唐帝國衰亡三者之間的關聯性。公元八六二年，一些來自大運河城市徐州的士兵被派遣為對抗南詔的援軍，兩年之後，其中有三千人戍守於桂州（廣西桂林）。他們原先應該只要服役三年，但卻一直拖延到八六八年，此刻他們已服役六年之久。這一次，不滿、抱怨與抗議延燒為叛變。在龐勛的領導之下，這些士兵離開職守，開拔返鄉[91]，沿途許多農民加入這趟漫長的行軍。唐王朝剛剛鎮壓了這起兵變，黃巢便煽動農民起義，這場大亂實際上終結了唐帝國的國運。

有些學者因此認為，南詔入侵迫使唐朝調動北方士兵並一再延長他們的服役期限，由此，是南詔促成了龐勛之亂，又反過來激發黃巢之亂。所謂「藩鎮屢畔，南詔內侮，屯戍思亂，龐勛乘之，倡戈橫行。雖兇渠殲夷，兵連不解，唐遂以亡。」故宋代史家的結論是：「唐亡於黃巢，而禍基於桂林。」[92]以研究唐代著稱的史學大家陳寅恪，引用南詔的案例以及上述宋代史家之言，來證明外族與內政二者的相互作用[93]；而夏光南表示，唐朝崩潰的最重要原因便是南詔[94]；巴克斯則認為《新唐書》的結論過於誇張而扭曲，但巴克斯之評論是有問題的。一方面巴克斯點出，「確實，南詔在南方的侵略大大加劇了唐王朝的麻煩」，且「南詔國的確對於唐王朝的衰亡有重大影響」；但在另一方面，他的結論又表示，「即便是談間接層面，南詔都沒有造成唐的滅亡。」[95]總結來說，由於南詔促成唐朝的衰弱[96]，並且間接造成龐勛之亂，南詔確實是導致唐代滅亡的因素之一。這樣講，合乎情理。

重新解讀中古時代的南詔

南詔在東南亞的角色也不容忽視。緬甸研究的著名學者戈登・盧斯（Gordon Luce）指出，南詔進攻並統治上緬甸地區的驃國一事，對於後續緬甸諸王國的形成，具有極重大的影響。南詔滅驃國之後所造就的中空狀態，成為「原型緬甸人」（proto-Burmans）自己建立王國的大好良機。[97]許多中國文獻記載了南詔與其他東南亞政權之間的衝突，並確認南詔對這些地區的影響。對於這些東南亞政權及族群間的複雜互動，人們所知實在不多。舉例來說，我們可能會問，南詔與唐代中國在安南的衝突對於十世紀大越國（Da Viet）之獨立，到底有多少程度的影響呢？

上述討論提醒我們或許需要採取一種跨區域或全球性的歷史地理取徑來解讀中古時代的南詔。南詔、吐蕃和唐朝這三個政權之間密切而頻繁的互動，換句話說，中亞邊疆與西南邊疆之間的互動，都已經跨越諸多邊界——無論是真實或者想像的邊界——而交錯於中亞、東亞以及東南亞的廣大區域。關於這三個王朝任一者的研究，都應該放在它們的國際／全球背景脈絡中。再者，若我們將南詔、吐蕃、唐代中國、其餘中亞政權、甚至是阿拉伯與印度的國家，通通視為同一個世界，那麼，或可開闢新的面向，因為這些政權的軍事、政治、商業及文化交流互動，遠比大多數人所想像得深切。

音樂便是一個典型的例子。公元七九四年，異牟尋在接待唐朝使節時安排了中亞樂師與舞者們進行表演，而這些人乃是得自於唐室的饋贈。八年之後，南詔為長安人獻上驃國的音樂、舞蹈及歌曲。大詩人白居易特地寫下幾首詩，其中的《驃國樂》描述令人印象深刻的驃人表演。詩中寫道：「驃國樂，驃國樂，出自大海西南角。雍羌之子舒難陀，來獻南音奉正朔。德宗立仗禦紫庭，黈纊不塞為爾聽。玉螺一吹椎髻聳，銅鼓千擊文身踴。珠纓炫轉星宿搖，花鬘鬥藪龍蛇動。曲終王子啟聖人，臣父願為唐外臣。」[98]這個例子本身作為證據或許不夠有力；不過，這些區域之間有許多交流被低估或忽視了。我們當然需要考慮這些互動交流是否已經創造了一個包含唐代中國、南詔、吐蕃與其他中亞政權等地的世界體系；至少，這個「中古世界」內的頻繁互動足以讓任何國族性或區域性的取徑相形見絀，從而召喚跨區域或全球的視野。就此意義而言，國史研究與區域研究反而造成我們對於南詔的無知。

大理與兩宋：「欲寇不能，欲臣不得」

南詔王國終結後的四十年內雲南出現了一系列短暫的政權，直到公元九三七年段思平建立大理王國（九三七年至一二五三年）為止。[99]大理國與兩宋（九六〇年至一二七九年）幾乎同時，就像南詔與唐朝平行發展一樣。整體而言，大理國繼承了南詔的領土，但大理國統治者不如南詔國君那般好戰黷武，這也許是因為大理國王虔信佛教，想要避免軍事帶來的暴力與死亡。[100] 大理與宋代中國的關係被人為抑制，不如南詔時代那般複雜。[101] 宋朝的節制可能是來自歷史教訓與實際考量，南詔作為麻煩製造者的印象還鮮明地存在中國人的心中；實際上，宋代統治者們也衡量過對雲南動武的風險與回報。宋將王全斌在平定四川之後請求進攻雲南，但開國君主趙匡胤卻下令他停止，說：「德化所及，蠻夷自服，何在用兵。」關於趙匡胤之決定，有一浪漫傳奇故事重複出現在中國的歷史記載中：趙匡胤拿了把玉斧在帝國地圖上沿著大渡河畫下邊界，說「此外非吾有也」。[102] 宋揮玉斧象徵著宋朝絕對無意將雲南納入版圖之中。

不過，來自北方邊疆的沉重壓力，才是了解宋室對大理態度的關鍵。宋朝在軍事方面不如唐朝強盛，它最擔心的是中亞諸王國；北方王國如西夏、遼、金、蒙古都對宋室造成巨大壓力，迫使宋朝放棄中國至上或中國中心原則，而對外族採取更務實的態度。宋室制定的在西南邊界的防禦政策，類似昔日漢武帝專事匈奴而放棄進取西南，因為宋室無力應付南北兩處危險的邊疆，無力同時在南北兩線作戰。這樣，我們再一次看到，長城邊疆與西南邊疆具有密切的連結與互動。因此，宋代的國際政策乃是封閉西南邊疆、孤立大理，將主要心力放在北方邊疆。畢竟，北宋的政治、經濟中心是在黃河流域。

宋室此等政策並不是沒有遭到挑戰。首先，在歷史上，雲南與四川有頻繁的交流，官私皆然。第二，大理王國對於發展與宋朝的關係興趣濃厚。大理統治者在九六五年聽說宋朝征服四川的消息後，便令其建昌（四川西昌）官員致信祝賀「云欲通好」；三年之後，大理國再次請求宋朝與自己建立關係。[103] 面對這些請求，宋室決定在大渡河

「修大渡河船，渡進奉蠻人」，看來是為供應大理的朝貢使節[104]。大理國在公元九八五年、九八九年、九九一年、九九七年、九九九年、一〇〇五年、一〇〇八年及一〇三八年，持續派遣貢使[105]，但遭到宋室多次拒絕。大理為何亟欲與北宋建立官方關係呢？也許是因為歷史之鑑，大理國對於前人作為愈加警惕，南詔的好戰不僅拖累了唐帝國，也危及雲南本地。相對而言，一個和平的邊疆有助於大理的安定與繁榮，雲南與四川都依賴彼此關係和睦以維持地區貿易，雲南許多畜牧、遊牧部落尤其仰賴四川的農產品。

大理國修好「中國—大理」關係的熱切，與北宋的節制態度形成強烈對比，公元九八九年的外交往來可知一斑。該年，大理國王再度請求北宋封賜，但宋室一面鼓勵大理好好治理其民，一面卻以乾旱與北方紛亂為託詞拒絕大理之請求。[106]這次拒絕似乎沒有讓大理因此退縮，因為大理的使節依然繼續前往宋室。終於，宋室在一一一五年時允許大理之請，一一一七年大理使節抵達開封，獻上貢馬、麝香、牛黃等特產，大理國王

圖 3.4　大理國與北宋　米雪兒．吳改製，根據譚其驤主編：《中國歷史地理圖集》，卷 6，北京：中國地圖出版社，1996 年，3–4 頁。

段和譽受封許多頭銜如「金紫光祿大夫」「檢校司空」「雲南節度使」「大理國王」名號。[107]由此，雙方建立了正式的朝貢關係。

政治層面的升級未必能帶動貿易的成長。曾有人建議在大渡河南方設置市場，宋室於是要求四川官員調查可行性。[108]也許是因為地方官員不想徒增麻煩，於是引用了趙匡胤的玉斧畫界故事來反對該項建議，他們認為孤立政策讓四川一百五十年來得以保持和平，而設置市場將會為中國開門納禍，「非中國之福也」。[109]宋朝在北方壓力日增的情況下，其憂慮也日益增長，於是大理增加貿易的需求，因宋朝安全之憂被拒絕。

公元一一二七年，金國攻下北宋首都開封，殘存的宋朝統治者逃到江南建立了南宋王朝，以臨安（杭州）為首都。宋政權從黃河流域被驅趕到長江流域，一時如驚弓之鳥，無法肯定自身能否制住金人的騎兵。驚嚇的南宋統治者更加提高對大理的疑心，再次想要減少與大理的聯繫。

公元一一三六年，段和譽遣清平官入貢南宋，意圖延續雙方先前的關係。大理使節攜帶的方物包括大象，這在中國官員看來象徵著臣服。然而有趣的是，南宋開國皇帝趙構接受了除大象之外的所有禮物，並按照估價支付了貢物的價值；退還大象此舉表明南宋不欲與大理維持朝貢關係。[110]翰林學士朱震的一段言論最能揭示南宋之心態與立場。朱震認為要讓大理「以大渡河為界，欲寇不得，欲臣不得，最得禦戎之上策」。[111]然而，軍事需求卻反過來迫使宋朝向大理國敞開門戶，因為大理有一特產，宋代中國沒有卻亟需獲得者，那便是戰馬。

◎宋代的市馬

兩宋對抗西夏、遼、金、蒙古的戰事，需要數量龐大的戰馬。因為宋代疆域無法養育充足的戰馬，宋朝遂向遊牧部落購買大量戰馬。北宋時期可以從西北邊疆獲取戰馬，少量馬匹則得自貢品。舉例而言，馬匹一直都是大理國的主要禮物，公元一一三六年那次宋朝雖然拒收大象，卻高興地收下了馬匹。但是，北宋喪失中原也就喪失取得西北馬匹的管道。江南地區不產馬，而持續的戰情卻導致南宋需馬孔急。[112]幸好，大理國以生產良馬著稱，南宋朝廷別無選擇只能與大理貿易。跨區域權爭一方面促使兩宋遏制與雲南的往來，另一方面又迫使兩宋與雲南貿易。

雖然北宋時期的戰馬主要得自於西北，但大理馬匹也透過私人與官方管道賣至北宋。黎州（四川漢源）銅山寨便建立了一處市場，為北宋購買戰馬。此外，北宋在西北馬匹來源受阻時，也只好擴增與雲南的馬匹貿易。例如一〇七四年時，宋室公開招募志願者前往大理買馬，四川進士楊佐變賣家產，翻山越嶺深入大理國內，招募當地人將馬匹趕來販售。令人玩味的是，當「雲南蕃人」聽到消息後將大群馬匹趕到四川要塞處，當地官員卻拒絕交易，宣稱「本路未嘗有楊佐也，馬竟不留。」[113]

與北宋時期不同，市馬在南宋時期變得更加緊迫。為避免邊疆貿易之風險，南宋朝廷甚至設置了一套市馬的官僚系統以求獲取足夠的馬匹滿足需求。朝廷為了馬匹問題，曾於一一三三年及一一三六年有過兩次辯論[114]，即便如此，對戰馬的需求仍迫使宋室甘冒對大理國開放門戶的風險。邕州（廣西南寧）設立了一「買馬提舉司」，專門負責向大理國買馬之事宜。朝廷提出、研究了諸多關於市馬的作法與規範[115]，並囑咐地方官員要密切注意市馬一事，同時在榷場部署士兵以防萬一。更發人深省的是，被選作官方市場的地點居然是位於今日廣西的邕州而非四川，原因或許是四川太過接近北方，而且四川與大理直接相鄰。萬一有衝突發生，廣西與貴州則有許多當地族群區域能夠形成緩衝區。再者，市馬僅限於少數幾個固定地點，其餘地區一蓋不准買賣馬匹。公元一二四〇年，四川宣撫使孟珙拒絕在四川開闢官方市場，所持理由是廣西與大理的貿易已然存在，所以經由四川貿易並無必要。[116]

由於大理馬匹是南宋騎兵的唯一來源，因此我們可以說，趙宋政權之所以能在失去黃河故地後苟延一百五十多年，大理馬匹在其中扮演著重要角色。這樣講，也是平心之論。可以說，大理國或許在很大程度上塑造中亞諸國與占據江南的南宋王朝之間的鬥爭，而它在這些鬥爭之中的角色遠遠不只是提供馬匹而已。宋代中國在抗金與後來和蒙古的戰爭期間，它對大理的孤立政策不僅讓自己喪失一個潛在盟友，還某種程度上留下一個空缺，使蒙古人得以滲透，並完成對南宋的包圍。

◎蒙古征服大理

十三世紀初，中亞政治角力發生了劇變。公元一二三四年，蒙古與南宋聯手滅金，雖然宋室一雪靖康之恥[117]，但它卻沒有料到，蒙古騎兵竟立即撥馬南征。一二三五年，蒙古與南宋的戰爭正式開始。不過，蒙古人顯然沒預料到南宋的反抗是如此頑強，殘酷的戰役沿著長江一線爆發。蒙古大汗蒙哥意識到正面攻進沒有多少進展，戰事陷入膠著，於是派遣蒙古騎兵攻打大理國，以達成包圍南宋之勢。[118]公元一二五三年，忽必烈率軍遠征，軍隊跨越青藏高原而抵達大理。[119]不到一年的光景，段氏投降，大理於是滅國。

蒙古人習慣併入熟悉本地氣候與地形的土軍，他們因此吸收了段氏，這不只是為了征服雲南與中國，還為了征服緬甸與安南。主事雲南的蒙古將領兀良合台（Uriyangkhadai）於公元一二五七年率領聯合軍隊進攻安南，安南陳朝遂於隔年春天納降。更重要的是，占領雲南為蒙古人提供了一個襲擊南宋的基地與通道。

一旦兀良合台成功平定了雲南地區的抵抗，蒙哥隨即發動對南宋的全面戰事。公元一二五八年，蒙哥本人抵達四川戰場，忽必烈與另一位蒙古王子塔察兒則率軍攻打長江中游與下游地區。兀良合台同時領軍自雲南入侵南宋，期望能與忽必烈會合。雖然蒙哥汗的忽然死亡緩解了這三面攻勢，但蒙古對南宋的包圍已經啟動。二十年之後，蒙古人征服了中國。古代中國的一些學者批評宋室之戰略錯誤，清代學者倪蜕就指出，宋朝面

地圖 3.5　大理國與南宋　米雪兒．吳改製，根據譚其驤主編：《中國歷史地理圖集》，卷 6，北京：中國地圖出版社，1996 年，42–43 頁。

對大理國時不應該採取孤立主義政策，若大理與宋朝之間能建立聯盟，此舉當有助於宋室的防禦。[120]這也是為何明朝開國君主朱元璋在將蒙古人逐出北京之後，決意要征服雲南。

不妨在此作一小結。十世紀至十三世紀歐亞大陸東部權力競爭導致的軍事衝突，最終造成雲南歸屬於中華帝國。雲南本身對於這個持續劇變的地區也有很大的影響。因為長城邊疆與西南邊疆有密切的聯動關係，所以宋、金、遼等政權及區域之間的互動難以簡單地納入國史或區域史的範疇。除非引入全球或世界體系的觀點，否則雲南的全球性角色無法得到切合的評價。

明初的雲南征服

公元一三六八年，蒙古人從中原撤回至蒙古草原，但卻繼續控制著雲南。明朝攻占了北京。明太祖朱元璋登基不久便派遣使節至雲南，企圖說服蒙古人放棄雲南。他在一三六九年、一三七〇年、一三七二年、一三七四年、一三七五年先後派出五次使節，當中有些使節卻被蒙古人殺害，朱元璋因此決定訴諸武力。

中國歷代政權罕能將其統治有效深入雲南，那麼，明朝為什麼決定要征服雲南這塊充滿崇山、叢林、疾病、各類族群、並在歷史上導致成千上萬中國兵士喪生的地方呢？「理學」之流行或許是一個原因。

理學將中國中心論的意識形態灌輸給宋朝及此後的皇帝，敦促他們積極伸張自己的權力與價值觀。也許，此意識形態下的現實狀況是，明朝固然已將蒙古人逐出中原，但蒙古人依然占據著蒙古草原及雲南，隨時隨地都可以發動南征。倘若蒙古人同時從北方與西南方進攻明代中國，明王朝就得兩面作戰。因此，公元一三七〇年代明王朝所面對的情勢其實類似於南宋當年。在忽必烈占領大理之後，南宋不得不同時面對北方與西南方的蒙古人。這似曾相識的情勢刺激著明代統治者向雲南用兵，以免重蹈南宋之覆轍。

公元一三八三年，朱元璋命傅友德、藍玉、沐英領兵三十萬餘人出征。明軍迅速擊敗蒙古勢力，占領了昆明與雲南東部。但是，在元王朝統治時期的段氏大理，其實處於半自治狀態。此刻段氏想要藉此良機恢復自身的獨立地位。傅友德寫信要求段氏投降，而段氏之大理總管段實則引用歷史經驗來正當化他的自主聲明。段實認為唐王朝時代的大理便是異國，且大理還位於宋代玉斧畫界之外；此外，大理占地太小、人口太少，不足以成為中國的行政區且不值得明軍為此而來，「得此雲南於汝何益？不得於汝何損？」

圖 3.6　明帝國內的雲南　米雪兒．吳改製，根據譚其驤主編：《中國歷史地理圖集》，卷 7，北京：中國地圖出版社，1996 年，40–41 頁。

段實建議明朝可以循唐代與宋代模式重建朝貢關係[121]，但傅友德卻無視此建議並重申要求。惱怒的段實遂在第二封信裡威脅明軍，他強調大理在軍事防禦上有地理與生態的巨大優勢，明人只會重複從前中國征伐行動的災難而已。[122]憤怒的傅友德扣留了段氏使節，段實接著又送出第三封信，其內容更加傲慢。傅友德意識到和平解決已不可能，於是發動攻勢，段氏的勢力最終被摧毀，但地方酋長所領導的叛亂十年之後方能平定。

明朝的征伐不僅承繼了元朝所建立的對雲南的中央控制，而且進一步推廣與鞏固了這種控制。元朝開始了一套中央行政體系，但段氏依然能維持自治狀態且控制大理地區。而自明代以降，大理地區與滇池區域便不再有強大的政權。整體而論，明、清帝國開始注重且努力達成在經濟、文化上將雲南統合入中國的根本目標——雖然地方叛亂偶爾發生。由此，它們意在讓雲南永久成為中華帝國的一部分。

結論

中國在軍事上征服雲南一事，源自於跨區域互動交流與權力鬥爭。地緣政治位置是雲南在亞洲大陸權力競爭中彰顯其重要性的關鍵因素。

讀者若將上述本地區跨區域貿易與政治、軍事互動聯繫討論，或有一些啟發。首先，軍事行動往往會利用現有的貿易路線；第二，跨區域貿易有時是衝突爆發的動機之一（例如南詔和唐代中國在東爨與安南的競爭）；第三，儘管西南絲路的貿易兼顧南北，但軍事性互動則與北方更為相關；此外，政治、軍事作為有時會促進貿易，例如中國歷代王朝對道路的修築或擴充；最後，貿易與軍事征伐都跨越了現代邊界，故需以跨區域取徑加以檢視。

全球性的力量促進了中國對雲南的軍事征服。軍事征服之後，中華帝國所要做的就是要統合這塊土地及其人民，使得雲南真正成為中國的一部分。以下章節會詳述中國制度如何與土著政權發生摩擦、衝突，以及中國制度最後如何扎根於雲南，由此塑造出一個「中國的雲南」。

第四章

「因俗而治」：土司制度的興衰

導論

自元代（一二七九年至一三六八年）以來，歷代王朝政府遷徙了上百萬漢人至雲南，轉化了當地社會的人口結構。中央行政管轄、移民、賦稅、教育、經濟與宗教的基礎建設將中國的風俗制度引入雲南，造成該地區的「華化」（sinicization）。與此同時，雲南當地族群對於漢人移民也有諸多影響，造成了移民的「土著化」（indigenization）。「華化」與「土著化」是雲南歷史進程的一體兩面；透過這種交互作用的進程，得以調和出一個中間地帶（the Middle Ground）。

本章將會檢視中國歷代王朝實施於雲南、重組地方權力結構的行政體系。為求掌控所謂的「西南夷」，中國政府借用、創造、調適、發展了一種特別的行政機制，那便是「土司制度」。土司被授予帝國的官階、頭銜、職位，各自統治他們的土地與人民。只要沒有大型叛亂發生，帝國政府鮮少干涉土司內部事務。一言以蔽之，「因俗而治」是中國西南邊疆政策的指導原則。

中華帝國與土司之間的權力關係是動態變化的，因而中間地帶經常搖擺不定。一旦帝國政府力量充足，便企圖將邊疆轉化為另一個中國社會。在此進程中，土司或被打垮、或受到壓制，當地族群則成為少數族群、當地文化淪為邊緣文化。經過數百年的努力，中央政府任命的流官制度最終代替了土司制度。在長達五百年的進程中，土司體系的建立、制度化，以及其最終的改革——「改土歸流」，高度反映著中華帝國「教化」邊疆與族群的自覺、決心與力量。

邊郡制度

中華帝國的邊疆行政體系可以追溯至秦、漢，尤其是漢王朝。一旦中華帝國擴張至邊疆區域，它便開始為邊疆創造一種異於中國本部的行政系統。雖然中國統治邊疆族群的指導原則是「因俗而治」，但中國「教化」的最終目標乃是要在邊疆地域複製一個中國社會。因此，每逢中央政府認為時機成熟，它們就會迅速廢除、管控、轉變地方體制，有時訴諸暴力。本節將審視邊疆行政制度的歷史進程，以呈現中國對於雲南的逐步滲透。

楚國將軍莊蹻在公元前三世紀晚期征服滇國，為中原政權立下了統治策略。根據記載，莊蹻自封為滇王，但他決定「變服從其俗」，依循當地習俗進行統治。[1]莊蹻的策略與作法為歷代王朝統治者遵循，他對土著習俗之尊重也一再被中華帝國統治者提及。漸漸地，一種特殊的行政階層體系被發明、改良出來，用以管控邊疆區域及少數族群。在雲南——甚至是中國所有的邊疆地區——的案例中可以辨識出一項清楚的歷史邏輯，那便是中國在增強控制的同時維持邊疆的安全與穩定，雖然其結果各地有別。

漢朝依循秦人發明的郡縣制度，並發展出朝貢制度來處置邊疆地區眾多的非漢「蠻夷」。由於這些族群與漢人不同、也異於那些中國疆界外的「化外之民」，漢朝遂創造出一套新體制，來處置這些「半華」和「半夷」。新興的邊疆行政制度——如余英時所研究——可以分成三類：「屬國」、「郡縣」與「部」（軍事單位）。[2]西漢不只是在西南夷地區建立屬國，它還增置了郡縣制度，更於漢武帝在位期間設立四郡——犍為、牂牁、越嶲與益州。根據余英時所言，只有相對漢化的「夷人」才會置於郡縣體制內[3]。所以，漢朝認為，置於郡縣之內的西南夷相對已受教化。東漢王朝繼續南向擴張，在它所征服的各個「蠻夷」地區設置了更多的行政單位。

正常而言，在中國本部的漢人處於郡縣制度的管轄之下，需要承擔稅賦與勞役；但是，西南邊疆的郡縣制度則大異其趣。首先，雖然政府會安排中央官員前往邊疆郡縣就任，但這些官員有時並沒有親身進入被派任的郡縣內。反之，他們的統治大多仰賴當地首領。漢朝大多承認並維持著這些土酋夷帥的權威，封贈其榮譽頭銜如王、侯等。其次，土著繳納的稅賦低於中國本部的郡縣，在某些情況下，稅率是由漢朝官員與土著之間協調出來。這就是漢朝時期的「邊郡制度」。

邊郡制度的發明要達成的雙重目標是：一方面，土著被置於漢朝統治轄下，期望他們接受中國文化而獲得「教化」；另一方面，邊疆「蠻夷」對於中國的國防十分重要。此一制度顯示漢代中國鮮活運用的「羈縻」政策——「羈」是馬絡頭、「縻」是牛轡頭，牧人使用羈縻指定動物的行走路線，同時容許牠們有些許自由。某種程度上，漢朝就是藉著邊郡制度來「羈縻」西南夷。

帝國官僚體系的建立讓西南夷與中國的互動更加頻繁，反過來也導致土著社會出現劇烈的改變，後者成為緊張、衝突、叛亂的來源。當中國學者高度肯定中國文化與中國統治給邊疆土著帶來的好處時，然而，地方叛亂卻訴說了故事的另一面。

公元前八十六年，益州郡西部（鶴慶與劍川）的廉頭、姑繒部落殺害了漢朝官吏，同年，牂柯、談指（貴州興義、貞豐）、同並（彌勒）有西南夷三萬餘人反叛。三年之後，也就是公元前八十三年，葉榆郡（大理）內的姑繒與其他部落再次反叛。叛亂的規模之大，讓漢朝將領不敢進軍，益州太守因此被殺。靠著牂柯郡土著軍隊的支援，漢軍才得以平復這次亂事。[4]

漢成帝河平年間（公元前二十八至二十五年），夜郎王、鉤町王、漏臥侯舉兵互攻。因為路途遙遠，漢朝不願出兵，取而代之的作法是派遣官員前往調解。夜郎王粗暴地蔑視漢朝官員，甚至刻木象徵漢吏，並向其射箭。後來，漢朝派遣的第二位使節設計誘殺夜郎王，將其斬首。[5]這個消息驚嚇了鉤町王、漏臥侯，他們遂獻上粟、牛、羊以示臣服。漢廷插手阻止部落之間的戰爭，反而加劇了地方與中央的衝突。稍後，夜郎王的岳父與夜郎王之子反叛，最終又導致漢朝的武力干預。[6]

西南夷下一波起事發生在王莽時代。公元九年，王莽篡奪西漢，建立新朝。他是一個企圖恢復周代禮制的「烏托邦主義者」（utopianist），在中國內部與邊疆推動激進的改革政策，讓原本已經不穩定的西南夷地區情勢更加惡化。公元九年，由於鉤町王被王莽降格為鉤町侯，鉤町因而叛變。這起事件在西南地區造成前所未有的混亂，益州、越巂、牂牁的土著紛紛起而反抗王莽的新朝。公元十六年，王莽派出大軍鎮壓西南夷。據記載，約有十之六、七的士兵死於疾病或飢餓，情勢完全沒有改善。巴、蜀地區隨之出現騷動。王莽又另外發動十萬軍隊，結果造成死者數萬。此番軍事行動持續了六年之久，直到王莽政權最終崩潰。[7]

公元四十二年，西南夷反叛並擊敗益州太守，將後者驅至朱提。隔年，漢將軍劉尚率領一萬三千多人的軍隊——其中包括朱提的「夷」兵——進攻益州。公元四十五年，劉尚擊潰地方叛軍，俘虜五千七百人。[8]公元七十六年，哀牢王與漢朝太守在賦役多寡問題上爆發爭執，最終殺害縣令並攻打巂唐（雲南雲龍縣）和博南（雲南永平縣），永昌太守被迫撤退至葉榆（大理）。東漢王朝組織了一支夷漢混合軍隊——包括來自越巂、益州、永昌的「夷」兵——以處置叛亂，哀牢王後來受戮而死，昆明夷的一位貴族鹵承則受到獎賞而封為「破虜傍邑侯」，意即「摧毀敵人區域的侯爵。」[9]

公元一一八年，永昌、益州及蜀郡諸夷爆發大規模叛亂，十萬餘叛眾殺死漢朝官吏，劫掠城鎮、剽虜百姓，「骸骨委積，千里無人」。[10]震驚的漢將楊竦一時不敢進軍。經過策畫，漢軍密徵三郡武士，而後進軍，土著遭斬首者三萬餘人。隨後有許多土酋背叛作亂者，向漢朝投誠。[11]「以夷制夷」的策略再度奏效。

這次屠殺僅僅穩定了西南局勢五十年。公元一七六年，益州諸夷揭竿而起，俘虜益州太守，整個益州都落入叛軍控制之下。有些官員建議東漢朝廷放棄益州，因為漢朝實在無能平亂。後來是在巴郡「板楯蠻」的幫助之下，漢朝方才平定此次事件。這場軍事衝突嚴重摧殘了地方的經濟與民生，土酋已無資源反叛漢朝，而新任漢朝官員也採取了寬和的政策。[12]

東漢王朝在公元三世紀初的瓦解，讓西南邊疆地區恢復自治狀態。然而三百年來漢朝的干預，已經大為改變西南夷的發展軌跡。前述的頻繁騷亂顯示，漢朝在西南邊疆的存在已打亂了西南夷的權力結構，並成為各種鬥爭的源泉。

上述——不論是直接或間接由漢朝激起的軍事衝突——可以分為兩種類型：第一種類型是土著叛亂尋求獨立；第二種類型是土著社會內部的部落衝突，土著在彼此攻伐時會企圖利用漢朝的力量來謀取自身利益。有些衝突是直接因為漢朝「以夷制夷」政策所造成。該政策加劇了地方內部的緊張與仇恨，因為漢朝選中某族群或政權，加以青睞。被選中的族群或政權於是變得相對強勢而欺凌鄰人，許多時候動武便無可避免。

經濟因素是土著叛亂的重要原因。一般來說西南夷所繳的稅賦相對輕微，有時還可以獲得豁免，例如鄭純治理期間的哀牢人。漢朝任命鄭純為永昌太守後，他與哀牢人約定：「邑豪歲輸布貫頭衣二領、鹽一斛，以為常賦。」[13]在鄭純任期之內，哀牢人未曾惹過麻煩。[14]雖然稅賦算輕，但是漢地方官吏貪得無厭的物資索求，常常會激起地方反叛。例如公元一一八年的叛亂，就是為剝削所激起。叛亂平定之際，漢朝懲處了「長吏奸猾侵犯蠻夷者九十人」。此外，沉重的稅捐或勞役往往對西南夷構成了另一項經濟負擔。相較於稅賦，西南夷經常比漢人負擔更重的徭役。[15]漢武帝降伏夜郎、邛筰之後，下令唐蒙和司馬相如修建「南夷道」與「西夷道」。這兩項工程在當地徵召了大量的勞力，激起了西南夷的叛亂。

此外還有其他義務如從軍等，也是地方叛變的原因。公元前一一二年，漢朝徵召夜郎人加入攻打南越王國的軍事行動，且蘭王擔心若參與漢朝征伐，一則前去南越路途遙遠，二則鄰國可能趁機攻己，於是殺害漢朝使者與犍為太守。不過，叛亂只是中國勢力介入西南夷諸多後果的其中之一而已。「夷帥」與「大姓」的出現，是東漢中期以降互動而導致的產物。夷帥與大姓在接下來的數百年間主宰雲南，維繫自治，並竭力抵抗中國的軍事行動。

「夷帥」與「大姓」不見於早期的中國文獻如《史記》、《漢書》等。多數證據顯示，「夷帥」與「大姓」乃是中原漢人與原住民的「生物文化混合體」（biocultural hybrids）。[16]首先，許多大姓實是漢人移民的後裔，例如雍、呂、霍、孟氏家族。這些家族的姓氏都是中國姓氏。大姓的祖先經常是有勢力的官員，他們被任命或被強迫遷徙到西南地區。第二，夷帥通常指深受中國文化影響的土著首領。在朝廷的認可下，他們往往接受帝國頭銜、品階與職位，得以統治自己的人民與領地。統治雲南東部長達數百年的爨氏家族，便是一個典型的例子。[17]根據爨龍顏的墓碑記錄，爨氏將其祖先追溯及今日山西省境內的一位著名官員，雖然爨氏其實很有可能是土生土長的土著。[18]爨龍顏碑揭示了土著菁英如何與中國互動並在受到中國文化影響後，又利用中國習俗來合法化自身地位，強化自身的權力。[19]夷帥與大姓在當時是西南或南中地區的真正統治者，這兩者生動地顯示出西南夷與中國互動的雙面性。「夷帥」象徵著土著的華化，「大姓」則象徵著漢人移民的土著化。[20]

政治與軍事互動確實劇烈而快速地改變了地方社會，然而，同樣帶有變革性力量的商業交流則發生在這些變化之前。西南夷的經濟型態十分多樣，包括農業、畜牧、漁業、狩獵。他們分成相對小型的族群或政權，在很大程度上是互相依賴的關係，物資交換是他們生存與發展的關鍵。再者，文獻顯示巴、蜀商人與西南夷貿易而致富，這反過來暗示西南夷也從此貿易中獲利。最後，土著菁英們的進貢和戰爭的戰利品也是另一種形式的物資交換。當時的史料頻繁記錄著中國軍隊取得、或土著上繳數以千計的牲口。簡言之，中國本部與西南地區之間的貿易形塑了原住民及其社會，造成了緩慢而長期深度的影響。中國在征服雲南之後，毫不遲疑對其加以剝削，此事以蜀漢政權為證。

國以富饒——蜀漢的傳奇與歷史

公元三世紀初，四川的蜀漢政權自稱東漢的真正繼承者，企圖統一中國。蜀漢丞相諸葛亮所決定的國策是，與江南的孫吳政權結盟，從而對北方的曹魏政權發起軍事進攻。可是，南中地區作為蜀漢的後方重鎮，那裡的夷帥與大姓卻起而反叛，迫使諸葛亮將注意力先放到平定南中，否則北伐無從談起。

諸葛亮在中國民間文化中鼎鼎有名，近乎人人皆知，主要是明代通俗小說《三國演義》的緣故。諸葛亮被人們視為「智聖」，公元二二五年平定南中的傳奇故事，反映著諸葛亮的過人智慧。傳說中，諸葛亮之所以能安定南中，是靠他和平而仁慈的處置，採取「攻心為上，攻城為下」的戰略方針。南中平定之後，諸葛亮讓土酋夷帥繼續治理地方事務與百姓。此後一直到諸葛亮過世之前，這裡沒有再發生過騷亂。許多民間故事與西南少數族群的傳說重複訴說諸葛亮如何引入先進的生產技術來幫助南中的百姓。不過，仔細審視蜀漢的軍事行動，可以看出上述敘事與其說是史實，不如說是中國人的發明。

與和平征服的普遍印象不同，諸葛亮征服南中的過程與和之後都爆發了血腥的戰鬥，也就是說，其主要還是靠武力征服。第二，諸葛亮或任命地方菁英擔任當地官員、或將他們遷至蜀漢朝廷任職，但這些地方菁英們多數是大姓，也就是漢人的後裔，而且其中有些人在叛亂期間一直忠於蜀漢政權。相對之下，沒有任何夷帥被任命為地方長官。第三，諸葛亮重建南中的行政單位。他將南中四郡擴充為七郡，並設立了幾個新的縣。

同時，它還設置「庲降都督」一職負責監督南中七郡（越巂、雲南、朱提、興古、牂牁、建寧、永昌）。諸葛亮採取「分而治之」的策略，減少地方菁英影響力，同時也增強中央的權威。再者，有些土著族群被遷徙到成都，並被徵召加入蜀漢軍隊。與從前不同，蜀漢實施的稅徵已不止於象徵意義，而是常態。南中地區為蜀漢政權提供人力／兵力、水牛、戰馬、金、銀、皮革、鹽、布、鐵、漆器等資源，以「給軍國之用」。[21]事實上，南中的豐富資源乃是蜀漢頻繁發動北伐的物質基礎。蜀漢榨取資源使得南中負擔沉重，這也部分解釋了為何在諸葛亮征服之後，南中依然有「南夷復叛」的情景。[22]

諸葛亮的傳奇代表了中國人書寫的雲南歷史。它提倡的觀念不過是把「蠻夷」視為可以轉化其本性的「孩童」，因此中國前去將其「文而化之」。這種迷思，甚至在雲南的非漢人族群中廣為流傳，其中遺漏的敘事核心是中國人以武力征服土著，並榨取地方資源。諸葛亮治理南中，最引人注目的其實是他如何嫻熟運用中國的「羈縻」之道。確實，諸葛亮的統治策略如重建行政單位、分而治之、遷調地方菁英至中央職位、利用土著武力、剝削地方資源等等，都可以在後世中國王朝的政策裡見到。

中國之外——南詔與大理

三國時代開啟了中國的混亂時期，直到隋朝一統天下為止（五八一年至六一八年）。在這三百年之間，中國王朝雖然在寧州（雲南）設置行政單位，但土酋夷帥們其實統領各自的政權。事實上，有許多中國任命的地方長官原本應當管理寧州，但他們根本就沒辦法走馬到任。[23]

隋朝一統中國後立即開始處置雲南，大約在公元五九〇年時設置南寧州，並命韋沖為南寧州總管。爨氏家族領袖爨震遂拜訪韋沖，表達了對朝廷的效忠之意。[24]此外，隋朝在四川西昌地區設置西寧州，與南寧州合作協調；雲南西北部和滇池地區則設有三個羈縻州（恭州、協州與昆州），地方酋長被任命為羈縻州的「刺史」。然而，隋朝官員、士兵們的魯莽行徑，導致了爨氏起來反抗中央政權；爨氏之反抗又進而促使隋朝的兩度征伐。[25]

短暫的隋朝無力支持地方官員對南中實施有效的管轄。西寧州刺史梁毗曾經受地方蠻夷酋長餽贈大量黃金，因為他們彼此鬥爭並且企圖賄賂梁毗。史載，梁毗「於是置金坐側，對之慟哭而謂之曰：『此物飢不可食，寒不可衣。汝等以此相滅，不可勝數。今將此來，欲殺我邪？』」於是退還黃金。蠻夷土酋因而感悟，不相攻擊。[26]梁毗的故事頗具啟發性。首先，這表明隋朝的權威無法阻止土著間的戰爭；第二，土酋意識到名義上臣屬於隋朝，對他們自己是有好處的，而賄賂地方官員是贏得中央支持的重要手段。地方土酋這種蓄意的作為表明了他們自覺地盡量利用中國的力量這把雙刃劍。短期而言，某些土酋、菁英、族群可以從中獲利，得到中國政府的許多特殊待遇；長期而言，中國王朝獲得了干預地方事務的絕佳機會。地方酋長在利用中國，中國則「以夷制夷」，推動並加劇地方的分裂。最終，梁毗只靠著儒家倫理便成功地減少戰亂。這種訴諸道德的治理模式，一方面反映中國政權的無力，但在另一方面，它顯示的是地方菁英理解、甚至部分接受了儒家倫理。

雲南的獨立狀態一直延續至唐朝勢力來臨為止。唐朝在雲南設置了許多羈縻州、縣，並以土酋為其君長；同一時期，西藏的吐蕃帝國迅速將勢力拓展至雲南西北部。事實上，唐朝與吐蕃都企圖贏得西南族群的支持。令人玩味的是，許多地方土酋其實是同時臣服於李唐和吐蕃，利用這兩個強大的競爭對手，而南詔為其中最成功者。立足於大理平原的南詔獲得李唐及吐蕃的支持，並且首度統一雲南多數地區。從那時開始，南詔、唐代中國和吐蕃便出演了一齣國際政治的大戲，第三章已經探討。

南詔政權存續了三百多年，在歷代十三位南詔國王當中，有十位南詔王接受唐帝國冊封的頭銜，諸如「刺史」、「台登郡王」、「雲南王」、「南詔王」。政治聯盟當然會促進文化交流。舉例來說，南詔宮廷派遣皇族青年至成都——特別為此等青年而設——的學校就讀，由此促進了儒學的傳播。有些南詔國王與高級官員能夠創作優美的唐詩。[27]詩文互和似乎是南詔皇室飲宴集會上的一種文化活動，彷彿往昔的漢代宮廷活動。更重要的是，南詔朝廷設立了仿照唐朝的「六部」制度。[28]

其他異域文化也紛紛進入南詔。與當地薩滿教（shamanism）混合的密教（Tantric Buddhism）成為南詔的國教；這可以確定是從南方傳播而來的。[29]此外，有位南詔國王自封為「驃信」（piaoxin），也就是驃王之意，反映出南詔與南方地區的密切關係。《南詔野史》記載，位在中南半島的崑崙國曾奉獻美女給南詔宮廷。[30]除此之外，吐蕃因素也不可被低估。事實表明，南詔擅長統合周圍的文化，並發展出自身的制度。如此一來，南詔不只達成了政治上的獨立，也展現出文化的創造性。中國學者斷定南詔是屬於唐代中國的地方政權，毫無道理。在這點上，唐代中國對南詔的政策有異於漢代，因為南詔已不再是邊疆地區，而是唐朝的對手；唐代中國對南詔與吐蕃的政策，是把它們視為外國而非邊疆。某種程度上，四川南部以及部分的貴州、廣西、安南，乃是唐朝、南詔與吐蕃相互競爭的邊疆區域。

宋朝對大理國採取孤立政策，期望交流越少越好。雖然宋朝仍封贈大理國王不少朝貢頭銜諸如「雲南八國郡王」、「雲南大理國主」、「忠順王」、「雲南節度使」、「大理王」，但當時背景已經大不相同。此時的東亞大陸是個諸國勢均力敵的世界。南詔國與大理國都是獨立的政權，直到蒙古人興起此局勢才有所轉變。

蒙古三足鼎立的行政體系

◎掌權

蒙古人對於雲南的影響巨大。雲南被併入中國本部一事，正是發生在元代，元朝在創造三足鼎立的行政體系（tripod administrative system）時，不僅重組了地方權力結構，同時形塑了明、清時代的雲南。

為重新組織地方權力結構，蒙古摧毀了大理國的高氏家族。高氏自公元十一世紀後期以來就是大理國的實際統治者。[31]而高氏為避免喪失權力，曾經激烈地抵抗蒙古人。[32]其次，從前征服者沒有能力長期留在雲南、控制雲南，但蒙古人與先前的征服者不同，他們成功奪得整個大理國並且得以繼續進軍的關鍵，在於對段氏的利用。或許是因為蒙古人消滅自大理國後期以來欺凌段氏的高氏家族，段氏非常感激蒙古人且對其忠心耿耿。當蒙古人到達之際，段氏獻上大理地圖，以示臣服。蒙古人承認前大理王段興智的影響力，仍守其地，並授予他「摩訶羅嵯」（maharajah）的頭銜，這是梵文「大王」的意思。[33]再者，段氏被任命為世襲的「大理總管」，負責監管雲南的眾多族群。[34]

段氏擔任大理總管這個職位共十一代，直到蒙古統治告終為止。段興智及其軍隊理所當然被蒙古人利用，以進一步向東南亞和中國擴張。令人驚奇的是，負責雲南的蒙古將軍兀良合台受命圍攻南宋，然而兀良合台的蒙古騎兵僅有三千人[35]，主力是由段氏領導的地方軍隊，其中包括爨人與僰人組成的「爨僰軍」。[36]段氏的爨僰軍也參與了長江中游地區的慘烈戰役。[37]此外，由於元朝統治之初對土著族群控制薄弱，所以由段氏領軍鎮壓了蒙古治下雲南的大型叛亂。[38]此番動亂促使蒙古人重新組織其統治制度。

公元一二六七年，忽必烈派他的第五子去當「雲南王」，此舉象徵雲南對於蒙古擴張的重要性。[39]然而，「雲南王」的到來卻加劇了權力衝突。一二七一年，兩個蒙古高官毒害雲南王之後叛變。[40]這場亂事雖被平定，但卻透露出中央政府控制鬆散、缺乏忠誠地方官員這些弱點。這也是為什麼忽必烈要任命賽典赤·贍思丁（Sayyid’Ajall Shams Al-Din）負責主持雲南政局。[41]

賽典赤·贍思丁是忽必烈親信的一位穆斯林，忽必烈要求他採取「謹厚」政策，謹慎而穩重的安定雲南。[42]公元一二七四年，元朝設置雲南行省，賽典赤任平章政事。自此之後，雲南就成為中華帝國的一個重要的基本行政單位，地方認同開始進入醞釀萌芽的狀態，第五章會加以探討。

作為第一位治理「雲南省」的長官，事實證明賽典赤是此職位的不二之選。首先，他緩解了駐雲南蒙古王子間的緊張。第二，他將統治權加以集中，讓民政與軍政部門都置於行省之下。舉例而言，賽典赤曾設法抑制蒙古將領，從而避免軍事征伐期間的殘酷屠殺。[43]第三，賽典赤將原本的戰時體制轉化為常態體制，以「路」、「府」、「州」、「縣」取代「萬戶」、「千戶」、「百戶」的制度。最後，賽典赤的另一關鍵措施就是熟練地利用地方土酋。某些學者相信這是著名的土司制度的開端。[44]

在探討土司制度之前，需要強調的是，「土著」（native）、「原住民」（indigenous）、「地方」（local）這些詞彙應該要謹慎處理。我們已經知道，歷史上各式各樣的互動交流在創造這些強大的族群或前族群「實體」時，扮演了關鍵的角色。而這些實體在雲南的出現，主要是仰賴與鄰居們在生物文化、經濟、政治上的交流。在此意義下，他們已不再是「土著」或「原住民」；同理，「地方」這個詞未必一定反對「中央」。雖然雲南的地方王國某種程度上屬於中國的朝貢體制，但它們——尤其是位在雲南西南或南部——有時候也同時向緬甸的王國進貢。畢竟，朝貢或進貢並不代表這些王國就是低人一等。反過來看，朝貢一事反倒體現了它們如何利用外人來強化自身的合法性，延續自己的統治。因此，這些王國的社會與制度之活力，不應因為雲南最終臣服於中國而被輕忽或低估。

◎土司制度之濫觴

賽典赤．贍思丁雖然企圖引入民政體制，但他不能忽視地方土酋之存在及其影響力。

即便力量強大如蒙古人，也無法進行直接統治，而必須依賴地方菁英和採納地方制度。蒙古人依然利用段氏監督其他土酋與族群，而善待段氏被推而廣之成為一種模式，安撫了其他被任命為州、縣長官的土酋。確實，有許多土酋們在公元一二五三、五四年臣服於忽必烈之後，便被授予榮譽頭銜及職位。這套統治體制後來被稱作「土司制度」。

土司制度有三個特點。首先，土司設立於省級政府之下，所以土司的職品不可能高過此一等級。這點對於我們了解元代以降的國家行政體制相當重要，因為中華帝國晚期的國家行政體制的基本架構就是由省級單位所構成。此外，土司制度主要是實施於西南地區。[45]原因很簡單，此地山脈縱橫，族群複雜多樣。

第二，元朝授予土酋諸多品階與職位，許多頭銜之創造是為了呈現土司制度的活動，諸如「宣慰使」、「宣撫使」、「安撫使」、「招討使」（這幾個頭銜的意思全都是「綏

圖 4.1　元帝國時期的雲南　米雪兒．吳改製，根據譚其驤主編《中國歷史地理圖集》，卷 7，北京：中國地圖出版社，1996 年，5–6 頁。

撫專員」）﹐還有「長官司」等等。這些職位的等級為二品或三品以下。[46]

第三，地方土酋被統合入帝國官僚系統之後，需要承擔責任與義務。土司有三種類型的義務，其中以軍事義務為首要。其一，蒙古人利用投降的地方軍隊來征服、進駐——與蒙古人習慣之氣候大不相同的——熱帶、副熱帶氣候區。其二，蒙古人利用土司來撲滅地方叛亂。其三，土司要定期向朝廷進貢以象徵臣服，遣使頻率根據當地與北京的距離而定，或每年一次、或兩年一次、或三年一次不等。貢使規模是定制，規模從數人至數十人不等。進貢的物品通常是地方特產，例如金、銀、馬匹、大象、老虎、刀具，以及其他異域風物。進貢者常被賞賜許多禮物。朝廷也會要求土司繳交常賦，其品項類似於貢品之種類。

最後，元朝詳細制定了有關土司任命、繼承、升遷、降級、獎賞、懲罰的條例。朝廷一旦任命某土司，便會授與代表其階級的「信物」，象徵此關係之建立。這個信物乃是官方的認可，當土司在與地方或中央政府互動時必須拿出信物。土司職位是世襲的，然元朝對於承襲順序有所規範。一般而言，承襲名單是按照兒子—侄子—兄弟—妻子的順序，不過繼承者必須要是「土人」。如此制定的順序實際上是依循地方習俗，猶如《元史》記載：「宜從本俗。」[47]

元朝也規定了土司之晉升、獎懲。[48]規定每三年進行一次評等，但即使土司犯了罪，他們的官方頭銜也不會被剝奪，表明元朝對土司的管轄薄弱。這也許是因為元朝對於廢黜運作良好的地方權力結構與下層建築有所擔憂，或因為元朝缺乏採取高壓統治的資源或能力。事實上，土司制度乃是中央權威與地方政權之間的某種妥協。土司制度承認地方勢力，它是「因俗而治」的制度化結果。對於土司制度的形成與發展，地方勢力和中央政府作用相當。很大程度上地方土司享有自治權，段氏即是範例。[49]有鑑於段氏歷史上的重要性及其對整個雲南的影響力，蒙古人贈與段氏特殊的榮譽以及頭銜，而段氏管轄大理地區並維持著自主狀態，直至元末明軍的到來為止。同理，其他土司也在各自層面上維繫了自己的權力。由於他們主要擔任府、縣職位，蒙古人的力量很少涉入縣級以下的地區。總結而言，元代的土司制度仍處於其歷史發展的初期階段，其規範會隨個案而有所不同，其制度化有待完善。

元代在雲南的統治階層為明、清兩代奠定了一個三足鼎立的模式。理論上，蒙古的雲南王以及梁王代表了帝國的皇家權威，此二王掌握權力並享受諸多特權。[50]舉例來說，當賽典赤·贍思丁甫到任之際，他所做的第一件事情就是打消雲南王對自身權力可能遭到縮減的擔憂。三足鼎立體系的第二足就是雲南的省級政府；雖然王侯們的存在奪去省級政府的大量權力並經常挑戰地方官員。[51]第三，地方土酋的存在，讓雲南省的政府權威局限於城鎮；在昆明之外的地區有著眾多的土司，這些人才是山區、森林、河流地帶土著區域的實際統治者。

帝國王侯、省級當局、地方土司的行政結構一直延續到清代，由此可見，中央政府因為自身的弱點必須在邊疆和族群地區作出妥協。然而，當中央集權的程度逐漸提高，三足鼎立結構遂轉型為單一體系。明、清時期的「改土歸流」——改革土司並使其成為帝國行政體系的一部分——乃是中央政府集中權力、滲透地方所邁進的一大步，也是關鍵的一步。

蒙古統治為雲南留下的另一影響就是中亞人士之到來。中亞人士因為蒙古的軍事行動及統治而進入雲南。其中絕大多數人是穆斯林，不過，當時的文獻史料沒有記錄其確切人數。以賽典赤·贍思丁為代表，許多穆斯林擔任了雲南的官職，增強了蒙古對雲南的控制。[52]逐漸地，穆斯林人打造出自己社群並滲透入當地社會，最令人訝異的事情是，雲南的穆斯林積極參與既有的國際貿易網絡，並且主宰與中南半島之間的著名商隊貿易。[53]整體來說，外來者與移民在貿易方面的表現更有成就。

待蒙古人出局之後，穆斯林成為雲南的活躍角色，這件事既有趣又令人稍有不解。等到明、清時代，當中國的漢人移民蜂擁進入雲南之際，這兩個晚近外來群體之間的緊張與衝突日益增長，雖然他們的經濟與生活彼此依存。在十九世紀中期，小爭吵終於釀成大衝突，那就是著名的「雲南回變」（一八五六年至一八七四年），這場動亂也加速了清王朝的瓦解。[54]

除段立沐

清王朝「改土歸流」一事廣受眾人注意。其實在清代改革之前，明王朝也有做類似效果的事情，大力重組並縮減地方的權力與自治。明王朝的一大進展，就是在雲南建立相對單一的行政階層。為此。明王朝採取了數項重要的步驟，其中包括移除段氏政權、扶持沐氏家族，以及土司制度更進一步的制度化。

蒙古人承認段氏的權力，但明朝從一開始便決心除掉這個深具影響力的「族群政體」，因為後者是中央控制的潛在絆腳石。段氏的清除，象徵著中央權威碾壓地方土司的里程碑式勝利。自公元十世紀以來，段氏對於雲南整體或部分的控制已經超過四百年的光景，其權力深深地嵌入與地方機制。段氏政權在土著社會的重要性——無論是實際或象徵——非常巨大。即使如蒙古人那般成功建立中央政府統治雲南，他們也沒辦法驅逐段氏。反之，蒙古人要仰賴段氏去抑制或安撫眾多大大小小的土司，必要時鎮壓地方叛亂。在元朝統治的最後數十年間，段氏曾企圖恢復他們在大理地區的自主。這也正是為何段氏會認為自己擁有充分的力量和資源與明王朝——西南地區新的外來者——交涉。

但是，段氏對自治的訴求被明朝的將領們拒絕。段氏的領袖段明與其二子被俘至南京，段明的其中一子被派駐到長城邊疆的雁門關，另一子被派到長江中游的港口城市武昌。當然，他們的職位屬於榮譽性質，這是明室向地方土司表示的一種禮遇。其餘的段氏菁英們就沒那麼幸運，有些人戰死，有些人改變姓氏逃到其他省分，有些人被迫遷徙至遙遠的山東省[55]，還有許多段氏土酋被捉到南京處決。[56]簡言之，段氏政權被清除殆盡，此情形可見於明代土司的名單：大理地區有二十九個土司，其中只有一位姓段。[57]這位姓段的是否屬於前述之段氏，詳情不得而知。結果，象徵著土著人民及力量的段氏，永遠在雲南消失了。

若將隋、唐時代的爨氏與明代初期的段氏加以比較，可以清楚看到中國滲透雲南之進展。隋朝征服爨氏並將其移到隋都，爨氏首領被斬首，但其子後來被唐朝送返雲南並負責地方事務。爨氏的遭遇顯示了中央朝廷與地方政權的妥協，中國王朝有能力征服雲南，但沒有能力進行有效的統治——若無地方酋長協助的話。明代的案例則不同，明朝大動干戈並俘虜段氏，以彰顯其力量；更重要的是，段氏成員或者被殺、或被遷徙至他處，段氏勢力被連根拔起。清除段氏政權對於明室與土著都有重大意義。這表示政府有能力、或至少是有信心在雲南進行直接統治。中央政權不再容忍地方勢力的挑戰，不能忍受其潛在的威脅，即便這個潛在的挑戰者其實也可以提供一臂之力。

對於土著來說，他們失去了自身歷史、傳統、文化與權力的代表及象徵。不管其他的土司力量多大，他們都無法取代在當地社會裡享有崇高威望的段氏。唯有段氏才能協調和駕馭如此分歧的族群——無論這麼做是為了段氏自身還是為了中央權威。雖然明朝在面對其他土司時遇到了很多麻煩，尤其是在雲南的南部邊境地區，不過在除掉段氏政權之後，明朝就再也沒有影響力及於整個雲南的競爭對手。畢竟，缺乏領導的地方土司，這樣的局面有助於明朝對雲南之掌控。這樣的局勢符合中國的政治智慧：「分而治之」。

雖然明王朝剷除了段氏政權，但某種程度上，明代還是延續著蒙古的三足鼎立體系，也即帝國王侯、省級政府與土司三者。要監管此一新的邊疆地區，明朝的作法不是利用段氏，而是空降了一個外來者。沐英是明朝征伐雲南的三位將領之一，他被派駐於雲南，而他的家族則繼續掌權直到明朝滅亡為止。

當朱元璋決定征服雲南之時，他可能沒預料到會遇到這麼大的困難。三十萬明軍打垮蒙古人與段氏是綽綽有餘，但是，諸多地方土司卻造成了永無休止的麻煩。明軍一到，土司便屈服；明軍一走，土司叛變，這讓明朝的將士疲於奔命。朱元璋評論說，明軍如「風行草偃，風去草仰」，頗為妥切。[58] 事實上，明軍攻下昆明與大理只花費不到半年的時間，但撫平各地土司，卻花費了好幾年的時光。因此，朱元璋決定要增加駐守雲南的兵力，大約有九萬士兵駐於雲南地區的九個「衛」[59]，每個衛有近一萬士兵，人數遠高於中國本部的衛（平均五千六百人）。[60]

如此龐大的駐軍當然需要經驗豐富的將領領導，而且還得讓疑心病奇重的皇帝能夠放心。[61]沐英是三位率領出征雲南的將領之一，這似乎是朱元璋審慎的決定。其他兩位將軍傅友德及藍玉的官銜都高過沐英，但沐英有一個兩人無法相比的優勢：他是朱元璋的養子。[62]在朱元璋崛起的那段時光，沐英與朱元璋同吃同睡。[63]因此，這位開國太祖和沐英的親密關係，使得沐英成為朱元璋派駐至這個新征服的遙遠邊疆省分之最佳人選。

雲南征服之後，傅友德和藍玉班師回到南京，沐英則受命平息地方叛亂，並留下完成使命。沐英不僅鎮壓了叛亂，還控制住廣大南部邊疆地區的土司，恢復了社會秩序，由此雲南脫離了戰爭狀態。朱元璋對於沐英的建樹感到很歡喜，他稱讚沐英道：「使我高枕無南顧憂者，汝英也。」[64]

公元一三八四年，朱元璋決定讓沐英永駐雲南。從那時候開始，直到明代滅亡，沐家在雲南共待了超過兩百七十年的時光，期間曾出現兩個王、一個侯、一個伯、九個國公與四個都督。[65]這些頭銜顯示帝國榮譽與信任之深厚。沐英所擔任的職位乃是世襲的軍職，也就是雲南最高軍銜「總兵」，有權指揮「都指揮使司」。確實，在整個明王朝時期，沐家始終是雲南所有軍事行動的主使者。

沐家的特殊角色，使其得以樹立並培養在雲南的影響力與權力。首先，沐家被賞賜大片土地以及隨之而來的大量勞力[66]，他們的全數財產都享有免稅特權，不到五十年光景，沐家就擁有田園三百六十「區」。[67]明神宗萬曆年間（一五七三年至一六一九年），雲南省「承宣布政使司」之下的二十五個行政單位（「府」），其中有十六個有沐家的莊園。[68]而且，這十六個府之下的每一個州、縣裡都有沐家莊園。[69]十六世紀末，沐家共擁有超過一萬頃的肥沃土地，幾乎等同於承宣布政使司或都指揮使司治下的土地面積。[70]

沐家莊園的大肆擴張導致朝廷多次出現彈劾之議。生氣的官員們要求對沐家莊園發起調查，明王朝也因此發布諭令但卻不曾嚴格執行；而且，沐家請皇帝終止調查，皇帝也准許這個請求。[71]公元一六一〇年，朝廷終於在大臣施壓之下發起調查，調查結果顯示，沐家莊園八千八百四十二頃田地中，只有一千三百五十八頃是經中央政府允許，其他的或是透過購買而來（也許是強迫的）、或者是沒收而來。[72]此番調查最終不了了之，因為政府並無進一步的動作。明熹宗天啟年間（一六二一年至一六二七年），有官員數度請求朝廷向沐家徵稅以舒緩地方困難，但這些請求都被皇帝忽視。[73]

沐家勢力超越經濟範圍而進入政治。公元一三九六年，朱元璋第十八子「岷王」駐守雲南，沐英之子沐晟向朝廷「奏其過」，結果岷王被自己的姪子建文帝「廢為庶人，徙漳州（福建）。」數年之後，明成祖又讓岷王返回雲南，此舉無可避免地導致岷王和沐晟關係緊張。岷王「益驕恣，晟稍持之。王怒。」為了調解雙方，明成祖分別告誡兩人：「貽書岷王，稱其父功」，提醒岷王謹記沐英的功勞，同時「詔誡晟」。[74]這件事清楚地顯示了朱明的藩王在此番衝突中並非贏家。

沐晟上報岷王行為失當一事，暗示沐家可能被賦予監視皇室成員及地方官員的職責，這也就導致沐家不甚尊重地方官員。舉例來說，沐崑曾讓雲南省三司從他家的「角門」進入，這是對地方大員的嚴重蔑視。[75]雖然這可能是個孤立的個案，但是可以由此想見沐家對於其他雲南官員的態度。

事實上，雖然明代皇帝透過地方或中央官員得知沐家的行徑，但皇帝們卻容忍了沐家的傲慢與不當行為。為了安撫官員普遍的不滿與怨懟，皇帝們曾多次發布詔令警告沐家不要濫權或擅用特權。但詔令的口氣固然嚴厲，卻罕有實際行動。[76]皇帝們之所以待沐家如此寬厚，是因為他們需要確保邊疆地區的安寧，而帝國對雲南的控制仰賴沐家。根據《明史》沐英傳的記載，多數封有帝國頭銜的沐氏繼承人都親臨矢石，這為沐家累積了非常充分的政治資本，足以忽視地方官員與帝國法律。[77]只要沐氏家族仍然親上戰場，他們的行為不檢與濫權都可以被皇室容忍或接受。簡言之，只要忠誠於皇室，個人的惡行無關緊要。

無庸置疑，沐家的財富超過元朝時期的雲南王和梁王。然而，法律上沐家並沒有被賦予民政權力。如前所述，元代中央政府對雲南的控制頗弱，至元末時，梁王已經主宰著雲南省的行政。相對而言，沐家就沒有這樣的民政權力，明代民政事務是由三足鼎立體系的第二足——亦即省政府——負責。

有趣之處在於，明王朝的省級行政也是一套三足鼎立體系，包括承宣布政使司、都指揮使司、提刑按察使司。在每個省當中，這三個司各自有兩個高級長官，這六個長官所組成的委員會共同分擔全省事務之責任，明代並沒有督撫一職。[78]省級行政的瓜分再次反映地方官員的分權化，同時又呈現中央對地方控制的強化。

明代省級行政體制的一大特色就是「衛所」制度，其功能是軍事殖民——「軍屯」——這是穩定邊疆省分的關鍵步驟。軍隊駐守在雲南的大城市或者重要的交通要道與城鎮，如此一來，土著勢力得以抑制，供給得以保障。雖然雲南的「衛」、「所」數量與地點隨時而變[79]，但此等級系統與機制依然建立，成為中央控制之基礎，並在邊疆地區輸入和複製了中國文化。

在雲南的衛所制度之下，有十分之三的士兵要進行操練，其他人則參與農業生產，為駐軍生產必需品。理論上，每位衛所士兵會分配有五十畝的土地，以確保補給充足無虞[80]，但由於地形的緣故，這項額度在雲南無法達成。士兵與其家庭被歸類為世襲的「軍戶」，但會有些士兵設法脫逃，或者被納入沐家的莊園。

明代軍事殖民（軍屯）的一大特色在於，政府鼓勵士兵帶著妻子一起遷到駐地，也鼓勵單身漢移至新駐地之前先結婚。地方政府受命負責護送士兵的妻子與未婚妻前往軍屯駐地。某些狀況下，駐地的單身漢甚至會被開除。[81]政府通常會為軍戶家庭提供交通上的協助，這些規定的目的是要鼓勵士兵及其家庭永久定居於駐區。因此，軍屯不只成功將雲南併入中國本部，而且也成為了一種複製中國農業文化的民間媒介。明代的士兵、士兵的妻子與後裔大幅度地改變了雲南，為當地開啟了一條新的發展方向。

明朝在西南地區行政體制所作的另一重大決議就是設立貴州省。公元一四一三年之前，貴州地區是雲南的一部分；而從這年開始，它便被作為一個獨立的省分出現。[82]從這年起，西南地區的行政格局於焉創建，並延續至今。

雖然明王朝派駐在雲南的軍隊數量之多，史無前例，但明軍只能控制主要的城市、通道與貿易市鎮。廣大的鄉村依然在土司的控制之中。明王朝承認這些地方勢力，進一步將土司制度規範化。明王朝採用了諸多手段來實施這種制度化，並嘗試滲透到土司的權力結構當中。

土司制度的規範化

◎元代與明代：規範化的策略

元朝開始建立土司制度的雛形。元朝發布了一系列關於獎賞、懲罰、廢黜與承襲的規定，來規範土司的行為。但這些規定卻鮮少真正付諸實施。相對之下，明朝的規定比元朝更加詳盡，而且也有能力加以執行。

整體而言，中國的學者同意土司制度始於元代。然而，仔細研讀元代帝國檔案之後會發現，元代的土司制度還處在非常初級的階段。首先，土司會被授與和一般官員無異的頭銜與職位，也就是土司和流官在這點上沒有區別。元朝官員與土司皆會得到「宣慰使」、「宣撫使」、「安撫使」、「招討使」等官銜。第二，元朝頒布了一些規則來管理土司，但這些規則缺乏系統性。更重要的是，本質上這些規則代表著官方對地方習俗之認可。舉例來說，在土司承襲事宜上，元廷通常會接受當地習俗。[83]此外，最能說明問題的是元朝對於違法規則或法律的土司採取寬鬆的態度。泰定年間（一三二四年至一三二七年），花腳蠻叛亂，皇帝的處置是下詔安撫，而不是出兵討伐。[84]公元一三二五年，大理與威楚有土著叛變，雲南行省敦請朝廷派兵剿除，但皇帝拒絕出兵並遣使與「蠻夷」交涉。[85]既然叛亂者都得以免受懲處，小罪或不當的行為當然也就忽略不計。元代的土司可能被中央警告、被罰款，但總是「罰而不廢」。[86]顯然，這種容忍政策是中央控制薄弱的結果。這並不是元朝缺乏強化控制的意圖，問題在於能力不足。有鑑於此，約翰·赫爾曼（John Herman）主張土司制度創建於明初，也是言之有理。[87]

等到明王朝除去段氏政權之後，明代的所有土司都真正成為「地方的」，也即屬於省以下的等級。不只如此，明廷致力於將土司制度規範化。公元一三八三年，當明朝對雲南發動征討時，許多土司臣服，並受封先前元室賞賜給他們的頭銜。[88]土司分為民與軍兩類，民政的「土官」受吏部所監督，而軍政的「土司」則受兵部所監督。[89]軍政性質的土司包括「宣慰司」、「宣撫司」、「安撫司」、「招討司」、「土長官」，還有在衛所制度之下加上「土」字的各種軍事職位。民政性質的土官包括了「土知府」、「土同知」、「土知州」、「土知縣」等等。一般來說，民政性質的土官設在雲南內部區域，而軍政性質的土司則會在帝國權威鞭長莫及之邊疆或遙遠偏僻的地區。因此，明代雲南大約可以分作三種區域，保山—元江以北稱為「內地」，這裡是由「土官」所主宰的區域，包括楚雄、姚安、鶴慶、尋甸、武定、麗江的「土府」，以及羅雄、趙州、路南、劍川、彌勒、師宗、安寧、阿彌、陸涼、沾益的「土州」，還有羅次、雲南及元謀的「土縣」。在保山—元江以南，那裡是「土司」管轄的「蠻夷」地區，包括車里、八百、潞川、南甸、干崖、隴川、潞江、耿馬、孟卯、孟連等地。還有，最南方的區域稱為「禦夷」地帶，雖然設有長官司，但明王朝在此幾無權威可言。[90]

綜觀明代，雲南共有一百七十九位有授銜的土司，以及二百五十五位有授銜的土官。[91]

他們的官銜分布於從正三品到從九品之間。[92]明王朝會頒予土司帝國誥敕、印章（銀製或銅製）、帽子、腰帶，以及某些信物如「符」與「牌」。當明朝在雲南之統治由戰爭轉變為和平狀態後，它開始將「國家—土司」的關係加以制度化，並對土司施加了更多的行政規範。明王朝發布了詳盡的詔令、法令、規則來管制土司們承襲、進貢、獎賞、升遷、懲處、廢黜等事宜。

國家與土司之間關係，關鍵就在於土司承襲的規範。明朝對土官應襲者，勘定造冊在案。不過，承襲名單很大程度上依然遵循著地方習俗，其人選往往是土司的兒子、兄弟、妻子、女兒、女婿、姪子和外甥。但是，明朝發布關於承襲規範的詔令一事表明廷已經開始干預土司政治中的關鍵環節。在某些案例中，承襲人必須向官方相關部門呈上族譜，而地方官員也需要對此事背書。[93]為了避免混淆，甚至引發殘酷鬥爭的可能，公元一四三六年，朝廷下令土司必須提供列有子輩與姪輩名字的族譜。這樣一來，一旦土司過世，便可依次承襲。[94]

公元一四四一年，明朝規定土司要準備四份族譜的副本，分別交給雲南省三司以及吏部，同時必須每三年更新一次。[95]一四八五年，明王朝再次重申土司必須每三年更新一次他們的族譜。[96]一四八九年時，朝廷決議，若土司年齡低於十五歲，政府會指派官員協助他們進行統治。[97]至十六世紀初期，明王朝鑄造派發了許多「信符」和「金牌」給土司們。[98]公元一五三〇年，明朝發布更多關於族譜事宜的細節規定，要求土司在其中列上全部子輩與孫輩以及他們生母的姓名，並注明他們的繼承順序；假若某一土司沒有兒子，他可以列上他的兄弟、姪兒、外甥或女兒為自己的繼承人。[99]

這些朝廷飭令主要針對承襲方式的規範，也就是這些承襲者需要如何行事才允許承襲土司職位。其餘有些規定則是關於懲處之細節，包括罰款、貶職、撤職、流放、處決、廢除等。公元一五三五年，明王朝明確規定，若土司互相仇殺，或借兵助惡，殘害軍民者，其子孫不許承襲。[100]公元一五五五年，朝廷規定，土司之間的通婚，只許本地、本類，不得逾越省的邊界，[101]而且土司「不許與外夷交接往來」，若有違犯者，最嚴重的處罰乃是廢除其土司地位。此等規定鮮明地呈現出「族群聯繫」（ethnic connection）與帝國行政管轄之間的緊張與衝突，因為族群間的交流互動早於帝國行政管轄，當然超出帝國行政的畫界。自此以降，明朝與後來的清朝便企圖形塑、禁錮族群交流於行政疆域的牢籠之內。

最能夠體現中央控制的，莫過於在於朝廷能夠執行懲處。元朝時期，「犯罪」的土酋通常會被朝廷原諒，懲處也就不過是一種象徵而已。明朝則能夠真正有效地執行懲罰。公元一三九五年，廣南府的土同知（正五品）儂郎金因為父親儂真祐叛亂被官軍擒殺，而被貶為土通判（正六品）。[102]此次貶職之前，儂郎金的祖父儂即金在一三八五年「不服糧差，官軍剿殺間逃亡」；儂即金之後於一四〇九年赴北京自首認罪，被流放至遼東（中國東北）。[103]雖然許多懲處相對輕微（有時是以罰款或赦免的形式），明代也曾是執行死刑。在明英宗正統年間（一四三六年至一四四九年），鶴慶土知府高倫遭受處決。[104]公元一五二八年，鳳朝文與安銓這兩位叛變的武定州土司受刑處決，其家族遭到流放。[105]

「改土歸流」起源於明代，是指朝廷直接派流官以取代土司統治，是中央控制地方的一項關鍵步驟。死刑不過是終結土司的生命，但是改土歸流則是會終結某區域的整個土司制度。鶴慶土知府高倫或許是改土歸流最早的案例。高倫被處決之後，該土司職位遂於公元一四四三年被廢止，因為其家族的可能候選人都被認為不具繼承資格。[106]公元一四七八年，由於尋甸土知府安晟過世，安氏兄弟爆發權力爭奪，於是該土知府職位遭廢。[107]一四八一年時，廣西府的土知府昂貴過世，該職位後來也被廢除。[108]一五八〇年代中期，羅雄土知州者繼榮的叛亂被平定，羅雄於是由政府改派流官。[109]一六〇七年，在經歷數十年的混亂與叛亂之後，武定州終於由明王朝直接管轄。[110]另外，一六二一年，雲龍土州被廢止。[111]根據龔蔭統計得知，整個明代共有二十六個土知縣或以上的土司職位被廢除。[112]

雖然有眾多土司職位被廢除，但有少數案例則是恢復土司地位來取代流官。公元一四三三年，南安州的「鄉老」以本州蠻夷雜處，需要土官約束為由要求建置土司，吏部拒絕所請，但皇帝本人以「治在順民情」，從之。[113]此外，寧州原先是由朝廷直接統治，但是有位土酋賄賂了權傾一時的太監劉瑾，結果寧州真的恢復了土知州職，直到一五二二年才被廢止。[114]

毋庸訝異的是，許多罪行若是由流官所犯，其後果非常嚴重；但若是土司所犯，朝廷則經常予以寬恕。公元一三八四年，雲南布政使上奏說，土官有選用者，有世襲者，但無論何種，土官犯罪，律無所據，請求制定相關條例。六部所做的決議是，凡土官選者犯罪，按流官治罪；世襲者，「所司不許擅問，先以干政之人推得其實，定議奏文，杖以下則紀錄在案，徒、流則徙之北平。」則對世襲土司也是多一份寬容，判決之際相對謹慎，而且從輕發落。[115]一四三〇年，巡按雲南監察御史杜琮上奏，建議對土司犯罪所用的法律與流官等，但是皇帝的批示則是「蠻夷不可以中國之治治之也」，繼續維持原有作法。[116]

明代土司制度的規範化，對於「政府—土司」關係有重大影響。土司承襲的相關規範實際上影響了後來清代的改革。約翰・赫爾曼指出，清代對於政府—土司關係之改革，造就了一個始料未及的後果，也就是土司之間、土司內部的暴力衝突。[117]其實，這類暴力事件其實在晚明時期已頻仍出現。武定土州的改制就是一項例證。

◎武定之爭

公元一三八一年，武定女土管商勝首先歸附明朝，掌管新設的武定軍民府。[118]一五二八年，武定土舍鳳朝文殺害官員後叛亂，土知府鳳詔與其母瞿氏逃過這次屠殺。後來明軍平定叛亂，鳳詔與其母回到武定城。到了一五三八年，明朝同意讓瞿氏繼承她死去兒子遺留下來的土知府職位。直到一五六三年，瞿氏推薦她的媳婦索林（鳳詔之妻）繼承該職。索林任土知州以後，瞿氏又對索林「失事姑禮」感到憤怒，她領養了一名叫繼祖的異姓兒。瞿氏企圖廢黜索林，但沒有成功，她於是轉而訴求明王朝，派繼祖上報朝廷。瞿氏在報告中宣稱自己已被索林囚禁。我們雖無法得知究竟繼祖有沒有到達北京——很可能是沒有——但據說繼祖詐稱受朝命襲職，並率兵包圍索林要求對方交出官印。索林帶著官印逃到省城，撫按官加以調解，重申索林的地位，索林於是又回到武定。

然而，瞿氏與索林間的緊張衝突愈見惡化。索林的助手鄭竑建議她謀畫殺害繼祖，但後來計畫敗露，繼祖的兵力遂包圍索林，還掠奪了和曲縣、祿勸縣。索林別無他法，只能逃到昆明，可這次省府卻沒站在她那邊。巡撫曹忭取走她的官印，鄭竑入獄，並下令瞿氏擔任代理人（暫理府事），繼祖的罪行也獲得寬恕。

公元一五六六年，新武定城竣工。巡撫呂光洵釋放了鄭竑，並讓他回到武定「回府復業」。鄭竑卻被繼祖俘虜後殺死，繼祖接著進攻新武定城、擊敗地方明軍，還擒殺了當地的明朝將領與土官索林。直到明軍追捕甚急，他被迫逃亡東川並準備進入四川，因為他與建昌的鳳氏有故。但是，當大批明軍與土軍到來之後，鳳氏卻背叛了繼祖，到最後，一位土著首領殺死繼祖並將屍首獻給明軍。可是，繼祖雖死，武定之亂卻未告落。

動亂之後，明王朝廢除了武定府土司，並派遣流官任知府，同時念舊情，「不欲絕鳳氏，授索林支屬鳳曆子思堯經歷，給莊百餘。」鳳曆卻對於官府廢除土知州職感到不滿，遂與貴州水西宣慰安國亨及四川七州的土司勾結，率軍攻向省城，並且宣布思堯為知府。流官知府劉宗寅嚴加守禦，後於夜間出兵反擊消滅了叛軍，鳳曆受擒，後來遭到處決。

一波未平、一波又起。索林與其屬下雖已受到明朝的遏制，但其他派系又從中起事。公元一六〇七年，繼祖的侄兒阿克與金沙江外諸蠻結黨叛亂，攻下了武定，大肆劫掠，而後奪下元謀縣及羅次縣，並要求官府交出府印。恰好流官知府人在會城，阿克沒能取得官印，卻索得了官帽、腰帶、印信等物來合理化自己的口號。由於明軍尚未集合，當地鎮撫出於恐懼，遂派使者將府印送給阿克。阿克於是退回武定城，自封為知府。不久之後，鎮撫調動軍隊，五路進剿，逐一奪回失陷府縣。阿克被俘虜之後押送到北京處決。

在繼祖與其追隨者被掃除之後，明王朝廢除了武定所有的土司職位。 119

「武定之亂」揭示了土司制度的規範化是如何影響國家與土司之間的關係，以及土司內部的權力結構。首先，土司承襲必須經由國家同意，例如瞿氏先將索林繼承之事上報朝廷。其次，爆發權力鬥爭時，衝突雙方均訴諸朝廷的支持。無論是瞿氏或後來的索林，當他們需要外援來壓制挑戰者之時，便轉而向國家求援。第三，帝國信物被土司視為一種合法性的來源。阿克起初索求知府印，當他沒能獲得時，他便向其他帝國信物如冠帶、印信等下手。最後，朝廷利用這類權力鬥爭，不只是支持一方來打擊另一方而已，還將其視為一個拓展中央影響力的良機。在武定事件的第一回合中，明朝拒絕瞿氏的請求而繼續支持索林的土司地位，但是它並沒有懲罰謊稱有朝廷支持的繼祖。到第二回合時，明朝變成支持瞿氏，鄭竑被關進牢裡。然而幾年之後，鄭竑被釋放，還回到武定繼續任職。有鑑於此前鄭竑與繼祖間的衝突，朝廷的這項決定似嫌輕率。這個措施似乎暗示明朝地方官員有意挑動這些土司爭權者互鬥，可謂是「以夷制夷」策略的重現。不過，後續事態發展實在出人意料，土司間的鬥爭延燒成為叛亂，甚至連四川、貴州二省的土司都涉入其中。經歷諸多艱苦的戰鬥之後，明王朝終於鎮壓叛亂，一舉取消武定土司。

晚明時期的雲南爆發了許多土司承襲的事件，簡直都是武定的翻版。國家與土司的互動最終成為帝國晚期雲南地方政局的特色，從中形成了一個新的社會變動模式。回顧漢代西南夷的頻繁叛亂，我們可以看出「中國因素」的影響，如何劇烈地改變了當地權力結構以及權力鬥爭的方式。

◎土司制度——文以化之

當明王朝積極強化對雲南控制的同時，地方的土司、土舍也靈活地利用朝廷的資源來強化自身的合法性、權力及影響力。明朝將土司制度視為一種控制土著菁英與百姓的形式，而土司則是出於利益而接受這種加諸己身的官僚體制。藉此制度，明王朝宣稱帝國對土司及其治下百姓的統治權，土司則以擔任帝國官職來增強統領土著居民的政治合法性，同時抑制相鄰部落政治和經濟力量的增長。簡而言之，帝國政府與邊疆地區土司之間的合作，其實是基於對彼此文化習俗的認知落差（misperceived cultural practices），而這對雙方都帶來了好處。再者，在土司制度之下，部落、氏族以及其他地方關係紐帶依然得以運作，這種紐帶有時也會被土司用來對抗朝廷。武定之亂就充分顯示這種地方性紐帶的存在與能量。

當瞿氏後悔自己當初讓索林承接土知府一職時，她並不是立刻就訴求明王朝撤換索林；相反，瞿氏將此事視為家族／氏族／部落的問題，邀請貴州的安氏與四川的鳳氏——兩家都是她的親戚——加以干涉。等到瞿氏失敗之後，她才轉而請求帝國政府。到了事件的最終階段，阿克再一次訴諸與貴州、四川的親族紐帶尋求援助。據史料顯示，四川鳳氏曾答應要支持阿克，但是在帝國武力的威逼之下，鳳氏背棄了承諾。顯然，雲南的土著酋長依然與貴州、四川土酋保持密切關係，這個跨越省界的宗族網絡已經行之有年，它在十六世紀後期雖然被削弱，但並沒有遭到毀滅。明王朝禁止土司跨省通婚的詔令，從反面說明此等族群／氏族聯繫的角色，而跨省的部落／氏族／族群的紐帶在清代依然顯著。

教育是明代對土司體制規範化的另一項關鍵措施。最初，土司家族的孩童會被挑選送往北京的「國子監」就讀，這是一種特殊恩惠。[120]此外，從雲南至四川各地也設立學校教授土官子弟，如公元一三九五年，朱元璋下令四川、雲南「邊夷土官，皆設儒學，選其子孫弟侄之俊秀者以教之，使其知君臣父子之義，而無悖禮爭鬥之事，亦安邊之道也。」[121]朱元璋還不斷給雲南國子監的儒生賞賜禮物。直到一四八一年，選擇土司的男性成員進入國家官學已經成為定制。[122]

對明王朝而言，將土司子弟送往北京乃是一石二鳥之計。這些子弟或是土司的子姪，或是其他近親，他們等於人質，朝廷可以藉此消滅土司叛變的可能性。其次，給這些年輕人灌輸明王朝的意識形態和文化禮儀，可以將這些「蠻夷」改造為開化的臣民，當他們返回地方後也能夠教化自己的「蠻夷」子民，畢竟這些年輕學子來自菁英家族，其中許多人將會接任土司的職位。

由於北京國子監能容納的人數有限，明室遂下令在土司區域設立學校。[123]如前所述，一三九五年朝廷發布諭旨，要在土官地區設立儒學。[124]雖然我們不知道這項命令的執行程度，但它能呈現出明代統治者的認知，亦即將教育視為教化「蠻夷」的有效之道。另一方面，許多土司也了解到熟悉中國文化會帶來許多好處，因此他們積極地回應政府，世襲麗江土知府職位的木氏家族就是其中的代表。木氏家族從明代中期開始便以實踐儒家文化而著稱，甚至被視作眾土司當中最有「教養」者，史載「雲南諸土官，知詩書好禮守義，以麗江木氏為首。」[125]

約翰・赫爾曼曾經細述清代初年如何強化土司承襲的管理模式，主要方法是引入漢人的父權型態（Han patrilineal pattern），或者是將教育納為繼承者條件中。[126]檢視明代史料，這些作為其實始於明王朝，雖然其效果還需要進一步研究。很清楚地，明王朝努力將土司制度規範化，清王朝加以繼承，並投入更多的資源與力量。簡而言之，隨著土司制度的建立、規範、管制，乃至於最後的廢除，地方的自治程度一步步、一次次減少，中央政府對邊疆的滲透成度一步步、一次次增加。

土司制度是一項引人注目的突破，不僅是對雲南歷史而言，也是對中國邊疆史與族群史而言。這是歷史上中央政府第一次借用雲南土著的官僚體系並加以移植、調製。這種制度是中國邊疆政策長期發展的結果，反映出「中國國家建構」（Chinese state-building）的成熟度。如前簡述，中國人早在第一帝國時期就開始創建官僚系統來處理邊疆地區與其族群。「因俗而治」的觀念被應用後在邊疆地區創造出獨特的官制與機制，例如漢代的邊郡制度及唐代的羈縻體制，而土司制度實質上是這些前人作為的系統發展成果。

這項制度的運作必然包含了一種內在的緊張性。對帝國而言，土司制度同時具有戰略與戰術考量，只要邊疆與非漢族群存在，它就是一項長期的戰略；而一旦帝國認為改革邊疆地區的時機已然成熟，土司制度就轉變為短期的戰術。中央政府若要建立並鞏固對非漢族群為主的邊疆地區的控制，那麼，土司制度便是此種發展的第一步、也是必要的一步。然而，帝國的最終目標乃是要教化、改造邊疆族群。因此，一旦朝廷認為條件成熟，它就會撤換這個邊疆與族群制度，改成中國本部所建立的直接統治體制，這項變化實屬必然。長期戰略與短期戰術之間的衝突與牴觸，說明為何從該制度形成以來，土司職位便頻繁地設立及廢除。雖然明帝國延續這樣的趨勢，但規模最大且似乎最「激進」（radical）的措施發生在雍正帝統治期間（一七二二年至一七三五年），此事導致土司制度在中華帝國晚期的最終衰亡。

清代土司制度的衰落

滿清在雲南統治之初，也採用了三足鼎立的體系。公元一六六一年，滿清任命的雲南統治者吳三桂殺害了永曆皇帝，南明政權至此終結。考量吳三桂的功績，滿人給與他特殊的榮銜「平西王」。然而，吳三桂很大程度上將中國西南地區變成自己的權力基地。雖然備受恩寵，如平西王的頭銜所示，但隨著吳三桂權勢日增，對其懷疑與警惕的暗潮也日漸洶湧。公元一六七三年，吳三桂與另外兩位握有福建、廣東、廣西的藩王起兵反叛。歷時八年的「三藩之亂」，最終被年輕的康熙皇帝所撲滅，滿清帝國遂將雲南納入它直接統治的行列。

滿人大體繼承了明朝於十五世紀初建立的西南省級結構；不過，清王朝增設了「雲貴總督」一職。雲貴總督這一職位一方面顯示了雲南與貴州的密切關聯，另一方面也顯示中央集權的一大推進。像明代沐氏家族那樣的地方世襲家族或王侯，在吳三桂之後都已不復存在；因此，元、明時期三足鼎立的行政體系在此後也不復存在。就邏輯上來說，清代中央集權的目標在於省級之下的區域，也就是土司。在整個清代，帝國的力量逐漸擴大，而土司控制的區域則相應減少。清王朝成功的重要一步，就是「改土歸流」。[127]

清代初期對於土司制度的規範，是限制土司職位繼承的條件，要求土司每年都與地方官員會面，同時將儒學教育列入土司繼承的必要條件。[128]這些規範最終削弱了土司與土著社會之間的連結。因為土司開始更加密切地與帝國政府保持關係，以免喪失頭銜與權力。土著社會之疏離及中央政府權力的強化，兩者是同時發生的事情。[129]這麼一來，清廷把明代創始的作法更進一步推展，也就是將帝國對邊疆社會的干預及影響加以法制化。

清帝國不只接受了歸順的諸多土司，它還觸及明朝鮮能到達的區域，並且承認當地許多小頭領，所謂土舍、土目。這表明了中央政府對地方社會更進一步的滲透。[130]總體而言，相較於有明一代的四百三十四人[131]，清代雲南共有各類土司約二百七十三人。[132]

表4.1呈現出由明到清這段時間中，中央權力的提升與土司制度的衰弱。首先，清代官方所承認的土司人數（二百七十三人）遠少於明代官方所承認者（四百三十四人）。其次，隨著時代演變，高階土司（三品至六品）的人數大幅減少了。舉例來說，明代三品土司有十五人，清代則僅有一人。這一趨勢顯示，土知府等高階職位被流官所取代，省級到府級的土司基本被廢除了。此表格所呈現的第三點也呼應此一趨勢，相較於明代七品土司有二十八人，清代的七品土司人數整整增加三倍，有八十五人之多。這表明清代的土司多是縣級或縣級以下官員（知縣為正七品）。在清代雲南有官品的土司之中，七品土司就占總數的三分之一。若我們將七、八、九品土司合計，則他們共占清代總數的一半之多。換句話說，中央的權威已開始滲透至縣級及其以下的區域。

但是，我們該怎麼解釋，低於九品的土司人數從明代到清代（一百五十一人：四十三人）為何會急遽減少呢？若仔細檢視資料，就會發現這個統計數字有其誤導性。明代低於九品的一百五十一位土司之中有九十五位是土巡檢，而土巡檢在清代屬於從九品官；另外還有二十五位土驛丞，其地位與巡檢類似。此外，明代資料上還列出十九位土舍。以相對應部分而言，清代的人數要少得多（三位驛丞和六位土舍）。因此，此一對比並不違背明、清時代轉變的大趨勢。

如前述，土司數量劇烈減少並不是自然的現象，而是政府刻意的設計。起初，清王朝承認臣服的土司地位，同時毫不猶豫地剿滅那些忠於明室的土司。舉例而言，因為元江土知府那嵩反抗清人的到來，元江土知府職遂在公元

	明代	清代
正、從三品	15	1
正、從四品	38	15
正、從五品	64	31
正、從六品	83	51
正、從七品	28	85
正、從八品	13	8
正、從九品	12	30
九品以下	151	43
品秩不明	20	9
總計	434 人	273 人

表 4.1　明、清時代的雲南土司品秩表　統計資料根據龔蔭：《中國土司制度》，昆明：民族出版社，一九九二年，58、61，113-114 頁；品秩則根據 1461-1464 頁。明、清時代的土司官品秩大致相同，僅有一些小差異。舉例而言，明代土知府是正四品，但在清代則是從四品。此外，清代的土巡檢一職為從九品，在明代時這個職位沒有官品。

一六五九年廢除。另外，寧州（華寧）、者峨（峨山）、蒙自、王弄山、文山、石屏等地叛亂的諸多土司，其職位也遭到廢除。[133]在一七二〇年代，雍正皇帝與他所信任的雲貴總督鄂爾泰發動了頗具進取心的「改土歸流」。公元一七二三年是雍正統治的第一年，當年麗江土知府職被撤廢；隔年，威遠土州也被撤廢；姚安土府在一七二五年亦遭受相同命運。從一七二六年到一七三一年，這六年是改土歸流政策的高潮，此期間雲南東北部與南部地區的土司職位陸續遭到撤廢。

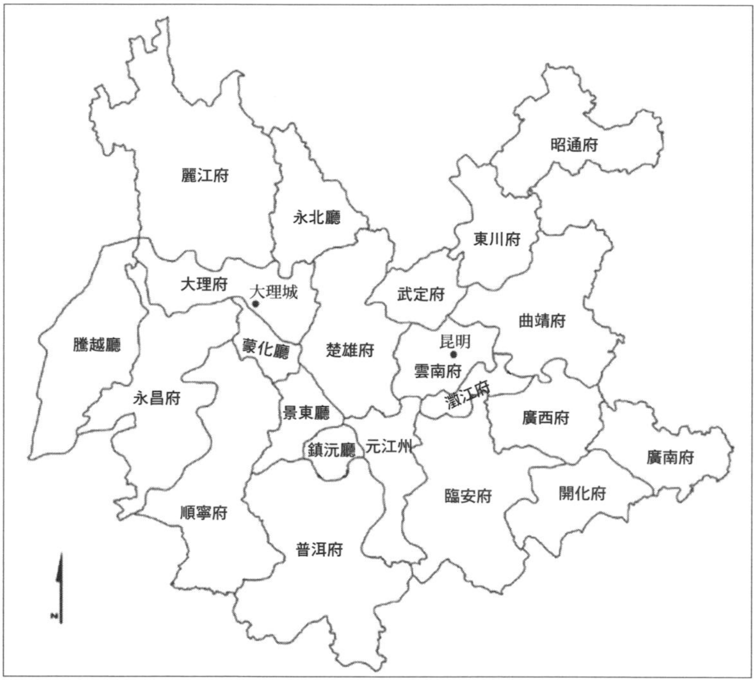

圖 4.2　十九世紀初期的雲南省　米雪兒．吳改製，根據譚其驤主編：《中國歷史地理圖集》，卷 8，北京：中國地圖出版社，1996 年，48–49 頁。

公元一七二六年，雲貴總督鄂爾泰向皇帝上奏，報告改土歸流事宜，其意思是要從土司的「殘暴統治」之下「解放」土著族群，並且強化中央政府對邊疆社會的控制。雍正皇帝立即接受了鄂爾泰的意見。鄂爾泰是管轄雲南、貴州、廣西的總督，他被指派執行這項龐大的計畫，而雲南是重點地區。一七二六年夏天，鄂爾泰下令逮捕沾益土知州和鎮沅土知府，還沒收他們的田產與資產，將其流放到江南地區。[134]在朝廷偌大的壓力下，者勒甸長官刀聯鬥「自願」上繳官印並懇請朝廷「改流」直轄。[135]與此同時，鄂爾泰向東川發兵，廢除控制當地土著勢力的土目。[136]烏蒙和鎮雄的土司也被鄂爾泰以武力廢除。

雖然土司頭銜與職位被撤廢，但土司的權力與影響則無法迅速清除。烏蒙土酋祿鼎坤利以當地清軍的殘暴為由，於一七三〇年起而叛亂。祿鼎坤是烏蒙前任土知府祿萬鐘的叔叔，他曾幫助清廷鎮壓祿萬鐘以及鎮沅和車里的土司。祿鼎坤或許是期望此舉能使自己升任土知府一職，豈料清廷卻決定要將他遷移到河南。失望的祿鼎坤便與兒子祿萬福號召其他土司一起叛亂。他們迅速攻克了烏蒙，殺死清軍將領。這個事件立刻引發了新近才改土歸流的鎮雄和東川兩土府的叛亂。[137]全省為之動盪。鄂爾泰調動雲南與貴州的兩萬軍隊，包括清軍和土兵，來對付叛軍。最終鄂爾泰殘酷地鎮壓了叛亂，一些土司竄逃至四川的大涼山區。[138]

除了烏蒙、楚雄、東川府所在的滇東與滇北之外，滇南也是改土歸流的重點區域。公元一七二六年時，鎮沅府土司被朝廷指派的同知劉洪度所取代。劉洪度企圖將中國體制引入鎮沅，引起土著的強烈不滿。苛徵重稅使得土著百姓極為憤慨，暗中發誓要殺死劉氏。劉洪度已經得知消息，但他並不採信。一七二八年陰曆一月十七日晚上，當劉氏正在觀賞地方戲曲時，叛黨蜂湧而入。劉躲到馬廄附近，但叛黨還是發現了他，劉洪度告訴對方：「你們想要的只是官印。就拿去吧。」他獻上官印，然而叛黨答道：「我們要官印，也要你死！」劉洪度於是被殺害，據傳他的心臟還被吃掉。此外官府還有許多將領受戕。當清朝派軍討伐時，該次叛亂的領袖刀如珍出來自首，表示他的憤恨已經因為殺死劉氏而平息。刀如珍後來遭到處決。[139]鎮壓鎮沅之後，清軍繼續南進撲滅了車里的叛亂。結果，清王朝在此新設普洱府。普洱府是清廷改土歸流觸及的最南端。

雍正的改土歸流政策以廢除土司制度為目的，積極進取且氣勢洶洶，但它絕非魯莽肆意之舉。鄂爾泰根據自己的原則來確定哪些地區可以受益於改流。他僅僅選擇那些他認為條件成熟、直接統治應能成功的地區。改土歸流的整體原則可以一言以蔽之，那就是「江內宜流不宜土，江外宜土不宜流」，也就是瀾滄江以東的區域宜設流官，瀾滄江以西的區域宜設土司。這項原則是根據地方與社會的變化而制定的。鄂爾泰所畫定的政治界線，從此決定了雲南土司的命運。至十八世紀初期，漢人移民及其後裔已經散布在雲南諸多區域，雲南發生了巨大的社會與生態文化（ecocultural）的變遷，並為政治轉變提供了人口與文化上的基礎。[140]再者，滿清帝國正進入其歷史的黃金時代，握有豐富資源的帝國軍力強大，足以擊潰任何土司的起事。

改土歸流在雍正統治期間完成，它劇烈地改變了雲南的行政結構。雲南土司數量銳減至二十二位，其中多數位於滇南與滇西南，那些地區有許多土酋與清王朝保持鬆散的關係。[141]有些土酋同時也向緬甸進貢。雲南內地少數得以保住位置的土司，其權勢也已受到很大的箝制。多數土司職位撤廢，這是中央權威壓制地方勢力的重大勝利。雖然如此，我們應留意的是，土司的威望與影響力依然持續盤桓著。因此，地方族群之中非正式的權力及文化傳統消逝得非常緩慢。大大小小的土舍、土目們依然主宰當地族群的村落、氏族與部落。

結論

中國與雲南的關係、國家與邊疆的關係、政府與土司的關係，這三者發生的歷史性變化，都揭示了中央政府對邊疆的管控與權威的日趨強化。漢朝起初發起軍事殖民，但當地的夷帥依然享有高度自治權；一旦朝廷剝削行徑增加或漢朝官員對地方人民徵斂過度時，地方叛亂與反抗便層出不窮。三國的蜀漢政權則在諸葛亮南征以後，建立一項相對有效的政策，利用土著菁英、軍隊、和各種資源來幫助蜀漢的統一大計。

自三世紀以降，中國歷代王朝的影響力鮮少施於雲南。隋朝與初期的唐朝均企圖恢復並推展漢王朝的殖民成果，但是它們的努力或因隋朝崩潰而停止，或因吐蕃興起而受阻。南詔王國統一雲南後，便開啟了一段新時代，直到蒙古征服為止，雲南都是獨立於中華帝國之外。蒙古的南征是雲南歷史的轉折點，此後，雲南逐漸被併入了中國本部。此後中華帝國的朝代更迭，都沒有改變雲南作為中國一部分的行政地位。蒙古人成功地在雲南施行一系列政策，並被後來的明、清帝國效法。

元、明、清時期的「國家—土司」關係之轉型，證明了中央政府對雲南的滲透力。元代尚有省級的土司，那就是段氏家族；到了明代，雖然沒有那麼顯赫的土司首領，但還是有許多府級的土司；到了清代，土司的職位大多是縣級或以下，所有土司統治的區域鮮有超過一個縣的管轄範圍。此外，土司官銜與數量的急降，也反映出中央政府控制力加強的趨勢。

元朝與明朝皆有帝國王侯封於雲南，他們的權力也顯示了逐漸強化的中央控制。在元代，雲南王和梁王力量強盛。到了明代，沐家享有軍事領導權以及諸多特權的同時，也受到行政制度與帝國法典的限制與規範。到了清代，除卻吳三桂政權以外，雲南就沒有分封的王侯了。

最後，公元一四一三年，貴州的獨立建省將廣闊的西南邊疆分裂為兩個省級單位，這使得雲南變得相對容易管轄。這項決策標誌著中國西南地區之基本行政型態的形成，至今未變。

伴隨著雲南行政制度的變遷過程而來的，是國家權力日漸增強的滲透，其整體趨勢是中央政府的控制從北向南移動，從城鎮往鄉村移動；途徑主要是沿著貿易路線。支持此一劇烈行政變遷的要素，乃是中國移民所造成的人口轉型。

第五章

華化與土著化：「雲南人」的形成

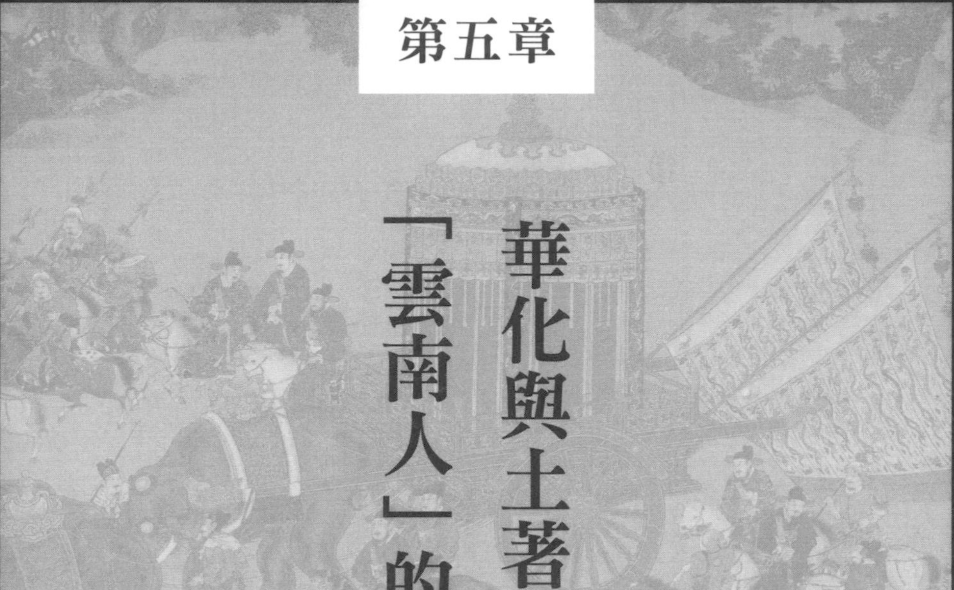

導論

明王朝開始派遣軍人及其家眷駐守雲南，這些人大多是漢人，於是明代的軍眷遂成為移民的主要部分。除士兵之外，移民還包括渴望土地的農民、被流放的官員、牟利的商人。到了明末，漢人已然成為雲南人數最龐大的族群。漢人移民數量龐大，內部多樣化，急劇改變了雲南地方的人口結構，影響及於經濟、文化型態，為當代雲南的社會構成奠定了基礎。

大量漢人移民與原住民人群的接觸互動，創造出一個新的混合社會，導致雲南歷史上第一次有人開始自我認同為「雲南人」。在此之前，「雲南人」這個身分概念並不存在，因為原住民族群是根據族群、氏族和部落關係來分別彼此。本章將探索「雲南人」此一新身分認同的形成過程，以及此一新認同對「中國性」（Chineseness）概念的影響。

本章將透過一手史料，首先介紹在中國移民蜂擁而入之前，元代與明初的雲南原住民及其社會風俗。而後，筆者將回顧明代的移民潮，並審視漢人與原住民之間的互動交流。學者們對漢人移民對當地社會造成的巨大而深遠影響——也即華化的過程——高度重視，本章在此也會進一步檢視；然而，原住民文化對於中國移民的影響，亦即「土著化」（indigenization），則很少有學者加以關注，本章同樣也會在此加以檢視。第三，伴隨軍事殖民而來的帝國教育及科舉、經濟交流，筆者亦會加以討論。筆者認為，「華化」與「土著化」是一個過程的兩面，這一過程創造出了雲南的新文化，也為中國人這個身分認同增添了新的成分。

李京筆下的雲南原住民及其習俗

元朝官員李京於一三一〇年所編纂的《雲南志略》，提供了元代雲南的「諸夷風俗」之概觀。[1]李京曾被派任為烏撒烏蒙道宣慰副使，佩虎符兼管軍萬戶府，因此，他的記載是第一手的觀察。[2]《雲南志略》最具價值的部分，是其中關於雲南土著族群的描述。李京對地方族群的社會風俗做了生動且頗為宏觀的介紹，他所介紹的民族包括「白人」、「羅羅」、「金齒百夷」、「末些蠻」（麼些）、「土僚蠻」、「野蠻」、「斡泥蠻」、「蒲蠻」。[3]

李京觀察到，雲南諸夷有許多習俗與中國大相逕庭，其中最顯著的差異也許是女性的角色，涉及層面包括女性服裝、婚姻、社會與經濟角色。以白人為例，「處子孀婦，出入無禁」，亦即女孩與寡婦可以隨自己高興與男人發生性關係，所謂「情通私耦，然後成婚。」至於羅羅，「婦人披髮，衣布衣，貴者錦緣，賤者披羊皮」，「室女耳穿大環，剪髮齊眉，裙不過膝，男女無貴賤皆披氈跣足。」金齒百夷則「男女紋身，婦女去眉睫，不施脂粉，髮分兩髻」，他們的男子「不事稼穡」，婦女則「盡力農事，勤苦不輟，及產方得少暇」，其婚姻風俗為：「嫁娶不分宗族，不重處女，淫亂同狗彘。」「女子紅帕首，餘髮下垂。未嫁而死，所通之男子持一幡相送，幡至百者為絕美，父母哭曰：『女愛者眾，何期夭耶！』」位於雲南與西藏交界地區的麼些婦女的風俗則是：「披氈、皂衣、跣足，風鬟高髻。女子剪髮齊眉，以毛繩為裙，裸霜不以為恥。既嫁，易之，淫亂無禁忌。」[4]

諸夷婚禮也很特殊。中國人不允許宗族、近親的婚姻，但金齒百夷卻不區分血緣或宗族關係。羅羅女性在成親之前，必須先與薩滿（大奚婆）發生關係，再跟新郎的兄弟跳舞，然後才能嫁給自己的丈夫；如果有兄弟拒絕跳舞，他會被視為犯有過失，這會危及兄弟之間的關係。女性在羅羅政治中扮演重要角色，有很大的影響力。羅羅若有酋長過世卻沒有男性繼承人，則死者的妻子或女兒可以繼承酋長之位；女酋長「無女侍，惟男子十數奉左右，皆私之」。而麼些人的婦女往往在兩家仇殺時，作為和解人出現；史載，「兩家婦人中間和解之，乃罷。」

李京也記錄了雲南諸夷出生、埋葬、飲食方面的不同習俗。金齒百夷的女性生育之後，她會立即抱起嬰兒，並浸入河水中清洗，接下來這位母親會將嬰兒交給丈夫，自己回去一如既往地工作。[5]至於飲食方面，白人喜歡吃生肉（豬牛雞等）、生魚配上大蒜醬。[6]此外，刺青紋身是很普遍的事情。

李京的某些觀察與馬可．孛羅相似，馬可．孛羅曾旅行經雲南到緬甸，時間大概比李京早了五十年。[7]李京生動地描述了雲南土著的形象以及土著社會的文化風俗，那是一個與中華帝國迥然有異的社會。土著的衣著、節日、飲食、性關係及社會階層是如此不同，從儒家倫理觀念看來，他們實在「野蠻、不受教化、粗魯」。可以肯定的是，根據葬禮、婚姻習俗與女性角色可以判斷，雲南西北地區的麼些人深受西藏文化的影響，同時也有許多族群屬於東南亞文化。

中國的喪葬禮儀是將死者放置在棺材內埋葬，但雲南地區是以火葬為主。這種作法違背了儒家的孝道觀念。此外，雲南諸夷女性的行為也與中國女性重視童貞、貞潔的倫理觀念大相逕庭。與中華帝國不同，金齒百夷的女性在經濟活動方面扮演重要的角色，她們會用海貝進行交易並且從事農業。此外，直到明代，雲南地方女性繼承死去丈夫或父親地位的權利才被廢除。土著的這些社會習俗——尤其是女性地位——反映出雲南整體上更接近東南亞而非中國；然而，中國漢人的大量移民，逐漸改變了雲南的社會及文化狀況。

雲南的中國移民——歷史回顧

從很早的時代開始，中國王朝便將鼓勵移民遷徙邊疆，並將之定為國策。[8]中國一旦征服雲南，帝國政府所強迫或支持的移民立即出現。雖然很難估計雲南早期的漢人人口，但文獻中時常記載了雲南的中國人，而且根據儒家倫理，這些帝國文獻的作者與編纂者會清楚地將中國人（「民」）與土著（「夷」）區分開來。[9]

早期遷徙至雲南的中國移民包括三種類型：軍事殖民者、戰俘與自發性的移民。戰國時代的莊蹻與他的軍隊是文獻記載中最早到雲南的軍事殖民者，某項史料稱楚軍有兩萬人，方國瑜認為這個數字合理。[10]根據方的說法，莊蹻的遠征可能是循著先前商人們探索的貿易路線[11]，所以，在莊蹻前往之前，就已經有商人旅居雲南了。

大規模移民至雲南一事則始於西漢。[12]首批移民乃是軍事殖民者，這批人之所以抵達當地，是因為西漢王朝在雲南重要通道、城市皆有駐軍，以保護政府機關並抑制地方威脅。漸漸地，有些移民被納入地方社會。[13]此外，漢王朝還強迫人們遷徙到西南地區。

元封年間（公元前一一〇年至公元前一〇五年），漢武帝下令遷徙有罪的「奸豪」充實益州。[14]舉例來說，因呂不韋而命名的「不韋縣」[15]，就是呂氏家族被流放的地點。[16]遷徙豪強到邊疆這個做法，不僅使得漢朝除掉有權有勢的地方菁英，還可以透過重新安置中國移民——雖然是些罪犯跟危險人物——移植中國文化，有助於穩固邊疆。

漢代對於西南地區的軍事征服多達十多次，一次行動的兵力少則數千，多則一二十萬。根據有人數記錄的行動看來，動員的士兵與勞役大約有四十萬。[17]出征者有的死亡、有的返家，有些人則被俘虜或是逃跑進入當地社會。因此，戰俘與逃兵的人數絕對不容小覷。

南詔時期，唐王朝在西南地區實施了軍屯。[18]自公元六六四年以降，姚州都督府便每年招募五百名士兵鎮守。[19]姚州的控制持續了八十多年，期間駐守的士兵總數超過四萬人。雖然有許多士兵於服役期間戰死或病死，但應該也有相當一部分的人——不論是志願或是被迫——最終留在當地社會。

中國與南詔之間的戰爭使得很多中國人到了雲南。根據記載，受徵召的中國士兵超過二十萬人，多數未能返家。[20]這個數字可能有誇張之處，但是軍事衝突的規模之大，從此番衝突對於唐帝國的不利影響可以看出。唐代大詩人白居易曾經作《新豐折臂翁》一詩，講述了一個人折斷自己的手臂，以求能逃避出征南詔的兵役。[21]詩中寫道：「點得驅將何處去，五月萬里雲南行。聞道雲南有瀘水，椒花落時瘴煙起。大軍徒涉水如湯，未過十人二三死。村南村北哭聲哀，兒別爺娘夫別妻。皆云前後征蠻者，千萬人行無一回。是時翁年二十四，兵部牒中有名字。夜深不敢使人知，偷將大石捶折臂。張弓簸旗俱不堪，從茲始免徵雲南。骨碎筋傷非不苦，且圖揀退歸鄉土。此臂折來六十年，一肢雖廢一身全。」詩中的「新豐老翁」應當有其現實人物的原型。

宋代流傳一則故事，訴說著郭仲翔被俘虜、多次被南詔境內土酋轉賣，最後靠忠誠友人的協助才得以返家的事蹟。[22]這項記載很可能是真的，因為公元七九五年唐朝使節曾將兩位被俘的唐朝將領送回長安，而他們被俘虜已是四十多年前的事了。[23]所謂「沒蕃將衛景升、韓演等」，他們可能是被吐蕃俘虜的唐朝將領，而後又被南詔俘虜帶到雲南。

南詔劫掠周遭地區，俘獲了許多漢人作為奴隸。成都平原之戰也許是劫掠最慘的一次。公元八二九年，南詔軍隊占據成都並擄走數萬居民，其中包括眾多織工，這大大增進了南詔國的紡織業。隔年，南詔釋放約四千名俘虜，其中包括工匠與僧侶。[24]可以想見，有更多人也許是被南詔諸酋拘留，前面提及的郭仲翔，就是被土酋們屢次轉賣。被俘虜者不乏名人如詩人雍陶，他在返國之後還於八三四年考中進士[25]，不過其中最有名的人物或許是鄭回，他後來在南詔當上了等同宰相地位的清平官，成為南詔朝廷中極重要的角色，此事在第三章已經述及。

南詔征服安南時也俘虜了大量漢人，據《資治通鑑》記載，安南一役，「南詔兩陷交趾，所殺虜且十五萬。」[26]儘管這個數目可能有點高估。被俘虜者當中，包括來自唐宗室女李遙，其夫為安南經略判官杜驤，稍後李遙則被送返。[27]

除了政府涉入的移民如軍事殖民或戰俘之外，其他非組織性的移民活動一直都存在[28]，後者主要是為了逃離飢荒、戰爭、政府苛政的漢人，或者受異國商品及可觀利潤所誘惑的商人。七世紀末的唐代宰相張柬之便曾經提及，政府苛政求索之恐怖，驅使超過兩千個漢人家庭因此逃至姚州。[29]

因此，許多雲南的土著其實是漢人的後裔。《蠻書》提到，雲南東北部有一個稱為「裳人」的部落，他們「本漢人也」。[30]《通典》提及，當地人民或有許多屬於中國漢人（「華人」）[31]，或者認定自己是漢人後裔，「自云其先本漢人」。[32]公元一〇七四年楊佐志願去雲南買馬的旅途中，曾遇見一位老婦，老婦表示自己是在二十年前，為逃荒而從四川遷來。

總而言之，十三世紀之前便有許多中國的漢人遷徙至雲南，他們或出於自願、或是受到強迫。移民促進當地社會的發展，而他們多數也被吸收進入土著社會。然而，隨著明、清政府支持漢人大規模移入雲南，中國移民被同化的潮流發生了扭轉。

明代雲南的漢人移民與人口

十三世紀中葉的蒙古征服不只將漢人帶到雲南，也帶來了穆斯林。雲南的穆斯林是蒙古統治所留下的主要人口標誌。不幸的是，相關文獻沒有記載移民數量。不過，到了明代，少數記錄使我們得以推算出中國移民的數量。[33]

明代在雲南駐軍人數龐大。衛所制度——也即保衛重要市鎮、道路的駐守部隊——的特點就是讓駐地成為士兵們的永久家園，士兵與他們的妻兒受命要永久駐留在其墾殖的農莊，他們屬於世襲性質的軍戶。雲南的軍戶數量尤其龐大，因為這塊邊疆地域廣闊、地形多變。明王朝征服雲南之後駐留了第一批屯軍，近九萬士兵駐守在九個衛。[34]但是，這樣的兵力仍然不足以穩固雲南，在明太祖洪武年間（公元一三六八年至一三九八年）、明英宗正統年間（公元一四三六年至一四四九年）以及十六世紀末，明王朝數度發兵出征雲南，調遣了更多的士兵。根據所有這些軍事征伐的統計，明王朝在雲南約留下了二十八萬的士兵。[35]然而，這個數字只占了實際軍事移民者的三分之一而已，因為每個士兵會帶著妻兒駐守（合理估計一個士兵就代表一個三人家庭）。粗粗一算，明王朝第一代雲南軍戶的人口超過八十萬。

還有其他的移民也到了雲南，如流放者、農民、商人、難民等；這些人當中可能包含了士大夫、將領、士兵及罪犯。當中有些人是和家族一起抵達雲南的。明末著名旅行家徐霞客在雲南曾經受到許多當地學者及仕紳的接待，那些人是中國士大夫的後裔。明代也鼓勵農人移民，有些史料顯示明廷曾將江南人口稠密區的農民與富人遷徙至雲南。[36]邊疆貿易也吸引著江南地區的中國商人，雲南數量眾多「會館」（同業、同鄉或同姓等關係之人所建立的組織）可見一斑。最後，天災人禍也會促使漢人的遷徙。明末便曾經出現過一次政治大移民，忠於明室的人們追隨永曆皇帝來到雲南及緬甸。然而，我們無法估計這些漢人移民的數量。

以上這些移民構成了李中清所謂的「西南地區第一移民潮」。根據李中清估計，軍事殖民大約帶來了一百萬人，這是中國史上最大、最持久的官方移民行動之一。[37]據陸韌估計，至十六世紀初期，中國移民及其後裔人數約達三百萬。[38]雲南漢人與土著人口之間的比例難以估算，但李中清謹慎估計十六世紀雲南人口有兩百萬以上[39]，而西南地區的漢人人口約占總人口數的三分之一。[40]雖然當時土著總人數依然遠超過漢人，但漢人可能已經是雲南人數最多的族群了。[41]

李中清估量的一百萬漢人移民與陸韌估量的三百萬人之間有著懸殊的差距，但我們可視前者為下限而後者為上限。這超過一百萬的漢人——雖然是散布在廣大的邊疆區域——已開始造成當地社會的巨大變化。首先，中國移民強化了西南地區與中國之間的政治紐帶，他們還引入中國文化而在西南地區社會造就「一道深刻且長久的縫隙」。[42]在十三世紀之前，幾乎所有的漢人移民都被吸收入土著人群當中。然而，明代以降，這個趨勢基本被扭轉。在「華化」的歷程裡，中國移民開始對地方社會施展前所未見的影響。由此，明代大量中國移民及其後裔開啟了雲南歷史的新時期。

土著的華化

從很早的時代開始，雲南就已經有「華化」的情形發生。在蒙古人之前，中國對雲南之征服及其鬆散的控制，已經在當地實施中國制度，引入漢人農業經濟，傳播儒家倫理。舉例來說，公元一世紀初任益州郡太守的文齊，在任內完成許多灌溉工程並開墾土地、種植稻米，當地人民對此非常歡迎。[43]而土著菁英們也採用許多他們認為很有用的中國文化要素。因此，雲南在蒙古統治之前，已可發現諸多中國文化要素的存在。這也經常被中國學者們加以引證，來誇大中國對雲南的影響力。本節會將重點放在漢人農業制度、儒家教育、社會習俗變遷，以此為證來呈現明代雲南的華化過程。

◎漢人體制在雲南城鎮與鄉村地區的擴張

在漢人移民大舉湧入之前，雲南土著已從事農業有千百年之久。他們根據當地地形與氣候，發展出自己的農業方式。他們多數居住在人口密度高的「壩子」之內。在南詔時期，土著已會牛耕，並且種植稻、麥、豆、粟。[44]在最大的壩子如洱海與滇池地區，農業生產技術相對先進，樊綽和李京都曾經將大理地區與江南相比擬，可見其經濟和社會之發達。[45]

李中清指出，在公元一二五〇至一六〇〇年間，西南地區人口從三百萬增長至五百萬，原因來自元廷、尤其是明廷促成的農業擴張。[46]明代的軍事殖民是人口定居及成長之關鍵，有一項明代史料指出：「雲南屯田最為重要，蓋雲南之民，多夷少漢，雲南之地，多山少田，雲南之兵食無所仰。不耕而待哺，則輸之者必怨；棄地以資人，則得之者益強。此前代之所以不能又安此土也。今諸衛錯布於州縣，千屯羅列於原野。收入富饒，既足以紓齊民之供應；營壘連絡，又足以防盜賊之出沒。此雲南屯田之制，所以甚利最善，而視內地相倍蓰也。」[47]

至十五世紀後期，雲南的軍事部署已經確立。雲南都指揮使司底下設有十七個「衛」、三個「軍民指揮使司」、六個「守禦千戶所」。[48]編纂於公元一五一〇年的地方文獻《雲南志》記錄了「衛」、「千戶所」、「屯」的數量，反映出軍事殖民的規模。《雲南志》列舉出雲南三百多個屯，多數包括名稱、地點，有些還會標記與最近城市的距離。[49]此外，有數十個屯是在所處地點下提及，並沒有提供具體名稱，例如北勝州、瀾滄衛的屯。有些地區應當有軍事殖民，例如新化州、金齒，但在《雲南志》當中卻沒有紀錄。每一個屯都是一個軍事性質的莊園，為軍隊提供補給。「屯倉」便是這些軍事莊園生產成果的輔證。編纂於一五七〇年代的《雲南通志》，逐一列舉了一百六十五個屯倉的名稱。[50]

此外，雖然「衛」、「千戶所」、「百戶所」是駐軍的基本單位，但是，因防禦及地理條件所需，還有一些更小的駐軍單位存在。某些地方會設有五十位士兵組成的「總旗」，以及十位士兵組成的「小旗」。

衛所制度伴隨並保護著明代的行政制度，軍屯則首先改變了城鎮人口的構成。雲南每座主要城鎮會有軍隊駐守，並占地開墾以供應所需。有時候，建有城牆的城市會被強化或重建；若當地原本沒有城牆城市，則會新建。整體而言，明王朝在雲南修築了近七十座州／縣等級的城市。[51]因此，有許多漢人移民居住在城市內部或周圍。雲南主要城市昆明城內曾有六衛的衙門[52]，當時昆明的漢人可能達到十萬之多。[53]大理、曲靖、楚雄、景東、永昌、臨安、鶴慶、蒙化與姚安等地的衛與知府都位於同一座城內。州城、縣城內也會設衛，例如北勝（永勝）、賓川、永平、宜良、安寧、馬龍、羅雄、寧遠及大姚。城鎮或邊疆要地會駐守大量軍隊協助防禦，例如位於雲南西部邊疆的城牆城市騰衝。城鎮內軍事及行政機構的存在促進了城鎮化，並開啟雲南的城鎮人口模式。漢人也因此成為雲南城鎮的主要人口。

公元一三八六年之後，雲南的重大軍事行動暫已告終，明軍遂將大幅心力投注於農業墾殖。軍屯中大約有百分之七十的士兵從事農業，剩下百分之三十執行軍事職責。[54]當靠近城市的耕地都被開發使用之後，軍隊開始滲透遠離城鎮的區域，正如時人所記：

「諸衛錯布於州縣，千屯羅列於原野。」[55]

除了軍屯，其他半軍事性的設施也有助於農業的拓展，這包括郵政網絡的「驛」。元王朝在雲南實施站赤制度，雲南內部有七十八座站赤，能提供馬匹、貨運、船隻、住宿與補給。明王朝於恢復郵政網絡時，還在重要交通路線上增設「堡」，作為郵政系統的補充。舉例而言，公元一三八七年，明王朝在永寧與大理之間的道路上，每六十里設一堡。[56]明代的「驛」模仿元代，但「堡」則是明代的發明。明代雲南共有三十九座堡，其中有二十七個堡與驛同處，其餘則是設在新的地點。[57]一個堡駐有一個百戶所的士兵。[58]如同衛所制度，堡的那些職位是世襲的，而且還配有土地。[59]每個堡的士兵人數從幾十到幾百不等。舉例，安寧堡大約派駐有兩百士兵，意味著有兩百個家庭生活在那裡，這算是一個不小的村莊了。[60]根據堡的規模與周圍的土地數量，每個堡所分配的土地大小也不同。例如楚雄的呂合堡五十二位士兵占有四百三十畝地，廣通的舍子堡五十位士兵則有四百八十畝地。[61]由於堡設在交通要道上，所以有些堡很自然地發展成貿易市鎮，愈來愈多的人定居其中。

除了驛與堡之外，還有「鋪」和「哨」。鋪跟哨與前者性質類似，只是規模更小。「鋪」是設在交通支線的郵務站，根據不甚完整的資料顯示，雲南大約有三百座鋪，雖然其中有許多鋪的地點與驛、堡相同。[62]中國本部的「鋪」是由平民任職，但雲南的「鋪」則是兼有平民與世襲軍戶，而且分配土地。史載：「或以民戶，或系國初調來軍士，俱環鋪居住耕種，子孫世襲。」[63]

「哨」是設來同時保衛交通與地方安全的駐軍處，它是在明代中期才出現。[64]《雲南志》記載：「雲南地方漢夷雜處，盜賊出沒無常，故於各道路每十里或二三十里，各設哨戍守之。大哨五十人，小哨或二十至三十人，俱以指揮、千戶、百戶等官主之。官及各哨兵俱連家小駐扎，一年一換，亦有民哨，與軍哨相兼守戍。」[65]

雖然有些哨是由地方平民任職，但多數的哨則屬於軍事性質。[66]《雲南志》記錄了雲南各地共一百九十個哨。[67]這些駐軍的土地是由國家提供，他們免繳稅賦，處於自給自足狀態。舉例而言，在明武宗正德年間（公元一五〇六年至一五二一年），彌勒州有十一個哨，五百五十位士兵，配有一萬一千畝旱地，平均每人占有二十畝地。[68]

「哨」代表著中國力量最遠能夠觸及的地方，因為它處於偏遠、多山的區域，是非漢族群支配的地區。有些哨位於遠超出衛所制度範圍的地點，深入土司勢力區，是漢人從前未曾涉足之地。根據徐霞客所記，維摩州此前從來沒有駐軍或漢人村落，然而，到了明末，這裡曾一度擁有五個以上的哨，每個哨派有十五位士兵及十五位民兵。[69]哨作為軍事性與文化性的邊疆據點，不但是一股控制土著的力量，是一個擴張「漢文化體制」（Han cultural regime）的基地。某些哨在這個新——有時是嚴酷的——環境裡落地深根並且複製漢文化，然而在多數案例中，它們則是被統合入土著社會之中。

這些軍屯與驛站的農莊是雲南漢人農業的先驅。隨著衛所制度從明代中期以後的衰廢，它們逐漸轉變為民間村落。因此，稱明代軍屯奠定了雲南鄉村的基礎，對清代以降造成巨大影響，並非誇張。雲南村落名稱便可一見明代軍屯的痕跡。許多村莊與貿易市鎮的名字裡有「堡」、「所」、「哨」、「營」、「莊」、「屯」等字眼，有些村落甚至是以軍官或軍戶之姓氏命名。徐霞客在自己的雲南之旅期間，記下許多這類名稱的村落。清代所編縣志也包含眾多如此命名的村落。[70]以明代的尋甸地區為例，軍屯村落與平民村落的比例是一比二。[71]陸涼是雲南最大的壩子，自陸涼衛設立後，其中充滿了軍戶，而此地直到明初人口大宗都還是土著居民。在村落數量大增的同時，族群結構也轉變了。編纂於清代道光年間（公元一八二一年至一八五〇年）的《陸涼州志》列出陸涼境內的二百二十多個村莊，其中約有近半數的名字都有前述軍事性詞彙，表明了漢人比例的突飛猛進。[72]

明代的殖民活動大舉推進了農業擴張，耕地的面積之增長可以管窺。至公元一六〇五年，雲南已有超過一千萬畝的耕地。[73]那麼，農地的來源是什麼呢？首先，明代軍方徵收了從元廷、官員或各地地主的耕地。當明軍征服雲南時，元廷財產被沒收，大量土地被分給軍屯。此外，衛所建立之後，會從附近徵用土地，並重新安置原土地所有者。有時候，土司會將土地獻給駐軍。比如，在景東衛建立時，景東土司阿陶曾獻出自己的房舍給駐軍居住，獻出自己的土地成為軍屯農田。[74]《景東府志》也確認了此事，指出這些捐獻的稻田，原本是所謂的「夷田」與「土米」。[75]

占用耕地是常見的現象。雲南多數可耕地位於壩子之中，壩子居民本是土著。居於河谷與盆地中的白人、彝人、傣人，早就已經從事農業，當其土地被徵收之後，他們或遷徙到丘陵山區、或者被迫改變職業。事實上，明代殖民活動開啟了新的人口地理模式，漢人逐漸主宰雲南城鎮並向鄉村地區擴散。於是某種族群空間（ethnic territory）形成了。[76]城鎮與郊區被稱作「漢界」，丘陵與山區則是以土著族群為主，一如宋代四川南部的情況。公元一七七二年至一七八二年間，吳大勳在雲南任職時，他驚訝地看到「至今城市中皆漢人，山谷荒野中皆夷人。反客為主，竟成樂國」。[77]吳大勳看到的十八世紀的景象，其基礎奠基於十五世紀。

另一種增加耕地的方法就是開墾。明代鼓勵軍士開墾新土地。沐英在一三九三年過世之前，已經開墾了超過一百萬畝的土地。[78]而沐英之子沐春繼續開墾了超過三十萬畝的土地。[79]雖然有些土地可能是自土著地主處取得，但開墾成果確實驚人。

軍事殖民的同時，農民們也奮力開墾荒地，雖然其成果無法估計。比較元代與明代的土地數量，大致可以了解明代開墾之規模。元朝努力在雲南擴大農業生產，同時也軍事殖民。公元一二九〇年，中慶（昆明）約有二萬二千五百「雙」，或十一萬二千五百畝地。[80]一五一〇年時，昆明的「官田」及「民田」已是前述數字的三倍之多，達到三十六萬七千一百八十六畝，這個數目還不包括軍屯農地與沐氏的莊園。[81]以臨安府為例，據記載，元朝時期臨安路的耕地有二萬五千七百六十畝[82]，明代時這個數字增加七倍之多。[83]以上這些數字顯示，明代的農地開墾規模龐大。

開墾活動在十五世紀末達到高潮。公元一五一〇年，雲南布政使司治下有一百七十二萬七千九百一十二畝地，而雲南都指揮使司治下有一百二十七萬六千六百三十一畝地。[84]公元一五七五年時，雲南布政使司治下有一百七十八萬八千四百五十畝地，而雲南都指揮使司治下有一百一十萬七千八百八十畝地[85]；與此同時，沐家擁有的農地有近一百萬畝之數。[86]

耕地的擴大，伴隨著灌溉工程的修建，因為漢人農業體制需要水源控制及灌溉。雲南土著早就與河流、湖泊打交道，在蒙古統治之前就已經興建許多灌溉管道。賽典赤·

贍思丁在滇池地區發動了大規模灌溉工程，這不但減少了洪澇，而且增加了十萬頃的肥沃良田。[87]元朝在雲南各地還有諸多規模較小的灌溉工程，農業生產力因此提升。

同理，明王朝在灌溉方面花費了許多心思。滇池與洱海地區原先的灌溉基礎建設或受到修護、或加以改良，新墾的農田也興建了水渠與水壩以滿足水稻種植的需求。[88]公元一三九六年，沐春動用一萬五千名士兵興建宜良的湯池渠，渠道寬二尺，長三十六里，「逾月工竣。引流分灌，得腴田若干頃。春種秋實，實穎實栗，歲獲其饒，軍民賴之。」[89]景泰年間（公元一四五〇年至一四五六年），滇池的大型工程開工。[90]弘治年間（公元一四八八年至一五〇五年），「軍民夫卒數萬」清排滇池之水，「於是池水頓落數丈，得池旁腴田數千頃，夷漢利之。」[91]這些工程不僅增加肥沃土地，而且還減少乾旱與洪患，使得耕地的品質更加提升。

其他地區也完成了類似的灌溉工程，興建了不少水壩、水渠、人工水庫，許多河流、湖泊、池塘、田野得以改善。這些水利系統在雲南創造出諸多小型漢人農業體系。例如陸涼壩子原先只有種植耐旱植物，產量低下。軍屯之後，灌溉系統逐步完成，陸涼遂成為米倉。[92]

土地開墾與灌溉改良大幅度地增加了農產量。明代初年，雲南生產的穀物還不足以自給。經過四十多年的軍事殖民之後，一四三一年的雲南近乎達成自給自足。總兵官沐晟報告，都指揮使司轄下產出的糧食「可足各衛旗軍十一月糧」。[93]不過，一直要到正統年間（公元一四三六年至一四四九年），雲南產糧才真正達到自給自足的地步。[94]糧稅有助於我們明白農業擴張的成果。公元一三九三年，雲南承宣布政使司收到的穀物稅如下：小麥（夏稅）一萬八千七百三十石，稻米（秋稅）五萬八千三百四十九石。[95]至公元一五〇二年，這兩項數字都幾乎增加了兩倍（小麥三萬三千七百零八石；稻米十萬六千九百一十三石）。[96]一五〇二年的稅賦數量似乎在往後幾年得以維持，如一五七五年所顯示（小麥三萬六千零一十九石；稻米十萬六千九百九十石）[97]，似乎農業生產在當時已達到極限。

◎儒學：學校與科舉

在中國農業體制劇烈改變了雲南的人口、經濟、生態模式的同時，還有一項企圖「教化」原住民心靈、觀念、社會風俗的工具，那就是教育。[98]遠在明代之前，儒家思想已傳入雲南。唐王朝曾經在成都設立學校，教育南詔王室青年；後來，大理國商人從邕州不只帶回了佛經，還有儒家的典籍。不過，一直要到元朝統治時，雲南才開始全面性的教育計畫，各路設有教育官員「提學」[99]，開建學校、孔廟，宣揚儒家禮儀與倫理。

元代的穆斯林官員賽典赤・贍思丁是推動雲南教育的先鋒。他說：「夷俗資性悍戾，瞀不畏義，求所以漸摩化其心者，其惟學乎？」於是倡導修建廟學，並和官員一起「割己俸以資之」。[100]因為本地缺乏人才，賽典赤還從四川請來儒生任教。[101]其他各路也以昆明為榜樣，政府下令在諸路設立儒學。[102]為維持運作，政府為個儒學提供「學田」。舉例來說，起初官府在中慶路（昆明）購置八「雙」地作為學田，後來學田的規模擴大至五百九十二「雙」。[103]公元一三五六年，元政權已搖搖欲墜；這時負責督察雲南治理的官員，雲南諸路肅政廉訪使蒲機仍將主要心力放在建設學校及其學田方面。[104]

儒學的設置必然促進科舉這一帝國統治象徵之舉辦。雲南科舉何時開始，無從得知。公元一三一三年，參與元廷「會試」的七十五位蒙古應考者當中，有一位應當來自雲南；七十五位「色目」（中國北部的非漢人）應考者之中，兩位應來自雲南；七十五位「漢人」（中國北部的漢人）應考者當中，兩位應來自雲南；至於七十五位「南人」（中國南部的漢人）應考者，就沒有提及雲南，這也許是因為元代統治者認為，雲南在元朝征服之前並沒有「漢人」。[105]雖然雲南所獲配額頗少，但這是雲南儒學教育推進的里程碑。在元代，雲南共出了五位進士。[106]

明代統治者對設立儒學校的重視程度一如軍屯。透過一系列舉措，明代統治者將雲南的教育推進了一個新時代。政府於行政階層中設立「教授」等職負責教育，並在雲南多數地區創建了系統的入學體制；最終，一個儒生與學者組成的社會群體出現了，這是上述諸多努力的結果。首先，明政權剛進入雲南，「官學」隨即恢復或設立。雲南的官學有兩類，一類是置於常規的行政單位——即府、州、縣——之下，供帝國子民就讀；另一類則是置於衛所制度之下，稱為「衛學」，是專為軍戶而設。

明廷在府、州、縣內派任「教授」、「訓導」。教授及訓導以「文廟」或「學宮」為基地，負責官學與儒生，推動地方教育。至於衛所制度的情況則有所變化，倘若衛所坐落的城市與府城、州城相同，就沒必要設置衛學；否則，就會新設衛學並派遣一位教授與兩位訓導。[107]與教育階層所伴隨的是官學的學生配額。每年每間府學配額為四十位學生，州學三十位學生，縣學二十位學生。另外，學校有田產以支付教授、訓導薪資並在經濟上支持學生。至於衛學，根據該衛單位等級高低，學生配額則在四十至八十人之間不等。

至十四世紀末，在元、明政權轉變期間，衰廢的雲南官學得以重振，並拓展至其他原先有的地區。景泰年間出現十所府學（位於雲南府、曲靖、臨安、楚雄、姚安、大理、蒙化、鶴慶、澄江、金齒）、十一所縣學（位於建水、寧州、鎮南、南安、北勝、趙州、劍川、楚雄、太和、雲南〔縣〕與浪穹）、一所衛學（景東）。[108] 隨後，土司領地內也建起儒學。公元一四一〇年代，有數道奏摺提議在武定、尋甸、廣西、臨安、鶴慶及麗江等地為夷民設立儒學，朝廷一一從之。[109] 未設學校的土府及土州僅剩二十個左右。[110] 朝廷亦要求官學選拔儒生之優秀者進入國子監就讀，這些國子監學生被稱為「監生」。《明實錄》記載，自一三八九年至一四一六年間，明朝皇帝幾乎每年都分賜禮物給雲南監生，史料亦顯示國子監內雲南監生人數逐漸增長。[111]

官學有其名額，無法滿足日益增加的學生人數。明廷意識到政府資源之有限，於是鼓勵將地方資源投入教育。補充性質的「社學」遂如雨後春筍般地出現。社學通常是設立在等級低於縣級的城鎮，儒生便可在此受訓，為去官學研讀學問作準備。雲南的社學最晚是在明憲宗成化年間（公元一四六五年至一四八七年）設置，此時明代統治雲南已近一個世紀。社學最初是出現在漢人相對聚集、經濟相對繁榮的城鎮。昆明縣內的社學共有三十一所，這意味著教育已經滲透至社會最基礎的單位；鶴慶府有三十五所社學，而姚安府有二十八所社學。[112] 以上三個案例屬於雲南本地特別突出者，因為全雲南總共約有一百六十五座社學。[113] 顯然，土司領地內罕有社學之設置。

為了使學生在科舉考試中更具競爭力，政府贊助的私人教育機構——「書院」——也在雲南蓬勃發展。[114] 雲南的書院出現於十五世紀末，其時間稍稍晚於社學，至十六世紀初時，雲南總共有五十六所書院。[115]

明王朝也鼓勵土司、土目送自己的子弟到學校就讀。明代之初，土司子弟受鼓勵（部分原因是沒有限額）前往國子監就讀。比如洪武年間（公元一三六八年至一三九八年）確實有許多土司將子弟送去學校[116]，後來，土司領地內也設立了許多學校：十七世紀初的謝肇淛便注意到，「近來內地皆有其人，間有讀書入庠者矣。」[117]

整個明代期間，雲南的教育機構數量達到三百左右。明熹宗天啟年間（公元一六二一年至一六二七年），雲南有超過一萬兩千名學生在學校就讀。[118] 因此，一個由儒生與學者所構成的社會群體出現了。而其中之關鍵指數就是雲南進士人數的增長。

在公元一四一一年之前，雲南還沒有自己的省級考試「鄉試」，表明是此前雲南儒家教育發展之低落。在一四一一年以前，雲南的考生必須前往南京應試。一三八九年，雲南首度被分配到名額，「滇之貢額當二人」，但「版籍無秀民，成無一人出應者。」[119] 突破發生在一三九三年，李忠與楊嵩這兩位昆明人通過南京鄉試而為「舉人」；李忠後來又通過會試，成為明代首位來自雲南的進士。隨著教育的發展，朝廷自一四一一年以後，准許雲南舉辦自身的鄉試，並分配十個會試名額。當年有二十八位士人通過鄉試，兩位後來考取進士。但是，雲南的配額太少，而學生人數增加很快，因此朝廷得一再擴充名額，從一四二九年的十五人，增加至一四五三年的二十五人，至一四七三年為三十人，一五三五年為四十人，一五七三年為四十五人，最後定在四十七人之數。[120] 可是，這個名額依然不敷需求，至一六二一年時，雲南提學副使樊良樞提議將名額增加到五十人。[121]整個明王朝時期，雲南共有兩千多位舉人與二百三十六位進士。

若無自中國本部移居至雲南的諸多儒學學者，雲南不可能取得上述成果。雖然元朝已成功在雲南發起儒學教育，但雲南當時存在一大缺陷，那就是缺乏高明的學者來教導學生。明代則不然，有眾多士大夫來到雲南。有些人是因為任職，有很多人則是流放。這些在雲南的士大夫對於儒學知識與倫理之傳播貢獻良多。與之同時，雲南的官員們也投入了大量資源創辦學校、教導儒生、提倡學風。被流放的士人往往擔任教職，在官學或在書院中任教。士大夫們的作品及其教學、講論與文化活動，激發並促進了雲南的學術氛圍，啟迪了地方學子。

流放雲南的士大夫當中最知名者當屬四川的楊慎，他是一五〇八年的狀元，學識淵博，著述等身。楊慎人生中的最後二十三年時光全在雲南，足跡遍布雲南。他四處演講、教學、寫作，並與當地學者交遊頗密。當時有七位學者被稱為「楊門七子」，其中包括李元陽這位知名的白人學者和進士。楊慎在雲南的影響久遠，《明史》推崇備至，稱他「明世記誦之博，著作之富，推慎為第一」；雲南多數地方誌也把他看作是雲南的一部分。[122]

◎儒家思想對土著的影響

教育不只影響移民，而且大幅改變了雲南的土著。元代便開始提倡改變土著習俗，日後隨著漢人農業生產與儒家教育的引入，雲南社會諸多重要變遷便開始了。由帝國政府所贊助的儒家觀念、服飾、禮儀、節慶——例如婚禮、喪禮、節日等——逐漸落地生根。舉例而言，賽典赤．贍思丁教導土著人民執行儒家禮儀如「拜跪」、婚姻行媒、婚禮、喪禮、祭祖。賽典赤還為土酋「製衣冠襪履，易其卉服草履。酋皆感悅。」[123]在朝廷的努力之下，「雖爨、僰亦遣子入學。」[124]這樣，土著菁英們開始送子弟去上學，為家族追求政治利益。王氏家族似乎便是其中一例。

王惠生於僰人（白人）菁英家庭，他的祖先因歸順元朝而被授予官職。王惠本人曾在雲南數度任官，在臨終之前，他教訓子孫們要謹守「忠、孝」，並要求自己的「喪禮一則古，勿從僰俗」，反映王惠已經接受儒家思想。[125]王惠之子王昇曾從諸師研讀「經」、「詩」、「文」，後被選為「儒學教授」。王昇最重要的成就在於教育領域，並記載於他的墓誌銘中。[126]王氏家族的情況反映儒學對於土著菁英之影響，尤其是與漢文化最密切接觸的僰人。於是，元代雲南「人習禮讓，風俗稍變」。[127]

元代人口、經濟、教育層面之變遷在明代延續發展，並且很自然地導致土著社會風俗的顯著變化。十四世紀中期，雲南普遍可見漢人移民與土著——尤其白人——混居。編纂於一四五五年、雲南最早的省志《雲南圖經志書》記錄，城市與郊區常有「漢僰雜處」或「夷漢雜處」的情形。例如該書提及曲靖府時寫道，「郡中亦夷漢雜處，列屋於府衛州縣之近者，大抵多漢僰。」[128]此番敘述生動地描繪了明代中期漢人定居在雲南城鎮或肥沃壩子與土著人口競爭較佳生活空間的情況。明孝宗弘治年間（公元一四八八年至一五〇五年），白人學者楊南金曾著有長詩，其內容關乎白人喪失的土地，如何落入漢人軍官與商人手中。[129]由於此一轉變，雲南城鎮在十六世紀後半葉發生劇烈的人口變遷。據一五七〇年代編纂的《雲南通志》記錄，在雲南府（昆明），「土著者少，宦戍大多江東南人，薰陶漸染，彬彬，文獻與中州埒矣。」[130]

至十六世紀初，大半土著習俗已有所轉變。如《雲南志》所示，大理「民多士類」，編纂者解釋說：「郡中漢、僰人，少工商而多士類。悅其經史，隆重師友。開科之年，舉子恆勝他郡。」[131]這段敘述足以說明儒學對於僰人的影響。如今他們閱讀儒家經典，遵循儒家道德，積極參與科舉。的確有許多土著家族——菁英家族尤其如此——會送子弟去上學，並鼓勵子弟參加科舉，將目光放在通過考試後朝廷保證的官職之上。土著家族開始將教育視為對子孫未來的一項投資，例如鄂嘉縣（楚雄府）知縣楊江永於公元一五五一年時重建學校，並網羅學者來此教導「夷方子弟」。[132]

雲南偏遠地區也出現社會風俗的變遷。曲靖一地雖然「山川夷廣」，然「士風漸盛」，其科舉考生可以與內地府郡相媲美。[133]在以彝人為主的楚雄，「土壤肥沃，士人務學。」[134]姚安府由於廣建學校，「氣習漸遷，士人務文，科第日起。」[135]編纂於公元一六三二年的《滇志》——亦即明代最後一部地方誌——記錄著白人風俗的變化：「白人，迤西諸郡強半有之；習俗與華人不甚遠，上者能讀書。」[136]由於與漢人交錯雜處，許多族群具備了雙語能力，他們在族群之內講自己的語言，對漢人則講漢話。[137]其中白人乃是雲南最為「華化」的族群，原因如下。首先，歷史上，白人與漢人的接觸最為頻繁，他們採納了許多漢文化要素。其次，白人是雲南最為城鎮化的族群。他們或居住在城鎮，或住在肥沃的壩子，因此，他們日常便與漢人移民來往密切，也更有機會接觸中國式教育機構。許烺光（Francis L. K. Hsu）進行田野調查時，就注意到白人基本遵循漢人習俗，雖然帶有地方特色。[138]

雲南其他族群也受到中國文化之影響。《滇志》記載，澄江地區的白儸儸「漸習王化，同於編氓」，也就是逐漸變得更像帝國之臣民。[139]臨安南部的土羅羅和窩泥原本沒有名字，或遵循「父子連名制」。弘治年間（公元一四八八年至一五〇五年），臨安新任知府陳晟根據中國《百家姓》為儸儸和窩泥取了姓氏。[140]

相較於一般土著百姓，土著菁英似乎借用了更多漢文化習俗，顯得更加有「教化」；他們之所以如此，主要是因為明王朝要求土司將子弟送去學習儒學。我們可以想像這些受過儒家教育的土著菁英們，會採用某些外來的中國文化習俗，其中最著名者當屬麗江的木氏家族。作為西藏—雲南—四川邊界地區的土司，木氏最初投降蒙古人，後來又歸順明朝，朱元璋賜予該家族「木」姓。雖然麗江土府沒有儒學，木氏卻似乎受到良好的儒家教育。有幾位木氏土司因為自身的中國文化素養而享有盛名，他們能夠寫出優美的中國詩詞與文章，少數人還撰有個人文集，同時木氏還建有一個家族圖書館。木公著有《雪山詩選》；木增不只有自己的著作，他還與同時代雲南最重要學者如李元陽等人交流作品[141]；木增還邀請著名旅行家徐霞客教導其子。[142]由此，《明史》評論說，「雲南諸土官，知詩書好禮守義，以麗江木氏為首。」[143]木氏代表著那些土著菁英們「三百年來，漸染華風，土司之居城郭者，亦與漢人無異。」[144]舉例來說，姚安與蒙化的土司們也如木氏一般，有意表現出他們在中國詩文方面的造詣。[145]

某些土著菁英接受並實踐了儒家中心思想如「忠」、「孝」、「節」等觀念。姚州土司高氏的案例頗具啟發性。高棟因為鎮壓一五〇三年的叛亂而被殺，高鵠在一五四一年叛亂期間為拯救布政使徐樾而死去。[146]鄧川阿氏的故事堪與高氏相比擬。土知州阿鈺協助朝廷撲滅岳鳳叛亂，還抵抗了緬甸的侵略。[147]萬曆年間（公元一五七三年至一六一九年），在貴州任職的阿天麒也在鎮壓叛亂中戰死。[148]又如，元江土知府那嵩拒絕向吳三桂投降，並且在抵抗過程中自焚而死[149]；那嵩曾提及吳三桂在明王朝的山海關總兵職位，以此諷刺吳三桂背叛明室，反映出這位土司接受了「忠」的思想。

此外，土著女性（通常為菁英）的忠貞也記錄在《滇志》上，例如景東土知府陶瓚的祖母阿曩，指示陶瓚去鎮壓來自潞川的入侵。[150]麗江土知府木青之妻羅氏，在木青臥病在床之際領銜作戰，並將敵人逐出邊境[151]。明代的騰越土著婦女（土酋的妻子或母親）也是同樣有此忠誠之舉。[152]

儒家文化提倡的倫理觀念如「孝道」，也是土著社會所奉行者。成化年間（公元一四六五年至一四八七年），姚州土司高梓潼賜曾因奉行孝道而受朝廷表彰。[153]阿天麒之父阿朝藩，則以對待繼母的高貴行為以及其慈善行為而著稱。[154]麗江木氏亦有同類的表現。[155]

同時，「貞節」觀也在明代雲南土著婦女逐漸扎根。[156]她們在丈夫過世之後或拒絕再婚，即便父母親對此施加巨大壓力；有的甚至自殺來避免再婚。另外一些土著寡婦獨力撫養孩子長大。[157]有時，一位貞節女性能夠改變地方道德習俗，阿昌人的一位寡婦即是例證。根據阿昌原有習俗，新寡之婦會嫁給死去丈夫的兒子或兄弟。然而，嫁給早正的土司之女在丈夫死後卻拒絕遵循此習俗而絕食自殺。她的犧牲遂讓這項重婚傳統從此消失。[158]此處應強調的是，這些並不是孤立案例；相反，她們所代表的是一種新趨勢。這也就是為什麼十八世紀學者張履程會在他的詩集當中，將論及土著婦女貞節的那章標題定為「變夷風」。[159]

除了儒家文化之外，中國其他習俗如節慶等等也為雲南土著所接納。《滇略》記載，雲南地區慶祝節慶的方式與中國本地相似，雲南重要的節日包括新年、元宵節、清明節、端午節、中秋節以及除夕。[160]在雲南某些地區，由於中國移民數量龐大，該地於是變成以中國習俗為主流。例如邊疆城市永昌，明代有大量士兵與移民前來，其中多數又是來自江南地區，移民們因此帶來南京的風俗，結果清代永昌有「小南京」之暱稱。[161]事實上，大理地區的白人也發明了一種傳說，即他們的祖先來自於中國本部省分，其中多數來自南京。[162]

當西方探險家在十九世紀末到達雲南時，他們驚訝地發現有那麼多族群受到中國文化的深刻影響。例如在十九、二十世紀之間旅行穿越雲南的戴維斯少校，如此描述著「華化」歷程：

> 由於中國人文明的影響力擴散，鄰近部落發現講中文更方便，並且某種程度採用了中國習俗。終於，有些部落族人開始蔑視自己的語言、風俗與服裝，而對於自己接納中國之道感到光榮。當他們產生這個想法，距離他們自稱中國人的時間已經不遠。一個中國的種族誕生了，而他們其實沒有真實的中國血緣。
>
> 這樣的過程可見於中國西部地區。當你經過那些各方面都在轉變中的部落

時……男人已經受到中國的影響，乃至於穿著中國服飾。至於女人的狀況則不一樣，女性服飾通常有其特點，由此可以辨別不同的部落。男人在穿著中國服飾之後，他們的下一步就是學習中國語言。再過幾代，說不定連女人都會學習講中文。一旦此階段達成，不用再過多久，整個部落就會以自己的方式完全變成了中國人；而當女人們開始穿起中國服裝並裹起小腳，這個轉變歷程便完成了……

我看見這個過程在儸儸族、擺族……發生，而且無疑這也在中國西部地區的每一個部落中發生……

這種中國人吸納其他種族的歷程，無疑在全中國各地區發生——一旦中國人進入該地區之後。[163]

總而言之，至十七世紀初期，中國文化已經滲透入雲南城鎮以及肥沃的壩子地區。雲南最為「華化」的族群是白人，最為「華化」的階級則是土司菁英。但在另一方面，土著文化也影響了漢人移民，尤其是在以土著人口為主、漢人分散的山丘區域，漢人移民實際上吸取了許多土著習俗。因此，在很多案例中，是土著社會吸收了孤立的漢人社群。這一歷程便是本書所稱的「土著化」。

土著化

◎「華化」與「胡化」

在中國邊疆研究領域中，中國文化對於邊疆「蠻夷」的巨大影響受到研究者一面倒的讚賞。此等觀點所忽略的事實是，任何交流互動都是雙向的。當中國文化轉變邊疆社會之際，土著文化也對中國人有著類似的衝擊，由此增添、轉化、改變了中國文化與中國身分，尤其當一些邊疆族群被整合入中華帝國之時。余英時在其關於漢王朝擴張與貿易的研究當中，對此曾有論述。[164]

余英時將漢帝國與邊疆「蠻夷」間互動的兩種層面描述為：「華化」（sinicization）與「胡化」（barbarization）。隨著漢帝國往北、往西、往南擴張，諸多「蠻夷」於是處在中國的政治、經濟、文化影響之下，由此開始華化的過程，雖然此歷程有其苦痛與艱難。在另一方面，「蠻夷」的生活方式也改變了中國人，余英時稱之為「胡化」。[165]中國的菁英們——包括皇帝——喜歡異國事物。如漢靈帝就喜愛「蠻夷」的音樂、服裝、簾幔、床椅、舞蹈。[166]而且，就是在漢代時期，中國人接受了佛教這個來自「蠻夷」的宗教，接受佛教者首先是貴族，後來則是普通百姓。

在社會生活中借用「蠻夷」文化要素一事並不罕見，因此也無須訝異於某些中國人在政治、族群、文化方面的認同轉移，其程度適足以凸顯胡化的規模與深度。漢代有許多中國人居住在邊疆地區，而且常常服侍「蠻夷」君主，甚至有些中國本部的漢人臣民居然前去效忠匈奴。西漢初年的韓王與燕王，都投降於匈奴。[167]背叛西漢皇帝而投靠匈奴單于的中行說，有段著名的言論為自己辯護，他說匈奴文化不亞於中國，並還分析「蠻夷」習俗背後的理由來加以論證。[168]

余英時對漢代的研究，確實提出一個關於中國人定義的關鍵問題：邊疆族群在中國文化與中國身分認同／中國性的形成、發展、轉變當中，究竟扮演什麼樣的角色？漢代所發生的胡化，在中華帝國繼續擴張、萎縮、再擴張的過程中，當然不會停止。近來，陸韌在她對於雲南明代移民的研究中，開始考察「雲南人」一詞，並使用「土著化」來將移民定居雲南加以概念化。[169]「土著化」的意思是「indigenization」或「indigenizing」，但遺憾的是，陸韌只有將土著化解釋為「（漢人移民）附著於土」，反而忽略文化互動的層面——後者可豐富地呈現土著文化活力及其對於漢人族群之影響。[170]畢竟，明朝末年雲南土著人口總數依然超過漢人，而且大小土司依然控制著雲南很大的一部分空間。因此，我們在討論地方身分認同之形成時，若不去審視土著造成的衝擊，那未免過於簡單。[171]著名的雲南歷史學家方國瑜雖然注意到了土著化，卻沒有探索此一現象，給予進一步重視。[172]

以下本人延伸余英時的華化與胡化理論，來解釋中國身分認同那流動性的、有彈性的、有活力的特徵，只是用「土著化」來取代「胡化」一詞。本人認為，從長遠看來，「華化」與「土著化」為一歷程之兩面，它們為中國認同增添了新的內容，從而修訂了「中國性」這個概念。本節著重描述土著居民如何「土著化」漢人移民，由此明末的雲南逐漸浮現出一個複雜的新社會。

◎十三世紀之前的土著化

普遍來說，元代以前所有移民到雲南的中國人，全都被吸納入土著社會之中。莊蹻採納土著習俗來進行統治，他的士兵們生活在當地社會中，應當是和土著女性結合，他們後裔擁有的楚人認同因此日益衰微。漢代時期出現西南地區的第一波中國移民潮，幾乎所有移民都淹沒於廣大的土著人口之中。漢代日益頻繁的軍事、政治、經濟接觸與互動，造就出許多地方酋長與氏族，也就是所謂的「夷帥」與「大姓」。夷帥是透過與中國政權接觸而增加權力的土酋，大姓為力量最強大的移民及其後裔，他們利用漢廷來增進自身在當地事務中的影響力。大姓多是漢代官員或菁英的後裔，不過他們已適應地方社會。大姓的例子揭櫫土著文化所具有的力量，驅使中國移民們採納土著習俗以求生存並累積勢力。考慮到那時土著人口占絕大多數，難怪土著化的過程全面碾壓華化的過程。

南詔時期，主流趨勢持續為土著化。據《通典》記載，有些鄰近大理地區的人們宣稱自己是漢人後代，雖然他們的漢人特質已經因為土著化而消磨殆盡了。[173]《蠻書》也有類似的論述，說有些當地人本是漢人。此外，有些漢人開始服務於西南土著社會或君主，這是政治認同的轉變趨勢。政治認同的轉變恰恰呼應了中華帝國統治者的擔憂，也就是擔憂在邊疆的臣民可能喪失自己的文化和身分意識，改變自己的政治效忠而服務於「蠻夷」君主。

總結而言，西漢以降，中國人便持續向西南移民，但移民的數量無法與土著人口相比。此種人口比例足以解釋為什麼中國人會被整體同化入當地社會。[174]雖然到了明、清時期有百萬漢人遷徙入雲南，根本上改變了人口組成，進而導致華化成為主流；但是，在塑造「後征服時代」（post-conquest）的雲南社會時，土著化依然扮演著重要角色，所以絕不能低估土著化的重要性。[175]

◎吸收土著之經濟模式

氣候、地形、礦產以及土著的經濟慣習，全都在驅使中國移民採納特定時刻雲南本地的也就是土著的經濟結構與模式。元、明、清政府引入並移植中國式農業生產體制時，卻受到雲南當地氣候與地形的挑戰。「男耕女織」這一理想式的中國方式，在雲南很多地方難以實施。一位明代學者指出，滇民「知農而不知桑」。[176]即便是在那些氣候適合養蠶的區域，地方官們呼籲人民養蠶常常難以奏效。舉例而言，即便到十九世紀末期，鶴慶府地區的女性並不紡織，這項地方傳統因此被視為嚴重的經濟與文化缺點。[177]

由於礦產資源豐富，許多漢人移民在雲南從事礦業與貿易。儘管雲南農民的人數確實遠高過礦工，但礦工在當地所占的人口比例絕對遠遠高於中國本部。雲南是中華帝國晚期的主要礦產區，採礦業的蓬勃事實上促成了雲南的城鎮化。[178]而這樣的城鎮化模式鮮少發生在中國本部。

雲南原有的地方貨幣制度也形塑了中華帝國的貨幣體系。在元代，紙鈔被指定為全中國的官方通用貨幣，這是元朝的重大經濟措施之一，也是首次由帝國政府所支持的紙幣體制。然而，該制度最後以失敗告終。紙幣在雲南的流通情況也許是全國最糟的，因為雲南使用海貝作為貨幣已經有好幾百年的光景。因此，國家所推行的紙幣並不被土著社會所接受，顯然阻礙了元代行政體系之運作。賽典赤．贍思丁注意到此事，允許雲南繼續沿用貝幣。[179]結果，貝幣不只被允許繼續為民間貿易與其他經濟活動所使用，而且還被官方接受，用來繳稅。到了明代，明王朝在雲南繼續沿用貝幣。在整個元、明時期，貝幣，而不是中國的銅錢，是雲南的主要流通貨幣。貝幣這一經濟習俗生動地證明了邊疆社會如何迫使中央政府不得不加以妥協。

地方市場也能證明土著社會的影響。土著居民有定期貿易或趕集的習慣。漢人移民立刻參與了雲南的本地集市，雖然後者在許多方面與中國本部有別。一般而論，定期集市白天聚集，但是在喜洲（大理）地區，集市卻是在夜晚進行。[180]此外，雲南本地也有獨特的節慶日，同時也是各地商人聚集開市的日子。大理在每年三月十五日和二十日之間會有「觀音市」，很多商人會前來買賣，政府也會動用差役與士兵來維持治安，保護商業。[181]

◎土著文化的倖存及其對於中國人的影響

雲南的漢人移民借用了土著生活方式的許多層面。服飾便是其一。大理土著會用一片藍布蓋住頭頂並戴上「氈笠」——一種由本地植物作成凸顯地方風格的帽子——而漢人移民也馬上仿效，[182]以便在強風拂面的大理地區內保護自己。在金齒衛（永昌）地區，漢人女性穿著與僰人相同的服飾。[183]有時候，即使是城裡的漢人，為了適應環境也會改穿土著服裝。[184]「鶴慶之俗，婦帽三尖，以布為之」，鶴慶知府周贊對此風俗感到憤怒，命令「易以髻簪」，改為中國女性髮飾，當時民間有歌謠曰：「我周公，變夷服，易簪髻，去布幪。」[185]這反而說明了夷服當時之流行。

地方食物當然也影響了漢人移民的飲食習慣。土著們喜歡吃生肉，將豬肉、魚肉、鵝肉、鴨肉切塊，再混上各式各樣的調味品。在雍正年間（公元一七二二年至一七三五年），有些仕紳與學者們接受了這種吃法，甚至將其變成一種風尚。[186]

很多地方文化活動或受到中央政府的接納，或有漢人參與其中。佛教是雲南最為盛行的宗教。大理國王們曾經自稱「摩訶羅嵯」（maharajah，梵語意為「偉大統治者」）。當蒙古人到來之際，他們認可並接受此項傳統，將此頭銜授予段氏。當清王朝企圖與土著酋長們結盟之時，有時會舉辦佛教式的立誓儀式，以獲得土著的支持。[187]漢人移民們也會參加本地許多佛教節日，有的是中國內地沒有的慶祝活動。[188]雲南全省都盛行的佛教節日包括「浴佛節」[189]，以及大理的「觀音市」。漢人移民還參與了其他族群的節日，其中最有名的便是花市、火把節以及潑水節。

地方薩滿教的存在也表現於諸多日常活動，例如遍布四川、雲南、貴州的「土主」崇拜。「土主」即村社保護神，是古早以前留下來的土著薩滿教遺物，在西南民間有廣泛的信眾和影響力。南詔時期就已經從事土主崇拜儀式，雲南的少數族群與漢人至今依然保持著這項傳統。十七世紀初劉文徵所著之《滇志》記載，全雲南幾乎每一個府都有土主廟宇，有些府甚至有二或三座土主廟。[190]有部地方誌甚至歌頌土主是最為「靈異」的神明，記載稱土主廟中的蜂群驅逐了萬曆年間（公元一五七三年至一六一九年）的安南侵略者。[191]

漢人移民到了雲南之後很快接受而且學習當地的語言。「滇」本是土著用詞，大致用來指稱整個雲南，「滇」字成為了官方對於雲南的簡稱而且被沿用至今。「滇人」是一個新的中文詞彙，這個詞出現在明代，指稱「全雲南的人」——包括土著與漢民。其他的土著詞彙例如「海」（意思是湖泊）、「賧」（河、湖），至今依然廣為使用。此外，眾多當地地名提醒著我們，土著居民的分布異常廣闊。為了方便與土著溝通（例如進行貿易），移民（如蒙自縣的漢人）自然開始學習土著語言。[192]孤立的漢人社群在經過幾個世代之後，其後裔已經不太會說先人的方言或中文，他們的日常溝通都是用土著語言進行。有些明、清時代的地方誌裡，會有關於土著語言的篇幅（列入「方言」之下）。[193]

雲南當地不同族群之間的通婚頗為普遍，這可能是讓中國移民土著化的最有效方法。有許多漢人士兵娶了土著女人，這是邊疆社會性別比例失衡的結果。「夷娘漢老子」的結合頗為流行，大大促進了漢人移民群的土著化，因為在絕大多數情況下兒童是整天跟隨在「蠻夷」母親的身邊。[194]早在十六世紀末、十七世紀初，許多孤立的明代軍事社群便經歷了土著化的過程。明末徐霞客抵達納西人（麼些）居住的麗江地區時，他寫道：「其地土人皆為麼些。國初，漢人之戍此者，今皆從其俗矣。」[195]這樣的案例在滇西北並非特例，事實上，同樣的情形在由土司主宰的滇南更為常見。例如騰越地區的明代士兵與其後裔，根據記載，他們在乾隆年間（公元一七三六年至一七九六年）已經變作「蠻夷」了。[196]今日，雲南（貴州也是）有許多群體，他們與周遭族群並無差異，卻被中國政府認定為「漢族」，理由只是因為他們是明代移民的後裔。[197]

應當指出，性別比例並不是通婚的唯一原因。通婚能夠帶來經濟利益，並且提供了移民在邊疆地區普遍欠缺，但又亟欲獲得的文化與政治紐帶。舉例而言，中國商人往往會娶土著妻子，就像是歐洲商人在東南亞或北美洲的情況一樣。無論哪種案例，土著女性都以擅長貿易與交涉而著稱。許多中國移民透過通婚的方式，開始進入地方政治或菁英圈子（值得注意的是，土著菁英也需要這類漢人移民來增進自身利益，因為這些中國顧問們能夠熟練運用中國知識來幫助土酋與帝國政府交涉）。一代接一代，漢人的後裔在地方社會上的力量變得愈來愈強大，有時甚至成為主宰的勢力。[198]

經濟與文化的互動往往造就雙重的政治與文化認同。紀若誠曾經探討，漢人移民（及其後裔）是如何成為礦業的領導者，然後再變成有時與土司及清廷官員合作的強權人士；有時他們則會發展自治力量，足以威脅清廷利益。[199]這種土著化的例子出現最早在明代，而且不限於礦工社群。如前所述，諸多位於山區之軍屯田莊，周遭都是非漢人的環境與「蠻夷」。這些移民們就像是一艘位在洶湧波濤的土著海洋上的小船，逐漸被吸入土著社會之中。他們開始講土著語言，採取土著的生產方式，享用土著飲食。

更重要的是，漢人移民後裔開始了「多重族群」（multiethnically）、「多重文化」（multiculturally）的身分認同。他們既認同自己的漢人祖先，也接受自己的本地身分標籤。在某些案例中，漢人後裔很高興擁有緬甸的名字、頭銜或關係。有時候，他們對自身土著身分之認同高於中國身分的認同。[200]更有甚者，漢人移民會站在土司一方來對抗帝國政府，因為統治該區域且掌握資源者不是別人，乃是地方土司。身在南方邊疆的江西商人之子岳鳳，就是一個很好的例子。岳鳳的故事不但呈現了一個漢人移民文化與政治認同的轉換，也告訴我們土著文化如何傳播到了遠方的中華帝國。

岳鳳，史載「江西撫州人，黠而多智，商於隴川」，因此，隴川宣撫使多士寧將自己的妹妹嫁給岳鳳，對他深加信任。但是岳鳳野心勃勃，陰謀篡奪取代多士寧。他勾結其他土司，尤其是木邦宣撫使罕拔。兩人一拍即合並歃血為盟。他們引誘多士寧前往擺古去面見莽瑞體（緬甸國王），對多士寧下毒並殺害他的妻小。接著，岳鳳奪得中華帝國授予的隴川金牌印符，將其獻給莽瑞體。此時，莽瑞體正在擴張領土，他很熱切地接納了岳鳳，並授予他多士寧原來的頭銜。

莽應里登上緬甸王位之後，岳鳳與其子曩烏伏擊打敗了明朝的軍隊，虜獲多士寧之母與六百多位族人，並將俘虜獻給莽應里。[201]岳鳳於是接管了多士寧的子民。此外，岳鳳還祕密與孟連土司刀落參結盟，然後說服莽應里入侵明代邊界，他們占領並燒毀了順寧府。岳鳳之子曩烏領六萬緬甸兵攻打孟連，明王朝的雲南指揮使吳繼勳在該役中身亡。鄧川土知州何鈺是岳鳳朋友的女婿，何鈺派遣使者至岳鳳處，岳鳳卻將使者逮捕後交給莽應里。

當時，木邦宣慰使司土舍罕拔與其子罕效忘投降明王朝。莽應里大怒，占領了罕拔的城市。在帝國援軍前來之際，何鈺又派了一次使者招降岳鳳，此時刀落參在戰役中被殺。岳鳳感到憂心，遂派遣姪兒岳亨至永昌納降，明將劉綎接受了他們的投降，並保證岳鳳可以倖免於帝國法律。

公元一五八五年正月，岳鳳與其妻子、兒子、兄弟、姪甥、軍隊——包括夷人與漢人——全都投降，「盡獻所受緬書、緬銀及緬賜傘袱、器甲、刀槍。鞍馬、蟒衣並偽給關防一顆，撫臣劉世曾張大其功」，岳鳳被送往北京獻俘。[202]

接下來發生的事情最能夠彰顯土著文化對於岳鳳的影響。岳鳳被送往北京處決之時，被發現全身都有刺青（這是典型的土著文化標誌），而且他的「陽道」亦嵌數顆「緬鈴」，令人嘖嘖稱奇。明代學者沈德符慨歎：「鳳本華人入緬，性淫侈，裝飾詭異。肌膚刻畫異錦，如宋人所謂雕青者。陽道亦嵌數緬鈴於首。尋為行刑者割去，以重價售於勛臣家。最上者值至數百金。鈴本震撼之物，即握之手臂猶搖盪不自制。不知此酋何以寧居也？」[203]這段文獻記載讓人好奇的是，朝廷勛臣家購買陽具與「緬鈴」意欲何為？

作於明代中期最有名的中國情色小說《金瓶梅》，或許能對理解明代菁英的色情文化有所幫助。《金瓶梅》主角西門慶是中國北部山東省的一個有錢商人、花花公子、地方菁英。小說當中西門慶便曾經使用緬鈴。當西門慶最喜愛的妻子潘金蓮向他問起緬鈴時，西門慶回答：「喚做勉鈴，南方勉（緬）甸國出產的。」[204]接著兩人便關門歡娛。這就是為什麼勛臣要購買岳鳳緬鈴的原因了。

緬鈴之使用在雲南頗為盛行，正如十七世紀初雲南官員謝肇淛的觀察。[205]謝氏指出，緬甸男子為了性趣會將緬鈴嵌入陽具；他注意到，緬鈴也被賣給中國人。更有趣的是，謝肇淛表示緬鈴有一個中國式名稱，叫作「太極丸」，中國人把它當成禮物送人，官方或私人的書信中都曾經提起它。謝肇淛的紀錄顯示，勳臣購買岳鳳陽具或許真有此事，因為緬鈴的使用情況很廣泛。

性工具之使用——尤其是將這種珠子嵌入陽具——確實是流行的東南亞習俗。東南亞女性在其社會當中享有頗高的地位。所謂緬鈴便是證據，表明當地男人願意接受痛苦的陽具手術，來增加女性的性快感。同時代的中國人及歐洲人都注意到了東南亞的這一習俗。[206]其中最令人震驚的手術就是嵌入金屬針，附帶各式各樣的輪、刺、釘。一位親眼目睹的歐洲人曾寫道：

男性——無論大小——會用大如鵝羽毛的金栓或錫栓，在自己的陽具近首處，從一端穿到另一端。同一隻栓的兩端，有些看起來像是馬刺，頂端有凸點；有些看起來則像是貓爪的尖端。我常常請他們——無論老少——給我看他們的陽具，因為我對此不敢相信。在那隻栓的中間有一個洞，他們才能夠排尿。……他們說，是他們的女人希望如此；如果他們不這樣做的話，他們的女人就不願意跟他們性交了。[207]

另外有一種比較不痛的手術，是十五世紀的中國人馬歡在暹羅所觀察到的：「凡男子年二十餘歲，則將陽物周圍之皮，用如韭菜葉樣細刀挑開，嵌入錫珠十數顆，皮肉用藥封護，待瘡口好時才出行走，如葡萄一般。自有一等人開鋪，專與人嵌妝以為藝業。如國王或大頭目或富人，則以金為空珠，內安砂子一粒嵌之，行動扱扱有聲為美。不嵌珠之男子，則為下等人也，最為可笑也。」[208]

中文的「鈴」，可以指會發出聲響的珠、輪、刺、針。岳鳳是真的接受過那類手術，西門慶則是使用自緬甸引入的類似工具，來讓自己的女人增加性快感。岳鳳和西門慶的故事，顯示東南亞的性習俗被中國菁英文化所引入、仿效（此為一種東南亞化的過程），而這些性習俗最初可能是經由雲南所傳播，這更進一步象徵著雲南在「中國—東南亞」交流互動中的角色。[209]

土著化在此後的時代繼續進行，尤其是滇南地區。明、清之交，有許多忠於明室的人士——尤其是士兵——輾轉到了西南邊境地區，他們在此地方化而融入當地族群。很多人因此接受了非漢人的族群身分。在十七與十八世紀期間，邊境地區的礦業昌盛，有眾多中國農民因此加入該行業。其中許多人娶了土著女性，即使採礦活動終結之後，仍然留在了該地。例如佤山地區漢人礦工的後裔，今日的他們已經接受佤族的身分。[210]最驚人的案例，或許莫過於中緬邊界的楊家，二十世紀時他們在緬甸與中國的兩重民族主義之間掙扎奮鬥。[211]楊家本是漢人，但他們已經完全接納且被融入土著社會。可是，現代民族國家（nation-state）卻迫使他們要在中國或緬甸國族認同之間選擇其一，他們為此進行各種抗爭但沒能成功；最後，楊家在一九六〇與一九七〇年代被迫離開家園。楊家的例子，最能夠代表處在民族國家邊界之間的小族群所遇到的僵局與無助，因為民族國家會運用各種策略將其編入國族認同的範疇之內。

土著化歷程如同華化一般，勾勒出一個共有的空間，漢人與土著在此衝突、了解、誤解、交涉、調解。有時候雙方採納了相關的文化儀式；有時候某方借用了另一方的文化載體；還有時候雙方合力添加了新的文化內容。確實，不同族群的混和會引發對於祖先來源問題之辯論。在文山地區，某些族群的人民宣稱自己的來源是「三江四海」，也就是江南地區。在巍山地區，一方面有些彝人宣稱自己是蒙舍詔（南詔）建國者細奴羅的直系後裔；另一方面，他們又認為自己的祖先是來自南京。[212]這兩種說法可能都是真的，因為通婚使得漢人移民與土著居民互相結合。事實上，伴隨著雜和（hybrid）文化的到來，雙重身分認同（dual identity）在邊疆地區是很普遍的事情。

到了晚明時期，「雲南人」一詞的出現和使用，也呈現了一個混合的、多重的文化體系。寧蒗地區摩梭社會以及他們兩性結合（sexual union）的習俗，生動地描繪出這個文化體系。與這個世界上多數人群不同，在蒙古人征服之前，摩梭人的傳統社會並沒有婚姻體制，而是有著一種被稱為「提些些」（tisese，意思是來回走動）的習俗。*蒙古統治在十三世紀將婚姻制引介給摩梭菁英，而清王朝對土司制度的改革讓婚姻成為土司繼承的先決條件。其結果是，婚姻和「提些些」同時成為摩梭社會兩性結合與延續的合法形式，雖然「提些些」處於支配地位。這也是讓摩梭人有別於他族的關鍵所在。摩梭人的案例充分體現了土著社會的活力以及地方勢力與政府力量間的交涉。

在諸多層面上，華化似乎是雲南的主流趨勢，然而「提些些」作為土著文化的一個象徵，它依然是摩梭人的首要機制。[213]摩梭人兩性結合的雙重形式，生動揭示了一個「中間地帶」（middle ground）的歷程。中間地帶是美國邊疆研究所發明的術語，這一概念有助於我們把雲南視為一邊疆歷程。在這過程中，各方力量均衡狀態得以創造、維持、轉變、打破，從而浮現了一個新的社會。

---

*譯注：華人或將tisese稱為「走婚」，然「走婚」一詞仍含有婚姻制意義，故此處採音譯稱「提些些」。

中間地帶——作為歷史進程的「雲南」

公元一八九三年，弗雷德里克．傑克遜．特納（Frederick Jackson Turner）在講演「邊疆在美國歷史中的重要性」一題時，主張「一片自由土地的存在，這片土地的持續縮減，以及美國人的西向移居，解釋了美國的發展。」[214]對特納而言，廣大邊疆的縮減意味著文明勝過野蠻之進展。中國人也有這種族群中心的觀點；所謂「邊疆」、「邊關」被視為一扇門、一條線、一道界（以萬里長城為代表），分隔中華文明與「蠻夷」之地。

特納於一八九三年的講演受到人們衷心的歡迎與應用，但同時也遭受質疑、修訂與取代。「邊疆」（frontier）一詞就受到新詞彙如「邊界」（border）、「邊境」（borderland）以及目前最新的「中間地帶」（middle ground）一詞的挑戰。理查．懷特（Richard White）在其著作《中間地帶：五大湖區的印地安人、帝國與共和國，一六五〇至一八一五年》當中，將重點放在美國東北部的美洲原住民及其文化、族際通婚和毛皮貿易，後者範圍遍及北美東部並早在一八〇〇年代初期就已深入密蘇里（Missouri）以東地區。懷特闡明，在這兩百多年間，美洲原住民和歐洲移民如何在五大湖區建造一個共同的、互相理解的世界。這一過程有時充滿暴力，然而多數時間是伴隨著一系列互解（meaning）與交換（exchange）的新體系之形成——直到這個中間地帶的調和崩潰為止。[215]作為中間地帶理論的延續與進展，紀若誠和其他一些學者將世界體系的觀點引進了中國邊疆研究領域。[216]

中間地帶理論優於老舊、靜態的「征服與抵抗」（conquest and resistance）二元論，有許多可取之處。中間地帶理論認為，邊疆成為一個相互讓步、適應、文化借用（cultural borrowing）的空間，一個既非印地安人也非歐洲人稱霸的空間。這就是為什麼有這麼多學者要借用這個概念，並將它應用到其他邊疆地區，例如滇南邊疆這樣一個既非中國、也非緬甸、亦非地方菁英可以稱霸的地方。但是，丹尼爾．赫爾曼（Daniel Herman）提醒我們，中間地帶理論專注於特定的時間及空間，中間地帶雖有其建設性，但它同時常有殘酷暴行與疾病；學者切切不可忽略以上事實。[217]

筆者認為，本書所採取的長時段有助於超越中間地帶理論的限制。在長時段的視野下，整個雲南—貴州的廣大區域長期以來便形成了一個中間地帶。眾多土著族群在這裡共存，創造出某種型態的世界體系；這些族群在其中衝突、爭鬥、適應，並且彼此借用文化要素。然而，中國人的南向擴張，卻為這塊中間地帶引進了一種異域文化。首先，四川南部早在宋朝時期便已被統合。[218]與此同時，中南半島王國諸如位於今日緬甸的阿瓦（Ava）王朝、東吁（Tungoo）王朝、貢榜（Konbaung）王朝，先後進行北向擴張、建立聯繫並施加影響，有時與雲南地方菁英及中華帝國發生衝突。元代以降，尤其是到了明、清時期，中國移民將中國體制引入雲貴地區。十三世紀中葉以降當地人口結構的變化，可用以證明雲南權力結構的轉變趨勢。華化與土著化兩者在雲南保持力量均衡，最終又導致均衡傾斜，移民和土著則在這歷程中學習共存。由此保留或修訂了許多老做法，發明了許多新制度，以因應新的挑戰。土司制度就是中間地帶的一種行政性創造，中華帝國政府將此視為地方臣服與帝國力量存在的象徵，而地方土司則視其為新的權力、財富、合法性的來源。

土司制度是權力談判的結果。從一個鮮有人知的事實便可以說明。明代某些流官是處於土司的監督之下，雖然數量很少，例如石西州是置於思明土府之下，通安州與巨津州置於麗江土府之下。[219]這項史實可見帝國政策的彈性，或土司力量的強大，或二者皆然。但是，隨著中央政府權力擴展，這個行政制度的內容也隨之改變，正如明、清帝國所設的規範所示。當明王朝感覺自身足夠強大，它就對土司增加了許多新規範，尤其是關乎土司職位承襲問題。土司們被誘導、被鼓勵、最終則是被迫遵從中國的倫理與禮儀。此外，許多土司喪失了世襲職位，這是「改土歸流」的結果，這是帝國在邊疆省分複製中國式社會所付出的努力。[220]

由中央政府所支持的中國文化，最終克服了各種反抗，逐漸在邊疆地區落地生根，力量均衡遂一步一步、一地一地地崩解。長時段來看，很顯然，帝國力量首先是在城鎮扎根，後來擴散到鄉村，而土著的空間則變得愈來愈小。這就足以解釋明代的昆明以及十八世紀的西雙版納先後發生的狀況。至十九世紀末，土司所控制的區域僅有雲南最南邊以及西南的邊界區，那也是二十世紀國民黨與共產黨所爭奪的地區。

中間地帶的雙向文化借用與適應，引發了中國邊疆研究中許多有趣而重要的課題。若我們接受特納將「廣大邊疆」視作美國性（Americaness）之關鍵論斷，那未免有些過分，但是，特納強調邊疆之於美國化（Americanization）的重要性，這一點並不錯。廣大邊疆對於美國人之認同頗有貢獻，那麼，我們能不能推斷，兩千年的邊疆經驗（frontier experience）對中國人也是如此呢？特別針對本研究而言，建構雲南的歷程如何貢獻於中國認同或中國文化呢？理查·懷特關於北美東北部中間地帶的文化借用概念，被人批評為執迷於小變化而忽略世界觀，因為「在上部地區（pays d'en haut）*的中間地帶上」，多數的文化、政治、經濟包容不過是「是權宜的、策略的、暫時的」。[221] 因此令人好奇的是，雲南是否經歷過類似的變遷、還是更為全面的變化呢？

簡要比較雲南與廣闊的北美邊疆，也許可以對這些問題有所啟發。首先，雖然曾經有暴力性的軍事行動發生，但中國人並沒有將雲南土著消滅殆盡。雲南數量眾多的土著，使得雲南邊疆與中國其他地方有所差異，這是中國統合的一項重大挑戰。第二，事實證明，雲南的生態環境，是土著的安樂窩，卻是中國人前進的障礙，與發生在美國西部的情況相反。瘧疾等熱帶及副熱帶疾病大大增加了中國人進入雲南的困難。再者，雲南邊疆存在的時間遠遠超過北美邊疆，這主要是上述兩個原因所致。若從西漢時期開始算的話，雲南邊疆的存在超過兩千年；若從有劇烈變化的蒙古時期開始算，它也至少存在了六、七百年。一個中間地帶有如此長期的進程，這在世界史中也是非常特殊的。最後，雲南土著不只與中國人、而且與其他族群如西藏人與東南亞人長時期交流互動。這樣的經歷，使得他們得以發展並利用相關的聯繫、機制、資源來反抗中國殖民主義。當然，上述所有因素最終都無法阻擋中國的殖民行動，更沒能夠驅走中國人。

大量土著人口對於中國政府構成了一項重大的挑戰。如何統治他們？如何看待他們？土著又如何認知自己的身分？他們認不認為自己是中國人？如果是，什麼時候？原

＊譯注：法文，意思為「上部地區」（upper country），其範圍大約涵蓋五大湖區。

因如何？如果不是，又是為什麼呢？

這些問題的關鍵處在於，雲南長時期的中間地帶經驗確實創造出一個新的地方身分認同，那就是「雲南人」。這個地方身分的出現與接受，顯示雲南居民對於中國身分之承認。審視衛所制度衰落期間地方仕紳（local gentry）之出現，可以證明中國社會結構在邊疆省分的翻版。

「雲南人」的形成

在衛所制度之下，開墾的土地一概由帝國政府所有，稱為「官田」。每位士兵分配一份田地，其大小根據所駐地區的耕地數量而定，大約在二十至一百畝之間。軍戶享有世襲種植權利。在雲南地區，每位士兵分到的田地大約二十畝。[222]到了十四世紀初，衛所制度逐漸崩解，軍官從中牟利，逐漸將官田變私有。

軍官本人也被授予田地，稱為「職田」。職田的大小根據官職高低不等，「百戶」授田四十八畝，「千戶」授田近七十七畝，而省級的最高將領「都指揮使」則授田約二百九十三畝。[223]職田免稅，其用意是作為官員俸祿的一部分。

軍官本身不參與農業生產，他們的職田有「舍丁」照料，舍丁得向軍官繳租。萬曆年間（公元一五七三年至一六一九年），雲南有職田十五萬五千三百一十九畝，舍丁一萬八千三百八十六人，[224]而每一位舍丁其實代表一個家庭。

軍官們不滿足於自有的職田，他們利用各種機會來擴大土地，甚至將軍屯田地占為己有。雲南沐家就曾經遭到指控，說他們把所有的軍屯田莊都變作沐氏私產。[225]雖然這項指控不免過於誇大，但它確實暴露出衛所制度中的一大問題，那就是軍官對軍屯土地的侵占。[226]許多士兵甚至自願將自己與自己分配到的田地獻給軍官，以規避沉重不堪的軍事賦稅。舉例而言，據說大理在明初曾開墾了約兩萬畝的軍隊屯田，後來卻在軍事記錄中完全消失，顯然這些田地是被權貴人士侵吞。[227]如此一來，許多軍事屯田就變成了「民田」。

有人認為，衛所制度的崩潰破壞了明代體制之根基，然而，這實際上卻在雲南複製了中國式社會結構。當各層級的軍官取得大大小小的山地、稻田，他們就變成了地主；而大量依附於軍官的軍戶則變成佃戶。此外，雲南還有大量農民與佃戶的存在。於是，「地主—佃農」的結構在雲南出現了。

軍戶家庭是最熱切於追求儒家教育與帝國官職者。在雲南，軍戶出身的學生最初不被允許參加雲南的帝國科舉，他們必須回到自己原本的「籍貫」省分參加科舉考試。隨著軍戶在雲南的在地化，這一政策在公元一四五〇年時得以變更[228]，於是立刻吸引了更多軍戶子弟入學。明代的雲南進士，其中超過一半是出身軍戶家庭。[229]這樣一來，教育和坐擁土地這兩項條件開始構成雲南的仕紳階級。

所有這些因素加起來，在雲南創造出一個多元文化體（plural cultural unity），而雲南與中國之間的紐帶在明代時期也得以穩固。李中清指出，移民的流入「為西南社會帶來一道深刻且持久的紋理。沒有人會否認，他們為西南地區帶來了異國風情，改變了權力分配。」[230]這個複雜的結合體，也正反映於進士的區域空間分布，我們因此可以清楚辨別出儒家文化的影響，或者——從另一角度來說——可以清楚辨別土著對移民之影響。[231]

公元一五八二年，在雲南二十八個府、州之中，只有十三個出現了進士，它們全部都位在騰衝—元江一線的東北地區。雲南、大理、臨安、永昌四個府占了全數進士人數的百分之七十八；這四個府同時是最早出進士的地方。因此，雲南有一道空間與時間上的重疊線，反映出儒家思想在雲南不均衡的傳播與發展。以此標準來說，雲南可以被分成四個區域：「核心區域」、「外圍區域」、「邊緣區域」、「空白區域」。

府	進士人數
雲南府	65
大理府	48
臨安府	52
永昌府	23
鶴慶府	19
曲靖府	11
蒙化府	8
楚雄府	5
澂江府	4
姚州	1
姚安所	1
瀾滄衛	1
保山州	1
彌勒州	1
總計	240

表格 5.1　明代雲南進士的分布情況　根據周振鶴：《明代雲南區域文化地理》。載《中國歷史文化區域研究》，上海：復旦大學出版社，1997 年，324–359 頁。

核心區域包括雲南府、大理府、臨安府、永昌府；這幾個府出現的進士是最早、最多的。從地理上看，它包括兩個區域：雲南東部（昆明與大理）和雲南西部（臨安與永昌）。雲南府是人口最多、開發最盛的地區，其進士人數占全省總數的百分之二十七。[232]大理府是另一個儒風深厚的臨安府的發展非常迅速，早在永樂年間就已經出了進士。

地區，與雲南府齊名。有「小南京」暱稱的永昌府，則是一個主要的漢人移居地，從明代中期開始，永昌有了進士。外圍區域包含澂江、曲靖、楚雄、鶴慶、姚安、北勝、廣西和麗江總共九個府，總共出了五十二位進士。其西部包括曲靖、澂江和廣西，東部包括麗江、北勝、鶴慶、姚安、楚雄和蒙化。邊緣區域包括尋甸、武定、順寧、景東。雖然邊緣區域沒有出過進士，但依然有受到儒家思想之影響。明代中期以降，該地區的社會習俗開始變遷，儒學逐漸出現。空白區域包含永寧府（雲南西北部）以及保山以西地區。整體而言，空白區域位在騰衝—元江一線的西南方。順寧、景東、元江府受儒家文化的影響有限，因為土著文化和習俗主宰著那些地區。

這樣，雲南，曾經為一縣名，然後為一府名，接著為一省名，指代了中華帝國的一個行政區域。蒙古時代省級行政在雲南的確立，逐漸啟發了雲南為中華帝國一部分、以及雲南土著是帝國臣民的觀念。至十六世紀中期時，有些雲南的中國移民已開始指認自己為雲南人。

太和縣（大理）儒生趙廷瑞，在明世宗嘉靖年間（公元一五二二年至一五六六年）的晚期離家旅行，足跡遍及整個帝國。趙廷瑞在遊歷武當山時，於岩石上刻字曰：「嘉靖四十四年拾二月十二，雲南大理府人趙廷瑞朝山至此。」廷瑞之子趙重華在母親過世之後，決定前去內地尋找父親。趙重華在與一位僧人對話中，表示自己是「雲南人」；在公一五七八或一五七九年，重華與父親趙廷瑞（當時還不確定）在無錫南禪寺見面時，他自稱「吾雲南人」。[233]不過，帝國文獻有關「雲南人」這一新的身分認同，大理趙氏並不是最早的。早在一四〇四年時，便有位進士表示自己是「雲南人」。「吏部言，有進士自陳是雲南人，不閒吏事，願為教官。」明成祖永樂皇帝的回應是：「喜曰，雲南人能舉進士，可嘉，就授雲南學官，以勸其鄉人。」可見永樂對於有「雲南人」（新征服的邊疆省分人民）考上進士的驚喜。[234]

以「雲南人」來自我認同的先驅通常是士大夫。在帝國籍貫制度（如科舉登記）當中，這些人自我歸類為「雲南人」，也被帝國歸類為「雲南人」；當他們通過科舉考試並在帝國其他省分任職時，他們也認同自己的「雲南人」身分。帝國籍貫制度促成了人們對「雲南人」的使用與接納，而這新身分的基礎與自覺當然是一個新的雲南社會的形成。這些士大夫作為帝國臣民的角色，為二十世紀雲南人對中國國族的接納奠定了基礎。

許多「雲南人」，彷彿雲南派駐在地方與中央政府的使節一般，他們是雲南的代表，牽動著帝國統治的數百萬人口。《明史》中記載著許多雲南的士大夫，因為他們展現了優異的儒家道德或取得的傑出成就。尤其是明朝末期，有些雲南官員在對抗農民暴亂或滿清入侵的軍事行動中，凸顯其忠誠與能力。比如楊一清（一四五三年至一五三〇年），他是一四七二年的進士，自稱「臣原籍雲南，是雲南安寧州人」。在雲南出生的楊一清，成長於湖南，老於江南，故自稱三南居士。楊一清曾於一五一五年派遣兒子祭掃雲南祖墳。楊一清長期任職在帝國的西北邊疆，這為他贏得在軍政與邊政方面的名聲；他曾因為得罪權傾一時的宦官劉瑾而下獄，後來又幫忙剷除劉瑾。此後楊一清曾擔任過戶部尚書、兵部尚書、內閣大學士。《明世宗實錄》對楊一清評價極高，稱「其才一時無兩」。[235] 嚴清，雲南後衛人，是一五四四年的進士，他曾經當過刑部尚書、吏部尚書、兵部尚書。[236]

雲南士大夫之中最富英雄事蹟的當屬一六一〇年的進士傅宗龍（昆明人），他在明末崇禎年間（公元一六二八年至一六四四年）是位頗受信任的將領。傅宗龍在面對貴州、雲南、四川小型叛亂方面的經歷，樹立他在軍事上的地位。後來，傅宗龍被派遣去處置農民叛亂，最終在一六四一年的戰役中力戰而死。[237] 他對於明室的忠誠，與他的一些同儕們形成了強烈對比，例如另一位崇禎皇帝寵信的大臣洪承疇，便在被滿洲俘虜之後投降。確實，傅宗龍的案例對於諸多背叛明室——而導致滿清輕易成功——的官員來說是一道濃厚的陰影。

另一類似的案例則是雲南沐氏最後一代的沐天波，他護送明代（南明）末代皇帝永曆帝進入緬甸。當緬甸人有意將明室獻給滿清時，沐天波奮勇作戰保護永曆皇帝，遂受緬人伏擊而死。如果沐天波不起而反抗，本可倖免於難，因為緬人本無意進行屠殺，尤其考慮到沐家在雲南長久以來所享有的崇高威望，明確指令「不可傷皇帝與沐國公」。[238]

「雲南人」的出現，調整了中國性（Chineseness）或中國身分的內涵，因為在中國性或中國身分當中新添了雲南這一成分；「雲南人」已經成為「中國人」的一個基本區域成分（basic regional constituent）。

地方認同與中國認同

如何理解與定義中國認同，這顯然是中國研究的一個關鍵問題。鴉片戰爭以降的中、西衝突，激發出象徵中國自我意識與自覺的中國民族主義，但或許我們有必要追溯中國民族主義到更早的時代，因為中國人與非中國「蠻夷」的接觸實發生於很久以前。

中國（「中央之國」）源起於黃河流域，逐漸擴展至長江與珠江流域。在這長時期的歷史進程當中，中國融合了許多「地理—族群」（geo-ethnic），即位於一定地理空間帶有獨特文化傳統的族群。漢人其實是族群互動之下的混合產物，而漢人也並不是唯一的中國人。如何協調漢人與其他族群，這對中華帝國統治者——例如蒙古人、滿人還有近代的國民黨與共產黨——構成了一項挑戰。受西方教育的著名人類學家費孝通，則將中華民族（Chinese nation）之形成加以理論化。

費孝通提出了「中華民族多元一體理論」。他指出，中華民族包含有五十六個「民族」，「作為一個自覺的民族實體，是在近百年來中國和西方列強的對抗中出現的；但作為一個自在的民族實體，則是幾千年的歷史過程所形成的。」[239]在所謂中國的廣大區域內，族群互動與交流，貫穿了整個歷史，創造出了中國人和中華民族。因此，這些全部的「民族」都具有雙重認同；首先他們認知自己是中國人，然後在這個廣大的中華民族之下，他們又具備著對某「民族」的認同。[240]費孝通的理論在中國廣受歡迎，但是，在費氏強調「少數民族」對於整個中華民族的貢獻時，對地方或區域的角色不夠重視。

地區差異與地區特性是中國文化的一個顯著特徵。[241]譚其驤曾討論不同時代的不同區域習俗，他點出，在超過兩千多年的時間裡，並沒有一個被所有人共同接受的同質的中國文化[242]，時代性與區域性特質是了解中國文化形成與發展的關鍵。因此，原為非中國區域的雲南受到統合之際，此區域文化與其身分認同也在此過程中得以創造；而在非漢人群體同樣被視為中華帝國的臣民之後，雲南遂為中國文化添增了新的成分。

筆者主張，族群認同與地方認同，對於定義與了解今日的「中國人」非常重要。透過地方認同——我指的是某地居民在本地作為中國一部分的情況下，對自己的在地性產生認同，例如「四川人」、「廣東人」和「河南人」。地方認同不僅代表地理位置而已，它還連結著文化特質，有時還連結族群認同（如新疆、西藏及雲南）。因此造就了並行不悖的雙重認同：首先是中國性，其次是地方身分。在此意義下，「雲南人」的出現對於中國性頗為關鍵，因為這種地方認同的前提是中國身分認同。誰是「雲南人」？這個問題本身帶著一種假設，那就是雲南是中國的一部分，而雲南人乃是中國之雲南人，或者說，雲南人是中國人。

作為「地理—族群」身分或省級身分標籤的雲南人，在中國歷史上，是晚近出現的新詞

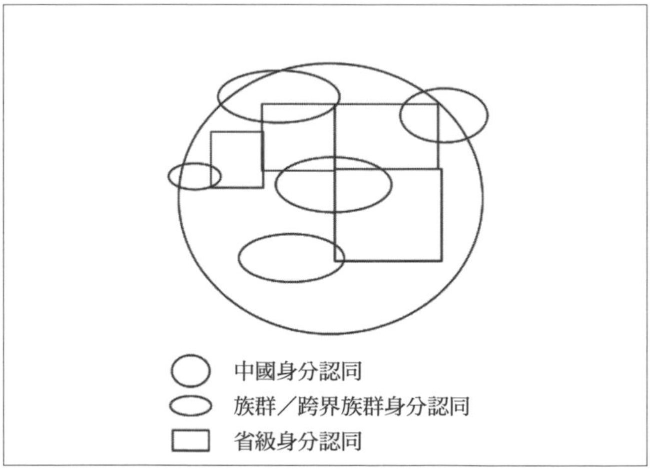

圖 5.1　族群身分認同、省級身分認同與中國身分認同

（neologism）之一（其他新詞有「東北人」，以及問題更大的「西藏人」和「新疆人」）；雲南人進入中國大家庭，是中國進入「現代」之後的事情。長久以來，中國菁英是以其家族或宗族起源地來認同自我，有許多家族姓氏可以追溯到中古早期的「郡望」。到了中華帝國晚期，省取代郡而成為中國的最高一級的行政單位，因此，省級認同逐漸浮現在國家舞臺上，尤其當帝國政府認為省為其行政、經濟、文化之關鍵所在。

近來，歐挺木（Tim Oakes）注意到中國內部的區域主義（regionalism）之增長，其代表性現象是在亞洲資本主義全球背景下的省級認同。[243]為了獲取更多的經濟投資，每個省都宣稱自身是一個擁有真正傳統的中國文化單位。不過，歐挺木說：「中國雖有一個基於地方（place-based）認同的傳統，然此傳統鮮少與省級行政區邊界相應和」[244]，對此點筆者大不以為然。省級層次上展現的中國認同，的確是在歷史長河中逐漸形成的。

同時具有行政、經濟與文化雛形的省級單位，至少可以追溯至元代，如果不是更早的話。元代的行省，逐漸轉化為中央政權下的第一級行政單位。今日中國多數省分便是元、明、清時代的遺產。[245]這樣的行政等級制度凸顯了「省級標籤」在社會生活諸多重要層面例如稅賦、救濟、科舉上的關鍵角色。在中華帝國晚期，每個省會分配到首都參與會試的考生名額，這些考生們所代表的不只是自己的家族或宗族，還代表著自己的家鄉省分。將儒生和帝國子民與他們的家鄉省分連接，能夠有效促進並強化省級單位的地方意識，尤其是新近被征服、從前不是中國的邊疆區域，例如雲南。邏輯上說，省級認同在帝國內部的場景中，就是用來表達「中國性」。多數中國人因此根據省級標籤自我分類以及被歸類。

十九世紀初的漢人學者魏源是對西方有所了解的先驅之一，他清楚定義自己那個時代的「中國」，是「十七行省及東三省地為中國」。[246]與此同時，耐人尋味的是，魏源將俄羅斯（這很明顯）、朝鮮、蒙古、維吾爾地區（「回部」）、西藏（「衛藏」）排除在中國之外，即便清帝國對於西藏有所控制，對蒙古地區有更大的控制。[247]對比之下，在魏源的「中國」裡頭，雲南是其中一省，毫無疑問是中國的一部分。

魏源將雲南及滿洲（東三省）視為中國一部分，反映出他對中華帝國與中國人的「多族群／多區域」（multiethnic/regional）的概括，他的觀點也被孫文以及更後來的共產黨所承襲。然而，魏源並不是看到中國人這一概念之普世性和靈活性的第一人，當然也不是將雲南視為中國一部分的第一人。被流放到雲南的明代著名四川學者楊慎，已經闡述過類似的觀點。明代雲南發生劇烈的變化，激發了楊慎以下的感歎：「中國人真正是世界性的種民，是全人類、全世界的承繼者。漢人只是帝國諸種人中的一支，我們還包含許多不同類型的種人。光是在雲南，就有超過二十個非漢種人。只要他們接受皇帝的統治，他們便是中國人。」[248]

十七世紀初的學者謝肇淛在討論明帝國境內各省居民及其文化特色時，也將「滇人」（雲南人）與其他十多省人並列。他說：「齊人鈍而不機，楚人機而不浮。吳、越浮矣，而喜近名；閩、廣質矣，而多首鼠。蜀人巧而尚禮，秦人鷙而不貪。晉陋而實，洛淺而願；粵輕而獷，滇夷而華。」[249]故此，謝肇淛已經視雲南及雲南人為中國的組成部分之一。

有趣的是，十九世紀末在雲南旅行的西方人也抱持著這種觀點。戴維斯少校觀察說，雲南幾乎所有族群都受到中國文化的影響，他評論這些族群的人們「開始蔑視自己的語言、風俗與服裝，而對於接納中國習慣感到光榮」，且「距離他們自稱中國人（Chinamen）的時間已經不遠。一個中國的種族誕生了，雖然他們其實沒有真正的中國血緣」。[250]戴維斯由此指出，中國人必須被「視為一個混合的種族」。[251]

雖然楊慎、謝肇淛、魏源、戴維斯少校是在不同的歷史脈絡中使用了不同的詞彙，但是他們全部將中國人視為具有彈性與世界性的群體。他們的論述也支持了筆者的論點，亦即雲南之統合能夠代表且有貢獻於中國國家／族群的多元性。有意思的是，如歐挺木所注意，目前中國的省分正用力地宣稱自身的中國性，或如陝西省那樣追溯自己古老的中國傳統，或如貴州省那般強調自身的多族群性。[252]事實上，雲南也在作類似的宣稱，在其努力吸引更多國內與國際資源之時強調其多族群文化。

結論

本章考察了中國文化如何影響土著居民以及同時土著傳統又如何影響中國移民。筆者認為，華化與土著化兩者都有助於統合的歷程，產生了新的地方身分認同。從那時候開始，這種省級的地方認同便一直在國家舞臺上呈現其中國性的自我表述。雲南的統合不僅使得中國的領土與人民增加，而且有助於中國文化與身分作為一多元結合體的轉型與發展。本質上，雲南的統合，有助於構建中國為一個多族群之實體（multiethnic entity）。

第六章

白銀、貝幣與銅政：雲南的經濟轉型

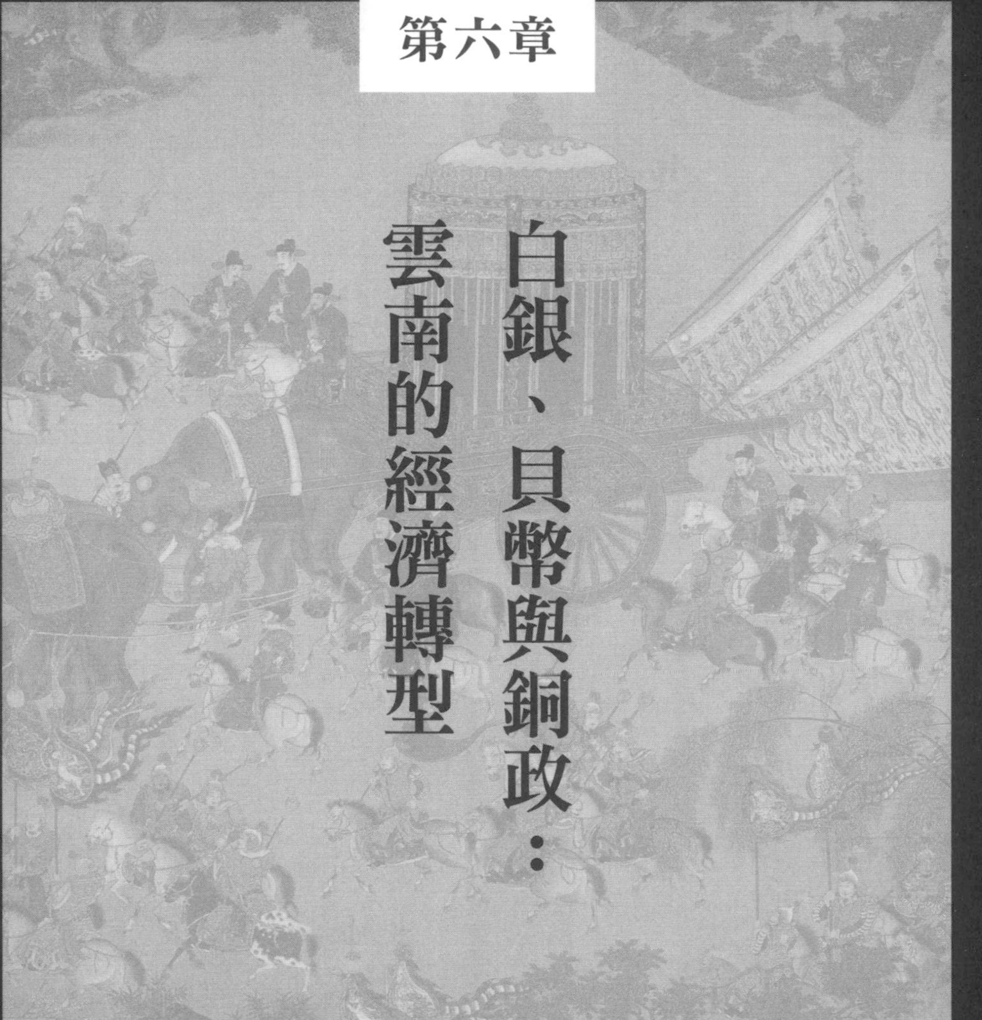

導論

伴隨著中國對於雲南行政與認同之融合而來的變化，是雲南地方經濟的重新導向，以服務於明、清時代的帝國經濟。本章首先討論在明帝國當中扮演了重要角色的雲南白銀生產。雲南的礦業——明代白銀與清代銅礦——為中華帝國注入了新的生命力，同時影響了雲南本地的勞力分配、工業化、城鎮化，塑造了一個新的地方經濟結構。

其次，本章將考察明清之際銅錢取代貝幣。雲南的貝幣體制，不但證明了全球及區域的貿易力量如何合力塑造地方發展；貝幣體制的最終崩潰，也象徵著雲南經濟轉向中國的發展——因為中國貨幣體制壓倒印度洋以貝幣為基礎的貿易習俗。明代的雲南人口已有三分之一為漢人，隨著清代移民湧入西南地區，到了公元一八五〇年時，漢人已占雲南人口的百分之六十。這在雲南史上是漢人人數首度超過非漢人人口，使得非漢人居民在整體上已經變成少數。這一人口方面突破性的格局，一直延續至今。

本章最後將回顧清代的銅政，以彰顯雲南在這個「中國世界經濟體系」中所具有的重要意義。在整個十八世紀當中，雲南是整個帝國鑄幣所需銅料的唯一主要來源。因此，清廷對於銅的生產與運輸頒布詳細的規範。結果，雲南的銅礦業被統合入帝國行政階層之內，成為所謂的「銅政」。在此情況之下，關於銅政的討論或許可以對施堅雅的「雲、貴區域」研究案例有所啟示。

雲南銀礦與明代經濟

雲南擁有豐富的金屬資源，如金、銀、銅、錫、鉛等。中國人早在漢代就熟知此事。某些學者指出，雲南的青銅在三千多年前便曾運送到中原地區，由商人、周人製作成精緻的青銅器。[1]如同銅料，白銀也是雲南著名的特產，因其價值和文化象徵而為中國人垂涎。

公元一世紀的班固曾經數度提到雲南的白銀，他特別強調白銀的貴重。他提到了「朱提銀」，也就是在朱提縣（昭通）所出產的白銀，其價值是其他地方的白銀一倍半還多，「朱提銀重八兩為一流，直一千五百八十，它銀一流直千。」[2]早期歷史文獻如《後漢書》及《華陽國志》雙雙將白銀與銅、金、錫一併列為雲南的地方特產[3]，《華陽國志》甚至記錄說：「益州西部，金銀寶貨之地，居其官者，皆富及十世。」[4]這些官員積累的財富自然來源於西南絲路及貴金屬資源如金、銀等。當蜀漢政權征服南中時，白銀與其他地方資源對於蜀國頻繁北伐魏國之軍事行動，應有巨大的幫助，所謂「出其金、銀、丹、漆、耕牛、戰馬，給軍國之用。」[5]此番說法有其他史料的支持，據記載，「雲南舊有銀窟數十，劉禪時，歲常納貢。」[6]雖然有關文獻無法讓人製作出當時雲南產銀的地圖，但我們可以假設雲南銀礦的採掘持續進行，因為白銀自秦漢便被列入雲南的特產。

銀礦業在南詔及大理國時代繼續發展。《蠻書》將白銀列為南詔的地方產品，且更進一步表示白銀生產受到嚴密的管制，「禁戢甚嚴」。[7]事實上，南詔對於金礦業課有重稅，要求礦工必須將百分之七十至八十的產出上繳國家。史載：「蠻法嚴峻，納官十分七八，其餘許歸私，如不輸官，許遞相告。」[8]其銀礦業或許採取同類的法令。宗教活動或可以一窺這一時期的銀產量。公元一九七一年時曾發掘出許多大理國時期銀製佛像等器物。[9]此外，南詔菁英們也會使用銀製器具，所謂「食用金銀」。[10]

元朝也向銀礦徵稅。朝廷設置「銀場官」，以年度方式徵收銀稅。雲南和江西是白銀產出最為豐碩的兩個省分。《元史》列舉威楚（楚雄）、大理、金齒（保山）、臨安和元江，為雲南最主要的銀產地。[11]元文宗天曆元年（一三二八年），雲南「銀課」三萬六千七百八十四兩；相較之下，傳統上以銀產豐富知名的江西省「銀課」則是二萬三千一百零四兩。[12]元王朝的白銀稅率大約是百分之三十，以此估算，雲南的白銀產量總計十二萬二千六百一十四兩，將近全國產量的一半。[13]

關於元代雲南白銀的價值，可見於馬可．孛羅在一二八〇年代末期的紀錄——當時忽必烈派遣他經由雲南前往緬甸。他曾提到在昆明地區，八兩銀的價值等同於一兩黃金。[14]在黃金相對豐富的金齒地區，五兩白銀就可以換到一兩黃金，這個優惠兌換率吸引了想要靠白銀大賺一筆的商人們。[15]

明代雲南銀礦的持續開發及其重要性，由礦稅可見一斑。十六世紀的宋應星指出，全國共有八省產銀，「然合八省所生，不敵雲南之半，故開礦煎銀，唯滇中可永行也。」[16]其他文獻也確認了宋應星的判斷。在一四五八年時，雲南的銀課定在五萬二千三百八十兩，其次是浙江省（二萬一千二百五十兩）和福建省（一萬五千一百二十兩）。[17]兩年之後，雲南銀課達到十萬多兩，幾乎翻了一番。[18]表格6.1所提供的是雲南銀課，其重要性一目了然。

以上數字雖然並不完整，卻已說明雲南白銀對明代經濟的重大貢獻，因為帝國的年均銀課大約是十萬兩。[19] 此表格顯示，在最糟糕的那些年分，雲南銀課也占全國數字的一半。全漢昇估計，公元一三九〇至一五二〇年的銀課總額是一千一百三十九萬五千七百七十五兩。[20] 若雲南占有全國銀產量的一半（這是很保守的估計），那就達五百七十萬兩。依照全漢昇判斷，明代銀課約為三成，那麼這一百三十年雲南總共生產了一千九百萬多兩白銀。不過，這個數字遠遠低於李中清的估計，李中清判斷在明亡之前，雲南總共產出兩百五十萬公斤的白銀，占全國銀產量的四分之三，跟葡萄牙人輸入明代中國的白銀數量旗鼓相當。[21]

即使如此，這些雲南銀產的估算還有問題，因為土司也在採銀。如木氏便

年分	雲南銀課（兩）	占全國銀課之百分比
1458	52,380	51.4
1459	52,300 (+)	51
1460	102,380	55.9
1462	102,380	-
1467	52,300 (+)	75.5
1473	26,100 (+)	50
1482	102,380	-
1483	102,300 (+)	-
1484	72,380	80.5
1488	52,380	64.4
1504	31,900 (+)	100
1580	50-60,000	-

表格 6.1 明代的雲南銀課 全漢昇，〈明清時代雲南的銀課與銀產額〉，《新亞學報》，卷 11，1976 年，頁 65–66。

控制著麗江地區的礦業。公元一六〇三年，監督雲南礦業的太監楊榮謀畫取得麗江銀礦，卻因擔憂在邊疆族群地區製造混亂而作罷。[22]但是在政府壓力之下，木氏遂「自願」獻銀。土司木增曾為一六一〇年明朝的軍事行動捐獻兩萬多兩白銀，還為一六一九年討伐滿洲捐獻一萬兩。[23]考量土司所控制的區域廣闊，像木增這樣情形絕非個例。

白銀也自邊疆流向非漢人區域。因為元、明帝國給予其土著臣民一些自主權，帝國政府對邊疆的控制有時只停留在象徵形式上（有時更為微弱），推動了跨疆界的國際貿易繁榮發展。舉例而言，明廷對於玉、翡翠和寶石的需求可說是無窮無盡，而跨越邊界的上緬甸礦業便成為翡翠和寶石的主要供應地。同樣，雲南及緬甸所產的白銀除送往中國本部之外，也會運輸到東南亞、南亞等地。馬可．孛羅曾注意到，在雲南西部邊疆地區，白銀會拿來交換進口的黃金，此地白銀的價值相對高昂。

約翰．戴耶爾對中古時期的孟加拉（一二〇〇年至一五〇〇年）——其時代與元、明時期重疊——的研究指出，孟加拉諸國在這段期間逐漸達成了白銀貨幣化。[24]他論道，「由於孟加拉本地完全沒有白銀」，因此，公元一二〇〇年至一五〇〇年間，當地白銀的鑄幣、出口、工業用途、儲存、以及損耗，「直接全部依賴於進口白銀」。[25]因此，關鍵的問題便在於孟加拉白銀的原始來源。戴耶爾檢視東亞、東南亞的金、銀礦產地之後斷言，那個時代的孟加拉白銀是來自雲南和緬北的撣人王國，因為其他白銀來源地如西伯利亞、滿洲、日本、長江中游的湖南，對於中古的孟加拉來說實在太過遙遠。

明代中國白銀的貨幣化導致了對白銀的高度需求，但是銀課也成為地方人民的沉重負擔，其年度之徵收難以達到預定目標。[26]到了明末，在當時開採的科技條件下，雲南銀礦開採殆盡，許多官方報告與奏章已經提及。

「從帝國早期鑄幣經濟到帝國晚期白銀經濟的轉變」這一議題吸引了大量學者的關注。他們指出，此事為「中國社會、經濟、文化演進的一座重要分水嶺」[27]。研究十七世紀之中國的學術界因此分為兩派：「近世」（early modern）取徑和「危機說」（crisis thesis），前者強調白銀進口的經濟刺激，後者則關注中國依賴世界經濟帶來的嚴重結果。[28]白銀大量湧入導致中國經濟的巨變，然而，從銅錢為基礎到以白銀為基礎的轉變，其實遠在晚明時期外國白銀輸入之前便已在進行當中。[29]由此所浮現出的問題是：在這個轉變過程中，應該如何看待雲南白銀的歷史角色？

元代與明代初年的雲南白銀占當時全國產量的主要部分，據李中清研究，其規模可以與進口自新大陸的白銀相媲美。由此，我們可以斷定雲南白銀對前述轉變必然有所貢獻，雖然其程度尚需加以探討。如此，學者或可重新思考新大陸進口白銀所造成的影響或衝擊，或者至少重新思考元代以來，雲南白銀在中國貨幣變遷及經濟發展中的角色。

此外，雲南白銀對於我們理解中國統合進程的互動及影響亦能有所啟迪。地方資源被用來服務國家利益，雲南便是最好的例子。因此，中國歷史上的繁榮至少有部分是靠耗盡邊疆與邊緣區域的當地資源來達成，這個說法，可謂公允。

雲南的貝幣制度：全球視野下的解讀

儘管雲南出產的大量白銀支撐了正經歷貨幣化過程的明代經濟，但雲南本身主要是使用海貝作為經濟活動的媒介。

◎貝幣之起源、使用與流通途徑

本書第二章介紹過沿著西南絲路的跨區域貿易，各種貨物流通於其中，但未能討論相關交易之媒介（也就是貨幣）。哪些物品具有貨幣的功能呢？學者們失望地「發現，這些國家的有關文獻（多數為銘刻）對於不同經濟行業所提供的資訊不足，也沒有提到高棉或任何其他地區的金屬貨幣，雖然那些國家的先進經濟生活使用錢幣一事，無須置疑。」[30]「事實上，以物易物長期以來是東南亞山地貿易的主要形式，直到非常近期的歐洲殖民主義時代為止。」[31]

西南絲路貿易網絡內並沒有很多種貨幣。確實，金、銀、布、鹽有時可當作貨幣使用，它們具有商品與貨幣的雙重屬性。很多原因可以解釋西南絲路的以物易物貿易。姑舉一例，這一貿易網絡區域內沒有任何一個帝國強大到足以控制整個貿易路徑並實施貨幣政策。在地性的長途貿易（如中轉貿易）是由地方菁英所控制，由許多商人合作接力完成。雖然中國的馬克思主義學者將商品經濟之低落歸咎於貨幣的欠缺，但缺乏標準其實也正是地方經濟互相依賴與活力的表現。

事實上，貝幣是西南絲路沿線普遍流通的一種貨幣。海貝原產於馬爾地夫，長久以來輸入到印度和孟加拉，再從那邊運輸到歐亞各地。貝幣在印度與東南亞部分地區使用，包括若開（Arakan）、馬達班（Martaban）、勃固（Pegu）、暹羅、寮國、緬甸和雲南。[32]海貝的小巧、堅硬、可攜性使其成為小額買賣之貨幣並進入日常生活中。[33]詹姆斯・海曼（James Heimann）推斷，在印度，貝幣是主宰跨市場經濟金屬貨幣之主要對應物。[34]

中國旅行者們——例如鄭和寶船的成員——注意到東南亞地區使用貝幣的情形，當時海貝早在中國境內絕跡，除了雲南以外。[35]傳說中的夏代（公元前二十一至前十六世紀）、商代（公元前十六至前十一世紀）、周代（公元前十一至前三世紀）墓葬與遺物當中，有為數不少的海貝。黃河流域並非海貝的原生地，它們應是從沿海地區輸入，或者經中亞地區傳來。自春秋時代（公元前七七五年至前四七六年）以後，貝幣就逐漸從中國市場上消失了。秦始皇於公元前二二一年結束戰國時代，並統一了各國度量衡、貨幣以及文字。海貝也被鐵錢、銅錢取而代之。此後，海貝就只被當作裝飾品使用。

與中國本土相比，雲南地區使用海貝的歷史十分悠久。在公元一九五五年至一九七二年間，考古學家在雲南的墓葬發現了大量海貝，總數超過二十六萬個，重量達到七百多公斤。[36]所有墓葬的年代可以追溯到秦統一中國之前，證明雲南在公元前三世紀晚期以前就已經有海貝存在。這些海貝輸入雲南是被當成某種貨幣使用，還是只被當作一種貴重物？學者們對此意見分歧。[37]法國考古學家畢梅雪（Michèle Pirazzoli-t'Serstevens）論證說：「滇墓當中最常見的海貝種類是環紋貨貝／金環寶螺（Cypraea annulus Linn）。這似乎是一種價值特別高昂的貨幣、社會地位以及某種特權的象徵，專門用於菁英之間的跨社會交換（intersocietal exchange）。[38]因此，這些海貝是西南絲路或者是雲南與印度洋地區之間奢侈品貿易的有力證據。傅漢思（Hans Ulrich Vogel）的研究闡明，從公元九世紀到十七世紀之間，雲南貝幣制度的計數方式持續不變。此外，傅漢思還將雲南與孟加拉及暹羅加以比較，指出這些地區的計數系統和推算系統（reckoning system）有著密切的關係，而這可作為印度洋貿易網絡中存在著某種貝幣制度的另一項有力證據。[39]

值得再次提起的是在三星堆出土的海貝，其年代距今已有三千多年，與中原地區商代墓葬中發現的海貝屬於同一時期。海貝在三星堆的發現與雲南的發現契合，再加上兩地地理之毗鄰，強烈暗示了四川的海貝來源是印度洋，而且它們是經由雲南進入中國。[40]現在我們依然無法理解——尤其是因為文獻匱乏——為何西漢以降的雲南出土海貝的數量逐漸稀少。看起來好像海貝貿易突然之間中斷了。此事的唯一合理解釋似乎是漢代對於雲南的軍事控制。自公元六十九年哀牢臣服之後，漢代中國已控制了今日雲南的大部，永昌成為其邊疆重鎮。漢室在雲南的存在一定對當地經濟有所影響，雖然其程度難以估計。考古遺址中海貝的消失與漢代通行貨幣「五銖錢」的出現，便是相當有力的證據。海貝的案例顯示了漢代政治變遷對於雲南的經濟取向有著巨大的影響。

當中國政權喪失對雲南的控制之際，大量海貝再度出現於雲南，而貝幣制度也隨之成形。不過，此事發生的確切時間仍不得而知，因為中國最早記錄雲南使用貝幣的文獻是《新唐書》。樊綽的《蠻書》約撰於公元八六四年，該書是提及雲南海貝的一手資料，但它只提到海貝是裝飾品。因此，伯希和的總結說，我們難以得知十世紀之前海貝在雲南當地的用途。[41]但是，極為熟稔雲南文獻的方國瑜指出，樊綽使用了許多前人的記載，其中某些材料甚至早於樊綽本人兩百年。[42]傅漢思根據方氏研究，謹慎判斷海貝在九世紀初的雲南被用作錢幣。當然，南詔使用貝幣也可能稍早於此。宋代史料沒有提到雲南的海貝，頗為奇怪，傅漢思將此歸因於大理王國的政治獨立。[43]

貝幣制度的崩潰與影響

元朝時期，貝幣在雲南極為盛行。元代史料呈現了貝幣在經濟生活中的生動景象。十四世紀初李京在雲南任職時，曾記錄貝幣是一種交際媒介。[44]一貝稱為「莊」，四莊為「手」，四手為「苗」，五苗為「索」，所以「一索」就有八十個海貝。雲南土著人民使用且儲藏作為財富的貝幣。有位哈尼人在臨終前告訴兒子，自己儲藏了一些海貝，兒子可以拿一部分去用，剩下來的這位父親要在死後世界中使用。[45]

元代在其他地方引入一項重大經濟改革，也就是發行紙鈔，可是貝幣在雲南本地社會已經根深蒂固，短期之內無法廢除或被取代。整個元代，紙鈔通貨膨脹對元朝造成了嚴重的挑戰，在雲南更為嚴峻，元代官員最終意識到，使用貝幣為主的雲南社會還沒有做好接受紙鈔的準備。作為回應，賽典赤·贍思丁建言在雲南維持貝幣，皇帝同意了這項建議。[46]於是，雲南的稅賦允許徵收貝幣，採用官方所定的貝幣與黃金兌換率，而在其他省分，稅賦則是徵收紙鈔。[47]

因為政府確認貝幣可作為繳稅的形式，各類稅賦所徵收來的大量貝幣遂湧入府庫。公元一三二八年時，徭役（科差）徵得貝幣一百一十三萬三千一百一十九索，酒稅二十萬一千一百一十七索。[48]公元一二九七年，雲南省庫儲有兩百七十萬索的貝幣，四年之後，這個數字幾乎增加四倍，達到一千零七萬索。[49]這個龐大的數字還僅是雲南的庫藏而已，市場上和民間裡的貝幣規模可能更大。所以，在雲南境內流通的貝幣可能總數達到十億個以上。

江南的「市舶司」也儲藏有海貝。有些商人便設法將海貝從江南運到雲南以交換馬匹與黃金，導致雲南出現通貨膨脹。為解決此問題，元朝皇帝下詔禁絕上述之貿易。[50]此外，由於雲南境內使用貝幣以及採取的不同稅制，許多商人將海貝從國內外各地（如暹羅）運到雲南，元朝因此決定設立據點阻止此等商旅。[51]由此出現了一個奇妙現象——亦即由政府所認可的「真𧵢」（真的貝幣）。

公元一三〇五年，元朝發布了一項規定：「其貝非本土者，同偽鈔。」[52]因為雲南本地不產海貝，因此所謂「本土貝」所指的，是已經在雲南市場中流通的海貝。如此，海貝不可以再運入雲南；走私進入雲南的海貝若被官府發覺，則被官府視之為「私𧵢」加以沒收。元代將輸入海貝到雲南定為非法，企圖管控貝幣，最終目標則是要廢除雲南的貝幣體制。如此政策顯示了帝國的衝突，中央政府一方面被迫承認地方力量，另一方面則意圖對此力量加以管制並滲透。

到了明代，雲南的貝幣用途各種廣泛。首先，海貝依然可用來繳稅。公元一三八四年明王朝剛征服雲南之際，朱元璋批准了雲南布政使的上奏，准許雲南可以用當地產物如金、銀、海貝繳稅。元代的時候，雲南稅賦全數都是用貝幣繳交，而明朝則於一四八一年頒布規定，允許百分之七十的稅以貝幣繳交，其餘則繳紙鈔[53]，不過這個比例可能隨時間或地區而有所變動。第二，明廷用貝幣作為俸祿發給官員、軍人或以之補助貴族。舉例來說，朱元璋將其子岷王派到雲南時，贈送貝幣為之備用。[54]明成祖則於一四〇三年時送了十萬索海貝給駐在大理的汝南王。[55]第三，貝幣不只是能夠在日常交易中使用，還會用於大宗買賣，例如馬匹與土地交易。一五四八年，有人以二千一百六十索海貝購買了一棟價值二十四兩白銀的房子。[56]此外，百姓也會捐獻貝幣給寺廟。[57]人們還會以貝幣進行借貸，有時貸款者借的是銀子，卻是以貝幣來付利息；有時借還都是使用貝幣。[58]

同元代類似，明代的江南也儲有大量的海貝。公元一四三七年，明王朝決定自南京府庫將海貝運送到雲南支付官員俸祿[59]；三年之後，皇帝飭令運送五十五萬斤貝幣到雲南，目的依然是為了發俸祿。[60]應當指出的是，並非所有人都喜歡繳貝幣給政府。溪齒甸土司思恩在一四一一年時，便曾要求使用自臨安購得的白銀來繳七萬九千八百索海貝的稅賦。因為當地沒有海貝。[61]由於貝幣流通的數量龐大，某種貝幣銀行——即「巴行」（又稱肥行）——便應時而生。一六〇〇年，楚雄縣的張維先在縣令面前簽署保證文書後，開始在縣城內經營一家肥行。[62]由於海貝的用途廣泛，它在雲南就象徵著財富，有錢人會被暱稱為「有肥」。[63]簡而言之，貝幣滿足了現代抽象意義上「貨幣」的各種功能。[64]不過，有明一代，儘管貝幣的使用遍及日常生活，但它的價值也日益降低。表6.2即顯示了從元代到明代末年貝幣貶值的情況。

年分	貝幣／銀兩原始資料的標準化
約 1280 年	600
1282 年	2,000（昆明）； 2,667（大理）； 3,200（永昌）
約 1368 年	8,000
1524 年	7,200
1540 年	4,405
1548 年	7,200
1591 年	7,547
1610 年	10,400
1615 年	13,600
1623 年	8,000
約 1625 年	13,339
1626 年後	28,000
近 1644 年	24,000–40,000
1647 年	56,000

表格 6.2　貝幣與白銀的兌換率　摘錄自 "Exchange rate between cowry and other types of money, Yunnan, 1280–1647," in Hans Ulrich Vogel, "Cowry Trade and Its Role in the Economy of Yunnan: From the Ninth to the Mid-Seventeenth Century (Part II)," *Journal of the Economic and Social History of the Orient* vol. 36, no. 4 (1993), pp. 38-39.

◎貝幣的消亡

雖然元、明兩朝接受貝幣為官方貨幣，他們也企圖控制貝幣、減少貝幣，最終用自己的貨幣系統來取代貝幣。元朝政府區別「真肥」和「私肥」，試圖限制貝幣的流通與使用。明朝政府則採用更進一步的手段來取代貝幣。公元一五五五年，明朝開始在雲南鑄造銅錢。有一份奏章上記載，雲南銅被運到湖廣地區鑄造，而負責稅收的戶部終於決定用鹽稅收來的兩萬兩白銀，在雲南開設鑄幣廠。[65]但其結果不如人意。三年後另一份奏章指出，在投入三萬三千兩白銀之後，造出的銅錢僅有二千八百七十四萬零七百枚，遠低於政府所訂額度的三千三百零一萬二千一百枚。由於「費多入少」，巡撫雲南都御史王昺「乞罷之」。戶部表示同意，但嘉靖皇帝指出，「雲南產銅，不宜惜小費以虧國用，命給銀鑄錢如故。」[66]

但是，雲南鑄錢討論與爭辯依然持續。明朝於一五六五年決定停止雲南鑄錢之事，原因其一是沒有獲利，其二是貝幣為雲南的市場主流，「製錢不行」，也即一般百姓並不接受銅錢。[67]待到一五七六年，巡按雲南御史郭廷梧再度提議恢復鑄幣，他表示：「滇中產銅，不行鼓鑄，而反以重價逮購海肥，孰利孰害？」[68]於是，雲南又恢復鑄錢，但老問題並未解決。雲南市場拒絕銅錢，雲南銅錢不得不運到貴州，用以支付貴州軍士的薪水。[69]又過四年，雲南鑄錢再度停辦。[70]

雖然鑄錢之事在雲南幾度失敗，但有一些儒者對此並未放棄，因為貨幣的標準化是帝國權威與德政的象徵。一六二五年，雲南又恢復鑄錢。這一次，當地人民似乎開始漸漸接納銅錢。[71]雲南巡撫閔洪學曾在奏疏上回顧一六二六年鑄造銅錢的成功及其流通。到一六二六年夏季時，雲南已鑄造超過七十萬枚銅錢，並於「七月初十日行之省城矣」。[72]然而，百姓之間對此頗多流言和懷疑，「澤澤偶語」；於是閔洪學制定十一條「行錢便益」，宣揚使用銅錢的好處，安撫疏導地方人民；對於不識字的百姓，則編寫了通俗易懂的歌謠，廣而告之。史料記載：「七月之朔，則進省城官吏師生、鄉約木鐸等而申告之：『錢非他，乃天啟通寶也。滇雖荒服，同稟正朔，寧敢獨處化外？』眾皆唯唯。於是，滇之人咸知臣等法在必行，遂一朝而擴然也。」

閔洪學自稱：「半月來，持銀易錢者肩摩於局之門，憾無多錢以應之耳。蓋滇之有錢，自今天啟六年始矣。」如此，銅錢遂從一六二六年開始在雲南流通，並與貝幣相競爭。一六二七年明王朝對雲南一道詔令也證實了上述奏疏：「滇南荒徼，錢法已可通行」，朝廷已下令將「京師錢式」頒給雲南照樣鼓鑄。[73]當然，起初鑄造的七十萬枚銅錢相對於雲南整個市場流通需要的錢幣數量，不過是滄海之一粟。貝幣絕不會那麼容易就退出市場。

雲南從一六二六年開始的鑄錢政策一直持續到明朝滅亡，明、清之交占據雲南的大西政權也在此鑄錢。大西政權是由明末農民將領張獻忠所建，張獻忠死後，其手下孫可望占據雲南。孫可望下令要為自己的政權鑄造銅錢「興朝錢」，這是新政權的合法性象徵，禁止百姓使用貝幣，「違其令者刖劓之」。[74]一六六〇年吳三桂統治雲南後繼續鑄錢事業，但「雲南地廣人稀，行銷頗少，不十年而錢多為貫朽」，於是在一六七〇年停鑄。一六七三年吳三桂叛變時，他便開鑄自己的「利用錢」；一六八一年，清軍平定吳三桂叛亂，總督蔡毓榮請開鑄錢。

雲南境內使用海貝作為貨幣一事，最讓學者感興趣的有兩個問題：第一，為什麼雲南使用貝幣的時間這麼久，比中原地區要多一千多年？第二，為什麼雲南貝幣制度在十七世紀中期會突然崩潰？關於這些問題，學者的研究成果豐碩，整體而言有兩派存在。第一派是「向內看」，強調中央政府的滲透與控制，這派學者認為中央政府禁絕並廢除貝幣之事，反過來鞏固了中央在邊緣區域之地位；另一派則是「向外看」，把目光擴展到全球化的、現代的資本主義世界。

早在一九四八年，雲南研究的先驅江應樑便指出，因為元明兩代中國直接統治雲南，雲南與中華帝國的關係之深切便超過了雲南與暹羅的關係。因此，作為中國正式貨幣的白銀與銅錢取代貝幣，是一種很自然的經濟選擇。[75]江應樑還表示，雲南缺乏銅錢是雲南長期使用貝幣的另外一個理由，明末、清初的大量鑄造銅幣，有效促進了取而代之的過程。

擁護「國家滲透說」（state penetration）的楊壽川，將焦點放在雲南日益發展的市場，他將市場的發展視為中國政府鼓勵移民的結果。他認為，在許多相對更有價值的物品被引入之際，貝幣的低價值無法符合市場成長之需求，白銀與銅錢遂成為主要的交易媒介。同時，國家政策還刺激了私人礦業之出現，這也是貝幣消失的要素之一。從明代中期開始，政府放鬆其對於雲南礦業的壟斷，這大大促進了私人銅礦業的興起以及銅產量的增長。[76]此外，楊壽川也強調大西政權的政策，他注意到貝幣消失的時間正好是大西統治雲南之際。當時興建有十八座煉銅爐，而且禁止用貝，只許用白銀和銅錢。[77]

「國家滲透說」主張，貝幣之所以盛行於十七世紀中葉之前，是因為雲南的社會生產力低落，而貝幣在十七世紀中葉後消失，則是由於商品經濟的繁榮。[78]本質上說，這派學者相信貝幣被銅錢取代是由中國政策所代表經濟規律運行的後果。貝幣的退卻一方面是中央政權滲透的結果，另一方面它促進並象徵著中央政權的滲透。

第二派學者採取了全球視野，得出一個極為不同的結論。方國瑜指出，雲南使用的海貝是從沿海地區運來，因此，即使中國政府禁止用貝幣當交易媒介，海貝還是繼續輸入雲南。所以和第一派觀點相反，方國瑜暗指中國政策違反了經濟規律。[79]

方國瑜不是將重點放在政府政策之上，而是對海貝的來源——也就是東南亞的沿岸地區——加以審視。方氏指出，雲南之所以長期有海貝存在，是因為雲南和東南亞沿海地區有密切的商業關係；因此，那些地方所發生的事情才能解釋雲南貝幣制度之變化。方國瑜主張，歐洲資本主義擴張進入南亞、東南亞地區，破壞了先前的貿易網絡，這對於雲南及東南亞沿海地區的商業關係造成負面影響。結果，從前的貿易網絡縮減並且衰落了，作為貿易象徵的貝幣於是也無法維持。因此，方氏斷言，歐洲殖民主義導致了南亞、東南亞貿易系統的崩潰，這才是雲南貝幣消亡的決定性因素。[80]

和方國瑜一樣，張彬村將貝幣制度置於全球脈絡之中。他強調雲南長達近千年貝幣制度為什麼是在相對較短的期間內突然崩潰。他指出，一六二六年貝幣在雲南開始走向崩潰，這一趨勢持續加強至一六五〇年代，而在一六六〇至一六八〇年代之間的二十年完全崩潰。張彬村相信，中國的政策以及雲南內部市場的發展，並不足以解釋貝幣為何迅速消失。跟隨方國瑜的腳步，張彬村考察了歐洲資本主義在東南亞與南亞之擴張；方氏的主張是歐洲資本主義摧毀現存貿易體制，導致雲南與海洋的聯繫中斷。張彬村的觀點則與方氏不同，他認為歐洲資本主義沒有破壞地方貿易網絡，也沒有蓄意阻撓海貝的供給。相反，他斷定雲南貝幣系統的崩潰是歐洲商業資本主義全球化的意外後果。

和方國瑜不同，張彬村指出，雲南與東南亞的貿易在歐洲人到來之後更加頻繁，此情形延續到公元一九四九年畫定邊界為止。然而，奴隸貿易急速增長導致對海貝的需求增加，海貝價格由此提高到雲南難以負擔的地步，馬爾地夫的海貝於是不再輸入雲南。[81]

看起來，內部變化與全球變化兩者皆是促成十七世紀中期雲南貝幣崩潰的原因。傅漢思指出，海貝在孟加拉的價值增加之同時，在雲南卻貶值，因此，運輸海貝到雲南變得無利可圖。[82]而筆者亦懷疑這個巨大的價差，可能導致海貝由雲南再度運回印度洋地區。雖然傅漢思沒有追溯貝幣貶值的原因，但我們可以很公允地追問，除了明代中國控制雲南這個事實以外，還有什麼因素能導致貝幣貶值呢？綜觀明王朝時期，大約有一百萬漢人移民到雲南，劇烈地改變了雲南的人口。至明王朝末年，漢人已經是雲南最大的族群，其人數在天啟年間公元（公元一六二一年至一六二七年）已有近三百萬。[83]同時，中國農業經濟與社會傳統也引入了雲南，顯然與當地經濟體制——包括貨幣制度——產生了衝突。明朝三次在雲南鑄錢，目的就是要以銅錢取代貝幣，雖然結果沒有預期那樣成功，但這些嘗試——如一六二六年於雲南流通銅錢——依然造成對貝幣制度及其可信度的破壞，貝幣貶值因而是很合理的結果。總的說來，貝幣在雲南長時間的存在，是西南絲路將雲南及印度洋貿易結構密切連結的結果[84]；而貝幣急速從雲南消失，很大程度上是歐洲現代世界體系擴張進入印度洋的結果。

◎貝幣崩潰的世界體系解讀

雲南貝幣制度之崩潰，對於學術界持續進行的世界體系爭辯也能有所啟發。珍娜・阿布勒赫（Janet Abu-Lughod）將該爭辯整理為下列三個問題：一、是不是只有「一個」世界體系，也就是那個自十六世紀開始的世界體系？二、是不是有數個連續的世界體系，每個都有其變動的結構以及自身的一套霸權？三、又或者，是不是只有一個世界體系，它在過去五千年的時光中持續存在並演進？[85]

世界史學者們在此辯論中各有其立場。領銜的學者伊曼紐・華勒斯坦所贊成的是只有一個開始於十六世紀歐洲的世界體系，這個體系自全球化後一直持續到現在（所以稱為現代的、資本主義的或歐洲的世界體系）；阿布勒赫相信有數個連續的世界體系；安德列・弗蘭克（Andre Frank）和巴瑞・吉爾斯（Barry Gills）則主張五千年之久的那個世界體系。筆者將中國視為一個前資本主義時代的「世界體系」或「世界經濟」（此為華勒斯坦的用詞），這個世界體系或世界經濟統合了雲南[86]；但是，雲南究竟是一個邊疆區域，還是一個獨立的世界體系，抑或是另一個世界體系的一部分，乃至是兩個世界經濟所競爭的外部區域呢？雲南貝幣制度以及雲南與南亞、東南亞相連結的其他證據，可能暗示著雲南是屬於印度洋經濟——至少在明代以前如此。

十三世紀中期蒙古人的軍事行動成功將雲南納入中國，然而在蒙古征服之後，雲南貝幣繼續存在了四個世紀。這種狀況顯示，雖然雲南在政治上臣屬於中國，但經濟上它依然與印度洋區域有著更緊密的聯繫。貝幣制度代表著西南絲路沿線的貿易網絡，這引發了當代對世界體系假說探討的有趣問題。華勒斯坦認為，現代世界體系出現在五百年前[87]；追溯歐洲世界體系根源的阿布勒赫則發現，在公元一二五〇年與一三五〇年間，存在著另一個世界體系[88]；弗蘭克和吉爾斯相信有五千年之久的獨一無二的世界體系，他們所遇到的分歧是公元一二五〇年之前是否有世界體系存在。[89]

阿布勒赫選擇一二五〇年作為其世界體系的起始，耐人尋味，因為蒙古人是在三年之後征服雲南，並開始滲透中南半島。蒙古人在緬甸及越南的軍事征服——雖然不如征服雲南那麼成功——某種程度上促進了地方交通與跨區域交流。就此而言，雲南的案例似乎是肯定了一二五〇年至一三五〇年間的世界體系。

雖然如此，讀者或許已注意到在蒙古時代之前，雲南地區和東南亞、南亞的親密性。根據約翰．戴耶爾所言，大量雲南白銀運送到孟加拉之事，應該是發生在早於一二五〇年之前的半個世紀；至於馬匹和其餘商品則似乎更早之前就從雲南運送到東南亞及孟加拉了。[90]

再者，中古時代早期東南亞與南亞地方政權之興起，是海洋貿易與陸地貿易互動的一個結果。[91]詹姆斯．海曼曾描述，從笈多王朝滅亡到十九世紀之間，存在著一個貝幣與特殊金屬貨幣之間「依次的兌換系統」（ordered system of ratios）[92]；他論證了「印度洋的貿易如何整合地方生產／消費模式與貨幣發展，從而產生了一個特定的印度洋『世界經濟』」。[93]因此，印度洋區域的地理—政治單位——就像是地中海的地理—政治單位——就必須從「廣闊網絡內的彼此依存」這個立場來理解。[94]海曼的論點中心是馬爾地夫—孟加拉海貝貿易，而雲南當然屬於他所說的印度洋世界經濟，因為貝幣的計數和推算方式都是從孟加拉傳入暹羅和雲南的。[95]

如此，則雲南的案例是否能夠支持阿布勒赫認為一二五〇年前有好幾個世界經濟體的觀點，或者弗蘭克只有一個世界體系的說法呢？又，由於阿布勒赫的研究忽略雲南貿易，其一二五〇年至一三五〇年間的世界體系是否可以追溯到更早的時期呢？筆者自然無法回答，但筆者試圖強調的是，雲南這個看似邊陲的區域，實際上是連結數個文明的橋樑，因此，研究雲南可以幫助理解文明互動，而正是這些文明的互動交流，最終構成了「普世的世界體系」。[96]

再此，詹姆斯．海曼已呈現了擴張至印度洋的歐洲世界體系是如何接納並最終摧毀了那裡的貝幣制度。將貝幣融入到奴隸貿易之中，這對於作為貝幣制度中心的馬爾地夫—孟加拉衝擊劇烈，而處在印度洋世界經濟極邊緣地帶的雲南也受到影響。當馬爾地夫—孟加拉貿易因為海貝需求增加而更進一步發展之際，進口海貝的雲南遂淪為第一個犧牲者，因為雲南無法承擔海貝價格的大漲。這也就是為什麼在二十或三十年之間，雲南的貝幣就從當地市場上消失了。

簡而言之，雲南貝幣制度之崩潰顯示，全球化的現代世界體制在統合印度洋前資本主義時代世界體系時，促使雲南——印度洋前資本主義時代世界體系的一部分、或兩種世界體系重疊的邊緣區域——融入了中國這一世界體系。

強調跨區域力量對於雲南貝幣興衰的作用，同樣也彰顯了中國移民在統合中的重要性。明王朝贊助的第一波中國移民潮劇烈改變了雲南人口，由此為現代雲南的人口模式奠定了基礎。下一節將會介紹清代的中國移民及其如何鞏固並推進明代所開啟的人口趨勢。

清代的移民與人口

◎明、清兩代的比較

至十六世紀時，明代軍事移民及其後裔已構成雲南戶口的四分之一、貴州戶口的一半、以及四川南部近乎全部的戶口。[97]可是，明代西南地區有戶籍的人口，大約只有真正人口數的一半，而沒有戶籍的人們大多是土著。[98]因此，漢人軍戶移民與其後裔可能只有雲南實際人口的八分之一，但這種估算方式也是有問題的，因為有許多漢人移民並沒有戶籍，例如沐氏莊園的那些漢人。[99]清代的西南移民數量甚至更加龐大，讓西南地區漢人人口比例從百分之三十三增加至百分之六十，這項比例一直保持到今日。[100]

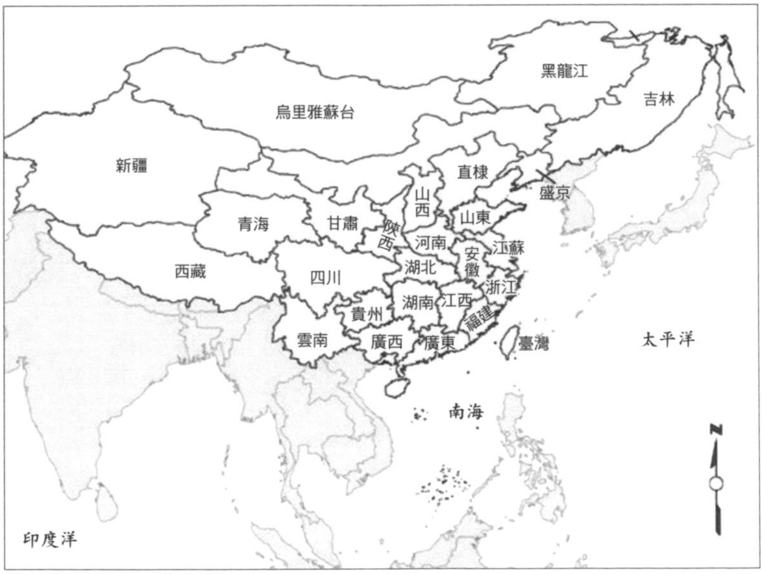

圖 6.1　清帝國時期的雲南　米雪兒．吳改製，根據譚其驤編，《中國歷史地理圖集》，卷 8，北京：中國地圖出版社，1996 年，3–4 頁。

中華帝國晚期經歷了人口上的爆炸性成長；雖然明、清之際有許多戰爭與自然災難，然而隨著戰爭的終結，中國人口在十八世紀初快速增長。人口壓力驅使渴求土地的移民尋找耕地，受戰爭摧殘而人口遽減的四川，便是著名的「湖廣填四川」移民潮的第一個受益地區。雲南人口受到戰爭波動的程度不如四川之大，移民在進入四川定居之後，也逐漸向雲南前進。

與明帝國類似，清帝國以免稅、遷徙補助、發送種子與農具等方式贊助移民。根據李中清的研究，移民使得西南地區的人口成長率從一七八五年的千分之十，增長至一七九五年的千分之二十，在十九世紀初達到千分之二十五以上。[101] 李中清估計，移民的人口成長率是雲南土著的兩倍。[102] 公元一八五〇年時，雲南的移民人數達到三百萬以上；這是西南地區人口結構的里程碑，因為漢人人數終於超過非漢族群人口的總數。[103]

清代移民有兩處不同於明代。首先，清代移民已抵達雲南山地丘陵區。明代漢人對雲南山區的影響力薄弱，不足為道，當時山區的漢人村社（若有的話）往往被吸收入土著社會。清初平定吳三桂叛亂之後，同樣將自身的軍事體制實施於雲南，也即駐軍。大型軍事單位如「鎮」、「協」、「營」設在城鎮，小型軍事據點如「汛」、「塘」、「關」、「哨」、「卡」（一般統稱為「汛塘」）則設在偏遠的山區；「汛塘」駐軍從數人到數十人不等，有時可能會達上百人。道光《雲南通志》記載，整個雲南有超過三千五百個「汛」、「塘」、「關」、「哨」、「卡」。[104] 這些軍事單位就像明代軍屯一樣，演變成漢人村落，並開始滲透土司支配的山區，在滇南與滇西南，這種情況尤為顯著。

清室實施「改土歸流」，將清王朝的權威推進到過往明朝力量難以觸及的滇南和滇西南，大片土司領地由此處在帝國行政與軍事監管之下。滇東南的廣南府在一六六一年改流，並於一六六七年設開化府。廣南府有十二個汛、七十個塘以及三十四個卡（每卡駐有二十個以下的士兵）[105]；開化府則有二十一個汛、七十六個塘以及六十二個卡。[106]滇西南的普洱府在雍正年間（公元一七二二年至一七三五年）改流，下設一縣三廳，有十六個汛、八十三個塘以及十五個哨。元江地區起初設有一協，駐有士兵千人，但兵力太小而不足以控制該區域；後來，普威地區增設一個營，配有一千四百名士兵，但這點兵力對於這片剛推動改土歸流的廣大區域——包括普威、鎮沅、威遠、恩樂——來說依然不夠。於是，鄂爾泰建議再增設一個鎮以監督元江、鎮沅、普洱、威遠、車里、茶山，下轄三個營，共三千兩百名軍士。[107]滇西北是另一新近實施汛塘制度的主要區域。一七二三年改流的麗江府有十八個汛、七十一個塘以及二十五個哨；中甸和維西地區有八個汛及六十六個塘。[108]

十八、十九世紀清朝在雲南軍事控制的延伸，有助於中國內陸省分那些渴望土地之農民們的遷徙，進入雲南山區墾殖。公元一八三六年的一份奏摺記載：「雲南地方遼闊，深山密箐未經開闢之區，多有湖南、湖北、四川、貴州窮民往搭寮柵居住，砍樹燒山，藝種包穀之類，此等流民於開化、廣南、普洱三府為最多。」[109]而據《廣南府志》所言，「廣南向止夷戶，楚、蜀、黔、粵之民，攜挈妻孥，風餐露宿而來，視瘴鄉如樂土。」[110]更重要的是，該書記載近來移居的家庭主要是汛塘的士兵以及來自遙遠內陸省分的流民。[111]地方政府因此下令要檢查並登記這些「流民」；當時資料顯示，開化州有「客戶流民」兩萬四千多戶，廣南有兩萬兩千多戶，普洱、元江、臨安共有超過四萬戶。[112]此外，貴州與廣西的土著族群如苗、傜也遷徙至此，且大多定居在山區。這些移民之到來，劇烈地改變了雲南南部、西南部邊疆區域的人口地景（demographic landscape）。

在清代之前，很少有漢人農民會移民到滇南地區。《雲南通志》便指出，晚至雍正年間（公元一七二二年至一七三五年），元江、普洱、開化、廣南地區「俱係夷戶」。[113]《雲南通志》的說法有些誇張，因為這些地方那時其實還是有些漢人移民的。但在此後的一個世紀內，這些地方的人口構成發生了巨變。到公元一八二四年時，「屯民」和「客籍」，也就是外來移民的數量已經與「土著」一樣多了。[114]到一八三六年，普洱的移民家庭數量已占當地官方戶籍總數的百分之六十。[115]道光《雲南通志》表示，由於開化地區推動改革、興建學校，當地社會風俗已有所變，「漢人亦稍寄居焉」。[116]

◎清代對雲南的擴張：農業及城鎮發展

移民向山區的擴散大幅改變了當地的地貌，山地被重新規畫為梯田，例如紅河地區（雲南南部）。那裡雖然梯田出現較早，不過一直要到清代因為大量移民的到來，才將梯田變成當地的主要地方特徵。來自楚、粵、蜀、黔地的移民攜家帶眷來此定居，他們約占了當地人口的百分之三十至四十。[117]他們或租借、或開墾土地，其所開闢之梯田還有一套精緻的灌溉系統。汛塘制度沿著金沙江河谷設置，沿江三百里一帶散落著許多移民村落。海拔高、氣候寒冷的地區適合栽種新大陸作物如玉米和馬鈴薯，對墾荒的移民——包括漢、苗、傜——幫助不小。[118]

到十九世紀初年，移民幾乎已經將雲南的耕地墾殖殆盡。有兩個密切相關的因素能解釋耕地面積之增加：山區的開墾與新大陸作物的種植。[119]據李中清估計，有五十萬以上的移民選擇或被迫住在西南山區。[120]對山區的利用，使得——部分由明代移民造就的——垂直族群隔離（vertical ethnic segregation）的狀況減弱了。[121]富人居住在肥沃的壩子上，窮人則進入山區，族群分布和階級衝突兩者互相交織。

清代移民還促進了雲南的城鎮化。由於對勞力——特別是礦工——需求大增，大量移民遷入城鎮裡就業。一七〇〇年至一八五〇年間，西南地區，尤其是雲南，共有超過三十萬的礦工在開採銅、銀、金、鹽。[122]最大的銅礦需要多達數萬礦工之協力合作。至一八〇〇年時，礦工人數已經超過五十萬人。[123]蓬勃發展的礦業為數十萬移民提供了工作機會，同時，其龐大的利潤不只流向政府，投資者、商人和工人也各獲其利。結果，礦業迅速促進了商業化和城鎮化的發展。

湧入雲南者不僅是礦工，還有商人。茶葉、礦產（如鹽巴）、寶石（如翡翠）、毛皮與特產，吸引著遠至江南的商人前來。清代雲南最著名的商人來自江西和湖南。十八世紀中葉雲南官員謝聖綸及吳大勳，對於他們多有敘述：

> 滇、黔各地，無論通衢僻村，必有江西人從中開張店鋪，或往來貿販雲南。凡郡邑商賈輻輳之所，必醵金造蕭公祠以為會館，而美其名曰「萬壽宮」。[124]
>
> 至今（乾隆年間），城市中皆漢人，山谷荒野中皆夷人，反客為主，竟成樂國。至於歇店飯鋪，估客廠民，以及夷寨中客商鋪戶，皆江西、楚南兩省之人。隻

身到滇，經營欺騙，夷人愚蠢，受其籠絡，以致積趲成家，娶妻置產。雖窮村僻壤，無不有此兩省人混跡其間。即碧髓寶石之物，越在夷地，亦惟江、楚人冒險違禁，越界興販，舍性命以博財貨。其狡也，乃其妄也。[125]

◎發展模式：人口、經濟、農業與工業

清代移民在雲南留下了顯著的遺產。首先，移民讓西南地區的人口，從一七〇〇年的五百萬增長到一八五〇年的兩千萬。[126]光是雲南一省在一八五〇年就有一千萬人。[127]其次，移民促進了雲南的城鎮化及工業化。如李中清指出：

第二次移民是形塑西南區域經濟的最重要因素，其特點持續至今。顯然，移民不是唯一的因素。還有許多力量混合起來轉變西南地區，使得此地區從許多小型、近乎自治的飛地的聚集體，融合轉變為包括中心（central place）和內陸的一個有等級的區域體（integrated regional hierarchy）。不過，移民是以一種特別有效的方式與其他因素相結合。一方面，移民透過開墾荒地和種植作物大大擴張了本區域的鄉村基地；另一方面，移民也提供打造城鎮網絡所需要的資本、勞力與組織。[128]

正是在移民、人口成長、農業擴張和工業化的複雜互動中，一個省級經濟模式出現

了。傳統上大家認為農業擴張是中華帝國晚期人口增長的主要原因；然而，在雲、貴這個區域，李中清認為商業化和工業化才是人口增長的兩大主因，農業增長不過是對前兩者的回應。[129]李中清指出，雲南的人口成長率從千分之十五上升到十八世紀後期的千分之三十。[130]雖然人口成長是普遍的現象，但整體上邊陲區域的成長低於核心區域。當核心區的人口成長加速時，邊陲地區的人口成長率則下降，反之亦然。這種狀況一直持續到十九世紀初全省人口增長陷入停滯之際。農業擴張可用以解釋邊陲區的人口成長，但它無法解釋核心區的狀況，因為核心區的人均穀物產量和每英畝平均產量事實上在減少。自然肥力能部分地解釋人口成長，卻無法解釋不均衡的人口成長。實際上，移民是雲南人口劇烈增長的主要因素。到一八五〇年，移民占了西南地區兩千萬人口中近百分之二十。這波巨大的移民潮並不是受到土地的吸引，因為此時雲南的土地其實已經非常有限；吸引移民前來的主要是礦業對勞力的巨大需求。正是透過這樣一種方式，造就了雲南的省級經濟模式。

清代移民不僅形塑地方經濟與推動城鎮化，也進一步加強了地方認同。如前章所示，明末雲南出現了一些認知自己為「雲南人」的菁英，但廣泛接受「雲南人」這一身分則發生在清代。在連結諸多山區中的孤立飛地之後，雲南終於以一個邊疆政治—經濟實體（frontier political-economic entity）的姿態出現。土著和移民對此變化各有貢獻。如傣人、納西人、白人、穆斯林商人都是貿易中的重要角色，其名聲甚至遠播東南亞。一七五〇年至一八五〇年雲南的土著進士人數高達七十人以上。[131]由此，土著無論是在省級舞臺或國家舞臺上，都扮演著非常活躍的角色。[132]此外，有許多非漢人的地方習俗例如「土主」信仰，演變為西南地區的區域性習俗，甚至被視為國家文化的一部分，這可以視為土著化的一種延續。一言以蔽之，當地方認同浮現時，它並非一種平行認同（parallel identity）而企圖挑戰雲南人的中國認同；反之，它是中國認同的分支或是一個部分，甚至可說是中國認同的一種地方表現。

清代移民在增添了雲南的多樣性的同時，統一整合了雲南，從而延續著元、明時代所創造出來的趨勢，也就是把區域整合融入中華帝國。在此歷程當中，清廷發揮著贊助移民、建立軍事基地的關鍵角色。這項「文以化之」的工程隨著儒家教育機制之擴張而持續。曾任雲南布政使的儒家理想主義者陳宏謀，透過教育竭盡全力地教化土著成為中國人。陳宏謀對土著教育的關注，繼承和彰顯了儒家意識與倫理。[133] 中國王朝的其他努力包含公共工程的建設，如糧倉、救災、水利等一系列設施。下一節著重於雲南的一個問題，也就是作為清代貨幣制度主動脈的銅礦產業。對銅礦業之發展與衰落的審視，有助於清代中國這一世界經濟的核心──邊緣結構愈發清晰。

銅政與清代的貨幣制度[134]

◎雲南銅礦之源起

清代雲南的大量移民是礦工，尤其是銅礦礦工。以中國史而言，大量礦工在邊疆出現，這是一個獨特和罕見的現象。帝國政府對於礦業與礦工通常持謹慎的態度，主要是因為農業被視為帝國之根本，是帝國子民的標準職業。而礦工群體則被視為對地方秩序及帝國本身的潛在威脅。所以，礦工所占人口比例高並不尋常，更何況是在一個邊疆省分。那麼，清王朝為何作這個冒險的決策呢？我們必須同時考量國內和國際這兩個場景。

雲南採銅歷史悠久。元、明王朝都對雲南銅礦徵稅。例如，一三二八年，雲南的銅課為二千三百八十斤[135]，這個數字反映元代雲南的銅產量非常有限。另如前文所述，明朝開始在雲南鑄造銅錢，然其規模遠小於清代。

清朝是出於地方財政壓力而發展雲南的銅礦開採。清廷直到一六八二年撲滅三藩之亂後，才真正控制雲南。然而，大量的軍隊駐守雲南卻釀成了經濟危機，因為每年軍事耗費達到兩百七十萬兩白銀。[136]戰後重建促使雲貴總督蔡毓榮絞盡腦汁去增加地方財源。他在一六八二年的一份奏疏中提出了「興利」的四種措施，其中兩個便牽涉到銅礦開採與鑄錢：「鼓鑄宜廣」和「礦硐宜開」。[137]

鑄錢的提議揭示了當時地方政府對財源之渴望。官定銀價設在一兩白銀兌換一千枚銅錢，但鑄造一千枚銅錢的成本則低於一兩白銀。兩者之間的差異稱為「餘息」，這就是鑄錢所帶來的利潤。當時，雲南擁有三十六座鑄幣爐，每年餘息可達四萬兩。蔡毓榮提議增設鑄幣爐數量到九十五至一百零五座之間[138]，若此事成真，則每年餘息收入或可達到十萬兩。

加大鑄錢的建議本有基礎，那就是雲南產銅且容易取得。為鼓勵採礦，蔡毓榮擬定許多條例，下令地方官員要檢查現存礦廠並開闢新礦。首先他否認了官開官採的意見，因為所費不貲，何況雲南本身就處於兵餉不繼之時。因此他建議「莫若聽民開採而官收其稅之為便也」。官府可以「廣示招徠，或本地殷實有力之家，或富商大賈，悉聽自行開採」；關於收稅，所產的銅有百分之二十要交給政府作為賦稅，剩下的則可以販售到市場上；若地方「得稅一萬兩者，准其優升，開礦商民上稅三千兩至五千兩者，酌量給與頂戴，使之鼓勵。」[139]在這樣的措施下，地方官員有升遷等誘因，投資者有利潤與帝國榮譽之渴望，礦工則有薪資和某些紅利之期待，最後證明蔡毓榮的作法非常有效。一七〇六年雲南的礦稅比一六八五年時要多出二十倍以上[140]，銅課絕對是區域經濟成長的主要因素。蔡毓榮制定的以市場為導向的採銅條例，是雲南礦業發展與繁榮的關鍵，因為有百分之八十的產量歸開採者所有，容許在市場中銷售。同理，與市場斷絕會摧毀投資者與礦工們的熱情，但這是後來的雲貴總督貝和諾修訂的新章程。

一七〇五年，貝和諾採納激進的作法來加強國家對銅礦之控制，目的是讓朝廷從中獲取更多的經濟利益。[141]在開採之前，清廷為投資者及礦工提供國家貸款「工本」；等到產銅之後，政府當場抽取百分之二十的產量作為銅課，其餘的則稱為「官銅」，須按照官方制訂的固定價格來出售。每百斤的銅——根據品質差異——價值在三至六兩白銀間不等。再者，政府利用「工本」貸款可以更進一步控制投資者。有些投資者並不需要向國家貸款，但他們若拒絕貸款，他們就必須自己將銅運到昆明，每百斤的售價為五兩白銀。考量銅礦大多位在山區，投資者自己運輸的成本耗費極大。而且政府雖以固定價格購買銅，卻在市場上以每百斤銅換九點二兩白銀的價格出售。此外，政府嚴禁私人買銅賣銅，違犯者除遭處罰之外，銅也會被沒收。最後，這些新章程不只是為國家從銅產業汲取利潤，還為貪汙腐敗創造出新的空間及機會。因為朝廷官僚階級負責監督且深入參與這項產業的每一個步驟。據說，礦工必須賣出一百五十斤的銅，才能得到價值一百斤銅的「工本」貸款。

貝和諾的新政策與蔡毓榮的舊條例形成了強烈對比。蔡氏的辦法是給予投資者和礦工自由，他們在利益驅使之下會努力增進銅的生產。貝和諾則是對銅產業引入嚴格的國家控制。朝廷藉此壟斷該行業，剝奪投資者與礦工的利益，自身利益卻最大化。此做法沉重打擊了投資者和礦工的熱情，最終將他們從銅礦開採業中驅離。這也正是為何在接下來的十八年之間，除已存的十七座礦廠——其中某些已遭遺棄——之外，僅僅增加了一座。[142]不過，在十八世紀之間，雲南銅礦業所達到的規模乃是前所未見，全世界當時無出其右者。此等大幅度之增長，原因其實不在地方，而在國際。

清代雲南銅礦之源起是為龐大的軍事開支開闢新財源。類似的問題也會出現在其他邊疆地區。邊疆穩定與為此穩定所付出的代價，這是清王朝關注的焦點。[143]為穩定邊疆這個同時面對國際和地方挑戰的新征服區域，清王朝必須在邊疆地區部署可觀的軍隊，中國本部則不必如此。與此同時，軍事開銷大大增加帝國財政面臨的壓力，有時候甚至達到了難以承受的地步。為了解決財政困難，清王朝試圖在維持邊疆穩定的同時減少駐軍規模，這也就是為何清王朝不是在所有情況下都鼓勵漢人移民的緣由。從許多案例中可見，清王朝對於漢人商人、旅居者、礦工、移居之農民頗為警惕，這些人不時被視為邊疆地帶——特別是在土司領地——的麻煩製造者。雍正皇帝曾嚴厲斥責此類漢人為「漢奸」，也即漢之奸民。舉例而言，在臺灣及雲南，清王朝都企圖制止漢人與土著進行土地交易，意在保護土著人口不受漢人剝削。在此狀況下，地方的緊張能夠被控制於某種程度內，不至於爆發武裝衝突，反過來也可以減少政府管理的成本。

增加財政收入當然也是減少財政壓力的有效辦法。收稅是一種立即的、標準的措施，此外還有許多在不同環境下採納的舉措加以補充。雲南的採銅與鑄錢僅是其中之一。無論如何，收稅、特別是向土著收稅，很可能增加邊疆地區的緊張與衝突。以上所言，清王朝遂陷入一個進退兩難的局面：針對地方資源收稅是必要之舉，這樣才支撐控制邊疆穩定的大量兵力；但是，收稅對於地方的安穩是種風險，特別是稅賦過重會導致風險更高，破壞邊疆穩定。清朝統治者以減少駐軍與減稅的方法來盡可能降低軍事費用，相當熟練地平衡了這些導致衝突的因素。

即便如此，不論清王朝與其政策如何謹慎，邊疆地區還是經常碰上諸多問題，包括叛亂。移民與土著是邊疆地區的另外兩個要角，他們的活動、決定、欲望往往與清廷的期望及規範相左。此外，清代政策之推動與決策必須透過邊疆地區龐大的官僚階層來執行，這個官僚階層一方面和中央權力相互折衝妥協，另一方面又耗費地方資源。最後則是國際角色，如緬甸，以及南方邊境不受清廷約束的土司。清初日本對於出口洋銅至中國所頒布的新規章，最終迫使清王朝不得不去冒險開發雲南這個新近征服邊疆的銅礦。

◎日本洋銅之輸入及衰退

中華帝國晚期經歷了「貨幣化」的進程。清代貨幣制度是一種平行雙本位制，白銀與銅錢皆可流通。[144]白銀通常用於大宗交易，銅錢則是日常買賣所使用。清王朝對於白銀的鑄造及流通沒有規範，卻對於銅錢實施嚴格而詳盡的規定，尤其是涉及鑄造及流通層面。事實上，清代中央的貨幣政策主要便是處置銅與銅錢。[145]在鑄錢巔峰時期的一七五〇及一七六〇年代，每年大約有四百萬貫銅錢（也就是四十億枚銅錢）生產（北宋只有若干年分曾經超越這個數字）。[146]傅漢思估計，從一六四四年至一八四四年間，清王朝也許鑄造了三億三千萬貫銅錢，亦即三千三百億枚銅錢。[147]因此，如何強調銅錢在清代經濟中的重要性都不為過。

數量龐大的銅錢對清王朝構成一項重大挑戰，那就是要確保銅料的來源。自商代以來，中國歷朝都在搜尋銅礦。經過長時間的開採，中國本部的銅礦——以當時科技條件而言——都近乎耗竭，明代晚期則開始進口日本的洋銅以求彌補「銅荒」。[148]清代初年，朝廷解決銅荒問題的辦法是重新利用明代錢幣與舊銅，同時進口日本洋銅。明代錢幣與舊銅之再利用只是一個暫時性的策略，後來，日本來的洋銅遂成為北京皇家鑄錢局（寶泉局及寶源局）唯一的原料來源，直到雲南開始大規模產銅為止。

滿清征服中國後，清廷隨即採購日本洋銅。[149]朝廷鼓勵中國商人進口日本洋銅，下令直隸、山東、湖北、江西、浙江的海關官員擔負起日本洋銅進口的責任。[150]可是在當時，與日本的海上貿易大多為臺灣的鄭成功政權壟斷，鄭氏甚至曾將日本洋銅賣給英國商人。[151]更有甚者，清廷於一六五六年實施的「海禁」政策，封鎖日本洋銅的輸入，使得銅料短缺的狀況更加惡化。

幸運的是，清廷於一六八三年奪得臺灣，海禁遂於隔年取消，中國的船隻立即被派

表 6.3 長崎出口精銅至中國與荷蘭的情況，一六六三至一七一五年（單位：斤） 根據 Anna See Ping Leon, "Copper, Copper Cash, and Government Controls in Ch' ing China (1644-1795)," (Ph.D. diss., University of Maryland, College Park, 1989), 160-161. 原始數字取自 " Do Yushutsu Nyo," an appendix to "Kinsei zenki ni okeru do boeki to Sumitomo," in Sen' oku soko, ed., *Sumitomo Kinzoku Kabushiki Kaisha Shiryo Hensanshitsu* vol. 9 (Osaka, 1957). 引用於 Robert LeRoy Innes, "The Door Ajar: Japan' s Foreign Trade in the Seventeenth Century" (Ph.D. diss., University of Michigan, 1980), 528-29. 計算是筆者所為。

年分	至中國	至荷蘭	年總和
1663	453,770	1,536,200	1,989,900
1664	249,860	2,419,500	2,669,360
1665	197,300	908,400	1,105,700
1666	451,404	1,258,750	1,710,154
1667	784,840	400,000	1,184,840
1668	830,200	901,400	1,741,600
1669	492,200	965,000	1,457,200
1670	732,470	2,263,100	2,995,570
1671	1,351,130	1,599,500	2,950,630
1672	1,158,100	2,246,600	3,404,700
1673	1,096,650	1,504,400	2,601,050
1674	1,127,090	1,792,000	2,919,090
1675	1,921,640	1,020,700	2,942,340
1676	1,513,472	2,056,100	1,569,572
1677	1,558,234	1,703,500	3,261,734
1678	1,641,505	1,608,800	3,250,305
1679	1,993,100	2,350,000	4,343,100
1680	1,593,600	2,500,000	4,093,000
1681	536,700	2,400,000	2,936,700
1682	3,021,850	2,500,000	5,521,850
1683	2,329,355	1,600,000	3,929,355
1684	2,614,888	2,280,000	4,894,888
1685	2,328,440	2,100,000	4,424,840

1686	3,244,493	2,000,000	5,244,493
1687	4,294,562	1,500,000	5,794,562
1688	3,921,730	1,562,500	5,484,230
1689	3,542,622	1,960,000	5,502,622
1690	3,743,873	1,450,000	5,193,873
1691	3,220,955	900,000	4,120,955
1692	3,546,374	1,800,000	5,346,374
1693	3,362,685	1,200,000	4,562,685
1694	3,440,799	1,600,000	5,040,799
1695	4,161,136	1,700,000	5,961,136
1696	7,019,768	1,650,000	8,669,786
1697	6,408,178	2,500,000	8,908,178
1698	6,082,395	2,937,900	9,020,295
1699	5,236,435	2,250,000	7,486,435
1700	3,629,515	1,496,900	5,126,415
1701	3,833,051	1,658,500	5,491,551
1702	3,811,372	1,465,000	5,276,372
1703	3,943,032	1,630,000	5,573,032
1704	5,343,315	1,829,400	7,172,715
1705	4,967,641	1,830,000	6,797,641
1706	5,100,356	1,500,000	6,600,356
1707	5,101,460	1500,000	6,601,460
1708	6,603,994	827,200	7,431,194
1709	5,170,521	1,500,000	6,670,521
1710	4,955,261	1,500,000	6,455,261
1711	4,257,850	1,000,000	5,257,850
1712	2,938,599	831,600	3,770,199
1713	3,909,199	1,000,000	4,909,199
1714	3,999,915	1,050,000	5,049,915
1715	763,731	1,150,000	1,913,731
總計	159,532,615	86,692,950	246,225,565

往長崎這個日本唯一可以從事外國貿易的港口城市。一六八四年後不久，清代的鑄錢便完全倚賴日本的洋銅。為了防止本國貴金屬的流失，日本當局甚至設定了對中國出口銅的額度。[152]一六八五年，日本當局規定，中國與日本的年度貿易額為六十萬兩白銀；在中國及日本商人雙方施壓之下，這個額度在一六九八年時提高到一百三十萬兩。[153]如表6.3所示，一直到一七一五年時，多數日本銅流入了中國，而荷蘭是西方國家之中唯一被允許與日本貿易者，賣到歐洲的日本銅大約是售予中國的一半。

在一六五〇和一六六〇年代，清王朝中央與地方的大力鑄錢，銅料因此更難以獲取，導致有些省分的鑄局被迫關閉。[154]與此同時，銅錢稀少自然使其增值，忽然之間一兩白銀只能兌換七百枚銅錢。[155]為了應對這個問題，清王朝於一六七三年和一六七九年分別禁止使用五斤以上的銅器，鼓勵人們上繳舊銅錢、銅器為鑄錢之用。[156]一七二三年，雍正皇帝執政初年便發布諭令雲南、貴州、廣東、廣西的總督們與安南國王交涉，要求安南不會禁止其銅出口。[157]此外，或有人提議減少銅幣的重量，以便能鑄造更多的銅錢。[158]如果找不到新的銅源，上述救急之舉當然無法全面解決問題。當時一位了解問題嚴重性的士大夫王士禛感慨說：「中國經濟之病，在於無法進口自身急需的倭銅。」[159]

日本當局非常擔憂銀與銅持續大量外流。在新井白石——他相信外國貿易會毀掉日本經濟——的建議之下，幕府終於在一七一五年決定關閉門戶，或者更準確的說法是加強對外貿易的控制。一七一五年頒布的規定，將中國貿易額度砍半，其配額是每年三十艘船，貿易量限額為六十萬兩白銀；此外限制中國每年所購之銅不可超過三百萬斤。[160]更重要者在於，日本開始頒發貿易許可證，無許可證的外國船即便到達長崎，都會被勒令調頭。這種貿易許可證大大羞辱了中國人的尊嚴，並在清廷激起辯論。清王朝對於日本規矩所具有的象徵性極為憤怒，因為該制度似乎是在模仿中國在廣東的體制，將中國商人置於日本的朝貢體制之下。結果，一七一六年的中日貿易大為萎縮。後來，康熙皇帝認為幕府之規定不過出於商業動機而已，並無政治意涵，決定放鬆市場，再度准許中國商人前去長崎。[161]

然而，中國感覺進口日本洋銅一事掣肘頗多，而國內的銅荒愈發惡化。北京的兩間鑄局每年需要四百四十萬斤以上的銅料，這主要是仰賴日本的洋銅。一七一〇年代的銅料供給不斷延遲，短短幾年之間，缺額已達到一百萬斤。[162]在一七二〇年代初期，缺額的數字已將近四百萬斤。[163]清廷屢次為銅料供給延遲一事訓斥地方官員。於是，清廷在一七二〇年代再次頒布許多短期政策，包括購買舊銅、禁製銅器、減少銅錢含銅量、鼓勵以銅器繳稅等。[164]使用與製作銅器方面的禁令一直延續到乾隆年間（公元一七三六年至一七九六年）。[165]日本幕府的新規定導致中國銅荒更加嚴重，這促使清王朝轉向雲南，大力開採並控制雲南的銅礦。雲南的銅礦開採原本是解決地方財政困難，最終則變成服務帝國經濟，為帝國子民們提供充裕的銅錢。

◎雲南礦業的繁榮

雍正皇帝在位初年便想盡各種辦法來獲得銅料，他放寬了政府對雲南銅礦開採的控制。衙門官吏舞弊及濫權被嚴厲禁止，更重要的措施是，只要繳清賦稅並滿足省局的鑄錢需求，其餘銅產可以在市場上出售。[166]此外，一七二三年的銅課被設為定制，地方官員不必再擔心先前讓他們苦惱不已的增額。[167]事實證明這些新措施產生了明顯的成效，銅產量從一七二四年的一百萬斤增加到一七二六年的兩百多萬斤，「餘息」也以同樣的速度增加。[168]此後，雲南銅礦產業進入了黃金時期。

與此同時，受命每年提供四百萬斤銅給北京鑄造二局的浙江、江蘇地方長官，沒有辦法買到足夠的日本洋銅，他們遂建議將滇銅運至北京。一七一六年，清廷決定八省（浙江、江蘇、安徽、江西、湖南、湖北、福建和廣東）共同負責給北京供應銅料[169]；然而，事實上，其餘六省主要是仰賴浙江和江蘇來完成任務。[170]面對洋銅延擱的問題，浙江巡撫黃叔琳建言，可以用滇銅來補足湖南及湖北的額度。[171]黃叔琳的奏摺表明，滇銅當時已經受到全國之注意，或至少受到參與銅政官員們的注意。然而，他的建議卻遭到否決，因為雲南需要將銅用於本省的鑄錢。確實，一七二四這一年雖然見證了雲南銅礦之復興，但其產量甚至還難以滿足本省需求。[172]

滇銅產量在一七二〇年代後期急速增長，卻造成地方官員的困擾。光是一七二七年滇銅產量就超過四百萬斤，所以大約有兩百萬斤的盈餘。清廷隨即決定將其中一百萬斤運到漢口給湖南、湖北兩省，另外一百萬斤運到鎮江供給江蘇。[173]所有的銅最終都會運到北京，而這是滇銅首次入京，十八世紀滇銅大戲之序幕就此揭開。從那時起，滇銅逐漸取代洋銅的地位，而雲南也逐漸成為帝國鑄錢的唯一供應者。

值得注意的是，就品質與價格而言，滇銅不如洋銅。官定雲南銅價是每百斤換九點二兩白銀；從雲南運送到北京的話，每百斤銅還要多加七兩的運費。官定日本銅價是每百斤值十四點五兩白銀，每百斤銅的運輸費用約三兩（從浙江或其他江南港口運到北京）。看起來，洋銅要比雲南銅昂貴，但其實洋銅價格裡還包含中國商人的利潤，大約每百斤銅一點五兩。此外，洋銅的品質比滇銅好。所以簡單來說，整體上洋銅還是比較便宜一點，同時它能為商人提供牟利機會，這也就是為什麼沿海省分比較偏好洋銅。舉例而言，江蘇曾於一七二七年時，基於上述理由而不願購買滇銅，地方官員寧願等待洋銅的到來，甚至願意為此接受延遲供應的處罰。[174]如果不是日本幕府限制銅出口，滇銅恐怕很難有與洋銅競爭之餘地。

遵循前述省分的例子，廣東在一七三〇年請求購買滇銅以完成配額，此請獲得同意。[175]此時，浙江、江蘇、安徽、江西、福建是購買滇銅，而湖南、湖北、廣東則轉向雲南，後面這三個省一年購買了一百六十六萬三千二百斤額度的滇銅；一七三四年以後，這些滇銅都是在廣西府（位於雲南而非廣西省）鑄為銅錢。[176]但是，這些銅錢之運輸是一項極端困難的任務；因此，一七三〇年廣西府的鑄錢暫時停止，當地的滇銅被轉運到北京。[177]一七三六年，江蘇再次要求減少採辦日本洋銅的額度，並改用滇銅充數；朝廷議定，滇銅和洋銅各占每年額度之一半，也就是各兩百萬斤。[178]隔年，雲貴總督尹繼善要求承擔全部額度，因為此時滇銅的年度產量就可以滿足全國的需求。清廷同意了尹繼善的提議，於是原本僅為補充洋銅的滇銅，最終成為帝都鑄錢局的唯一原料供應。[179]

由於雲南銅產豐沛，一七三八年的額度又增加了一百七十萬四千斤，於是，雲南每年運到北京的銅達五百七十萬四千斤之多。滇銅的含銅量大約是百分之九十五，所以，每一百斤銅還要多加上八斤，即所謂的「耗銅」；此外，雲南到北京這段長距離運輸必然會導致某些損失，因而每百斤還需加上三斤的「餘銅」。因此，北京所要求的每一百斤銅，雲南必須運送一百一十一斤。這樣，每年雲南必須供應北京六百三十三萬一千四百四十斤銅，以滿足五百七十萬四千斤的額度，此數字從一七三九年開始設為定例。[180]

如表6.4所示，滇銅原本是作為該省鑄錢所用，鑄錢則是為雲南省提供新的財源。雍正末年，有鑑於運輸路途漫長，滇銅會先鑄成銅錢再運到北京，可是這大大增加了運輸的難度，最終在一七三九年廢止。[181] 雲南也被指派為其他省分鑄錢，然而此作法僅持續了很短的時間。整體來說，雲南長期的鑄錢對於維持該省財政平衡發揮了重要作用，如表6.5所顯示，政府在八十年間透過鑄錢，獲得超過六百五十萬兩白銀的利潤。

銅錢過度供應會導致貶值，清代官員自然明白。事實上，鑄錢活動之氾濫，導

年分	熔爐數量	銅消耗量（斤）	銅錢貫數	餘息
1723 - 32	40	1,210,919	187,131	29,609
1733 - 42	88	2,033,363	404,747	69,978
1743 - 52	82	1,573,591	375,966	83,081
1753 - 62	135	2,926,834	691,642	153,683
1763 - 72	99	2,809,268	662,307	151,802
1773 - 82	68	1,931,467	459,503	107,615
1783 - 92	390	733.528	180,893	40,215
1793 - 1802	43	441,724	180,616	18,649
總計	-	129,279,000	31,428,050	6,546,320

表 6.4　雲南的鑄錢，一七二三至一八〇二年（年平均）　資料根據嚴中平：《清代雲南銅政考》，北京：中華書局，1957 年，15-16 頁。計算是筆者所為。

致銅錢與兌換白銀時價格變得極為低廉，從而釀成大大小小的社會問題。自從蔡毓榮於一六八一年在雲南開啟鑄錢之後，銅錢在雲南迅速貶值。官方制定的銀銅兌換率是一比一千，但一六八八年市場的實際兌換率則是一比三千，甚至更低。[182]士兵頗受其害，因為他們有部分薪資是銅錢支付的，這種狀況在某種程度上激起了一六六八年的兵變事件，從而導致雲南暫停鑄錢。[183]一七二二年，雲南少數鑄爐恢復運作，雖然此時的銀銅兌換率為一比一千七百或者還要慘。[184]此後直到一八一〇年為止，雲南鑄錢除了一七九四至一七九六這三年外都持續進行。[185]令人驚奇的是，雲南地方鑄錢之目標與朝廷中央鑄錢的目標居然大相逕庭。

一般認為，朝廷鑄錢——如雲南所示——會帶來可觀利潤，傅漢思則指出，帝國的鑄錢實際上利潤很低，甚至毫無利潤可言。[186]他的研究顯示，在一六九五年之前，清王朝確實從鑄幣事業獲利，但是到了一七〇〇年以後，鑄錢反而嚴重虧損。雖然靠著充裕的雲南銅料供應，虧損逐漸消失，但所獲利潤薄弱，為帝國全部稅收的千分之一。[187]因此，鑄錢作為一項經濟舉措，與其說是為帝國政府牟利，不如說是為帝國社會考量。帝國政府之所以鑄錢，是因為這是帝國的合法性來源之一，因而這是朝廷的首要責任。相對來說，雲南鑄錢本質上就是一種牟利方式，目的是要解決邊疆急切的財政問題，其利潤用於發放士兵的薪資、疏濬金沙江以及促進穀物與銅料之運輸、補貼銅礦業以及贊助其他公共工程等。[188]

雲南也為其他省分的鑄錢提供銅料。在此之前，那些省分或者是購買日本洋銅、或者探勘自身的銅礦。一七三八年，四川，繼之以浙江、江蘇、江西、湖南、湖北、福建、

年分	產量（斤）	年分	產量（斤）
1740	10,286,227	1776	13,088,522
1741	9,349,998	1777	14,018,172
1742	10,295,401	1778	13,363,786
1743	8,985,049	1779	11,238,032
1744	10,252,783	1780	10,945,059
1745	9,272,782	1781	10,469,584
1746	10,577,662	1782	10,403,857
1747	10,967,901	1783	10,403,857
1748	10,352,100	1784	11,115,406
1749	10,205,437	1785	11,049,678
1750	9,155,974	1786	11,115,406
1751	10,955,144	1787	11,049,678
1752	10,271,331	1788	11,049,678
1753	11,496,527	1789	11,115,406
1754	11,595,694	1790	11,049,678
1755	10,888,782	1791	11,049,678
1756	11,155,003	1792	11,115,406
1757	11,463,102	1793	11,049,678
1758	11,463,102	1794	10,260,946
1759	11,995,559	1795	10,260,946
1760	11,706,966	1796	10,260,946
1761	12,324,989	1797	11,027,412
1762	12,647,858	1798	10,968,454
1763	11,988,040	1799	10,968,454
1764	12,685,821	1800	10,925,217
1765	12,504,668	1801	10,897,703
1766	14,674,481	1802	11,972,056
1767	14,127,249	1803	9,611,783
1768	13,792,711	1804	10,355,363
1769	14,567,697	1805	11,228,475
1770	11,844,596	1806	10,355,363
1771	11,685,646	1807	11,228,475
1772	11,891,110	1808	12,025,119
1773	12,378,446	1809	9,558,720
1774	12,357,442	1810	10,574,916
1775	13,307,975	1811	10,538,656
總計	-	-	813,180,818

表 6.5 滇銅年度產量估計 資料根據嚴中平：《清代銅政考》，北京：中華書局，1957 年，81-84 頁；亦參見全漢昇：《清代雲南的銅礦工業》，《香港中文大學中國文化研究所學報》，卷 7 期 1，1974 年，161 頁。計算是筆者所為。

廣東、廣西、貴州、陝西，紛紛請求購買滇銅。[189]乾隆至嘉慶年間（公元一七三六年至一八二〇年），滇銅產量幾乎每年都能達到一千萬斤以上，如表6.5所見。

◎清代的銅政

當雲南成為北京寶泉局及寶源局的唯一銅料來源後，清王朝便十分關注確保滇銅的生產與運輸。此後，雲南銅礦的管理便提升為帝國層級而不再是省級議題，由此朝廷頒行了一系列的章程。雍正與乾隆年間，清廷制定、修訂、補充了關於銅礦管理以及銅料從雲南到北京運輸的規章制度。這些條例不厭其煩，涉及到礦業的各個層面，其中包含銅礦的開關、生產及分配、官價之制定、銅務官員之俸祿、僕役之伙食、驛站之整修、銅礦警力之招募、運輸期限、運輸途中銅料之遺失、運輸官員及地方官員責任之分擔等等。這些事務，無論大小，都必須向上呈報，根據皇帝的指諭來處理，以便為此後類似事件立下規範。[190]國家控制達到如此地步，以至於有關銅礦及其運輸事宜都被併入到帝國行政制度當中，所有與滇銅有關的事務都置於所謂「銅政」之下。由於事務繁雜，責任重大，地方官員動輒得咎，因此他們遂將銅政視為「荒政」。[191]總之，滇銅遠非一個經濟產業而已。

清廷竭盡全力來確保銅料的供給，主要辦法之一是為採銅提供一百萬兩的政府貸款。一七三八年，清廷決定每年拿出一百萬兩白銀來購銅。[192]這一百萬兩當中，有十六萬三千兩特別設定為運輸費用，即所謂「滇銅京運」的專款；其他八十三萬七千兩則是給投資者與礦工的貸款。[193]這八十三萬七千兩的「工本」以短期與長期兩種方式提供，短期貸款稱為「月本」，也就是本月初撥款，下個月以銅料方式還款[194]；長期貸款的借期與金額則有許多選擇，有些礦廠甚至可以貸到數萬兩，借期可長達十年之久。[195]

清廷提供貸款，目的是盡可能減少銅產量之波動起伏。銅礦開採所需的投資相對較高，因此，許多礦工與投資者會合作經營一座礦廠。缺乏財源的礦工（通常是以家庭的型態）有時聯合經營一座礦廠，其家庭數量可能多達四十個。[196]銅和白銀不一樣，採集出來的銅料不等於現金，因此價格浮動多多少少會影響銅礦業。只要官價與市場價格相差不多，或者政府留下相對利潤來確保投資者及礦工的熱情，政府貸款便能提供穩定的盈利。因此，官價決定了雲南銅礦業之興衰。

清廷的另一項重要舉措，就是將銅的採購併入帝國行政體系當中。從皇帝到總督、巡撫到各級地方官員再到胥吏，整個帝國從上到下都動員起來協力負責銅政。皇帝親自閱讀且批示關於生產和運輸的奏摺，而自總督以下的所有政府官員必須為銅政集體負責。在雲南，理論上是總督、巡撫、布政使負責銅政，不過監管整個系統的實際上是布政使。滇銅京運則指派委員專人負責，礦廠則是由其所在地的府、州、縣、廳地方官員監管。

雲南地方官員例如縣令等人雖然要求負責礦廠，但他們不可能親自在礦廠監督採銅，畢竟銅礦通常位於山區，而且官員還有其他行政職責。因此作為替代，地方官員會挑選代表自己的廠員，全年駐在礦區。如此一來政府就能密切地監督銅礦之開採。廠員的主要責任就是要確保完成官方指派的生產指標，其工作包括兩種任務：一是分發國家貸款，二是蒐集銅料。如果失職，廠員會受到罰款乃至於撤職的懲處。若某礦廠無力在期限內以銅產償還國家貸款，這筆赤字被稱為「廠欠」（意為礦廠所欠）。倘若開礦者無法償還「廠欠」，則廠員與其上級長官——最高至總督——就必須負責賠償這筆廠欠。總督和巡撫合付一成「廠欠」，也就是百分之十；布政使得付另一成；直接監督礦廠的知府或地方官員需付兩成，廠員則要付剩餘的六成。如此一來，清王朝不僅竭力確保持續充足的銅料供給，還能避免自身投資蒙受損失。[197]

事無巨細的條例並不意味著政府直接控制銅礦開採。礦廠的管理是由投資者或礦工選出的七位頭領，即「七長」自主組織。[198]七長分別是「鑲頭」、「硐長」、「客長」、「課長」、「炭長」、「爐頭」以及「鍋頭」。[199]他們各司其職，組織和管理所有生產流程的細節，保證礦廠的日常運作。

日常採礦是礦工自己的事，不過要將銅產從礦廠運到官倉，最終運送到北京，這又是另一項有著繁冗章程、極其重大的政府工程。所謂「京運」指的是將滇銅從雲南運輸至北京，其路途之遠、運量之大、運輸之艱難，實為中國史上前所未見之挑戰，甚至連大運河的漕糧，與京運相比之下恐怕都相形見絀。

滇銅京運包含兩個步驟：首先，將滇銅從山區礦廠運送至接近長江的河港；第二，以船運經長江連結大運河以達北京。這趟旅程的距離超過十萬里（約三千五百英里）。在沒有任何現代科技——如輪船、卡車、火車等——條件的協助下，滇銅京運也許是十九世紀前全世界規模最大的運輸項目。沒有強而有力的政府及良好的運作體制，這項任務不可能完成。

清王朝嚴苛的制度保證了銅料的供應，然而，國家滲透實際上卻是一把雙刃劍，最終釀成銅礦的衰落。雲南銅業之衰落由許多因素造就，諸如缺乏科技革新、礦產枯竭等，但關鍵問題在於官定銅價實在太低——尤其在前述兩個因素導致採銅成本持續攀升之際。

自一七〇五年的條例實施以來，官定銅價就低於滇銅的生產成本。[200]如果不是生產出來的銅允許百分之十可在市場上出售，根本沒人會投入這個產業。官價過低直接釀成了礦廠的經濟災難，也就是「廠欠」。早在乾隆初年銅業尚稱繁榮之際，工本，也就是國家發放的貸款就已經無法準時償還。[201]一七五五年每百斤銅的官價，就比其生產成本低零點八五兩白銀[202]，這每百斤銅零點八五兩的虧損直到兩年之後官價二度提高才得以彌補。[203]然而，直到一七六七年為止，廠欠的總額已經超過十三萬七千兩。[204]為了解決廠欠問題，清廷一方面強硬規定原來允許在市場上出售的銅（銅產量的百分之十）必須賣給滇省鑄局，另一方面雲南省少發百分之十的貸款用來填補廠欠的虧空。這些做法雖然成功地將廠欠從官方紀錄上抹除，可真實狀況並沒有得以改善。[205]利潤微薄甚至毫無利潤的情況終於耗盡了滇銅產業的氣力。雖然清王朝在十九世紀努力推動滇銅開採，但官價過低的根本問題從未得以解決。十九世紀中葉的鴉片戰爭與雲南的回亂最終使得滇銅開採之解體成為定局。[206]鴉片戰爭阻絕了滇銅京運，回亂部分是因為礦業爭利而起，最終則摧毀了這一產業。

雲南銅礦產業不僅僅是清代貨幣制度和經濟制度不可或缺的一個組成部分，它也在地方社會留下了深刻的痕跡。首先，銅礦開採雇用了成千上萬的人，使得雲南礦工所占的人口比遠高於全國平均水準。一個邊疆省分居然有如此大量的礦工，這是一個極其特殊的現象，因為礦工常被帝國政府視為社會秩序的潛在威脅。明、清兩代實際上對雲南礦工加以嚴密的監管。最後，漢人礦工、商人與穆斯林礦工、商人之間的瑣碎衝突演變為大規模的穆斯林叛亂，差點推翻了清廷在雲南的統治。

銅礦開採也劇烈改變了自然地景，並嚴重破壞該地區的生態環境。礦廠通常位於山區，地表連帶植物因此被刮地三尺。礦場隧道延伸入山體內數百甚至數千公尺，有的還深入地底。銅礦開採的殘餘物汙染了河流，河水變黑變髒。動物被迫遷徙。幾十萬的礦工居住在從前人跡罕至的環境，他們在此飲食、生火、建房以及製造各種廢物。這些是對環境的直接破壞，但它們和間接的惡果相比，可以說是小巫見大巫。當時的採礦技術需要使用大量木炭來冶煉礦石。一般估計，每冶煉一百斤銅大約需要一千五百斤木炭。如此龐大滇銅產量究竟需要砍多少樹來做木炭呢？森林資源豐富如雲南，十九世紀初年的礦工及官員都曾抱怨難以在合理範圍之內取得充足的木炭，生態條件因此抑制了滇銅的生產。此外，滇銅之衰落亦可揭櫫清末國家延續之困境，如彭慕蘭關於「黃運」區域的研究所示，那裡也發生了生態危機，使得社會無法持續下去。[207]

滇銅之興衰是帝國政治經濟的結果。政府壟斷既解釋了滇銅之興盛，也解釋了滇銅之崩潰，與遭到宋王朝滲透而摧毀的四川茶馬貿易並無本質差別。[208] 國家控制地方產業來滿足帝國需求（如戰馬、鑄錢原料、財源），最終卻導致了地方產業之崩潰。清代的滇銅展現了地方輸出龐大的資源來服務帝國經濟，不妨以此討論一下施堅雅的「宏觀區域」的理論。

施堅雅「宏觀區域」之測試

施堅雅進行中國研究所採用的宏觀區域取徑，是一個絕佳的理論策略，將巨大的中華帝國分成容易掌握的分析單位。施堅雅主張：「農業中國可以分為數個主要『地文區域』（physiographic region），而個別的城鎮系統在各個地文區域中發展，遲至十九世紀中葉，這些離散的城市系統之間的經濟、行政交流太過薄弱，無法將其連接成一個全國統一的城鎮系統。」[209] 施堅雅將晚期的中華帝國時代分成九大區域：嶺南、長江上游、長江中游、長江下游、西北、華北、雲貴、東南以及滿洲。每個宏觀區域都是獨立的單位，有其自身的中心與邊緣，而中心之發展依賴於「邊緣的不發展」。不過，這個原則不符合雲貴這一宏觀區域，因為這個多山區域發展相對落後，內部也不成體系。

施堅雅的量化研究與理論建構引發了許多有趣的討論。例如，芭芭拉．桑茲（Barbara Sands）和拉蒙．邁爾斯（Ramon H. Myers）在他們的文章《中國歷史的空間性研究取徑：一個測試》當中，對於施堅雅的理論進行一連串實證性質的測試，結論是施堅雅的概念「難以驗證」，「有嚴重缺陷」，而且「缺乏真正的解釋力度」。[210] 近來，曹樹基的研究質疑了施堅雅的統計資料。[211] 曹氏指出，施堅雅的八個區域（滿洲除外）弄混了清代官方戶口賴以為基礎的省級政區的完整性，並且「清代後期官方的統計數據已不可靠，更何況將其細分至府或縣級政區」，而後者卻是施堅雅研究所採用的基礎資料。曹樹基考察了山東的城市人口，並將其形態延伸推廣至中國北方。他的結論是，中華帝國的城市化程度主要並非由某區域的城市人口所決定，而是由該區域的人口總數所決定。

中國城市人口增長速度不如鄉村，因此，後者的人口增長速度導致中國城市化程度長期處於較低水準。本質上，曹氏指出，由於施堅雅依賴的府與縣人口統計調查缺乏可信度，施堅雅的結論難以採信。

本節將會利用雲南的案例（雲貴區域）來測試施堅雅對此區域所持的某些假設與結論。首先，施堅雅所論的雲貴大區域並沒有對於雲南與東南亞等地的跨區域聯繫給予適當關注。奇勒南．普拉瑟庫爾（Chiranan Prasertkul）的研究顯示，十九世紀雲南、緬甸等地之間的國際貿易興旺發達，並且對施堅雅之說持懷疑態度；他認為由於河川水系連結著雲南與東南亞地區，雲貴區域不應該被當作一個封閉單位看待。[212]再者，普拉瑟庫爾指出施堅雅的宏觀區域理論有一重大缺陷，那就是將中國視為一個根本上的農業政體，從而低估了中華帝國晚期的商業化程度，這與李中清的研究不謀而合。此外，施堅雅還指出，在八個大區域之中，雲貴的城市化速度是最慢的，其城市化水準為百分之四點一，而長江下游的城市化水準則達百分之七點九。[213]李中清的量化研究卻提供了另外一幅景象。李氏雖承認西南地區在一七五〇年之前多半是鄉村，僅有一個人數超過五萬的城市臨安，可是到了一八三〇年，西南地區的城市化水準將近百分之十，這是施堅雅估計的兩倍，也是李中清所相信的十六世紀後期西南地區城市化水準的兩倍。[214]再次，十九世紀初西南地區非農業勞動力的總人數也許已達一百五十萬，大約占了成年總勞動力的百分之十二。[215]基於李中清對於地方文獻的全盤掌握，其結論可信度更高。那麼，問題來了，為什麼雲貴地區的城市化狀況不符合施堅雅的分析呢？

施堅雅將「雲南—貴州」視為「五個小而相對自治的地區中心系統（central-place

system）的聚集體，它們的中心就時間而言極為分散，彼此聯繫非常薄弱」；所以他斷定雲貴地區的城市體系，「最快也是在一八四三年才出現」。[216] 因此，施堅雅大致忽略了普拉瑟庫爾所強調的國際貿易與商業化，也忽視了李中清所重視的跨區域移民、商業化、國家贊助之礦業。施堅雅所忽略的這些因素，都對於雲南及貴州的城市化各有貢獻，而這些因素與施堅雅的整體論點矛盾：它主張中華帝國晚期的城市化主要是中古時代核心區域之延伸與強化。

李中清的研究表明，雲南在十八世紀時建立起了一個地方性的「中央－邊緣結構」，其中邊緣區為城市中心提供糧食。李中清與施堅雅兩位學者之間的差異，其背後更深的原因是他們的取徑。施堅雅的宏觀區域取徑是根據自然地理塑造各區域的地文特徵，而李中清的方法採用了政治經濟學。因此，在塑造邊疆經濟及社會一事上扮演著決定性角色的帝國權力，幾乎不見於施堅雅的研究，雖然他曾指出邊疆區域龐大行政機構的存在。舉例而言，對雲南城市化有決定性力量的移民及礦業，或由國家贊助，或由國家規畫。銅礦開採與其運輸之事所呈現的是一個在帝國範圍下邊緣與中心的聯繫，換言之，政治經濟學才能解釋帝國核心之繁榮與邊緣之不發展。

在沒有現代科技的條件下，滇銅京運這樣長途運輸（超過三千五百英里）如此體積龐大的金屬，真是件不可思議的工程。因此，地文特徵或者單純的經濟考量，無法解釋這個龐大而需要高度管制的運輸活動。事實上，連施堅雅本人都不禁感歎說，「長江下游之高度發展，究竟以何種方式依賴於內陸區域之不發展？區域核心之發展又在多大程度上導致邊緣區之不發展？」[217]

雲貴區域的案例因此可以挑戰施堅雅的宏觀區域取徑。如卡羅林・卡提亞（Carolyn Cartier）所論，施堅雅的區域取徑似乎難以呈現「城市化與區域的形成，尤其是論及社會及文化習俗、長途貿易以及相關活動」。[218]傅漢思在關於銅錢白銀長期兌換率的研究中，論及了清代存在一個全國性貨幣市場的可能性。他闡述說，「多數省分及宏觀區域展現出類似的長期發展」，[219]唯一的例外就是雲南，因為該地區的銅錢過度供應。由此傅漢思提出了「一個暫定的結論，那就是在多數的宏觀區域中——或者多數宏觀區域的核心地區——市場兌換率就長期發展而言頗為一致，共同指向一個全國性貨幣市場的出現。」[220]總而言之，多虧豐富的滇銅供應，清代中國也許已出現了一個統一的全國性的貨幣市場。

結論

明、清時期的中國大量進口銀、銅，這一事實也許會模糊了雲南對於帝國晚期經濟的重要貢獻。無論在新大陸白銀進入中國之前或之後，雲南的白銀都對於明代貨幣化的趨勢有所貢獻。當日本洋銅的進口下降之後，滇銅則成為清代鑄錢的唯一來源。作為一個世界性經濟體，帝國晚期的中國，其影響實際上籠罩東亞、東南亞地區，此情此景再度促使我們要在更廣闊的場景中思考雲南的重要性。

雲南於明代的白銀經濟、明清之際取代貝幣的銅錢與清代的滇銅開採，這三個重要的案例都證明了一方面中央何以滲透作為邊疆的雲南，另一方面是邊疆對於中國這個世界經濟體系的重要性。因此，雲南這一中國的西南邊疆，與現代歐洲世界體系統合美國的西南邊疆形成了鮮明對比。如湯瑪斯．霍爾所指出，後者對美國的西南邊疆影響巨大，但對現代世界體系幾乎沒有影響。[221]

因此可以說，國際性因素有助於雲南經濟軌道的轉變，並由此導向中國。歐洲世界體系之擴張以及日本一七一五年關於洋銅出口之規定，這兩者都促進了中國對雲南的經濟整合。清代的雲南，一方面在內部形成了一個區域性的「中心—邊緣」結構，另一方面雲南也轉化為帝國「中心—邊緣」結構中的邊緣部分。

即便如此，雲南對於中國的關鍵性貢獻，不應只強調其物質層面。雲南之統合大大有助於塑造中國成為一個多族群結合體（multiethnic unity）的形象與存在。華化和土著化共同創造了「雲南人」這一新的身分認同；與此同時，帝國政府也漸漸改變論調，將生活在這個邊疆省分眾多族群視為帝國的子民。無論後來的國民黨政權還是共產黨政權都繼承了這個帝國遺產，接受了此一歷史趨勢，將雲南的各少數族群納入為「中華民族大家庭」中的年輕兄弟。

第七章

納入「中華民族大家庭」

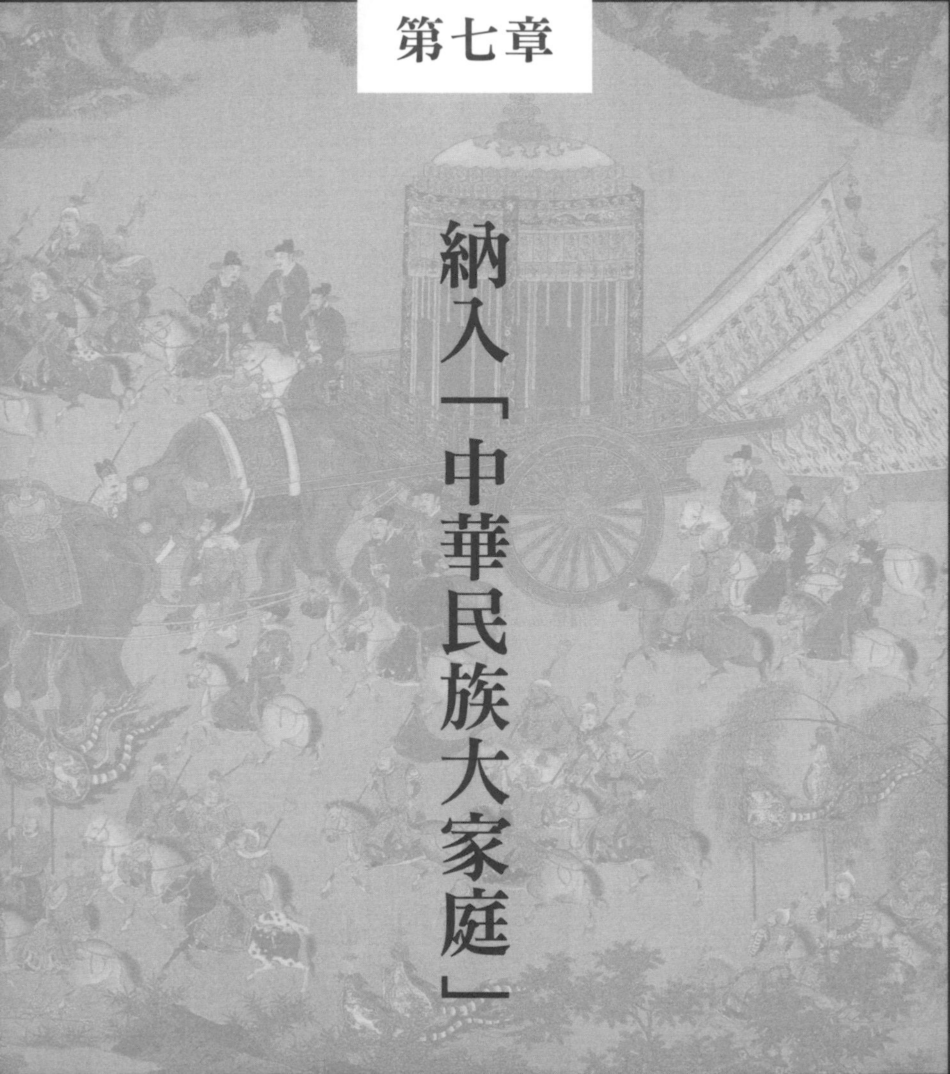

導論

先前各章考察了二十世紀之前雲南的構建過程；此一過程中的里程碑，便是所謂「雲南人」的出現。這是一種自我建構的省級地方認同，標誌著中華帝國長時期殖民雲南的成功。本章將重點從中華帝國轉移到現代中國，從邊緣轉移到中心。也就是說，本章關注的是中國統治者如何認知、標記、命名、分類邊疆的眾多族群。

中國人對於邊疆族群的觀念，基本上受到兩個因素的影響：國家意識型態和務實考量。所謂「國家意識型態」，筆者指涉的是中華帝國時期的儒學與理學思想，當然還有當代的中國式馬克思主義（Chinese Marxism）。至於所謂「務實考量」，筆者特別是指「決定邊疆族群管理的政治與社會經濟因素」，例如為融合邊疆族群所擬定的進程、以及邊疆族群能夠承受的融合程度。

考察國家意識型態、務實考量這兩項因素的相互影響，我們可以發現中國對於雲南土著或地方族群的態度在數個世紀之間經歷劇烈變遷。西漢初年，中國人的態度比較具包容性，雖然亦不免帶有某種程度的歧視；而至第一世紀的東漢時期，班固的《漢書》對於邊疆及其住民，已呈現典型的儒家論調，以中國人與非漢族群間的文化差異來貶斥後者。讀者可能會以為南宋是最強貶抑者，因為那是理學成形的時代，然而，宋代統治者們的務實考量遠遠超出其儒家影響，這使得他們對夷人抱持一個頗為平等的立場。元、明、清時期以及此後，當雲南被視為中國的一部分時，雲南的土著在某種程度被明清的皇帝同樣視為帝國的臣民，或者成為屬於「中華民族大家庭」（Chinese national family）中的年輕成員，而非低人一等的「他者」，於是一種根本性的改觀產生。

在共產黨取得政權後，他們繼續了帝國的融合工程。以中國式馬克思主義為理論武裝，他們號稱對所有少數族群一視同仁，平等對待。為實現平等原則，大規模的民族識別這個政府工程開始展開，目的是要將各個族群加以識別，歸類為不同的「民族」[1]，好讓他們成為「中華民族大家庭」中的代表與構成要素。結果，一方面，中國境內的各個族群被政府挑選出來，在國族舞臺上自我展現；另一方面，這也象徵著他們同意歸入中華民族大家庭。這場交易顯示了中國政府融合邊疆與族群之成功。本質而言，共產黨的這些工程實是傳統帝國事業之延續及發展。

從蠻夷、帝國臣民再到年輕兄弟

歷史上，不同文化的人群經常互相將對方視為蠻夷、野人，而這就是中國人對於雲南土著的看法。中國人自認居於世界的中心，他們相信自身的文化優越性，認為所有他者都缺乏文明教化。中國人對於傳播中國文化以教化其他族群和拯救世界有著一種深厚的道德倫理上的義務與責任感。雲南便是這樣一個例子。在中國人眼中，雲南，這塊令人垂涎的具有豐富資源的土地，是野蠻的、未開化的、粗魯的、好戰的、危險的，同時又充滿了異國風情，因而在中國人的筆下，雲南是雌性的、幼稚的、原始的，不過是可以「文而化之」的。[2]根據中國史書記載，邊疆的雲南深具誘惑力又充滿危險，期待與懇求中國的統治與教化。

雖然這樣一種文化偏見的確是中國人對非漢人態度的特徵，但若斷言中國人總是歧視他者，這也太過籠統，太過簡單，因為這低估了中國文化的靈活性及歷史進程的複雜性。能夠決定形象與代表形象者，不只在於客體或對象是誰，也在於觀察者是誰，想看見或不想看見什麼，以及觀察者期望、渴望、蔑視什麼。因此，要考察中國人所抱持的雲南人印象，我們必須追問以下列問題：中國在哪裡？誰是中國人？什麼是中國認同？過去兩千多年來，中國與雲南之關係有何變化？

確實，中國人總是使用「華」、「夷」的分類來區別自己與他者。他們認為自己是文明人，他者則是缺乏文明教化而半人半獸或者近似野獸的蠻夷。可是，中華帝國長時間而持續的擴張，將許多族群納入帝國統轄之下，結果卻產生了許多問題，例如：中國統治者如何看待這些新征服的族群？他們使用哪些詞彙稱呼這些族群？這些族群是否如同漢人臣民般受到同等對待？這些族群在華化之後又產生了什麼變化？本節接下來將會以雲南為研究個案，說明中國統治者如何看待邊疆的土著居民。筆者的論點是，長期而言，當這些邊疆族群與其領土被統合入中華帝國之後，中國人便會傾向用溫和且平等的態度來看待他們。

最早紀錄西南夷的中國文獻為《史記》，雖然司馬遷使用「夷」來指涉這些土著，但他的論調頗具平等精神，而且他對地方社會與生活的記載是描述性的，頗為客觀，罕有文化論斷或偏見。司馬遷將土著稱為「西南夷」，但此處的「夷」字並不意味儒家成為國家意識型態之後所具有的貶義。「夷」這個中文字是由「人」和「弓」兩個部分組成，原本指的是狩獵人群。在古老的時代，「夷」字並不具備後人設想的「蠻夷」意義，例如孟子便曾追溯周代統治者的來源為「夷」。誠然，「東夷」和「西夷」都對「華夏」民族——即中國漢人之起源——的誕生有其貢獻。雖然如此，在儒家思想開始體制化之後，情況有所變化，而「夷」逐漸賦予了貶抑的意思。

《漢書》作者班固將「西南外夷」視為「種別域殊」[3]，為往後的儒家學者們定了論調。班固對西南夷的紀錄完全照抄《史記》，但他卻批評司馬遷看待非漢人族群的平等態度。班固的論調之所以大為改變，其原因是採取族群中心主義的儒家思想在他的時代已經成為國家意識型態。[4]

此後有許多羞辱性的詞彙被用來描述雲南與其土著，例如「蠻」與「獠」，此二字結構當中包括具有輕蔑意味的偏旁「蟲」與「犬」。文化偏見也被增添到許多字當中，例如上述的「夷」字。此外，眾多內含文化判斷及偏見的荒誕傳奇和故事，被發明來描述土著。例如土著長尾巴、死後能化成老虎的故事，可以在很多歷史文獻中看到，甚至有些作者還宣稱他們是親眼目睹這些怪事。後來，帝國的士大夫們試圖將雲南納入中國的朝貢語言，將邊疆族群與其政權視為中國朝貢體制的一部分——即使雲南與其族群其實是在中國的邊界之外。

蒙古征服從根本改變了雲南的發展軌跡，因為這是自漢王朝以來，雲南及中國本部首度被置於同一個中央政權之下。忽必烈在與賽典赤·贍思丁的談話當中，使用「遠人」一詞來指涉雲南土著，這代表元代統治者將雲南視為帝國的一部分，將雲南土著視為帝國的臣民，雖然他們位置偏遠。元代統治者與明、清不同，他們並不區分雲南的中國漢人與非中國人。原因有二，首先，蒙古統治時期雲南的漢人人數很少；其次，蒙古人在

統稱	遠人 夷 蠻夷 蠻
土司	夷酋 土官 蠻官 土酋
土著百姓	土人

表格 7.1　元代官方對雲南土著的稱呼　根據《元史》中雲南相關之篇章。

雲南的統治相對鬆散，廣大的土地與人民實是由土著酋長所統轄。

明、清時期是雲南轉型的關鍵期。首先，一種迷思——那就是雲南自古以來就是中國的一部分——在此時期被創造出來了，而且人們對此信以為真。朱元璋的詔令所採取之論調，就是雲南從漢代開始，經歷隋、唐王朝，一直是中國的一部分。[5] 其次，在此時期當中，雲南的廣大土著逐漸成為帝國的子民。下列三表便羅列了元、明、清三代朝廷指稱雲南土著的用詞。從這些表格可知，帝國政府對於雲南臣民的態度變得愈來愈溫和。

以下三個表格傳遞了豐富的資訊。第一，「蠻」和「夷」都被用作整體稱呼，但是「蠻」的出現頻率逐漸下降，這也許是因為「蠻」的部首是「虫」，而「夷」的部首則是「人」。第二，幾百年來出現了許多新的稱謂，而且使用了越來越多中性詞彙，例如「夷人」、「夷民」、「蠻民」、「土人」、「土民」或「土戶」。將「夷」、「蠻」、「土」與「人」、「民」結合起來使用，「蠻」和「夷」的貶義就很大程度被抵銷了。

統稱	蠻 夷 蠻夷 諸蠻 諸夷
土司	土司 土官 土目 土舍 土酋 土官舍人
土著百姓	蠻民 蠻人 人民 苗民（指的是全部族群）
土著軍隊	蠻兵 土兵 蠻弁
土著叛軍	賊 盜 叛目 賊首 蠻黨 土賊 叛蠻

表 7.2　明代官方對雲南土著的稱呼　根據《明史》，卷 313-315；全國人民代表大會民族事務委員會雲南民族調查組、雲南省少數民族社會歷史研究所編，《明實錄有關雲南歷史資料摘抄》，昆明：雲南人民出版社，1959 年。

統稱	夷 蠻 苗 苗蠻
土司	土官 土司 酋長 頭目 頭人 夷目
土著百姓	土著 夷民 夷人 苗民 土民 土夷 土蠻 夷眾 夷戶 百姓 赤子（委婉之稱呼） 編氓（委婉之稱呼） 黎獻（委婉之稱呼）
土著儒生	土生
土著奸猾者	匪夷 夷匪 夷奸 刁夷

表 7.3　清代官方對雲南土著的稱呼　雲南省歷史研究所：《清實錄有關雲南史料彙編》，第三冊，民族事務，昆明：雲南人民出版社，1984 年，3075-3384 頁；程賢敏編：《清〈聖訓〉西南民族史料》，成都：四川大學出版社，1988 年。

因此，此處的「蠻」和「夷」是用作形容詞，或多或少指這些人所處的地理位置遙遠，而不是單純指其具有禽獸或半禽獸的本質。某種程度上，「夷人」、「夷民」、「蠻民」的使用就像是「土人」和「土民」，意思是指新近征服邊疆地區的原住民或土著臣民。

最後，有些用於稱謂作為帝國子民的漢人的詞彙也被用來指稱雲南的土著，例如「百姓」、「赤子」、「黎獻」、「編氓」。如果說明代的皇帝們是下意識地使用這些詞彙，那麼清代的統治者們——比如雍正皇帝——則受制於內心深處的倫理道德責任，要如對漢人臣民般平等對待雲南的土著。一六五九年時，順治皇帝明確表示：「雲貴新入版圖，百姓皆朕赤子。」[6]雍正皇帝則宣布，「改土歸流」是一個要將土著子民從當地土酋的殘酷統治中「解放」出來的舉措。雖然土著可能因此受苦更多，但雍正的心意似乎不容置疑。雍正在其聖諭中清楚地表示，改土歸流，「此朕念邊地窮民，皆吾赤子，欲令永除困苦，咸樂安全」，此後，「土司所屬之夷民，即我內地之編氓；土司所轄之頭目，即我內地之黎獻。民胞物與，一視同仁。」[7]相信土著是帝國子民一事，與明代楊慎所提出的思想趨勢相符。楊慎指出，只要土著接受帝國的統治，他們便是帝國之民。

認定土著為平等之子民的趨勢，也反映在帝國統治者對於所謂「漢奸」的斥責上。[8]就像是對臺灣邊疆的關切一樣，清王朝的皇帝與地方官員非常顧慮漢人商人與流寓（指遊士）濫用其知識和資源去占土著的便宜。在西南地區，清王朝則屢次禁止漢人移民——包含商人——從土著那裡購買土地。雖然這些規定的根本目標是要鞏固邊疆社會，但土著族群的某些利益確實也因此受到了帝國政府的保障。

隨著統合進程的持續進行，將地方族群視為帝國臣民的不只是帝國政府和儒家菁英，就連土著百姓他們也是如此想像自我。這個趨勢及遺產到了二十世紀由當代中國政府繼續加以發展。中國政府宣稱平等對待所有的少數族群，由此開展了實施平等原則的「民族識別」工程（一九五〇年代至一九八〇年代），民族識別將少數族群之屬性從帝國臣民轉變為漢人主導的「中華大家庭」當中的年輕兄弟。

民族識別的爭議

中華人民共和國宣稱自己是一個「統一的多民族國家」。自一九五〇年代以來，「民族識別」這個政府工程設置了五十五個少數「民族」。「民族」的發明與引進，便是二十世紀中國所採用的數個關鍵性政治術語之一；「民族」不只是每一個中國人的社會身分，也是塑造當代中國社會的一項關鍵特徵。[9]當一個族群被官方賦予「民族」的頭銜，它就會自動且名義上進入中華民族的大家庭；由於漢人是主要族群，其他五十五個族群遂被稱為「少數民族」。其次，少數民族獲得特殊的、有時則是優惠的政策待遇[10]，同時享有理論上的政治、經濟、文化「平等」之權利，例如在中國各級政府當中擔任代表。有些少數民族在某些地區是主要族群，便可被容許成立少數民族自治政府（省、市、縣、鄉）。於是，「民族」遂成中國一個特殊的、根本的社會構建。事實上，「民族」是被制度化為中國「社會政治體系」（sociopolitical system）的「基本單位」。[11]

「民族」一詞是一項現代發明；中國要到十九世紀晚期才出現這個詞。有人說這是梁啟超從日本處借用而來，有人則說是自英文翻譯而成。「民」的中文意思是人民，但也可以指涉任何一種社群，例如部落；「族」的意思則是「人類群體或團體」。[12]

中國官方對「民族」的翻譯是「nationality」，但更多時候它是指是「ethnic group」。實際上這個詞用法頗為複雜，而廣義來說，「民族」指的是整個中國國族，也就是「中華民族」。就官方而言，「民族」包含所有居住中國領土上的人，涵蓋官方認定的五十六個民族。狹義來說，「民族」指的是中華民族之中的次群體，諸如漢族、蒙古族、藏族、回族等等。

可是，如果我們認為「民族」同時意味著國族（nationality）和族群（ethnicity），那麻煩就大了。斯特凡．郝瑞（Stevan Harrell）指出，某族群本身、其鄰近的族群以及政府這三者對於「民族」定義，分別代表了三種不同的語言。郝瑞分析說，在這三種「互動的語言」（interactive languages）裡，政府語言是最後的定奪者。[13]唯有被中國政府承認的族群，才被賦予中華民族大家庭之成員特權。因此，「民族」（minzu）和「族群」（ethnicity）的關鍵差異出現了：「民族」是國家的發明和建構，「族群」則通常指一個有特殊族群認同（ethnic identity）的群體。所以，「族群」是變動的、靈活的，而「民族」則是固定的、排外的。[14]

但是，「民族」的標準是什麼？什麼樣的組成足以稱為「民族」？學者們自然轉而檢視史達林的民族理論，因為它是「民族識別」的指導原則。一方面，史達林對於中國革命與「社會主義建設」的影響無遠弗屆；另一方面，值得注意的是，中國的馬克思主義者已經對馬克思主義、列寧主義（Leninism）、史達林主義（Stalinism）不斷予以詮釋與再詮釋，並反過來將這些理論及觀念加以轉化並移植到中國。史達林民族理論同時凸顯了史達林主義對中國的影響以及中國對其務實而靈活的運用。

中國的馬克思主義者經常引用的「民族」定義，便是史達林所謂的四個共同。在〈馬克思主義和民族問題〉一文中，史達林的結論如下：「民族是人們在歷史上形成的一個有共同語言、共同地域、共同經濟生活以及表現於共同文化上的共同心理素質的穩定共同體。」[15]在同一篇文章內，史達林主張，這「四個共同」缺一不可，缺乏任何一點就不足以稱其為民族；同時，一個民族若消失其中一點，這個民族便不存在。[16]再者，史達林表示「民族」是個歷史性現象，是在資本主義上升期間形成的。[17]根據這一點，史達林的「民族」在資本主義時代之前並不存在。可是，資本主義並沒有在中國生根，那這是不是意味著在一九四九年共產黨掌權之前、或者一九五六年社會主義中國宣告建立之前的中國沒有「民族」呢？關於這個問題，一九五〇年代中期時曾有過激烈的辯論。

一九五四年，頗具影響力的歷史學者范文瀾表示，「漢民族」是在公元前二二一年秦統一中國時形成的。他認為秦帝國車同軌、書同文以及統一度量衡的政策，與「四個共同」是一致的。[18]然而，有些學者則引用史達林的說法，亦即「民族」為資本主義之產物，批評范文瀾違背了史達林的結論，認為漢民族是在鴉片戰爭後，也就是資本主義開始在中國擴散時才形成的。因為一九四九年以前的中國被認為是「半殖民地半封建」社會，亦即一種前資本主義社會，所以中國所有的族群單位（包括漢人）並不是「民族」，而是「部族」（俄文為 *narodnost*）；在馬克思主義的線性社會發展觀中，「部族」是一個處於「部落」和「民族」之間的階段。[19]但是，這種等級化的分類讓各地方族群深感受辱，因此這些學者們被迫重新考慮自己的論斷。[20]

為了溝通馬克思主義理論與中國現實之間的落差，中國共產黨認為自己必須要強化對民族與宗教問題的研究，尤其要研究馬克思主義經典對這些問題的闡述。一九五八年，「民族研究所」成立，致力於翻譯與研究馬克思主義經典關於民族問題的相關文獻。「民族研究」的前提和基礎是，馬克思、恩格斯、列寧、史達林關於民族問題所提出並闡述的馬克思主義理論是一個統一的整體。假使其中有差異或矛盾，那只是由於人們的理解或翻譯不同所致，因為馬克思及恩格斯是用德文寫作，列寧和史達林則是用俄文。因此，任何理論上的緊張都可以輕易地簡化成為一個技術性問題：翻譯的不精確。

民族與宗教問題的馬克思主義專家牙含章，便是上述論點的強烈擁護者。他和別的學者發現，恩格斯早已為「民族」的起源及組成提供了正確答案。恩格斯在〈勞動的角色〉這篇文章中，認為民族早在資本主義形成之前就已經出現。那麼，恩格斯的觀點與史達林宣稱民族為資本主義之產物，兩者是否產生衝突呢？

牙含章當然不認為有衝突。在閱讀了史達林的其他文章之後，牙含章和他的同事們指出，當史達林說民族是在資本主義上升時期形成的，史達林是指「現代民族」，而恩格斯所討論者為「古代民族」以及「民族的一般規律」。因此，牙含章認為，如果將先前翻譯中的「部族」譯成「古代民族」，那麼。兩者之間就沒有矛盾了。[21]一句話，理論上的分歧不過只是有技術性差別而已。

民族研究所提出了這個意見，相關的翻譯也從此標準化。[22]對於牙含章與其學派來說，中國確實有許多「民族」，但那都是古代民族，唯有到中華人民共和國建立之後，那些民族才變成現代的（社會主義的）民族。牙含章嚴格遵守史達林主義，但他的學派實際上並沒有多大影響力，許多學者亦不同意牙含章的觀點。[23]劉鍔即指出，中文「部族」一詞與史達林表達的意思不同，因此，史達林的「部族」翻譯成「民族」未必恰當。[24]

既然從馬克思、恩格斯經列寧再到史達林，有一套統一且一致的民族理論，那麼，此前的問題就成為如何將這些理論應用到中國去。其實，正是史達林的「四個共同」的應用，中國學者感覺最為棘手，西方學者也批判最多。因此，以下轉而介紹「民族識別」這個政府工程，因為正是這個工程選定了五十五個少數民族，也正是這個工程使得中國定義的「民族」（*minzu*）區別於西方的「ethnicity」和蘇聯的「nationality」。這項工程的分類及理論也成為中國民族學的基礎，對現代人類學的「華化」，起了主要作用。

西南地區是民族識別的兩個重點區域之一（另一個是中南地區），這不只是因為該地區的族群複雜性，也是因為族群認同中最難解且最具爭議性的問題都發生在西南地區。

雲南的民族識別[25]

◎第一階段：一九四九至一九五三年

中國共產黨於一九四九年掌權之後，便開始進行其自身的政治議程。在一九四九年制定的臨時憲法《共同綱領》當中，已規定了民族平等的原則。在《中國共產黨章程》中，中國共產黨除了宣稱自己是無產階級先鋒隊之外，還是中國各民族的忠實代表。在這樣的意識型態下，中國共產黨自居為從前受到剝削的少數民族之解放者以及平等權利之分配者。而要把這一意識型態與政策付諸實行，首先必須得確定中國境內有多少個民族，這樣才能實行平等的原則。[26] 簡而言之，中共之平等宣言面對的關鍵挑戰，便是要畫分並確定「中華民族大家庭」中的具體組成「民族」。然而，在所有的不同群體之中，什麼類型的族群具備「民族」的資格並成為地方與國家的政治、經濟、文化領域裡官方設定的參與者呢？

考慮到有些族群的相對支配地位和歷史上的重要性，他們便成為不證自明的候選民族，諸如漢族、蒙古族、回族、滿族與藏族；可是，其他少數族群則需要更謹慎地加以確認。從一九五三年開始的大規模民族識別工程便決定了哪些族群可以被官方標誌為「民族」。

中共鞏固政權與復興經濟不久，便在一九五三年開始了民族識別。不過，實際上中共於一九四九年後半期、一九五

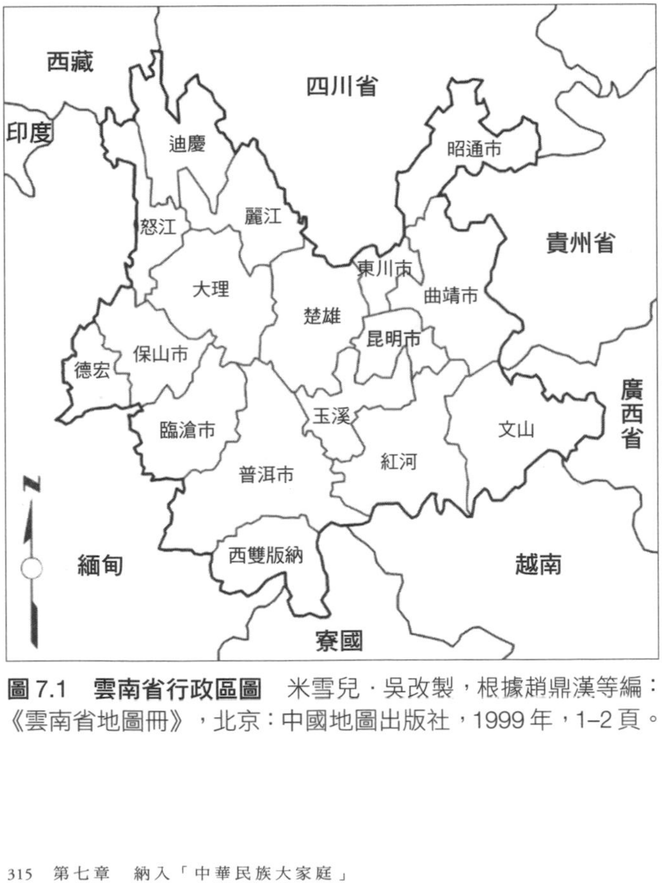

圖 7.1　雲南省行政區圖　米雪兒．吳改製，根據趙鼎漢等編：《雲南省地圖冊》，北京：中國地圖出版社，1999 年，1–2 頁。

〇年初占領西南地區之後，因為控制這些邊疆區域需要當地族群的合作，「民族工作」便隨即開始。因此，到一九五三年，處理「民族事務」的全國性行政等級機構已經建立。再者，各地還成立了許多民族大學與幹部學校，另有，政府提出、通過並實施了許多民族政策與條例。

為了消弭少數族群人民的疑慮和抵抗，中共在一九五〇至一九五二年間數度派遣中央「訪問團」去少數族群居住地，慰問少數族群，對他們解釋中共的民族政策。在安撫地方少數族群——尤其是地方菁英——的同時，這些訪問團會蒐羅當地社會資料，例如族群的類別或名稱、人口、語言、歷史、經濟、貿易、教育、衛生和文化特徵。[27]有些省仿效中央的模式，也派遣自身的訪問團到地方族群區域慰問。

一九五〇年六月的「西南訪問團」為第一個中央訪問團，團員來自二十多個部委，人數超過一百二十人。此後還有地方幹部及學者的加入。西南訪問團由資深革命元老劉格平領銜，夏康農和費孝通任副團長。他們三人各自帶著一個分團，劉格平去西康省，費孝通去貴州省，夏康農則到雲南省。[28]與此同時，中共也邀請地方菁英組成「參觀團」或「代表團」訪問北京、天津、上海以及其他足以讓這些人對新中國的發展進步感到印象深刻的城市。[29]雲南參觀團的成員有三十多位，他們前往北京並參加中華人民共和國國慶的典禮，還與領袖人物如紅軍之父朱德等會面。離開北京之後，雲南團又去了其他大城市參觀。[30]

當費孝通的團隊抵達貴州時，部分為中共的善意所感染，三十多個族群要求被認定為「民族」。[31]假使貴州訪問團成員們知道族群複雜的雲南有超過兩百六十個族群單位提出申請的話，他們應該就不會抱怨了。雲南訪問團一九五〇年六月抵達昆明時，有三十多位地方幹部及學者加入，其中包括一位雲南省副主席。訪問團利用機會與各族群會面，同時進行個案研究。他們下車伊始，便與參加雲南省第一次農民會議的少數族群農民進行訪談。而後雲南訪問團分為數個工作小組，每組各自分配了地方調查的任務。從一九五〇年八月到一九五一年五月之間，這些工作小組訪問了宜良、麗江、保山、大理、楚雄、武定、蒙自、普洱、文山，訪談對象超過二十三萬名少數族群幹部與群眾。此外，他們還協助地方政府舉辦了四次少數族群代表會議以及為少數族群幹部舉辦了兩次培訓班。[32]訪問團總共完成了二十個村落調查以及十多種研究。這些資料再加上蒐集的其他地方資料，一九五一年七月編輯成《雲南民族情況匯集草稿》百餘件，內容多達一百多萬字。[33]雖然中央訪問團的主要目標是要解釋新政權的民族政策，不過他們的調查或多或少也觸及到民族議題，有時還涉及民族名稱。這種方式與研究風格（案例研究）後來也為「民族識別」所採用。因此，公平地說，中央代表團可以說是民族識別的預先排演。

雲南地方政府在少數族群問題上有其自身重要的角色。雲南不只是一個少數族群居住的省分，也是一個邊疆省分。也就是說，有許多族群的生活跨越了邊界。除了土匪之外，國民黨軍隊的殘餘勢力依然活躍於緬甸的熱帶叢林內，這使得雲南的民族工作變得更加敏感。相應之下，中共最初的作法也相當謹慎。整體而言，中共強調在進行相關族群決策之前，對地方情況進行調查研究的重要性和必要性。這一理念在雲南被視為指導原則。中共雲南省委在一九五〇年二月通過了工作原則，強調「宜緩不宜急，講團結不講鬥爭，反左不反右」，反對急躁冒進[34]，決定暫時保留土司制度。簡而言之，在一開始的時候，中共是企圖控制並穩定地方，而不是急於改變。

一九五〇年底，雲南召開了民族工作的一個會議。中共雲南省委根據初步調查，將全省分為兩個區域：少數族群聚居居住的內陸區以及還有土司制度依然存在的「邊沿區」。兩個區域施行不同的政策。內陸區中共立即發起已在中國內地實施的土地改革等活動。到一九五二年，內陸區的土地改革已然完成。

邊沿區共十六區（包括麗江、德宏、西雙版納、迪慶、臨滄、思茅等，多數位於國界一側）的經歷則頗為不同。這一區域的傣族、哈尼族、藏族、彝族、白族、景頗族、傈僳族、佤族、布朗族以及漢族，人口加起來共兩百萬（約占雲南總人口數八分之一），都處在地方土司的統治之下。[35]邊沿區暫不實施土地改革，而是進行調查工作。一九五〇年至一九五二年間，中共在邊沿區的主要工作目標為「疏通民族關係」。其基本狀況是，中共派遣各個工作團去與少數族群的上層人士打交道，和他們結盟合作，並通過他們和族群的下層民眾接觸。本質上，中共力圖贏得族群菁英們的合作及擁護。馬曜在德宏地區之經歷，便說明了這項政策的必要性。

一九五二年夏季，負責雲南民族調查及研究的民族工作副祕書長馬曜，率領了二百多人的保山民族工作隊前往德宏。他們發現，他們一到村莊，那裡的男人跑，女人躲，小孩哭，全村雞飛狗叫。馬曜與其團隊只好宣布，除非獲得地方族群上層的同意，否則不會改變土司制度，不會實施任何改革。於是，少數族群的疑慮才慢慢消失，而在地方上層人士的協助之下，馬曜才開始接觸到一般民眾。馬曜的經歷表明，為什麼系統性的民族調查——即「民族識別」——要到一九五四年時才開始啟動。[36]

經過一系列步驟，一九五四年中共方面認為進行民族識別的時機已經成熟。首先，中國共產黨的政權已經鞏固；其次，從上到下的行政等級制度已經建立；最後，中共已經從初期的活動獲得某些經驗、資訊和幹部。這也就是為什麼一九五〇年至一九五三年這段時期，一般被認定是民族識別的第一個階段。在這階段，中共從四百多個候選民族之中，認定了三十八個民族。[37]

◎第二階段：一九五四至一九六三年

公元一九五四年至一九六三年（一九六三年中共進行了第二次全國人口普查）是民族識別的第二階段，在此期間發動了更大規模的調查與識別活動。「中央民族工作委員會」負責這項龐大的族群工作，他們邀請地方族群來申請「民族」之地位。與此同時，中共派遣了民族學、歷史學、語言學領域共一千七百多位學者和學生前去各地，為中央政府最後的決策提供「科學」的報告。

西南地區和中南地區是民族識別的兩大焦點，另外還有小型團隊——視其必要性——被派遣到東北、西北、華東。雲南則因為其族群複雜性，成為西南地區的重點。僅僅一九五四這一年，超過四百個族群單位申請「民族」名稱，其中有兩百六十多個族群是來自雲南。從一九五四年的五月到十月，中央民族工作委員會派遣的雲南民族識別調查小組，開始進行大規模調查與研究。團隊成員包括有林耀華、沈家駒、劉堯漢、王恩慶、施聯朱、王曉義等著名學者。例如林耀華是哈佛大學的博士，當時已在《哈佛亞洲研究期刊》（*Harvard Journal of Asiatic Studies*）發表論文。團員們調查了許多地區，包括文山、蒙自、玉溪、麗江、大理、普洱等，並研究了彝、壯、傣、哈尼等族群。其研究的合作對象包括雲南省委統戰部、中央民族工作委員會、語言研究所（中國科學院）、雲南大學、雲南民族學院、昆華醫院。經過兩個階段的調查研究，最終識別了六十八個族群單位，提出了族屬歸類和畫分的意見。[38]

三十年之後，林耀華回憶說，有十三個族群單位首先被承認為「民族」，而後來又識別了六十八個單位。這十三個「民族」是彝族、白族、傣族、苗族、回族、佤族、哈尼族、傈僳族、拉祜族、納西族、景頗族、藏族、瑤族。[39]其他的族群單位則歸屬於以下兩類：第一類是被歸屬為現存民族的旁支。林耀華舉土家和蒙化為例，這兩個群體的人口都不多（土家十七萬人；蒙化四萬人），散布在十多個縣內。林耀華發現，土家和蒙化的語言非常相似，而他們的風俗、禮儀、經濟很類似「彝民族」。於是，土家和蒙化被歸入在「彝民族」之內。[40]還有一些其他族群，也被歸為彝族的分支，其理由主要是根據語言和風俗。結果總共有四十三個族群單位被歸入彝族的二十個分支當中。[41]第二類則被識別為漢族。林耀華例舉了富寧縣的蔗園人。蔗園人的命名是因為他們靠種甘蔗維生，其人口數大約一千。林氏的研究發現，蔗園人是漢人移民的後裔，他們說的是廣東話。[42]施聯朱，林耀華的同事，曾詳細記錄了這些申請的族群單位是如何被分類到數個主要民族——如壯族、彝族、哈尼族、民家（白族）、佤族——之中。[43]結果，在雲南總共識別出了二十二個「民族」。[44]

如果沒有地方政府之支持，雲南的民族識別不可能進行。一九五一年初，雲南省政府和中共雲南省委都設立了雲南民族工作辦公室。[45]在中央調查組抵達之前，許多地方工作組已經前往各地。他們對雲南現存的好幾百個族群稱謂感到驚訝不已。有些族群稱謂是自稱；有些則是他稱；有些族群稱謂是根據族人的職業而來；有些是根據族群家鄉而取；有些則來自於該族群的分支稱謂。[46]雲南省民族事務委員會的第一個任務，就是要弄清楚少數族群的組成。[47]馬曜的辦公室在研究了這些族群名稱之後，整理出十多個人口眾多的族群。據馬曜自己的說法，他對族群名稱的取捨是基於該族群的自身意願。[48]馬曜曾經在另一場合中說，前述的幾百個族群名稱共被歸入一百三十二個類別。[49]

語言學家對於民族識別的貢獻頗多。[50]早在一九五二年時，傅懋勣便率領其語言團隊到雲南進行族群語言調查和改革。該團隊研究了傣族、哈尼族、佤族、拉祜族、景頗族、阿昌族、傈僳族、怒族等的語言，並且幫助創造了十四種書寫文字[51]，正如同某些基督教傳教士之前在貴州及雲南的作法。一九五五年，開始了全國少數民族語言調查，又派了一個一百多位成員的工作隊前往雲南。到了雲南，當地兩百多位地方幹部和學者加入，他們一共調查了十幾個族群。這些語言研究很大程度塑造了族群申請者之分類。林耀華和施聯朱兩人都將語言列為民族識別的重要標準[52]，這就肯定了諾瑪．黛曼（Norma Diamond）的判斷，亦即語言乃是民族識別的「關鍵特徵」。[53]某些時候，正如批評者指出，民族識別過度強調了語言這個標準。[54]

一九五六年，雲南多數區域的土地改革業已完成，於是中國發動了所謂的社會主義改造。中共領導人認為，在少數民族區域實施這個改造，會導致少數民族居住的這個地區內前資本主義社會的消失。因此，他們決定發起另一次調查，調查少數民族的社會與歷史。由於少數民族社會被視為落後，是所謂「社會歷史的活化石」，此次調查的口號便是「搶救落後」。[55]

雲南的少數民族社會歷史調查團由費孝通率領。他們在一九五六年八月抵達昆明，地方學者方國瑜、侯方岳、楊堃、江應梁便加入了這個調查團。在馬克思主義指導原則下，此次調查活動對於各族群進行了廣泛的研究。搜集的資料側重於生產力、生產關係、階級結構、宗教及風俗。[56]然而，一九五七年的「反右運動」打斷了這次調查活動，費孝通被叫回北京並受到政治批判。而此後瀰漫的激進意識型態使得那個時代的資料與研究之可信度大打折扣。

◎中華民族的公式：「五十五加一」等於「一」

到一九六三年第二次全國人口普查時，中國的非漢人族群被歸入為五十三個「民族」；珞巴族於一九六五年被識別為民族，基諾族於一九七九年被識別為民族。自基諾族以後，中國政府便沒有識別認定新的「民族」了。官方認定雲南有二十五個民族：彝族、白族、哈尼族、壯族、傣族、苗族（仡蒙族）、景頗族、傈僳族、回族、拉祜族、佤族、納西族、瑤族、藏族、布朗族、普米族、怒族、阿昌族、德昂族、基諾族、水族、滿族、蒙古族、布依族和獨龍族。此外還有一些未獲識別的族群，如克木人及苦聰人。[57]

自基諾族被認定為民族之後，民族識別便被凍結。一九八七年，中國政府宣布民族識別「基本完成」。[58]「完成」一詞暗示未來不會再承認新的民族[59]，「基本」一詞卻暗示依然有「遺留問題」之存在。遺留問題有二：其一是去識別尚未被識別者；其二是重新識別對識別不滿的族群。[60]自基諾族被認定為民族以後，「中華民族大家庭」的民族數量便固定下來，雖然相關研究與工作依然持續進行。

在鄧小平的時代，五十六個民族就被寫入了教科書，在各種媒體中以「五十六個民族五十六朵花，五十六個民族是一家」的姿態呈現。例如在中國中央電視臺（CCTV）每年的春節聯歡晚會這個全中國最受歡迎的節目上，五十六個民族之統一都是不可或缺的主題。各種奇裝異服的人們表演其獨特族群文化傳統代表的歌舞，象徵著在中國共產黨領導下少數民族身處中國大家庭裡的幸福生活。「五十六等於一」的公式以及中國漢族「大哥」與五十五個「年輕小弟弟」的觀念，透過媒體、宣傳與教育而有效地注入普通人的腦海裡。

蘇聯模式的應用與問題

今天，被中國政府宣稱具有高度科學性的民族識別已經成為中國的某種新傳統，但民族識別的標準從一開始就被質疑。西方學者對此感到困惑，因為他們在民族識別的標準中找不到一致性。舉例來說，一九七一年亨利．施瓦茨（Henry Schwarz）曾抱怨：「他們在發布法規、政策聲明、工作報告時，從來沒有公開他們對少數民族的定義。」[61]西方學者經常批評史達林的「四個共同」的民族理論忽略了民族的自覺意識，過度重視外部施加的價值觀以及中國人對「四個共同」的生搬硬套。[62] 托馬斯．海貝勒（Thomas Heberer）指出，這種套用「頗為荒謬」，因為中國的各個民族實缺乏共同的語言、領土、經濟生活和文化。[63] 但是，中國的學者們大多以馬克思主義理論在中國的實踐為榮，雖然他們也注意並且承認其中的缺點及問題。

筆者的觀點既不同於西方學者，也不同於中國學者。與西方學者相異之處在於，筆者認為民族識別其實對史達林主義的運用頗為務實而富有靈活性；與中國馬克思主義學者相異之處則是，筆者不認為民族識別如他們宣稱的那麼科學。事實上，筆者不認為馬克思主義意識型態是識別工作的唯一指導原則，反之，而是應該將民族識別放到歷史脈絡當中，將其視為中華帝國遺產的延續及發展。帝國傳統與遺產這一角色很容易受到忽略，而在本質上，中國共產黨的民族識別其實是在繼續對邊疆地區和族群進行「帝國滲透」的傳統任務。

在民族識別的過程中，學者們由於受到中共在一九五〇年代的思想改造運動之影響，宣稱馬克思主義民族理論是指導原則，史達林的「四個共同」是識別標準。[64] 可是，一旦學者們開始進行調查與個案研究，他們立即發現理論和事實之間有無法調和的鴻溝：「首先，中國和蘇聯的情況不同。（中國）多數民族是處於前資本主義階段，而史達林的民族定義指的是現代民族，所以該怎麼在民族識別工作中，把它套用在前現代的民族上呢？」[65]

實際上，學者們可以做的事情是「持續地定義、再定義、解釋、再解釋、確認、再確認」四個共同，尤其是其中最後一點——「表現於共同文化上的共同心理素質」。[66]

相關討論在一九五〇、一九六〇、一九八〇和一九九〇年代不斷出現。學者對於「四個共同」的觀點不一，這不僅是因為他們對馬克主義的理解有差異，而且還因為他們各自研究的族群案例不同。

許多學者覺得，史達林的民族定義當中最難掌握者就是「心理素質」這一項。馬克林（Colin Mackerras）曾將中國學者的反應分成兩類。針對史達林認為在識別民族時四個共同缺一不可的說法，第一類學者對這種說法是忽略或不重視的；第二類學者則認為四個共同概念本身是可以加以挑戰的。[67]

確實，這兩種反應都是在企圖重新詮釋、調整史達林主義以適用於中國的現實。舉例而言，有些學者主張，「心理素質」這項標準，與「民族特徵」、「民族意識」或「民族感情」是一致而相應的；有些學者則以為，心理素質絕不僅止於前述三者；還有學者堅持，將心理素質和民族特徵、民族意識、民族感情相等同，根本就沒有道理可言。[68]企圖將「民族意識」增添或融入至史達林民族定義者，最好的例子就是費孝通於一九七八年的演講。[69]曾在倫敦受教育的費孝通，首先認識到史達林之民族定義忽略了「民族意識」這個關鍵因素。

起初，費孝通與其他學者一樣接受四個共同，但他隨即注意到該理論的限制。這也是為什麼費孝通一九七八年演講的結論會是「怎樣運用這個理論來研究我國具體的民族情況，是我們做好民族識別的關鍵」。[70]在這個發言當中，雖然費孝通依舊說史達林之定義是對資本主義時代西方民族的「科學總結」，應當視其為中國的民族識別的「指導思想」，但是，他也強調了該理論的限制，此限制在中國的案例上尤其顯著。雖然費孝通稱四個共同為「指導思想」，但整體上，尤其考量到他在文化大革命之前和期間所處的歷史與政治環境，筆者認為這並不是他的真心話。[71]確實，費孝通後來的演講更精確地反映他的態度。費氏在一九九六年於日本演講時，已不再使用「指導原則」、「指導理論」、「指導思想」等詞，他坦白表示：在中國的民族識別之中，四個共同只能夠作為「參考」。[72]

除了作為「參考」以外，費氏認為四個共同的貢獻在於啟發中國人關於「中國民族的特色」之思考。[73]正是因為如此，中國的「民族」和西方的「ethnicity」和蘇聯的「nationality」模型都不一樣。的確，早在一九七八年的發言中，費孝通意識到中國的民族定義可能激起西方的批評，所以特別強調：「我在這裡所說的民族是按照我國自己的傳統用法來說的」[74]，雖然中國在十九世紀後期之前從未將「民」、「族」二字一起連用。

到了一九九六年，費孝通更進一步，在演講時直接否認史達林四個共同中的「共同心理素質」有被運用至民族識別工作中。費孝通稱史達林的共同心理素質「最不容易捉摸，以我個人來說，至今還是沒有甚解」；相反，費氏則大談民族意識，並討論如「內團體」（in-group）和「外團體」（we-group）等社會心理學概念，主張所謂的共同心理素質其實就是「民族認同意識」。[75]

史達林主義的共同語言標準在中國識別中也無法運作，因為有許多少數族群甚至沒有自己的語言，有些族群是使用其他族群的語言。因此，費孝通改進了語言分類法，主張共同語言在中國僅適用於生活在小區域、且使用相似或能懂語言的少數族群——雖然就算是同一「民族」，各分支之間可能也聽不懂彼此的話語。對於共同地域這一項，費孝通則支持由許多族群所共用的「聚居區」這個概念。至於共同經濟生活，費氏則坦白說，這不符合中國國情。因此，費孝通其實暗示說，史達林四個共同在實際上一個也沒有嚴格套用到中國的民族識別工作中去。

費孝通的論點可以反映於識別後的民族群體上。在中國四百多個族群單位及五十六個民族之中，沒有一個擁有四個共同。[76]中國學者的研究資料顯示，五十五個民族當中只有二十一個有其自身的可書寫語言（written language），而其中五十三個有自身的口語（spoken languages）。[77]只有少數幾個民族有自身的地域，多數民族都是與他人共用，後者例如散布在從西北草原向東南沿海廣大地區的回族。[78]而且，由於長期與其他族群互動，幾乎沒有一個民族有其獨立的經濟生活。既然如此，我們怎麼可以批評民族識別是對史達林模式的生搬硬套呢？

因此，中國的「民族」概念與史達林的定義大不一樣，是因為「民族」包含多樣的族群或前族群的群體，無論他們處於馬克思主義社會形態（不管是「現代」或「古代」社會）當中哪一級。「民族」和西方的「ethnicity」不同，因為前者是由政府所認定。事實上，某個「民族」可以是好幾個族群的混和；也可以是個單一族群；還可能是一個次族群單位（subethnic unit），或只是一個部落型社群。「民族」的這一特性由此開始了人類學在中國土著化的歷程。正是在此漫長的民族識別過程中，「中國民族學」（Chinese ethnology）產生了。[79]

民族識別的過程本身異常複雜。雖然其結果必須經國家認可，但其中出現了許多始料未及的因素，有時甚至發揮著決定性作用。因此，民族識別可以說是並沒有一個統一標準，因為每個民族的識別標準都不一樣。

民族識別出現的問題

民族識別既有正面的貢獻，也有負面的影響。對於一些小規模的、弱勢的族群或次族群，民族識別有著正面的意義。理論上，中華民族大家庭的所有民族成員在法律上一律平等，許多少數民族因此可以追求自身的利益。他們擁護平等之提倡，因此接受國家的決策，因為平等使得他們能有機會獲得機遇、資源以及國家舞臺展現自我，這是一份前所未有的禮物。這些原因在某種程度上解釋了一九五三年雲南為什麼有兩百多個族群／前族群單位來申請「民族」的地位。也正是在此過程當中，許多少數族群創造或強化了自身的族群意識。

東北地區的達斡爾族便是很好的例子。一九四九年之前，達斡爾人以採集、打獵為生，經常受蒙古人虐待或剝削，他們也從來沒有共同的族群意識。但是，民族識別調查團根據馬克思主義意識型態，重構了達斡爾人的歷史，還決定達斡爾人有資格成為「民族」。就是在這個識別過程中，達斡爾人形成了共同的身分認同。達斡爾人歡迎這一決策，對中國共產黨讚譽有加，因為歷史上從來沒人對他們這麼好過。浙江與福建省山區的畲族則是另外一個例子。畲民居住在山區，相鄰的漢人則占據了附近的肥沃土地。識別為一個「民族」，為畲民帶來了諸多好處，他們對「畲族」這一新的稱謂之抗拒也逐漸消失，接受了這一認同。

究竟有多少個族群單位贊同國家的識別，此事難以估計，但整體看來大家是滿意的。舉例來說，斯特凡．郝瑞曾研究被歸入到彝族之中的三個族群單位，其中有兩個族群接受了這樣的結果。[80]總體而言，僅有個別族群單位申請對自己的身分進行識別，或是申請重新識別。有時候，相關族群單位確實是被識別錯了，但諷刺的是，在這五十年光景之間，族群之間的共同意識卻已經成形了。例如，彝族、瑤族、苗族等「民族」各自包括的一些分支，其地理上相隔千山萬水，有時語言也不通，本來可以被識別為不同的民族。然而，幾十年來被識別畫入了同一個「民族」的事實，使得這些散布在不同地方的族群單位萌生了一個共同的民族意識。

簡而言之，中國政府的政策在賦予族群權利及利益時，鼓勵了族群意識的產生。值得注意的是，一九四九年前，中國的少數族群傾向與隱藏自己的身分，常常宣稱自己為漢人移民的後代，例如雲南有許多少數族群堅持其祖先是來自明朝首都南京的軍戶。與此形成鮮明對比的是，一九五〇年代初期有四百多個族群單位申請成為「民族」。雖然在文化大革命期間少數民族的民族意識遭到打擊，但現在他們對於自己的非漢人身分頗感自豪。[81]一九八〇年代以來，中國出現了一個全國性的「族裔民族主義」（ethnic nationalism），如杜磊（Dru C. Gladney）所言，有時候它甚至對於政府權威造成了意想不到的衝擊。[82]舉例而言，被畫入「藏族」的僜人要求重新識別，揚言官方若不將其認可為單一民族，便要脫離中國。[83]僜人的案例完全是國家政策始料未及的結果，而僜人之行動顯示族群單位是如何利用該體制來爭取自身利益、以及他們如何與國家交涉。

話說回來，雖然絕大多數族群都接受了民族識別的結果，但民族識別無論是過程還是結果，都有很多問題。雖然四百多個申請族群之中建構出了五十五個「民族」，仍有眾多其他的族群或次族群被遺忘，尤其是那些身處偏遠叢林之中的族群，遑論那些識別錯誤的族群。雲南的利米人便說出了這份憂慮。他們一開始就被忽視，到一九八〇年代則被畫入「彝族」，而利米人認為自己跟彝族不一樣。[84]直至今日，依然有數以萬計的人們在等待民族識別；然而不幸的是，雖然他們認為自己在文化上是獨特的，但他們應該無法成為一個新的「民族」。反之，他們將被畫入到現有的「民族」體制之中。

因此，烏偉君（Henry G. Schwarz）說對了：他認為「民族」缺乏清楚的定義，「民族識別」也缺乏清楚的標準。中國學者們在進行民族識別時，不同的族群採用了不同的標準。謝劍在研究了識別中四個共同的應用問題之後，指出，「族群識別採取的方法，實際上更加依賴傳統的、不具批判性的列舉（traditional uncritical enumeration），而不是族群建構的學術性分析」，因為幾乎沒有證據顯示識別中如何運用了四個共同。[85]

謝劍關於列舉傳統數目的結論也許太誇張了，然而他關於民族識別受到歷史上族群型態影響之主張是正確的。西方學者批評民族識別太過強調族源，忽視了歷史變遷；他們還提出其他問題，例如過於強調語言、馬克思主義教條的影響、「四個共同」之簡單應用、對族群本身之意願不夠尊重等等。[86]很大程度上，上述所有問題都源自於民族識別的本質：這是一個統一的、政府的操作。

識別的地方化——地方政府、族群單位及族群菁英

筆者基本上贊同斯特凡・郝瑞的觀點，即國家對於族群申請者的畫分有最後決定權。然而，民族識別中還交織著許多其他因素及角色。吳燕和（David Wu）總結道：「這些新創造出的五十六個民族類別，乃是國家政治、官方學者們之研究與詮釋、少數族群自我意識以及族群身分競爭的成果。」[87]吳燕和所列舉的清單還可以加以補充，而這些因素之間的關係也需要加以勾勒。在民族識別實施當中，除了中央政府之外，從事調查並提供建議之學者、各個族群、地方政府都有其突出的重要性。至於被調查研究之族群，問題尤多。例如，鄰近族群會不會影響被調查的族群單位？那些曾向學者提供資訊並表達意願的族群菁英與民眾，各自扮演何種角色？因此，國家固然在原則上確實擁有最後決定權，但這需要經歷族群單位、學者、地方政府及中央政府之間一系列的互動、交涉，之後國家方會下定論。

尊重族群意願在民族識別工作中是個耐人尋味的議題，尤其是因為很少有人曾經探討過此原則如何付諸實行。費孝通曾籠統地表示，最後的決定有經過所討論單位的「民族代表及群眾」同意。[88]在此，筆者將「民族代表」理解為族群菁英，但我們依然不知道相關細節如何。施聯朱說，民族識別工作會諮詢族群單位的群眾意見，「尤其是知識分子、幹部、上層階級的愛國者」。[89]施氏的說法暗示，族群菁英所扮演的角色其實還是比群眾更重要。不妨以平武藏人為例略加討論。

平武藏人又稱白馬藏人，居住在四川省（平武縣及南坪縣）和甘肅省（文縣）。他

們之所以被畫入藏族，是因為他們的頭領是藏人，他在一九五一年報告該族群就是他的族人，後來平武藏人請求國家重新考慮此事。學者發現，平武藏人的習俗及宗教都與藏族不同。四川省黑水縣的羌人也是一個類似的案例。黑水羌人被認定為藏族也是由於他們的藏族頭領，然而其他地方的羌人則是被畫入羌族。這些例子凸顯前述的觀點，亦即所謂「群眾的意願」在很大程度上是「菁英的意願」。

地方政府的角色是另一個有意思的問題。地方政府的重要性在於，他們是族群單位和中央政府之間的橋梁。民族識別的申請族群從一開始得面對地方政府；他們得向地方政府遞交申請，獲得其准許才能進入下一個程式，否則直接就排除了調查研究的程式。地方政府也會組織派遣當地的調查小組，或者參與中央的工作團隊，或者與其合作。馬曜是雲南民族事務的重要領導人，他在中央調查團抵達雲南之前，已有將族群單位加以歸類。一九五一年至一九五三年間，他們已經將數百個少數族群的名稱上報給雲南省民族事務委員會。馬曜與其同事們將這些名稱分為一百三十二個，這就為中央調查團的工作奠定了基礎。[90]地方政府從事的初期調查及研究，對於後來調查團決定去哪個區域、或針對哪個族群進行研究當然有直接影響。

族群邊界和行政邊界之間存在著緊張，這是明、清時代就已經致力處理的問題，但民族識別工作卻忽略這個衝突。諸多族群單位的居住跨越了行政區畫的邊界，但是，民族識別進行的全國性調查卻是根據行政單位的畫分去實行，因此，地方政府（尤其是省級政府）之間缺乏合作協調遂導致識別產生了某些失誤[91]，「西番」就是一個例子。西番居住於四川和雲南兩地，他們在雲南被畫入「普米民族」，在四川卻被畫為「藏民族」。

另一個例子是壯族（傣族）。[92]他們在廣西被稱為「壯民族」，在雲南卻被稱為「布依民族」。另外，摩梭人在四川被當作「蒙古民族」，在雲南則視為「納西民族」。

各族群單位之間的緊張性，成為民族識別中一項下意識的要素。人口多、勢力大的族群確實享有某些優勢，諸如漢族、藏族、蒙古族、壯族等等。首先，這些族群不需要再進行任何調查研究，自然而然就被認為是「民族」，而其他族群卻需要經歷識別才有機會。這些自動被視為「民族」的族群，多少確認了前述謝劍關於歷史列舉的觀點。在雲南，有十三個族群單位在沒有經歷什麼研究的情況下，便被認定為「民族」，因為他們屬於「歷來公認」的民族。[93]他們不證自明的候選地位，與其相對的主宰地位關係密切。雲南這十三個民族包括那些強大而頗具影響力的族群，諸如彝族、白族、納西族、傣族、藏族、蒙古族、滿族。

某些大族群的力量和相對主宰性不只是影響了自身的識別，還影響鄰近族群的畫分。察隅（西藏）僜人的例子就非常能夠說明情況。僜人揚言若其重新識別的訴求不果，就要脫離中國。可是，藏族也訴諸相同的策略，表示如果僜人被認定為另一「民族」，「藏民族」將會遭到撕裂。鑑於西藏的特殊重要性，僜人的主張庶幾毫無機會可言。

族群與中國共產黨的關係或許是影響識別的另一項因素。例如身為資深共產黨員的蒙古人烏蘭夫，使得蒙古族在國家內的聲音更加宏亮。另外，「壯民族」這個群體也許也是民族識別的產物。白荷婷（Katherine Kaup）曾指出，壯族其實是共產黨在中華人民共和國時期的創造物，因為在此之前並沒有什麼壯族的族群意識。[94]可是，中共為什麼要創造壯族呢？白荷婷謹慎地表示，也許是因為中共是想要拿壯族的案例，說服其他少數族群接受其政策。[95]可是，中共為什麼選擇壯族，而不是其他的族群如彝人、苗人或瑤人呢？其中一項可能的解釋是壯族人曾經參與中國共產黨的革命。一九二九年廣西省的「百色起事」，地方族群（於一九五八年時被標誌為壯族）曾積極參與其中（鄧小平是該系列事件的一個主要領袖，也是地方紅軍的創建者之一）。

在某些案例中，民族識別的決定全然是偶然。雲南景洪的基諾族即是如此。一九五四年，基諾人未被列入識別，也就是被遺忘。一九五八年，學者杜玉亭首次對雲南南部的基諾人展開調查，此後一直沒有放棄；文革後在因緣際會下得以進行識別，最終杜玉亭負責基諾人最終的民族申請，並於一九七九年獲得國家批准。對此，杜玉亭的結論是：基諾人被識別為民族，有一個不容忽視的因素，那便是時機或偶然。[96]因為杜玉亭於一九五八年被派去探訪一事，其實是個偶然的機會。基諾族作為一個被識別的「民族」，他們實在夠幸運。相反，有很多小族群很不走運。例如雲南的利米人就被分類到「彝民族」之內。事實上，幸運的族群不只是基諾人，廣西也有一些類似的例子。[97]

民族建構的帝國遺產

令人感到驚訝的是，雖然「民族」這個詞彙要到十九世紀末才出現，費孝通卻說他對「民族」一詞的使用，是奠基於中國的傳統。費氏的說法顯示了帝國遺產對於現代國家建構的持續影響。儘管中國共產黨宣布其民族政策史無前例、舉世所無，但當代的族群處置、政策、方法、規章，很大程度上其實可以追溯到帝國時代。

中國共產黨將民族識別工作視為前無古人的「創舉」，表示歷史上第一次中國境內所有民族在中華民族這個大家庭中一律平等，同時少數民族有權決定其內部事務。中共聲稱，這些成就都要歸功於馬克思主義，這個代表被剝削者的「科學真理」。忽視馬克思主義對中國的影響當然很危險；與此同時，忽視「馬克思主義中國化」同樣危險。

另一方面，忽略帝國遺產對現代中國發展軌道之塑造，也是一件很危險的事情。周錫瑞（Joseph W. Esherick）在其〈中國革命之十個命題〉中指出，「一九四九年是一座分水嶺，而不是無法跨越的裂痕」，因為中國國家及社會的宏大結構「對於革命者與反革命分子施加重要的限定」。[98]筆者在此略加推展此一論點，便可說：帝國的結構與傳統不僅僅限制了革命或反革命，而且還大幅度地影響著後續的現代國家建構。

三十多年前，施堅雅在闡述帝國時代中國鄉村的市場體系時指出，中國共產黨試圖在大躍進期間將該體系加以轉化，但最終失敗。人民公社之崩潰便足以昭示，帝國遺產是如何限制著中國的現代化努力。[99]許慧文（Vivienne Shue）曾經探討過中共企圖滲透中國鄉村時鄉村社會與中央政府之間的交涉與調合。[100]黃樹民的《林村的故事：一九四九年後的中國農村變革》，可以作為許慧文理論性分析的一個注解，因為黃氏此書內容便涉及到傳統制度在社會主義中國如何得以倖存。[101]

同理，中國共產黨這「前無古人」的民族政策，也必須面對帝國遺產以及歷史模式的質疑。謝劍主張，民族識別其實「更加依賴於傳統的、不具批判性的列舉」[102]；他曾對社會主義國家和傳統帝國的族群分類進行比較，使得這個觀點不但有趣而且銳利。如果採取長時段的研究取徑，那麼，現代民族國家與傳統帝國兩者之間的鴻溝，其實也許沒有人們想像得那麼寬廣。畢竟，當代的努力與帝國的舉措都有著共同的目標，那便是中央對邊疆族群的控制。

第一，不同於中共所宣稱，當代族群工作並不是所謂的「解放」，而是用不一樣的方式加以支配。[103] 民族識別、政治參與、特殊的經濟補給並不是為少數民族增加權利，而是傅柯（Michel Foucault）所謂的「畫界進程」（process of delimitation），也就是畫下什麼可以做、什麼不能做的界線。[104]

第二，五十五個民族在各級政府中皆有其代表，這些代表的存在不過是威權廟堂裡的某種政治點綴。的確，民族幹部的人數必須與該民族人口總數相適應，這是中共的一項重要政策，但是，民族幹部在政治中——無論是地方抑或國家舞臺——的角色並沒有相應的權力或影響力。事實很明顯，漢族幹部通常占據著各種關鍵的職位。

再者，民族識別工作本質上是一個積極動員的、高度組織的、自上而下的政府工程。根本而言，這是中共國家建構當中不可分割的一個歷程，是其美好願景的一部分。正是中央政府成功地為其選定少數民族搭建了舞臺，設定了秩序及體制；正是中央政府決定了誰可以上臺表演、如何表演、表演什麼節目。

因此，筆者在帝國的科舉制度和中共的民族制度兩者間發現了許多相似之處。帝國科舉制度在為社會菁英提供進入權力之途徑（換言之，否則這些人就是未來叛亂的潛在領袖）的同時，透過控制其抱負誘導他們投入現存政權之成長與鞏固，從而大大減少了未來叛亂的可能性。這些策略也強化了統治政權的合法性與靈活性。這也正是為何在一千多年前，唐太宗私幸端門，見新進士綴行而出，喜曰：「天下英雄入吾彀中矣！」[105]

民族制度就類似於科舉制度，一方面為少數民族提供了發聲的空間，但同時將他們過去享有的其他空間和習俗非法化。雖然這套制度幫助國家建立了少數民族的遊戲範圍，但卻造成少數族群「自我呈現」（self-representation）之喪失，弱小族群如利米人尤其如此。

一九八一年十月，考古學者汪寧生探訪了烏木龍人民公社（雲南永德縣）。那裡居住著一千五百一十四個利米人家庭，人口為七千三百零一人，大約占整個公社人口的百分之四十。在回答汪寧生的問題時，利米人嘆道：

> 我們這些小「民族」太可憐了。說是少數民族，得不到任何照顧。上面沒有人幫講話，什麼好事也挨不到我們。你問幾個人上大學？一個沒有！幾十年利米人只有三個高中生（二個還未畢業）。我們人少，不敢想成立一個民族，也不能指望成立一個自治縣，但至少應成立一個自治鄉吧。利米人就數我們這裡多。利米人就是利米人，我們和哪個民族也不同。[106]

雖然利米人認為自己是不同的，但諷刺的是，他們被畫入「彝民族」，一九八八年三月還為他們設立了一個自治鄉。[107] 利米人的故事告訴我們，這些弱小族群在官方畫定的空間裡如何被不恰當的對待，而國家給予這些弱小族群的空間又是何等狹小。利米人絕非孤例（注意他們自稱「我們這些小民族」），雲南許多弱小族群也處於類似的處境。

這樣，中華人民共和國的民族制度為少數族群建立了新的規範，這是歷代中央政府向邊緣地區推進的繼續。雖然今天有了許多顯著的變化與發展，但是當代的作法可以找到帝國時代相對應的舉措，對此中共與中國學者們則有意無意避免提及。

的確，中華帝國歷史上從未將如「民族」一類的稱呼加諸少數族群，但總是將官方或榮譽的頭銜不斷授予非漢族群的頭領，而且還進行了類似的計畫將族群加以分類。其中最為顯著者，便是乾隆皇帝下詔編纂的《皇清職貢圖》。長期以來，朝貢儀式已經成為帝國的傳統，而宮廷藝術家有責任呈現這一儀式。許多朝貢圖因此得以繪製和保存，當中規模最大的便是《皇清職貢圖》。[108]

一七五〇年，乾隆皇帝下令地方官繪製各個族群的圖畫，以誇耀滿人政權之廣闊領土與德行。一七五七年，所有的畫稿送到北京，一七六一年職貢圖完成，共有九卷之多。其中，雲南卷包括三十六幅圖，每一幅圖上有一男一女（有時候是三人）；他們穿著不同的衣服，同時呈現出能代表其獨特族群身分的習俗。

《皇清職貢圖》選擇族群的標準難以得知，但它的製作方式，確實與雲南民族識別過程中編纂出《民族問題五種叢書》類似。[109]這些項目與資料匯集是中央對於邊緣族群進行分類與系統化的過程，從而掌控、馴化了地方知識。《皇清職貢圖》的那些圖畫，實在與中央電視臺春節聯歡晚會無異。晚會上的男男女女在舞臺上穿著所謂獨特的民族服裝表演，建構出少數族群中央化後的政治形象。

中央政府最終在雲南認定了二十五個少數民族，二十五這個數字令人驚奇。作為「科學」研究成果的二十五個民族，這個數字基本上與明、清帝國文獻與地方誌所進行分類之數量相符。十六世紀中期，楊慎便曾提及了雲南的二十多個土著族群；十七世紀劉文徵的《滇志》則在「種人」中列出大約三十個族群；一七七〇年代，傅恒等奉敕編纂的《皇清職貢圖》也確認了這三十個族群。而這大約三十個左右的族群類別，又再度與中共在雲南「科學」識別出來的二十五個民族基本一致。在某種意義上，謝劍主張民族識別工作「更加依賴傳統的、不具批判性的列舉」，確實是正確的判斷。[110]

中共其他的政治舉措也承載著歷史印記。舉例而言，中共雲南省委在一九五〇年代初將雲南省為兩區：一區立即實施土地改革；另一區則暫緩實施土地改革，同時中共允諾暫時不會廢除該區的土司制度。[111]這種畫分實際上承襲了清代改土歸流的遺產：第一區在從前就有清代地方政府直接管轄，另一區則由土司統治。[112]

人們很自然地會將民族自治制度與土司制度比較。中國政府及其學者們自一九九〇年代開始強調民族自治制度的歷史因素與現實因素，以便將中國與蘇聯加以區別。[113]然而，在討論歷史性因素的時候，他們卻從不提及土司制度。箇中原由在於，在中國政府的「語彙」裡，土司制度是退步的，土司制度是保護落後的生產方式，土司制度是中國團結的潛在破壞者。

民族自治的指導原則是「讓少數民族管理自身事務」；這其實是一種現代的、調節過的「因俗而治」的版本，因為在土司制度之下，土司們就是在管轄自己的族群或社群。在某種程度上，兩套制度的前提是相同的：接受中央的監督和承認中央的權威。因此，這兩套制度都是在規範族群的同時給予地方勢力某些尊重。在土司制度下，土司享有很高的自主權，因為中央政府很少干預族群內部事務。雲南某些土司的力量及權威甚至一直持續到中華人民共和國初期。一九五〇年代早期，許多土司被邀請進入中共的地方政府，獲得名義上的頭銜與職位。如果沒有地方菁英的合作，中共在這些邊疆地區很可能會遇到更多的麻煩。[114]即使是到一九六〇、一九七〇年代，有些土司及其家族成員仍然在政府裡占有職位。筆者相信甚至直到現在，這種情況依然也多多少少存在。就此而言，土司制度其實影響、而且會繼續影響著民族事務。當然，土司制度的影響力持續衰退，而地方菁英的角色，無論其名稱為何，則會繼續存在。

中國政府經常引用平等原則，宣稱歷史上從未有國家如中華人民共和國那般平等地對待其少數族群。這一斷言抹殺了歷史及文化經驗，其目的不過是為了強化中共之合法性。雖然總的說來，中國人認為他者不文明，但中國人並不排除偶然的平等及和平共存的理念。唐太宗自稱為「天可汗」，以其對四海百姓一視同仁而自豪。他曾經說：「夷狄亦人耳，其情與中夏不殊。人主患德澤不加，不必猜忌異類。蓋德澤洽，則四夷可使如一家；猜忌多，則骨肉不免為仇敵。」[115]此外，唐太宗還表示：「自古皆貴中華，賤夷狄，朕獨愛之如一，故其種落皆依朕如父母。」[116]

上述關於傳統中國官方對雲南土著稱呼的討論，也顯示了帝國統治者們已經逐漸將邊疆非漢人族群視為自己的子民。他們之所以持有相對包容的態度，一部分源自於道德信念，一部分來自地方的堅決抵抗。乾隆皇帝在嚐到金川之役（四川西部）的苦果之後，敕令將所有少數族群的歧視性名稱從帝國文獻典籍中消除或變更[117]，這項作法後來也被國民黨及共產黨政權所沿襲。[118]儒家思想與中國馬克思主義在道德性的相似，為中共提供了相當的合法性來延續並推展帝國的習俗。[119]

因此，中共的民族政策既非前無古人，也非生搬硬套馬克思主義或蘇聯模式。中華帝國的遺產確實在當代中國對少數族群及邊疆地區（如雲南）的策略及管理上打下了印記。當民族問題或多或少導致了蘇聯帝國的瓦解，兩千多年來的傳統智慧卻在相當程度上解釋了中國在此問題上的相對成功——雲南即是一例。

創造「中華民族」——理論與歷程

在某種程度上，歐洲民族國家已成為現代政府的同義詞。然而，歐洲的民族國家模式在非歐洲國家（如中國）是有局限的。

在一個民族國家（nation-state）裡，民族（nation）和國家（state）兩者就像是雙胞胎，彼此仰賴對方的存在。在後殖民時代的亞洲，如印度、巴基斯坦、印尼、緬甸等國家卻在掙扎努力創造自身的民族。而於中國的案例，費約翰（John Fitzgerald）指出，「中國這個國家沒有既定的民族。」[120] 費約翰分析說，中國歷史的延續性「與其說源自於中國民族之維繫，不如說來自統一國家這一觀念」。[121] 因此，「中華民族是在國家權力鬥爭之中被創造、再創造出的」，並最終在二十世紀時「由國家所定義，以作為其勝利之回報」。[122]

就像是毛澤東說的，從洪秀全、康有為、嚴復、孫文到毛澤東本人，中國人在所謂「向西方學習」的歷程中，重複地引進、再引進，詮釋、再詮釋，移植、再移植歐洲思想與體制，人們不斷辯論究竟該學什麼。與此同時，中國人學到的東西卻罕能解決中國本身的問題。對西方思想與體制的移植，反映出中國學者和中國人處在現代世界體系邊緣的焦慮。幸運的是，各地學者開始將西方思想在地化，由此開啟了一種「中國本位」的途徑。筆者認為，民族識別當中對於「中華民族」之使用便是一個很好的範例，可以顯示中國的學者們如何將西方概念加以中國化。近來費孝通「中華民族的多元一體」理論就是更進一步揭示了土著化及體系化的嘗試。

早在一九五〇年代，參與民族識別的學者們便感到困惑，因為每個少數民族都被假定擁有自身歷史[123]，但這種民族歷史多少會忽視各個族群與漢人之間的互動交流。[124]所以，一九六〇年代便有些學者呼籲要研究民族關係。民族關係之研究目的就在於揭示長時期的族群互動；即便如此，這種研究仍然忽略了中華民族這個作為單一整體的形成過程。[125]

一九九八年，費孝通應邀到香港演講，闡述了「中華民族多元一體」理論。在費氏的演講中，他主張「中華民族」作為一個「自覺」的單位，是從中國面對西方挑戰的過程中產生的；但是「中華民族」作為一個「自在」（unit-in-itself）的單位，則是相關區域在數千年歷史及族群互動的產物。其次，費孝通強調，雖然中華民族包括了五十六個民族，但這並不是單純相加的結果；反之，五十六個民族已經成為一個「統一而不可分割的整體」。[126]費氏在理論化方面的成果，是建立在他對歷史文獻採取長時段研究取徑的基礎上提出來的。這個理論也迅速受到中國政府及學者們的歡迎。過去十年來，有數十篇論文、書籍在闡述這個理論。但是，幾個問題浮現了：費氏理論真的反映中華民族的真實存在嗎？真的有一個真正的中華民族嗎？對於這些問題，透過雲南的歷史經驗，筆者企圖提供一個嘗試性的、肯定的回答。

元、明、清之前，雲南就有許多漢人移民的到來，但他們全部都被融入到了土著社會中去。明王朝遷徙近一百萬中國漢人到雲南，劇烈地改變了當地的族群構成與族群互動。雖然有很多漢人如從前一般經歷土著化，但也可以觀察到有很多族群經歷強烈的華化。諾瑪・黛曼整體論道，「移民潮將土著族群吞沒」，並且讓他們「受同化而進入中國文化型態，但同時也創造出有語言及習俗特徵的區域次文化。」[127]至明代末年，雲南是中國一部分這個觀念已經深深地烙印在明代菁英的心中；同時，一個新的地方身分認同——即「雲南人」——出現了。「雲南人」概念的產生，其前提最根本且最重要的是，「雲南人是天子的子民」。如此一來，雲南的統合為中國人增添了新的內容：中國人不是只有漢人，還有其他區域的人們或族群。

十六世紀末的楊慎親眼觀察親身經歷雲南本地族群及漢人移民間的互動交流。不妨在此引用他的感慨：

中國人真正是世界性的種民，是全人類、全世界的承繼者。漢人只是帝國諸種人中的一支，我們還包含許多不同類型的種人。光是在雲南，就有超過二十個非漢種人。只要他們接受皇帝的統治，他們便是中國人。[128]

李中清分析說，楊慎的觀點受了儒家思想的影響，此觀點後來又被毛澤東和其他人應用於一九四九後的中國。李氏更進一步指出：「這項民族定義超越了族群的界線，從此成為現代中國民族自我形象（self image）的一部分。」[129] 這也是為什麼明、清時期的皇帝們開始將雲南土著視作「百姓」和「赤子」，後者通常是用來指稱漢人。因此，漢人與非漢人之間的互動——尤其是在統合歷程中——持續地轉化中國性或中國認同的意義，這也確認了費孝通有關「中華民族存在」的論點。

程美寶關於十九、二十世紀時期廣東地域文化研究，也審視了類似的案例，其研究顯示，地方認同並沒有挑戰中國身分；相反，對於經歷從帝國到現代民族國家這場劇烈變化的社會而言，地方認同既是附著中國認同的關鍵要素，同時也促進了中國認同的發展。[130]

費孝通及其他學者們強調，中西衝突對於中華民族意識形成非常重要。雲南研究的前輩學者方國瑜之經歷，或可說明在中國處於危機之際，各族群民眾是怎麼接受中國人這一身分認同。方國瑜其實是麗江的納西人，卻在家中接受了儒家教育，後來到北京讀大學，深受一九二〇年代前後新文化運動的影響。方國瑜最初的學術成就在語言學領域，但他十分關注英國侵入上緬甸所導致的中國之邊疆危機，這件事促使他從事西南邊疆研究，方國瑜因此成為這個領域的奠基人。因此，方國瑜的中國人身分與納西族身分兩者之間沒有衝突，正如他對「多層次認同」闡述中說道：「多層次認同允許一個人先是身為五十六民族之一員，同時成為作為整體的中華民族的一部分。」[131]

民族識別促進、增強了「多層次認同」。當少數族群被賦予「民族」地位時，他們也就喪失脫離中國的權利。獲得中國的權力和資源乃是他們作為年輕兄弟並待在「中華民族大家庭」裡的獎勵。在此交涉過程以及相應的體制當中，少數族群開始接受中國人這一身分認同；雖然我們也看見在一九八〇年代以來中國境內的族裔民族主義之興起，但那是民族識別一個出乎意料的副產品。[132]

結論

「民族」之創造是當代中國國家建構的一個重要部分，也是從「傳統帝國」轉變為「現代民族國家」的一個遞嬗階段。在這個轉變過程中，帝國遺產很大程度塑造了當代的政策、制度及實踐。中國的民族制度，象徵著中央政府對族群及邊疆區域的深度滲透。理論上，所有的民族一律平等，許多少數族群藉此在漢人主導的國家舞臺上獲得資源。實際上，多虧中華帝國在歷史上的長期努力，當代中國的中央對於少數族群及其地區之滲透達到了前所未有的程度，一個新的等級制度因而得以扎根。令人驚訝的是，大多少數族群都接受了這個新的等級制度。在這樣的情況下，雲南的各個族群，從蠻夷一變為帝國之臣民、再變成中華民族大家庭之成員，但他們也為這種轉化及融合付出了代價。

雲南長期的統合過程不僅創造出地方與次中國（sub-Chinese）的身分認同，還推動中央改變對於土著的觀點，後者遂從局外人變成了圈內人——無論這是指帝國子民或是「中華民族大家庭」的年輕成員。簡而言之，雲南貢獻於中國者絕不僅僅止於物質。雲南對中國的關鍵貢獻在於中國人與中國國家演變成多族群的實體這一過程中它所發揮的角色。「建構雲南」的漫長歷程伴隨著「創造中國」這一漫長歷程，使中國成為我們所知的今日中國。

全書結論

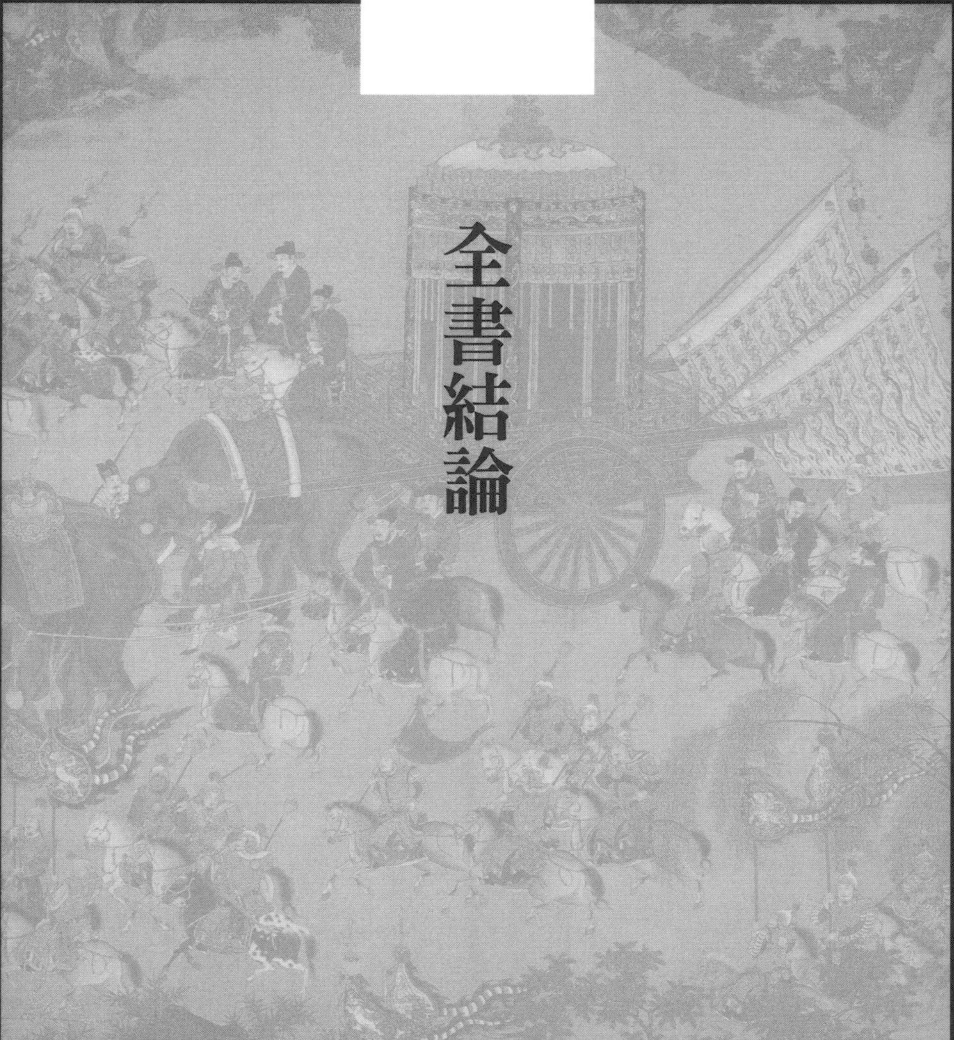

行文至此，不妨略加總結以為結論。本書已經詳細審視了中國對於那塊稱作雲南的土地所進行的漫長統合過程。本書認為，雲南在跨區域網絡中扮演了重要角色；全球性及地方性的互動交流都推動雲南最終被統合入中華帝國之中；帝國各個制度的實施以及移民在中國鞏固對雲南的控制上發揮了關鍵作用；雲南於中國有重大之經濟貢獻，於中國成為多族群國家貢獻尤大。以下對四大議題稍加論述：全球視野下的邊疆歷史、循環但不斷累積的歷史歷程、中華帝國晚期的邊疆擴張、以及中國性或中國認同之形成與變化。

◎全球視野下的邊疆歷史

本書透過全球視野，來考察那些常常被限制在國族歷史的地方往事，並嘗試在全球史的脈絡背景中書寫地方史。全球性的互動是雲南歷史的特徵，其中一些互動有助於中國對雲南的統合。首先，跨區域貿易經由雲南連結中國、東南亞、印度及中亞地區。文化交流也同時產生。雲南在此網絡中的角色，為我們了解古代及現代歐亞交通增加了新的內容。

第二，中國首度征服雲南是在公元前二世紀的西漢時期，這並非由國際貿易的利潤驅使，而是企圖尋找中亞通道的軍事行動。長城邊疆與西南邊疆兩者密切聯繫彼此呼應，此等情況除漢代之外，於唐宋時期也再度呈現。

第三，公元七世紀與八世紀時，南詔崛起並挑戰著唐帝國與吐蕃。南詔還同時對中南半島幾個王國施加了自身的朝貢體系。南詔之興盛在很大程度上歸因於唐朝和吐蕃兩大帝國之間的競爭；另一方面，南詔也加速了唐朝與吐蕃兩大帝國的沒落。

第四，最終征服雲南並將其納入中國本部的不是別人，卻是被視為蠻夷的蒙古人。蒙古征服大理國的目的是為了實現包圍宋代中國的戰略目標。雲南的陷落最終為蒙古進攻並占領中國，以及在中南半島取得某些成功提供了跳板。從那時候開始，就行政管轄而言，雲南已經成為中國的一部分。因此，雲南臣服於中華帝國，乃是歐亞大陸東部全球性的權力鬥爭的結果。

第五，貝幣制度也彰顯了雲南轉型受到全球之影響。雲南的貝幣一直流通到十七世紀後期為止，此時距離蒙古征服已經數百年之久。蒙古人以及後來的明王朝都企圖廢止貝幣，但由於雲南與東南亞、印度洋地區之間密切經濟及貿易關係，收效甚微。最終阻撓印度洋海貝流向雲南的因素，乃是大西洋奴隸貿易的急速擴張，這導致了雲南貝幣制度的最後崩潰，促進中國在經濟上對雲南的融合。幾乎與此同時，中國的銅錢取代了貝幣，這是中國制度在雲南壓倒印度洋習俗的象徵。因此可以說，本質上，歐洲世界體系的擴張對中國的帝國建構有一臂之力。

第六，十八世紀初，日本開始控制對清帝國的銅料出口，迫使清王朝不得不依賴邊疆省分的銅礦，這是一項史無前例且頗具風險的計畫。幾乎在整個十八世紀當中，每年約有五千噸的銅料從雲南山區經長江和大運河抵達北京。因此，亞洲海洋貿易網絡的變遷，對於中國的「核心—邊緣」關係造成了顯著的影響。

第七，十九世紀末，法國人和英國人創造出一種關於雲南的「迷思」，那就是在他們畫分了南亞、東南亞之後，不約而同地認定雲南乃是他們在東亞殖民成功與否的關鍵。

第八，第二次世界大戰期間，雲南成為中國唯一的國際交通線。滇緬公路以及後來著名的「駝峰航線」，是中國國際交通之動脈，為戰時中國帶來了大量物資。由於新的國際環境以及高科技的採用，西南絲路得以迴光返照，絢爛一時。

最後，筆者要對於中國殖民雲南提出一個全球性的問題。幾乎在同一時期內，明帝國、俄羅斯帝國以及歐洲各帝國分別向雲南、西伯利亞與美洲推進。他們的殖民活動是否屬於同一個全球性的進程？在這同時期的活動背後，究竟有沒有一個全球性力量的存在呢？還是他們之間並無相關性可言？

以上諸多事件勾勒了一個全球視野下的地方史。筆者認為雲南的命運既不是簡單地掌握在土著手上，也不簡單地在中國人手中。這麼一幅複雜的歷史景象與從前中國歷史所呈現的——雲南自古以來就是中國的一部分——大相逕庭。顯然，以國族取徑來審視邊疆地區如雲南，實在太過簡單。絕大多數時候，這種簡化不過就是要構建出一個國族神話。同理，如果簡單地把雲南視為東亞、東南亞的一部分，那也是同樣危險。畢竟，歷史的誕生遠遠早於「國族」的誕生。

◎循環而累積的中國滲透

從全球背景審視雲南，絕不意味著低估中國的角色。的確，我們可以看到，在兩千年的長期歷史裡，雲南與中國的互動是循環往復的，同時也是累積遞進的。莊蹻的軍事行動（雖然他的士兵被同化入地方社會，就像是進入中國的中亞遊牧部落）和秦代對雲南北部的部分統治，將中國因素引入了這塊本來的域外之地。

秦帝國的滅亡終結了中國官方與雲南的關係。後來，匈奴的威脅以及對南越之征伐，促使漢帝國將目光投射於這塊看似孤立的角落。最終，西漢王朝控制了大半雲南，而東漢王朝則持續南進，迫使哀牢降服，基本上將今日雲南之範圍納入了中國政權之下。這是中國的第二波擴張。

三國時期見證了蜀、吳兩國爭奪南中。由於漢帝國先前與土著族群之間的互動，導致強大的地方土酋在此期間的出現。南中為蜀漢政權頻繁的北伐提供了各種物資與兵力。蜀政權之統治是中國的第三波干涉。

地方酋長如夷帥和大姓之興起，最終造就出了七世紀的南詔。南詔利用唐朝與吐蕃之間的競爭，使得自己成為這個國際世界的第三位競爭者。南詔向四面八方擴張，其勢力遂使多數鄰近區域成為它的邊疆。與此同時，中國文化和佛教也在南詔落地生根，南詔統治者們使用中國文字、創作中國詩文、借用中國政治結構並將怛特羅佛教（Tantric Buddhism）設為國教。這些事情代表南詔採納吸收鄰近文化服膺自身利益及發展的自信、靈活與成功。南詔時期是中國與雲南關係的第四波互動，而南詔在此關係中擔當著非常積極的角色。

大理國時期的市馬維繫著中國與雲南之間的物質和文化連結。而後的蒙古征服標誌著新一波的外來擴張。從那時起，隨著明、清時代中國移民之湧入，雲南成為中國一部分的發展方向已經勢不可擋。

上述的互動可以分為三個時期：漢代、南詔—大理時期、元明清時期。第一段時期是中國人前來並進行征服；第二段時期是雲南的地方性王國興起並挑戰中華帝國；最後一段時期是蒙古征服以及中國的統合。這是一段循環累積的歷程。

◎中華帝國晚期的邊疆擴張

中華帝國晚期（明、清王朝）的邊疆擴張吸引了學者頗多的關注，不過，多數人較為重視的是清王朝。可以理解，而且無庸置疑，清王朝是一個非常成功的世界性帝國（world empire），絕不比大英帝國或俄羅斯帝國遜色。如眾所知，清帝國在根本上奠定了現代中國的領土邊界。但是，從文化的角度看，清帝國對現代中國的影響則難免有些誇大。邵式柏對臺灣的研究、濮德培的中亞研究、米華健（James A. Millward）的新疆研究，全都顯示了清帝國殖民事業取得的成就。

近來，重視清帝國的中亞連結及文化因素的新清史學派，在學術界廣受關注。羅友枝（Evelyn Rawski）的美國亞洲研究學會的主席演講，或許便代表著這樣的學術努力與趨勢。[1]滿人的中亞特徵，在很大程度解釋了他們在北方邊疆殖民的成就。雖然如此，清代的北向拓展不應該被用來貶抑其南向——例如臺灣以及包含雲南及貴州等西南地區——的擴張，更不應該以此貶低明代的殖民遺產。

的確，跟清帝國相比，明帝國的疆域小得多，軍力也弱得多。但是，雖然就北方而言，清帝國基本上畫定了邊界線，在南方卻是明帝國為現代中國畫定了疆界。明代中國有三項關鍵性活動——姑且不論成功與否——是奠定中國南方邊界的里程碑，那就是雲南和貴州的統合、十五世紀初的安南的軍事行動（結果失敗）、鄭成功於明清之際占領臺灣。事實上，明帝國雖於北方邊疆採取守勢，但它在南方頗為進取。明王朝在這些新征服的南方邊疆內推動了軍事殖民、農民遷徙、土司改革、徵收稅賦。這些構成了清代殖民西南的歷史背景。如果沒有明代的成就，清帝國在西南根本不可能推行改土歸流。總而言之，明帝國為清代中國進一步統合南方奠定了堅實的基礎。明、清兩代都推動了中華帝國晚期——無論是否為漢人政權——的殖民。

◎地方認同與中國認同

雲南之統合當然能對「中國認同」此一課題有所啟發。雖然中華帝國的統治讓邊疆諸多族群接受了中國認同，但接下來的問題在於：這些族群接受中國認同，對於我們了解「中國性」一事有何幫助？雲南的案例呼籲我們要將「中國認同」以及「中國」，視為一個經歷諸多轉變的過程。

泛泛而言，中國源起黃河流域，後來逐漸擴張至長江與珠江流域。在此長期過程中，許多地方族群因此被吸收成為中國人而消失，他們的土地也被納入中國之內。長江中游的楚人、長江下游及其南方的越人，原本都不是中國人，但當他們被北方王國所征服時，其作為獨立的異族文化就被統合進中國文明當中。於是，楚人和越人至今也不復存在，他們已經被視為中國人，因為他們對於中華文明的形成、轉變以及精密化各有其貢獻。

因此，在兩千年前，楚人和越人並不是中國人，但兩千年後的今日，他們已經（被視為）是中國人了。

中華帝國的擴張，統合了許多非漢人的族群及非漢人的文化。這些地方土著群體的加入，的確為中國認同帶來了新的內容，從而修訂了中國認同。就是在此一歷史進程中，一個中華民族的多族群「形象／實體」（image/reality）得以創造。這個進程目前依然還在繼續。中國對於雲南的統合頗為成功，但在西藏、臺灣、新疆的結果則有所不同。

嘗試比較雲南和新疆的情形可以看到，明代與清代的殖民基礎建設，是兩地差異的關鍵所在。中國人幾乎是同時開始探索這兩片邊疆地區。西漢成功地將其力量延伸至西北和西南這兩個地區；當東漢開始在雲南擴張時，它卻沒有守住於現代新疆的西域。從第三世紀開始，中國政府失去了對雲南跟西域這兩塊邊疆實質的控制。唐代中國向西擴張並在西域駐軍，卻無法恢復對雲南的控制；宋代中國對於雲南與西域都無權威可言；蒙古人則對此二區域雖然都有政治控制，但其程度仍有討論之餘地。明王朝與清王朝堅定地控制、漸進地統合雲南，但新疆地區一直要到十九世紀後期才被清王朝完全控制——隨後才有新疆省之設立。

若比較元、明、清時期的雲南和新疆，其中差異顯而易見。中華帝國對雲南控制許久，而新疆納入中國之事卻頗為晚近。當中國政府鼓勵並促使百萬移民遷入雲南之際，新疆卻沒有任何大規模漢人移民，直到中國共產黨於一九五〇年代在新疆進行的軍墾為止。同樣地，中國政府用盡各種中國制度在雲南複製出一個中國式社會，新疆卻不是如此。由此，雲南在明末便誕生了新的地方認同，而在新疆這一歷程卻晚至二十世紀後期才發生。這個對比可以部分地解釋，為何中國認同在雲南沒遇到什麼問題，在新疆卻有嚴重的衝擊。西藏或臺灣或可因此類推。

從根本上說，本書透過審視雲南，企圖揭櫫在全球背景下中華帝國有關統合、文化與族群多樣性、以及中國身分的形成及轉化的一種整體趨勢。簡而言之，本書揭示了地方的（兼有漢人及非漢人）和全球的因素如何造就中國成為一個多族群的融合體。

跋：何為「中國」？——《宅茲中國》引發的思考

二〇一二年春天，經朋友推薦，筆者借到了葛兆光的《宅茲中國》一書，當天晚上就一口氣讀完，有很多體會。很多時候，覺得作者言我所欲言、言我所不能言；也有一些時候，覺得有些提法和講法有些疑問，需要斟酌。筆者看法最多、感想最多的是緒論和第一章，學到新知識最多的是涉及日本和朝鮮的幾章，引起共鳴的是關於亞洲和邊疆史地的幾章，完全贊同的是國際視野之提倡，感觸最深的還是本書的主題——什麼是中國（也即「何為中國」）？中國在哪裡？如何看中國？這也是筆者十八年前博士論文研究雲南歷史的出發點和終極目標。

《宅茲中國》這本書幾經數版，學界迴響很大，一時間似乎人人在談，也被譯為韓文、日本和英文出版。全書是由系列論文編成，所以前後行文和觀點有時稍有不同。筆者當年讀了此書之後，略作筆記，草成數頁；多年以來，隨著對「民族」、「族群」等概念和相關實踐的思考，覺得有必要對此書提出的問題作一些討論，承蒙八旗文化同意，收入本書為跋。本文只針對筆者手中持有二〇一一年二月第一版（二〇一七年八月北京第九次印刷）之內容，其他版本以及葛兆光其他場合相關論述無法一一涉及，請讀者見諒。

◎緬鈴及其他

《宅茲中國》有許多警句妙言，值得筆者和讀者細細咀嚼。如「必須明確的是，從政治意義上說，『中國』常常不止是被等同於『王朝』，而且常常只是在指某一家某一姓的『政府』。政府即政權是否可以等於『國家』？國家是否可以直接等同於『祖國』？這是一些仍然需要明確的概念，一些政治認同常常會影響到人們的文化認同，甚至消泯人們的歷史認同，這是很麻煩的事情。過去，『朕即國家』的觀念曾經受到嚴厲的批判，人們也不再認為皇帝可以代表國家了，可是至今人們還不自覺地把政府當成國家，把歷史形成的國家當成了天經地義需要忠誠的祖國，於是，現在的很多誤會、敵意、偏見，就恰恰來自於這些並不明確的概念混淆。」（頁三十二至三十三）這段話，在全世界尤其在東亞民族主義興起、民粹主義盛行的時代，讀來振聾發聵。

從全書看，葛兆光對東北亞極其熟悉，相關討論得心應手；但對東南亞就沒有像東北亞那樣熟悉相關文獻和研究現狀，因此出現了一些小問題，如第二章中關於真臘習俗以及「緬鈴」的討論。

關於東南亞文化風俗的討論，《宅茲中國》有些不足、不確之處。古代中國關於四夷和外國的記錄，一方面當然存在所謂的中國的「東方主義」，是記錄者自身的想像投射；另一方面，這些記錄，也保存了當時當地的政治經濟文化和宗教生活。元代周達觀出使真臘，著有《真臘風土記》一書，其中記載國王要夜臥金塔下，與本地的九頭蛇精「同寢交媾，雖其妻亦不敢入，二鼓乃出，方可與其妻妾同睡。若此因一夜不見，則番王死期至矣。若番王一夜不往，則必獲災禍。」（頁七十九）葛兆光認為此段記錄大概是「一種傳聞和想像，而想像的背後，除了天朝大國對於蠻夷的不屑和輕蔑外，就來源於一些人們常常閱讀的古典。」（頁七十九）其實，真臘國王和九頭蛇精的關係，在印度佛教中有其所本，在東南亞「印度化」的過程中，三佛齊、占婆以及真臘文獻都有記載，因此，這不僅僅是單純的想像，也不僅僅是天朝大國的輕蔑。此點夏鼐在校注《真臘風土記》已經略述大概，《宅茲中國》所引亦是夏鼐校注之版本，不知為何不認同夏說？

其二是關於暹羅國的風俗。「男子自幼割陽物，嵌入八寶，以衒富貴，不然則女家不妻也。」（頁八十四）友朋告知，引述《三才圖會》這句話中的「衒」確實是錯字，原字為「衒」，為炫耀之意。《宅茲中國》以為緬鈴是傳說，以後更以訛傳訛。關於緬鈴，高羅佩有過考證。這個在男性生殖器中嵌入金屬（金銀或錫）球體，外包銅、銀或金，空心而內有鈴鐺，震動時自然發出聲音，是古代東南亞的風俗。因為據傳出自緬甸，形狀如鈴，發聲如鈴，故稱緬鈴，明代已經傳入雲南等地。明代沈德符《萬曆野獲編》記載的岳鳳叛亂事件，就指出岳鳳身嵌緬鈴。明代謝肇淛《五雜俎》中也說：「滇中又有緬鈴，大如龍眼核，得熱氣在自動不休，緬甸男子嵌於勢以佐房中術。」明清情色小說如《金瓶梅》、《姑妄言》等也都有相關描述。《金瓶梅》稱其自「南方緬甸國出產的，好的也值四、五兩銀子。」不過，西門慶所用之緬鈴，可能是同名異物，實則為另一種工具，並非嵌入男性生殖器其中，或者是後來的衍生和誤解。當然，緬鈴並非專屬緬甸，在東南亞大陸頗為流傳，泰人中頗有人實踐之，這個風俗，至今在東南亞、香港甚至臺灣，遺風猶存。

其三，有關女兒國之傳說，也並非完全虛妄；或者說，初有所本，後來流傳衍生，添加荒誕不羈之情節。女兒國，或記為女王國，大家熟悉的便是《西遊記》中的記載。唐宋史料其實已經記錄了中國之外的幾個女王國，如《南詔野史》（成書於十世紀）就稱南詔曾經南征女王國。以此論之，此女王國大約在東南亞大陸南部。東南亞以女性地位較高而著稱，傳說中的古東南亞第一國——扶南，根據中國史料，便是女王當政。《舊唐書》中記載：「東女國，西羌之別種，以西海中復有女國，故稱東女焉。俗以女為王。」當然，現實生活中我們在川滇藏邊界可見的納西王國，也是母系社會。漢文史籍中這些關於女兒國的記錄，都是漢人父權文化對於他者的詫異和驚奇，也是自我父權文化的反證，這都是葛兆光在書中所強調的視覺圖像。

第三章關於古地圖的論述很精彩，葛兆光在其思想史講堂一書中曾經闡述過。本章附錄《謎一樣的古地圖》談到「令人驚異的《混一疆理歷代國都之圖》」，則略有疑問。關於此幅地圖中的非洲，葛兆光以為是謎，其實細細分析，並不出奇。腓尼基人在公元前六百年前後就完成了環繞非洲航行，因此有關非洲的地理知識在地中海世界並不新奇，自然而然為後來伊斯蘭世界和蒙古帝國所知曉。此圖初本大約在蒙元時代繪製，所討論的絲綉圖則在建文帝四年（公元一四〇二年）完成，無足為奇。

但出奇的是此幅地圖中居然沒有東南亞，須知，至少唐宋時期，東亞與東南亞的地理知識已經相對豐富了。義淨（公元六三五年生至七一三年卒）曾經幾次往返廣州和三佛齊（舊港）之間，便是明證。那麼，這幅圖為什麼沒有畫出東南亞呢？竊以為此幅地圖是地中海知識、伊斯蘭知識和北方絲路知識之間的傳承和疊加，最後得其大成者是在蒙元時代的北方。所以對於歐亞大陸尤其中亞一帶異常熟悉，而與海洋和東南亞則比較陌生，故略而不作。可以佐證的是，此圖原來關於朝鮮和日本頗不完備，故李朝命其官員添加了朝鮮和日本地理，尤以朝鮮為「龐大」（頁一三七）。與之同源的另外兩幅地圖也可映證（頁一四五）。因此，筆者判斷，這是一幅以大陸（北方）為中心和視覺的古地圖，是舊大陸（Afro-Eurasian continent）的文明結晶。

第五章關於亞洲主義，《宅茲中國》寫得非常好。前幾年，這個話題一度非常流行，《亞洲研究期刊》（*Journal of Asian Studies*）發表了杜贊奇等人的一系列文章。杜贊奇最近幾年一直在倡討這個問題，其意義還需要進一步摸索。因為亞洲是個不斷被概念化的地區，其內部並不均質，其外延無法界定。關於亞洲主義的想像和提倡，基本如《宅茲中國》所說，是殖民主義下東亞各國的反應、抵制和抗爭。筆者尤其贊同葛兆光在書中所說，「『亞洲』究竟是一個需要想像和建構的共同體，還是一個已經被認同的共同體，卻還是一個大可考究的事情，特別是從歷史上看尤其有疑問。」（頁一七一）

其實，國外學者在研究學術界約定俗成的地理／文化的空間概念時，已經作了非常好的反思，似乎可以直接用來在理論上梳理涉及到中國歷史研究中來。有興趣的讀者，可參見馬汀・路易斯（Martin W. Lewis）和卡倫・魏根（Kären E. Wigen）

之大作《大陸的神話：元地理學的批判》（*The Myth of Continents: A Critique of Metageography*）。[1]大陸、洲（亞洲、歐洲等）、東方、西方、近東、遠東、第一世界／第三世界、南北世界、東亞、東南亞、南亞等等詞彙，都是元語言學（metalanguage）現象，在使用上都要視其語境，斟酌再三。同樣地，「中國」這個詞也是如此、必須如此。

以上提到的一些不足之處，多數屬於一些技術性的問題。《宅茲中國》有所缺陷，難以避免。不過，《宅茲中國》提出的歷史上的中國，涉及一些原則、理論和方法問題，值得探討。尤其是《宅茲中國》用當今政治意味濃厚的「漢族中國」去提領「文化中國」，概括近世中國，同時在批判歐洲中心論的歷史敘事，同時又自相矛盾地強調中國國家形成的特殊性，筆者以為頗為不妥。

◎原則和陷阱：歷史上的中國

基本概念的定義、理解和梳理是科學研究的前提和關鍵，否則就是雞同鴨講。歷史學當然如此。關於中國歷史的研究，二十世紀以來面臨的一個重大挑戰，從而也是中國學者不斷努力試圖詮釋和達到共識的問題，便是「什麼是中國？」有了對這個問題的理解定義和共識後，才能書寫中國歷史。從這個意義上說，顧頡剛先生「疑古」的努力和建樹，提出了並回答中國之初從哪裡開始，實質上是回答什麼是中國。他巨斧一劈，指明了中國古史是層累的過程，批駁了神話的中國概念，引入了動態中發展的中國概念。在上個世紀石破天驚的疑古學派衝擊之下，考古學家、文獻學者結合此後的考古發現（包括可貴的地下文獻），在書寫上古歷史這方面取得了輝煌的進展，以至於最近的個別學者居然提出了走出疑古時代的樂觀表述，甚至有人說「信古」比疑古更難。筆者不知道更難是什麼意思，難道更難是指更可貴嗎？以一個歷史學者的基本判斷而言，對於材料，無論官方或者民間，接觸的基本原則和立場便是批判性的懷疑和分析，而不是相信和接受。至於分析之後的全部接受或部分接受，那是以後的事了，是在懷疑、分析之後次生的產物。

筆者推崇疑古學派並不是說顧先生解決了「什麼是中國」這個問題；顧先生當然沒有解決這個問題。不過，受其啟發，許多學者紛紛從不同的角度來詮釋中國的內涵和外延。王元化編輯的《釋中國》便搜集了二十世紀許多學者的相關研究。而在《宅茲中國》發表之後，更有許多論中國之作；在這點上看，《宅茲中國》功莫大焉。

那麼，歷史上有沒有一個延續至今的中國？或者簡而言之，有沒有中國？對這個問題，筆者想，絕大多數國人，絕大多數學者都是持肯定答覆的。因為中華文明引以為豪的便是其連綿不斷的持續性。那麼，隨之而來的問題是，既然有一個中國，這個中國又是什麼呢？

首先，這個中國不是現在中國人理解的中國概念，當然也不能將其溯流而上至於商周時期甚至更早。因為歷史學的一個根本性的原則就是根據時間而單向流動，因古至今，順流而下，而絕不能以今推古，逆流而上。逆流而上是以果推因，忽視抹殺了歷史的多種可能性。假如接受了這個原則和前提的話，我們必然考慮最初的中國概念（無論是傳說中的夏，還是商、周），而後順流而下，分析此後的中國。也就是說，從最初的中國出發，我們順著時間的長河一路泛舟，發現東西南北的支流紛紛匯入，不斷增強水量，拓寬河岸，沖刷河床；與此同時，兩岸和河床的地形地勢，也束縛、阻礙、引導、扭曲、孕育著河流的水勢。假如這個比喻還算恰當，那麼，最初的的河流或者河流的上游，與河流的中游與下游即使一脈相承，也是大不一樣的，甚至大相徑庭的。最極端的可能性包括，此河流非彼河流，最初的源頭並非最主要最早的源頭。中途匯入的所謂「支流」反而有可能是大河的源頭。

以上當然只是理論上可能性的討論。這種比喻，或者只有形象上的相似罷了。可是，如果這種比喻勉強可以和中國這個概念的形成有一些相似，那麼，我們不得不需要承認並思考，在一個中國這個大前提下，似乎也存在著重大歷史發展階段的中國，而每一階段的中國或因容納外來因素或因內部飛躍而與此前此後的中國有著相當顯著的不同。佛教傳入後的中國以及晚明社會似乎可以體現這種階段性。

當然，階段性的中國不能用來反駁一個中國的延續。相反，階段性的中國必須且應當具有相當的公約數，其中最大的公約數便是「歷史上的中國」此一概念。

那麼，最初中國以及各個階段的中國的主體性是什麼？或曰：「誰是中國人？」「當時的『中國人』是誰？」是他們（某一特定歷史階段的中國人），還是現在的我們來理解歸納和接受所謂的古代「中國」呢？按照前已述及的史學原則，我們必須首先理解某一特定階段中國人對中國的理解，然後尋求最大公約數。當然，我們（指的是當代中國人）對於中國的定義也要延續古代、近代中國人的理解而考慮在內；但是，堅決不能把我們現在的階段性理解逆流而上加諸古人。

簡而言之，第一，在一個中國的前提下，歷史上（包括當代）的中國，各有階段性；第二，探討中國概念，不能逆流而上而把現在的概念、觀念推到古代；第三，在一個中國的前提下，需要界定討論的範圍和標準，從某一角度如果不是從最本質的標準和內容來分析。比如說，假如我們接受中華文明四千多年的持續性和穩定性，並以此作為中國概念的明證和表述，那麼，我們是否簡單地把中國等同於中華文明？換言之，中國這個概念，應當或者可以從什麼角度以什麼標準來定義？文明？文化或宗教？政權也就是王朝／政治制度？抑或人群？甚至擴展到經濟體？以上三點，筆者以為應當是討論歷史上的中國這個問題的原則，反過來說，也是討論中很容易失足的陷阱。根據這樣的理解，《宅茲中國》這本書存在著相當大的問題。而其最大的問題便是投射性地提出和應用了近世中國的「民族國家」以及「漢族中國」這些概念。

◎民族是否可以投射到古代中國？

「民族」是《宅茲中國》一書的關鍵詞、核心詞，不可以不作討論。什麼是民族？什麼是民族國家？什麼是中國歷史上的民族國家？特別是在當代中國的語境中如何理解中國的民族？老實說，筆者以為，很多學者在使用民族這個詞有很大的問題。民族在中國基本就是一個當代概念，這個當代性包括同時集中體現在它的政治性，因而不能應用於古代或者近世中國的自我意識和身分認同；同理，民族國家也不能適用於古代中國或近世中國。

「民族」是個外來詞。有人說是直接從英文翻譯而來，也有人說是日本人從英文翻譯而來，而我們又借用了日本的民族這一名詞。因此，民族這個概念在中國是十九世紀末至二十世紀初出現的，過去不曾有。也有人Google民族，發現古代文獻中「民族」這個詞的個別存在；可是，此民族非彼民族，兩者的意義是大不相同的。學者們經常引用的「非我族類，其心必異」其中的「族」，指的是「宗族」，而不是我們現在談的民族或族群。

談到民族，不能不釐清一些基本概念。二十世紀以來，民族一詞深入中國社會，為大眾所接受。中文的「民族」，經常和英文中的「ethnicity」或者「nationality」對應，而「族群」則對應「ethnic group」。可是，民族在當代中國是一個高度政治化的概念，很難通譯，能不能用這個詞指代古代中國邊疆、邊緣和外部的非漢人人群，這是一個疑問。要釐清當代中國的民族等相關概念，不能不談談中國的民族識別政策。

從一九五〇年代起到一九八三年，中國政府進行了全國規模的民族識別，把中國境內居住的非漢人群體畫分為五十五個「少數民族」，加上「漢族」這個多數民族，他們組成了中華民族。用數學公式表達，就是「五十五加一等於五十六等於一」。此後，這五十六個民族就固定下來，不允許有數目變化。同時，這五十五個「少數民族」在各級人民代表大會、政治協商會議和各級政府中有相應的規定名額，在其聚居區，也先後建立了自治區、州、縣、鄉（旗）等自治政府。這樣，民族不僅僅是個人的身分認同，也是國家政治生活中的中國人的集體身分。因此，民族這個概念在當代中國已經高度政治化了。

所以，一些學者建議直接在英文中使用「民族」的中文拼音「minzu」，以表達這個概念。這也是為什麼《宅茲中國》英文版譯者之一秦方談到，在翻譯《宅茲中國》中，最難翻譯的就是「民族」這個詞。[2]令人遺憾的是，《宅茲中國》這本書並沒有意識到民族這個詞的當代語境，大量地直接使用「民族」一詞以及相關詞彙。《宅茲中國》不僅把「民族」一詞投射和追溯到宋代中國，而且發明了「漢族中國」來投射和追溯所謂近世中國的民族國家，筆者殊為不解。

據筆者的不完全統計，《宅茲中國》一書中出現以下概念多次：「漢族中國」（個別有引號，多數不加引號，出現於第五頁（兩次）、十九頁、二十三頁（兩次）、二十七頁、二十九頁、三十二頁、三十四頁、五十二頁、六十四頁、一〇八頁、一四六頁、二三二頁、二四一頁、二四七頁、二五一頁、二六〇頁、二六五頁、二六六頁、二八〇頁、二八九頁）；「漢族中國人」（頁二十六）；「古代中國的漢族人」（頁六十七至六十八）；明代「漢族人」（頁一四三）；「漢族中國人」（頁一四三）；「傳統民族國家」和「當代民族國家」（頁二六六）；「漢族文明」（頁二十四）；「漢族政權」（頁二十四）；「漢族區域」（頁二十六）；「中國民族國家」（頁二十五、兩次）；「『中國』這個民族國家」（頁三十四至三十六）；宋代「漢族」（頁五十五）。

針對葛兆光相關論述中「民族」的用法，林同奇從理論上梳理「民族」、「民族國家」、「民族主義」的文化（含語言、族群）和政治（含法律）的雙重含義，進而指出葛氏在談到中國的歷史民族國家時，側重於文化方面，而忽視了政治方面以及國民概念（之形成）。[3]姚新勇在其《宅茲中國》的書評中，也強調民族國家的根本特徵之一在於「主權在民」。[4] 林同奇還指出，漢學家史華慈生前也討論過民族主義。林認為史華慈強調民族主義和產生民族主義此前的社會有著千絲萬縷的聯繫，支持近世中國可能存在原型民族主義（proto-nationalism），因此可能會贊同《宅茲中國》的某些觀點；不過，史華慈很難同意宋代中國已經出現民族主義這樣的論斷。筆者認為林、姚兩位針對民族國家的剖析頗為確切，葛兆光在書中對林文也有回應。

此外，民族國家，無論從理論還是歷史實踐而言，都是一個共生、叢生的歷史現象。也就是說，歷史上從來沒有某一個獨一無二、遺世獨立的民族國家，歷史上沒有出現過一個獨此一家、別無分號的民族國家。假如甲形成了一個民族國家，那麼，甲相鄰的、相聯繫的乙、丙、丁等國中必然有民族國家，或者至少正在形成民族國家。因此，討論民族國家，必須把它放在當時的民族國家的體系當中去理解。換言之，民族國家是在互動中形成的。因為互動，所以有你我他的國民意識，有主權、有疆界、有糾紛。

絕大多數學者都同意，民族國家更是一個從近代歐洲傳播過來的概念和思路。在理想狀況下，某個國家只有一個民族，某個民族構成一個國家。現實當中，沒有一個國家符合這個例子。姑且不論中國現在屬不屬於民族國家，或是否已經構建成了一個民族國家；至少可以說，認為宋代中國是個民族國家，或者中國的民族國家肇始於宋代，這是一個非常不嚴謹的說法。

第一，這種逆流而上的說法「以今推古」，把當代人的觀念、思維和想像加諸古人，違背了史學原則；第二，宋朝或古代中國其他地區的漢人和非漢人如遼人、西夏人、党項人、女真人等等，他們是否是族群意義上的民族，或者是現在「五十六個民族」這個意義上的民族？還是林同奇所引述的國民概念以及形成？筆者以為無論哪種，均有缺陷；第三，如果這些人連民族都不是，遑論民族國家？

《宅茲中國》提出的宋代民族國家，這個說法可以直接歸納為宋代是中國歷史上的民族國家，其隱含意義似乎樹立了中國是東亞第一個民族國家的觀點。假如這個說法成立，那麼，隱含的推論也未必成立。王賡武在和筆者的談話中曾經指出，十世紀從中國獨立出去的越南可以說是東亞第一個民族國家。對於王先生的說法，筆者的理解是，越南在十世紀之政治獨立和後來的民族國家很相似，特別是越南以中越敵對關係為其立國基礎。

有人會駁斥，民族、外族，這些概念和名字，不是在近代就流傳了，陳寅恪先生隋唐史研究中不就頻繁使用？當然如此。不過，有兩點需要注意。第一，學術是在進步的，而懷疑與分析是進步的前提和路徑；第二，二十世紀以來，尤其是一九五〇年代以來，民族這個概念已經固化，而陳寅恪等先生的時空大不一樣了。當時他們用民族這詞的時候，大致相當我們現在用的「族群」一詞。

近人在論及古史時候所用的異族、外族的族究竟是什麼意思？我想大略而言，他們是指族群意思的「族」，這必須和民族識別後「民族」一詞的「政治化」、「固定化」有所區別。也就是說，族群或可用來指代古代非漢人的人群，但民族則萬萬不可。以筆者自己的研究出發，筆者認為異族、外族的族群來指代「蠻夷」也並不確切。其實從當時出發，古人已經給我們留下了很好的概念，那就是「人」。匈奴人、漢人、胡人、遼人、契丹人、金人、宋人，這些都是古籍中留下的名詞和概念，也是當時人們自稱和互稱的名稱；這些概念，也和英文中的「group」、「people」、「species」基本符合，為什麼不能沿用和推廣呢？

為什麼不能呢？往大了說，這也是《宅茲中國》提倡的「必須逐漸建立中國的立場、問題和方法」（頁二七四）的一個關鍵問題吧？如果葛兆光認為自宋以來確實有一個所謂「漢族文明」的國家，那不如直接用當時的話語，也就是「人」。「漢人」、「宋人」、「遼人」、「金人」這些名詞上的「人」，便是中國歷史和文化本身的概念，何樂而不為？

◎中國的歷史有什麼特殊性嗎？

《宅茲中國》數篇文章的出發點，同時也是《宅茲中國》所要闡述的核心問題，葛兆光在書中一開始便說明他不滿足西方學者對古代中國的詮釋，也不滿足杜贊奇提出的要從民族國家中拯救（民族國家前的）歷史。葛兆光問道：「過去，外國的中國學界一直有爭論，即古代中國究竟是一個不斷變化的『民族－文明－共同體』，一個浩瀚無邊的『帝國』，還是從來就是一個邊界清楚、認同明確、傳統一貫的『民族－國家』？」（頁四）他又問：「外國學者似乎從『民族國家中拯救歷史』的方法和立場本身，是否又過度放大了民族、宗教、地方歷史的差異性，或者過度看小了『中國』尤其是『漢族中國』的歷史延續性和文化同一性？」（頁五）接著葛兆光再問：「從這種民族國家虛構的同一性中把歷史拯救出來，這當然很敏銳也很重要。但是，我們反過來提問，歷史學家是否要考慮與歐洲歷史不同的中國歷史的特殊性？中國尤其是漢族文明的同一性、漢族生活空間與歷代王朝空間的一致性、漢族傳統的延續與對漢族政權的認同，是『偶然的』和『爭議的』嗎？中國是一個在近代（西方的近代）才逐漸建立的民族國家麼？」（頁二十四）

從這些反問和書中的闡述來看，《宅茲中國》認為，相較於歐洲歷史，中國歷史有其特殊性，並強調所謂「中國尤其是漢族文明的同一性、漢族生活空間與歷代王朝空間的一致性、漢族傳統的延續與對漢族政權的認同」，但其中所用的術語和突出的中國歷史特殊性如「漢族文明」、「漢族生活空間」、「漢族傳統的延續」、「對漢族政權的認同」，都是和歷史事實有所抵觸、甚至大相徑庭的。歷史上有沒有「漢族」，這是一個爭論不休的大問題，同樣涉及到對「族」和「民族」的界定和理解；即使有了「漢族」，有沒有「漢族文明」？即使有了「漢族文明」，這所謂的「漢族文明」是否能代表或者等同於歷史上的中國文明呢？「漢族的生活空間」是固定的嗎？大致固定的嗎？是和「歷代王朝空間」一致的嗎？「漢族傳統」是延續的，難道沒有變革嗎？所謂「對漢族政權的認同」，誰認同？認同誰？可以說，《宅茲中國》似乎想強調的每一個所謂中國歷史的特點，既不嚴謹，多數也不能成立。

一些中國學者或許在民族情結的驅使下，一直希望強調中國是特殊的、與眾不同的，所以持續往這方面做各種努力。他們不願承認的是，首先歷史具有普世性，有普世的問題、主題和趨勢；長期以來學術的發展，在對各個地區歷史和現實的不斷研究下，已經逐漸形成了一套相當完熟兼具普世與多元的體系，或者說概念；這一體系或概念下的話語未必帶有強烈的意識形態，只是在使用時要進行合乎語境的定義，以便在同一平臺上能夠理解和對話。當然，在普世的前提下也有各個地區的經驗、途徑和特點，這也是不容忽視的。正是因為如此，西方學術界尤其是世界史和全球史學者早就掀起了反思、批評歐洲中心論的浪潮；這些反思，也得到了其他地區學者的呼應和融入；可是，一些非歐洲地區在批評歐洲中心論的時候，不由自主地採用了以歐洲中心論的邏輯來批駁歐洲中心論，走上了「地區—族群中心論」的歧路，這是非常令人遺憾的。在這裡，筆者要大聲地說，中國歷史本質上並不特殊，中華文明之形成與發展並不特殊。

筆者非常讚賞《宅茲中國》清除歐洲中心論在中國歷史的陰影，可是筆者不明白，為什麼《宅茲中國》要用「民族國家」這個孕育於近代歐洲學界的特殊現象和框架來解讀近世中國歷史呢？為什麼非要給宋代中國按上民族國家這個大帽子呢？有這個必要嗎？

◎宋代中國是民族國家嗎？

葛兆光不認同民族國家是歐洲近代產生的特殊現象。當他發問：「中國是一個在近代（西方的近代）才逐漸建立的民族國家嗎？」，其實他早已有了答案。他的答案是：「宋代已經形成了中國獨特的近世『民族國家』」（頁二九三；類似論述見頁二十六至二十七、頁三十四、頁六十二、頁六十四），他強調中國歷史不同於歐洲的特殊性，也強調中國歷史的延續性。他認為：「把中國的傳統帝國與現代國家區分為兩個時代的理論，並不符合中國歷史，也不符合中國的國家意識觀念和國家生成歷史。」（頁二九三）當然，葛兆光的本意很可能是，所謂中國歷史的特殊性，是在與歐洲的比較中而產生的；不是和「普遍性」相對應的「特殊性」。那麼，中國歷史特殊嗎？中國特殊論，呼應了歐洲中心論中暗含的前提：歐洲是單一的標準。實際上中國特殊論便是歐洲特殊論的翻版，是歐洲特殊論在中國的應用，暗含著把世界簡單地兩極化（歐洲—中國），忽視了其他地區、文化、人群。

可是，在強調中國歷史的特殊性的時候，葛兆光似乎又自相矛盾地不斷指出宋代中國暗合歐洲民族國家的許多特徵。他說，「在中國，至少從宋代起（這就是為什麼宋代是中國的『近世』），這個『中國』既具有安德森說的那種『傳統帝國式國家』的特色，又具有一些很接近『近代民族國家』的意義。作為一個中心地域很清晰的國家，漢族中國很早就開始意識到自己空間的邊界，它甚至比那些單一民族國家（如日本、朝鮮）還清楚地認同這個空間作為民族國家的不言而喻，但是，作為一個邊緣相對模糊的『中華帝國』，它的身後有拖著漫長的『天下中央』、『無邊大國』的影子，使它總是覺得自己是一個普遍性的大帝國。」（頁二十六至二十七）

這段話的意義非常豐富，希望筆者以下的理解不至於成為誤解。葛兆光認為，至少在宋代，已經有一個中國的存在，既有某些帝國的傳統，又有一些民族國家的特色；這個中國在葛兆光看來，是漢族中國；這個漢族中國，中心地域很清晰，邊緣則相對模糊。如果葛兆光是上述觀點的話，筆者持保留態度。

首先，筆者認為用「漢族中國」或者「民族國家」這樣的概念來投射傳統的中國王朝或者帝國，是某種民族主義情緒的表達，是不恰當的，甚至是危險的。故姚新勇一文中嚴肅地指出，《宅茲中國》所述的：「中國＝漢族中國、中國民族＝漢民族的本質主義觀點非常突出。」[5]

第二，如果自宋以來，有一個中國，那麼根據葛兆光的「中心明晰，邊緣模糊」的論斷，請問，中心在哪裡？邊緣如何界定？一〇〇〇年的中國、一四〇〇年的中國以及一八〇〇年的中國，在空間上以及中心和邊緣的結構關係上有多大的差異？如果關於「漢族中國」中心地域很清晰，這個大家或沒有異議，但是，說它很早開始意識到自己空間的邊界，「清楚地認同這個空間作為民族國家的不言而喻」，恐怕忽視了歷代王朝的擴張，尤其是不能符合南部疆域特別是西南邊疆的歷史進程。

其三，《宅茲中國》書中引述宋代石介的《中國論》或者歐陽修的《正統論》，這些生存危機感以及合法性的焦慮，是否能解釋為所謂漢族的焦慮？究竟是因為東亞世界國際政治上的焦慮轉化為國家和文化生存的焦慮，還是可以簡單歸因為宋代「民族主義開始興起」（頁四十二）？夷夏觀是否就是漢族和非漢族的分別？宋王朝的政治合法性、宋代菁英的焦慮是否就是當時人們「關於民族和國家的想像和定位」（頁四十四）？

《宅茲中國》認為，華夷之辨，肇始於宋代漢人菁英的在四夷壓迫而產生的焦慮和緊張，促成了宋代的「中國意識」（頁六十），從而「使他們總是在試圖證明『中國（宋王朝）』的正統性和『文明（漢族文化）』的合理性，而這種觀念恰恰就成了近世中國民族主義思想的一個遠源。」（頁六十五）這種觀點，其實是很有偏見的。

首先，這種華夷之別的強烈意識和認同性，如果真的可以作為民族國家的起源，那麼追溯到宋朝太晚了，應該至少追溯到六朝甚至秦漢還差不多。而且往往不止於漢人，如匈奴人所歌：「失我祁連山，使我六畜不蕃息；失我焉支山，使我嫁婦無顏色！」其次，葛兆光稱，朱熹指出「應當『辨得華夷』即確立漢族傳統」頁五十九）。這個論斷直接把「華夷之變」轉化成人群之傳統的差異性（漢人和非漢人），是不可理解的。

歷史上，很多所謂漢人的世家大族，不過是「歸化」胡人的寄籍而已；同樣，還有很多陷身邊疆「蠻夷之邦」的「夷化」漢人呢！徐霞客當年遊歷到麗江時，就發現明初軍屯的士兵，完全失去了漢人的特徵，和當地的夷人無異。因此，文化上差別，如果要翻譯轉化成其直接載體、媒介，也就是一定的人群，是有著相當大的鴻溝，也是有相當的誤導和危險的。

假如宋代的「中國意識」，可以作為近世中國的源泉和基礎，那麼，其中隱含的前提就是現在的中國人是宋朝意識的繼承人，這種回溯性的思路直接排斥了當時東亞世界其他王朝以及構建者對於中國的想像和認同（包括北方故地漢人對於非漢人王朝的認同），回避了宋之後其他非漢人人群對於「中國」和「中國人」構建的貢獻，是十分危險的。其中旁涉的另一個問題是林同奇指出的「國民概念」以及國民認同。誰是中國人？在談論的某一特定歷史時期中，當時誰是？如果是，是自認是？還是被認為是？這些歷史上的「中國人」和我們（此刻的中國人）是什麼關係？這些問題，不僅僅是歷史文化問題，也是非常敏感的政治問題。

再者，葛兆光以宋代為民族國家的開端，因為他也充分注意到宋代東亞群雄並立的國際世界，包括北宋以及和其對峙的遼、西夏和後來的金。談到宋代中國為民族國家，究其本意，其宋代中國指的是宋朝（尤其北宋）；既然如此，為什麼要用宋代中國呢？

因為宋代中國一詞往往指代當時的東亞世界。此外，如何看待當時也自稱承襲唐代正統的遼或金？如果覺得遼和金並非漢人王朝，因而不是中國，那麼怎麼看待效忠遼金的漢人特別是漢人學者呢？我們需不需要考慮他們的中國觀呢？在宋代（乃至古代中國），「漢人」並不等同於「宋人」，或者粗略的說，更不等同於當時的「中國人」。

事實上，遼、金等北方王朝也自視為「正統」所在，也即「中國」所在，特別是遼王朝。在澶淵之盟（一〇〇五年）之後，在東亞實際上確定了以遼為中心的國際秩序，這也是北宋統治者不得不承認（或者表面承認）的事實，這也正是葛兆光所分析，北宋上至天子大臣、下至士人對於「合法性」的焦慮。此外，豈止宋王朝有這種焦慮，占據了黃河故地的遼、金難道不同樣面臨這樣的合法性危機嗎？《遼史》卷九十六中就記載了契丹遼皇帝大臣的焦慮。壽隆二年（約一〇九六年），太子洗馬劉輝上書曰：「宋歐陽修編《五代史》，附我朝於四夷，妄加貶訾。且宋人賴我朝寬大，許通和好，得盡兄弟之禮。今反令臣下妄意作史，恬不經意。臣請以趙氏初起事蹟，詳附國史。上嘉其言，遷禮部郎中。」而遼人自以為是軒轅之後，自認為是中國，也不否認宋朝是中國，也為學界共知。以此而論，契丹遼氣魄之大，今人不及！

假如宋朝是民族國家，那麼以澶淵之盟為基礎建立起來的大東亞世界秩序的中心，也即契丹遼，不也更應該是民族國家嗎？如果遼是中國的正統的話（至少遼的統治菁英是如此認為的，而且也被治下的漢人所承認和接受），豈不是遼應該是中國歷史上的第一個民族國家？筆者不由得不問，在葛兆光的宋代漢族中國的敘事中，遼怎麼辦？怎麼辦？

以文化論中國，以文化中國來討論古代中國的認同若是合理的，那麼筆者不得不反問，滿清入關之後的中國何在？根據朝鮮和日本對中國文化的認同，難道文化中國不在於朝鮮人和日本人所自詡及自期的朝鮮和日本嗎？朝鮮人認為「明後無中國」，如果以文化立中國，那麼，滿清不是中國，朝鮮反而是道統所在，是小中華、小中國，甚至就是中國。（頁一五六至一五七）這也是當時朝鮮的自我期許或者自我認識。正如《宅茲中國》第四章〈清代中葉朝鮮與日本對中國的觀感〉所述，朝鮮不再認同過去的宗主國，而日本視滿清中國為韃虜？那麼，我們是否要充分考慮、汲取他們超越「族群」的中國定義？

應該說，宋代世界中，對於宋王朝的政治合法性所產生的焦慮感，也同時反映在文化和人群（漢人）的關注、緊張和詮釋，這是毋庸置疑的。可這是否為「想像的民族主義」？是否可以採用「民族」、「民族國家」、「民族主義」來表述？筆者大不以為然。文化不是虛無縹緲的，它必然有其具體的載體。因此，文化上對中國的解讀，或者文化中國，不能不歸結於某個人群的身分認同。這個身分認同，從民族國家而言，就是國民概念（及形成）。

假如宋朝是中國最早的民族（漢族）國家，這個論斷隱含了以下這個等式：宋人＝漢人＝我們，這個歷史詮釋的思維顯然是危險的。「宋代中國是民族國家嗎？」筆者以為這是個　問題，遑論宋代中國是否為漢族國家。簡而言之，所謂宋代的漢族國家或宋代民族國家，只是一個偽命題而已。

當然，筆者非常贊同葛兆光所指出的，「在中國，並非從帝國到民族國家，而是在無邊『帝國』的意識中產生有限『國家』的觀念，在有限的『國家』認知中保存了無邊『帝國』的想像，近代民族國家恰恰從傳統中央帝國蛻變出來，近代民族國家依然殘存著中央帝國意識，從而是一個糾纏共生的歷史。」（頁二九三）可是，這段話似乎又和書中所說宋代是近世民族國家相互矛盾。畢竟，近代民族國家和近世民族國家區別還很大吧？

◎雲南：中國形成之過程與象徵

總之，筆者以為，用「民族」來回溯歷史上的漢人和非漢人群體，不符合歷史學的原則，不宜實行；用「族群」、「外族（群）」回溯，較之於「民族」一詞，或可接受；至於「（中國）歷史上的民族國家」、「漢族中國」，期期以為萬萬不可。

因此《宅茲中國》在力圖批判歐洲中心論的時候，第一，在批判反思過程中不由自主地受其影響；第二，在提出並闡述「漢族中國」以及宋代民族國家等概念時，是否有著中國中心論的足跡？是否有「漢人文化中心論」的殘餘？[6]因此，用「民族國家」來投射近世中國，實際上違背了葛兆光自己對歐洲中心論的批判。一方面，他指出中國是特殊的，因此歐洲的經驗和模式不能套用中國；但在另一方面，他卻用近代歐洲經驗和標準下的概念去描述與闡釋古代中國，殊為不妥。所以《宅茲中國》真正問題或許在於，在沒有搞清楚「民族國家」和「民族」定義的情況下，便很輕率地使用了這兩個概念，造成了自己論述在邏輯上的自相矛盾；它一面認為西方學界的民族國家論不適用於中國，而另一方面他的論述過程卻又是在此一理論的框架內進行，再加上概念使用不清，導致最終的結論自相矛盾。這樣，葛兆光在批評「我們不加分別地接受」西方的民族國家的形成和近代歷史進程理論的同時（頁六十），他自己關於民族國家這些概念的未加批判的使用，犯下了他所批評的錯誤。筆者覺得，根據葛兆光書內的部分思路和觀點來說，《宅茲中國》可以寫得更好；然而，寫得不夠好的原因，筆者大膽地說，從中國本位和中國特殊性出發的《宅茲中國》，將民族國家的概念溯流而上、推到宋代中國，提出了一個偽命題，故而行文捉襟見肘。

筆者認為，當我們討論歷史上的中國之際，切莫套用民族國家的概念，更遑論「漢族中國」的說法。「漢人」固然是中國人認同的核心與平臺，但它並非是歷史上中國之唯一載體；漢人建立的王朝，雖然是中國歷代王朝的主要和突出者，但它們亦非為歷史上中國之唯一載體；以儒學為核心的漢人文化，雖然是歷史上中國文化的核心，但也並非為其唯一成分。多族群和多文化的來源與糅合，這才是歷史中國的本質；更別說所謂漢人和漢文化，又何嘗不是各種族群和文化交流的結果呢？這正是筆者研究「雲南」這個本來非中國人群、非中國文化和非中國地域融入中國後，成為中國多族群共同體之過程與象徵的出發點。

致謝

本書得以完成，當然要感謝諸多學者和機構的指導和幫助。

首先，筆者要向柯臨清（Christina Gilmartina）教授表達深深的感謝，她廣博的知識、深刻的評論、無盡的支持與鼓勵，是筆者進行研究的無價資源。筆者也深受亞當．麥基恩（Adam McKeown）教授與派特里克．曼寧（Patrick Manning）教授之恩情，他們帶領著筆者開始了世界史這個危險的、當然也是值得的旅程。筆者還要表達對衛思韓（John Wills）教授的感激，他分享了在東亞與東南亞這兩個研究領域的真知灼見。

筆者也藉此機會感謝其他的學者們，尤其是傑瑞．班特利（Jerry Bentley）、陸韌、劉欣如、李中清（James Lee）、芭芭拉．安達雅（Barbara Andaya）、紀若誠（Charles Patterson Giersch）、貢德．法蘭克（Andre Gunder Frank）、孫來臣、楊雅南（Anand Yang）、陳星燦、邱茲惠（Chiou-Peng Tzehuey）、湯瑪斯．霍爾（Thomas Hall）、周瓊與張珺等人。

新加坡國立大學的亞洲研究所（Asia Research Institute）授予筆者二〇〇四年博士論文寫作資助（Dissertation Writing Fellowship），筆者由此獲益於亞洲研究所良好的學術氣氛以及與眾多學者們的交流，其中包括王賡武、安東尼．瑞德（Anthony

Reid）、黃堅立和韋傑夫（Geoff Wade）等。韋傑夫博士曾經慷慨地對論文初稿加以評注。

筆者亦需感謝由美國歷史學會（American Historical Association）及哥倫比亞大學出版社（Columbia University Press）所設立的「古騰堡電子出版獎」（Gutenberg-e Prize）；該獎項遴選青年學者原創性的博士論文並支持出版電子書，本書便是其中之一。作為二〇〇四年古騰堡電子出版獎獲獎者的一員，深信其他七位學者會與筆者一起向該獎項的相關機構和人員致敬。他們對於獲獎論文之出版，做了大量的工作。

二〇〇二年夏季，筆者在雲南的田野考察，得到了美國東北大學（Northeastern University）歷史系所提供的研究生旅行補助；筆者在該系以及派特里克・曼寧主持的世界史中心（World History Center, 1994-2004）的學習生活，不但獲益良多，而且還有許多愉快的回憶。世界史中心有許多青年學子，例如 Eric、Whitney、Jeremy、George、Joshua、John、Stacy、Tiffany、Jeffrey、Deborah、Pamela 和 Yinghong，於此筆者只列出少數幾位。筆者亦要藉此機會感謝東北大學的斯奈爾圖書館（Snell Library），它提供了一流的館際圖書服務，使筆者可以由此獲得來自全國的重要研究資源。此外，還要謝謝米雪兒・吳（Michelle Ng）為此書繪製了精緻的地圖。

筆者尤其要致謝程映虹教授和他的家人：張穎、Mimi 和 Evan 的友誼、晚餐以及波士頓之旅。

最後，筆者想感謝夏威夷大學出版社（University of Hawaii Press）准許使用本人的論文〈馬、海貝與白銀：全球視野下的雲南〉（Silver, Horses, and Cowries: Yunnan in a Global Perspective in *Journal of World History* [September 2004]），亦感謝劍橋大學出版社（Cambridge University Press）准許筆者使用其論文〈中央政府、地方政府、族群以及雲南的民族識別：一九五〇至一九八〇年代〉（Central State, Local Governments, Ethnic Groups, and the Minzu Identification in Yunnan, 1950s-1980s in *Modern Asian Studies* [May 2009]）。

本書存在的差錯或失誤，當然是本人學識不精所致。

全書結論

1 Rawski 1996.

跋：何為「中國」？

1 Martin W. Lewis and Kären E. Wigen, *The Myth of Continents: A Critique of Metageography*（University of California Press, 1997）.

2 https://www.thepaper.cn/newsDetail_forward_1715255。2021年4月5日瀏覽。

3 林同奇：〈「民族」、「民族國家」和「民族主義」的雙重含義——從葛兆光「重建「中國」的歷史論述」談起〉，《二十一世紀》2006年4月號（第94期）：116–124頁。

4 姚新勇：〈擲地有聲還是高舉輕放？——評葛兆光《宅茲中國》〉，《思想》，第19期（2011年9月），296–298頁。

5 姚新勇，2011年，298–303頁。

6 姚新勇，2011年，300頁。

參見何炳棣，1998年，132–136頁。

116 《資治通鑑》，卷198，6247頁。

117 陳世松編：《四川通史》，卷5，成都：四川大學出版社，1994年，160–161頁。

118 關於中國國民黨，參見Ruey Yih–fu "On the Origin of the Tribal Names in Southwestern China with Insect–Beast–Radical Characters," in *China: The Nation and Some Aspects of Its Culture, A Collection of Selected Essays with Anthropological Approaches*, Vol. 1 (Taibei: Yenwen), pp. 73–117；關於中國共產黨，參見《當代中國民族工作大事紀》，北京：民族出版社，1989年，10頁。

119 史蒂芬．郝瑞很有眼光地比較了中國帝國、基督教傳教士、中國共產黨這三種教化事業。參見Harrell, "Introduction," in *Cultural Encounters on China's Ethnic Frontiers* (Seattle and London: University of Washington Press, 1995), ed. Steven Harrell, pp. 3-36.

120 John Fitzgerald, "The Nationless State: The Search for a Nation in Modern Chinese Nationalism," in *Chinese Nationalism*, ed. Jonathan Unger (New York: M. E. Sharpe, 1996), p. 57.

121 John Fitzgerald 1996, p. 57.

122 John Fitzgerald 1996, p. 57.

123 民族識別計畫當中，學者們為每個「民族」都寫了一部民族歷史書。

124 費孝通，1999年，12–13頁。

125 費孝通，1999年，12–13頁。於此，筆者發現了中國民族學以及世界史兩者史學史（historiography）之相似性，兩者都研究並假設「單位」（文明或民族）的存在，然後研究單位之間的關係或互動交流，最後將注意力放在成形的人居世界（ecumene）——即世界體系或中國民族。

126 費孝通，1999年，13頁。

127 Norma Diamond, p. 58.

128 楊慎：《論民》，見《升庵全集》（1795年本），48卷，6b-9a頁。參照James Lee 1982, p. 279-304.

129 James Lee 1982, p. 292.

130 程美寶：《地域文化與國家認同：晚清以來「廣東文化觀」的形成》，北京：三聯書店，2006年。

131 費孝通，1999年，13–14頁。

132 「臺灣人」（Taiwanese）身分認同的出現似乎是個例外，但此事之背景、脈絡與雲南大不相同。

93 施聯朱，1995年，208頁。

94 Katherine Palmer Kaup, *Creating the Zhuang: Ethnic Politics in China* (Boulder, Colo., and London: Lynne Rienner, 2000).

95 Katherine Palmer Kaup 2000.

96 杜玉亭，227頁。

97 馬戎：〈關於「民族」的定義〉，《雲南民族學院學報》，17.1，2000年，12頁。

98 Joseph W. Esherick, "Ten Theses on the Chinese Revolution," *Modern China* 21, no. 1 (1995): pp. 48, 56.

99 William Skinner, "Marketing System and Social Structure in Rural China. I, II, & III," *Journal of Asian Studies* 24, nos. 1, 2, 3 (1964 and 1965)；"Rural Marketing in China: Repression and Revival," *China Quarterly* 103 (1985): pp. 393-413.

100 Vivienne Shue, *The Reach of the State: Sketches of the Chinese Body Politic* (Stanford, Calif.: Stanford University Press, 1998).

101 Huang Shu-min, *The Spiral Road: Change in a Chinese Village through the Eyes of a Communist Party Leader* (Boulder, Colo.: Westview Press, 1998).

102 Hsieh Jiann 1987, p. 9.

103 Joseph Esherick, p. 48.

104 Barry Allen, "Power/Knowledge," in *Critical Essays on Michel Foucault*, ed. Karlis Racevskis (New York: G. K. Hall, 1999), p. 72.

105 王定保：《述進士上篇》，見《唐摭言》，卷1，北京：古代文學出版社，1957年，3頁。

106 汪寧生，1997年，262–263頁。

107 汪寧生，1997年，264頁。

108 最早的朝貢團繪畫是南朝（420–588）蕭繹繪製的《職貢圖》。

109 1990年代的《中央民族大學學報》（Journal of Central Nationality University）多將各期扉頁均配上少數民族服裝，這可說是某種現代版的《皇清職貢圖》。

110 Hsieh Jiann 1987, p. 9.

111 馬曜，2000年，60–61頁。

112 江應樑，1958年。

113 近期的例子有王戰英：《前蘇聯與中國民族政策之比較》，中央民族大學學報，1997年，1期，18–22頁；牟本理：〈民族區域自治制度的比較研究〉，《民族研究》，2001年，5期，1–8頁。

114 馬曜，2000，61頁。

115 《資治通鑑》，卷197，6215–6216頁。唐王朝李氏有其鮮卑血統的淵源，相關討論

71 費孝通是在1978年的中國人民政治協商會議上作此發言，當時文化大革命剛結束，但所謂「思想解放」還沒全然開始。

72 費孝通，1999年，5頁。

73 費孝通，1999年，5–6頁。

74 費孝通，1980年，4頁。

75 費孝通，1999年，5–10頁。

76 事實上，民族識別的過程是對一個個識別對象進行考察研究，因而每個民族的標準都不一樣。參見費孝通，1980年；林耀華，1984年；黃光學，施聯朱，1995年，2005年。

77 施聯朱，1995年，143頁。

78 Dru C. Gladney, *Muslim Chinese: Ethnic Nationalism in the People's Republic* (Cambridge, Mass.: Council on East Asian Studies, Harvard University, Harvard East Asian Monographs 149, 1991).

79 關於人類學在中國的「中國化」之研究，參見Gregory Eliyu Guldin, *The Saga of Anthropology in China: From Malinowski to Moscow to Mao* (New York: M. E. Sharpe, 1994).

80 Stevan Harrell, "Ethnicity, Local Interests, and the State: Yi Communities in Southwest China," *Comparative Study of Society and History* 32, no. 3 (1990): pp. 515-548.

81 Colin Mackerras 1994, p. 144.

82 Dru C. Gladney 1991. 亦可參見 Mette Halskov Hansen, "'We Are All Naxi in Our Hearts': Ethnic Consciousness among Intellectual Naxi," in *Cultural Encounters: China, Japan, and the West*, ed. Soren Clausen, Roy Starrs, and Anne Wedell–Wedellsborg (Aarhus: Aarhus University Press, 1995), p. 58.

83 Colin Mackerras 1994, p. 143.

84 汪寧生：《西南訪古三十五年》，濟南：山東畫報出版社，1997年，262-264頁。

85 Hsieh Jiann 1987, p. 9.

86 王建民，張海洋，胡洪保，1997年，127-129頁。幾乎所有西方學者著作都會提到這些問題。或可參見Harrell 1990, 1993, 1995, Brown 1996, Mackerras, and Gladney.

87 David Y. H. Wu, "Chinese Minority Policy and the Meaning of Minority Culture: The Example of Bai in Yunnan, China," *Human Organization* 49, no. 1 (1990): p. 3.

88 費孝通，1980年，150頁。

89 施聯朱，1995年，146頁。

90 馬曜，1998，867頁。

91 馬曜，1998年，254頁。

92 據說西番是在蒙古征服時期被帶到雲南的。

族、傈僳族、回族人口各在五十至一百萬之間；拉祜族、佤族、納西族、瑤族、景頗族、藏族的人口皆超過十萬，但低於五十萬；其餘的族群則在十萬人以下。目前，中國的五十六個「民族」之中，雲南內便有五十二個民族存在，而雲南內部五十二個民族當中，有二十六個民族的人口超過五千而且位在人口集中地帶；有十六個民族跨省界居住；有十五個民族在跨國界居住；有十五個民族僅存在於雲南，不見於中國其他地區。少數民族有三分之二的人口居住在邊界地帶。公元1998年時，雲南少數民族人數接近一千四百萬，大約是該省總人口的三分之一，這意謂著漢族為雲南人口之大宗。

58 參照施聯朱，1995年，章4，157頁。

59 民族識別計畫把臺灣原住民分為「高山族」一類，是五十五個「民族」兄弟當中的一員，但光是「高山族」本身就包括許多的族群。考量到統一之後臺灣的特殊地位（如果當真有這回事的話），屆時民族識別計畫理當會敞開胸懷接受新成員。費孝通在其1980年的論文裡列出三項理由，解釋為什麼民族識別計畫不算是大功告成，其中一個理由便是臺灣原住民的民族識別工作還沒進行。

60 公元1982年時大約有八十萬人的民族身分仍有待識別。參見費孝通，1989年，17頁。

61 Henry G. Schwarz, *Chinese Policies toward Minorities: An Essay and Documents* (Bellingham, WA: Western Washington State College, East Asian Studies, Occasional Paper, No. 2, 1971), p. 15.

62 例子可參見Colin Mackerras, *China's Minorities: Integration and Modernization in the Twentieth Century* (Hong Kong: Oxford University Press, 1994).

63 Thomas Heberer, *China and Its National Minorities: Autonomy or Assimilation?* (Armonk and New York: M. E. Sharpe, 1989), pp. 31–32.

64 馬克思主義對中國學者的影響因人而異。整體來說，有些受西方教育的學者對於史達林「四大共同點」理論的死板頗有警覺，費孝通即是範例。

65 王建民，張海洋，胡洪保，1997年，112頁。

66 David Wu, "Chinese Minority Policy and the Meaning of Minority Culture: The Example of Bai in Yunnan, China," *Human Organization* 49, no. 1 (1990): p. 2.

67 Mackerra 1994, pp. 141-142.

68 修世華：〈關於「共同心理素質」的思考〉，《中央民族大學學報》，期1，1995年，48–52頁。

69 費孝通，1980年。

70 費孝通，1980年。費孝通在1957年「反右運動」當中被貼上「右派分子」標籤，自此於學術界消失，直到1970年代後期才重新出現。.

36 馬曜，2000年，61頁。馬曜的經驗並非個例，其它工作隊也碰上類似經歷。參見王連芳：《王連芳雲南民族工作回憶》，昆明：雲南人民出版社，1999年，16頁。王連芳是雲南民族工作的資深幹部。

37 黃光學：《我國的民族識別》，見黃光學，施聯朱主編，《中國的民族識別》，北京：民族出版社，1995年，366頁。

38 王建民，張海洋，胡洪保，1997年，122頁。

39 林耀華，1984年。

40 林耀華，1984年，5–6頁。

41 施聯朱：《中國的民族識別》（章三、四），黃光學，施聯朱主編，北京：民族出版社，1995年，93-173頁，211–217頁。

42 林耀華，1984年，7頁。

43 施聯朱，1993年，208–218頁。

44 施聯朱：〈中國民族識別研究工作的特色〉，《中央民族大學學報》（5），1985年，18頁。

45 馬曜，2000年，60頁。

46 林耀華，1984年，1頁。李紹明將登記的四百多個千奇百怪的族群單位稱謂分為八類。參見李紹明：〈我國民族識別的回顧與前瞻〉，《民族研究》，12期，北京：民族出版社，1998年，201–211頁。

47 馬曜，1998年，867頁。

48 馬曜，2000年，59頁。

49 馬曜，1998年，867頁。

50 關於語言的角色與問題，參見Charles Keyes, Presidential Address: "'The Peoples of Asia'—Science and Politics in the Classification of Ethnic Groups in Thailand, China, and Vietnam," *Journal of Asian Studies* 61, no. 4 (2002): pp. 1163-1203.

51 馬曜，2000年，63頁。

52 林耀華，1984年；施聯朱，1995年。.

53 Norma Diamond, "Ethnicity and the State: The Hua Miao of Southwest China," in *Ethnicity and the State*, ed. Judith D. Toland (New Brunswick, N.J.: Transaction Publishers, 1995), p. 58.

54 王建民，張海洋，胡洪保，1997年，129頁。

55 易謀遠：《五六十年代民族調查的片段回憶》，見《田野調查實錄》，郝時遠主編，北京：社科文獻出版社，1999年，319頁。

56 馬曜，2000年，65頁。

57 族群的規模各有差異：彝族、白族、哈尼族、傣族、壯族的人口都超過一百萬；苗

20 牙含章：《民族問題與宗教問題》，成都：中國社會科學出版社，1984年，3–14頁。

21 牙含章，1984年，3–14頁。

22 牙含章，1984年，3–14頁。

23 牙含章是《中國大百科全書》當中「民族」條目的負責人，並對此給予意見；據我所知，牙含章並沒有深入參與民族識別，對該項目也沒有多少影響力。唯一一本介紹並討論民族識別的書籍，乃是黃光學的《中國的民族識別》，在該書當中，牙含章的意見受到一致的批判。《中國的民族識別》特別表示該書僅僅是學術研究，但其實是由國家贊助出版的，而且作為唯一一本被容許出版者，這本書必然代表著官方的論點。

24 劉鍔：《中國的民族識別》，黃光學，施聯朱主編，北京：民族出版社，1995年，48–50頁。

25 關於雲南的民族識別，近期研究可參見Kevin Caffrey, "Who 'Who' Is, and Other Local Poetics of National Policy," *China Information* 18 (July 2004): pp. 243-274；Stephane Gros, "The Politics of Names," *China Information* 18 (July 2004): pp. 275-302；Collin Mackerras, "Conclusion: Some Major Issues in Ethnic Classification," *China Information* 18 (July 2004): pp. 303-313；Thomas S. Mullaney, "Ethnic Classification Wirt Large," *China Information* 18 (July 2004): pp. 207-241.

26 費孝通：《關於我國民族的識別問題》，中國社會科學，卷1，1980年，98頁。

27 費孝通：《我的民族研究和思考》，見馬戎，周星主編：《中華民族凝聚力的形成與發展》，北京：北京大學出版社，1999年，3頁；王建民，張海洋，胡洪保：《中國民族學史》，卷2，昆明：雲南教育出版社，1997年，54頁。

28 王建民，張海洋，胡洪保，1997年，51頁。事實上，費孝通參加了西南與中部兩個不同的訪問團。

29 馬曜：〈雲南民族語言歷史回顧〉，《中國民族歷史研究年鑑（1999年）》，北京：民族出版社，2000年，60頁。

30 馬曜：〈周保中與雲南統戰工作和民族工作〉，見《馬曜學術論著自選集》，昆明：雲南人民出版社，1998年，861–881頁。

31 林耀華：〈中國西南地區的民族識別〉，見《民族研究論文集》，北京：中央民族學院民族研究所，1984年，1頁。

32 王建民，張海洋，胡洪保，1997年，51頁。

33 王建民，張海洋，胡洪保，1997年，54頁。

34 馬曜，2000年，60頁。

35 馬曜，2000年，60–61頁。

2 Stevan Harrell, *introduction to Cultural Encounters on China's Ethnic Frontiers*, ed. Stevan Harrell (Seattle and London: University of Washington Press, 1995), pp. 3–36.

3 《漢書》，卷100，4248頁。

4 班固對司馬遷的批評是，司馬遷缺乏儒家思想的判斷標準；雖然儒家被納為國家意識型態正是司馬遷當時的事情，但顯然儒家思想並不是《史記》的圭臬。

5 《雲南史料叢刊》，卷4，7頁；張紞：《雲南機務抄黃》，見《雲南史料叢刊》，卷4，556頁。

6 程賢敏，1988年，3頁。

7 程賢敏，1988年，27–28頁。

8 「漢奸」在帝國文獻當中，確實存在著雙重意義：一種是廣為人知、並且一直流傳到今天的用法，即所謂出賣國家利益的「漢民族的叛徒」；但另一種用法則幾乎被徹底忽略，那就是清朝文獻中所謂「漢之奸民」，比方說那些剝削牟利、欺壓邊疆土著的商人。清朝皇帝和官員很關切這些人，並且常常警告地方官要抑制、監視這些「漢奸」。

9 Hsieh Jiann, *The CCP's Concept of Nationality and the Work of Ethnic Identification Amongst China's Minorities* (Hong Kong: Institute of Social Studies, Chinese University of Hong Kong, 1987), p. 1.

10 舉例而言，優惠待遇包括經濟援助、教育配額、一胎政策之豁免。

11 Hsieh Jiann, p. 24.

12 關於「民族」一詞起源的探討，參見韓錦春，李毅夫：〈漢文「民族」一詞的出現及其初期使用情況〉，《民族研究》，卷2，1984年，36–43頁；Pamela Kyle Crossley, "Thinking about Ethnicity in Early Modern China," *Late Imperial China*, 1990, 11 (1): p. 20.

13 Stevan Harrell, "Languages Defining Ethnicity in Southwest China," in *Ethnicity Identity: Creation, Conflict, and Accommodation*, ed. Lola Romanucci–Ross and George A. De Vos (Walnut Creek, Calif.: AltaMira Press, 1993), pp. 97-114.

14 Harrell 1993, p. 102.

15 J. V. Stalin, "Marxism and the National Question," in *Works*, Vol. 2 (Moscow: Foreign Languages Publishing, 1954), 307.

16 J. V. Stalin 1954, p. 307.

17 J. V. Stalin 1954, p. 313.

18 范文瀾：〈試論自秦漢時中國成為統一國家的原因〉，《歷史研究》，1954年，22–36頁。

19 毛主義（Maoism）認為公元1840年（鴉片戰爭爆發的年分）到1949年之間的中國，是處於「半封建與半殖民」狀態，這是中共官方對現代中國社會的解釋。

Gongsi (Selangor Darul Ehsan: Pelanduk Publications, 1994), pp. 9-22.

197 吳其濬，卷下，帑第4。

198 吳其濬，卷上，役第10；嚴中平，1957年，66–67頁。

199 嚴中平，1957年，66頁。

200 嚴中平，1957年，37–39頁。

201 嚴中平，1957年，37–38頁。

202 嚴中平，1957年，38頁。

203 嚴中平，1957年，38頁。

204 嚴中平，1957年，40頁。

205 嚴中平，1957年，40頁。

206 嚴中平，1957年，43頁。

207 Pomeranz 1993.

208 Paul Smith 1991.

209 William Skinner, "Introduction: Urban Development in Imperial China," *The City in Late Imperial China*, ed. G. William Skinner (Taibei: Rainbow–Bridge, 1983), p. 8.

210 Barbara Sands and Ramon H. Myers, "The Spatial Approach to Chinese History: A Test," *Journal of Asian Studies* XLV, no. 4 (1986): p. 737.

211 曹樹基：〈清代北方城市人口研究〉，《中國人口科學》，2001年第4號，15–28頁。

212 Chiranan Prasertkul 1989.

213 William Skinner, "Regional Urbanization in 19th Century China," in *The City in Late Imperial China*, ed. G. William Skinner (Taibei: Rainbow–Bridge, 1983), p. 235.

214 James Lee 1982, pp. 300-301.

215 James Lee 1982, p. 742.

216 Skinner 1983b, p. 241.

217 William Skinner, "Cities and the Hierarchy in Local systems," *The City in Late Imperial China*, ed. G. William Skinner (Taibei: Rainbow–Bridge, 1983), p. 346.

218 Carolyn Cartier, "Origins and Evolution of a Geographical Idea," *Modern China* 28, no. 1 (2002): p. 81.

219 Hans Ulrich Vogel 1987, p. 7.

220 Hans Ulrich Vogel 1987, p. 7.

221 Thomas Hall 1989.

第七章

1 「民族」一詞於下文會深入探究。

173 嚴中平，1957年，11–12頁。
174 阮元：《雲南通志》，卷76，見《雲南史料叢刊》，卷12，656–657頁；嚴中平，1957年，12頁。
175 阮元：《雲南通志》，卷76，見《雲南史料叢刊》，卷12，656–657頁；嚴中平，1957年，12頁。
176 嚴中平，1957年，12頁。
177 關於船運銅錢之困難，參見《張允隨奏稿》，見《雲南史料叢刊》，卷8，569–570頁；詳情見阮元：《雲南通志》，卷76，見《雲南史料叢刊》，卷12，657–659頁。
178 阮元：《雲南通志》，卷76，見《雲南史料叢刊》，卷12，658頁；嚴中平，1957年，12–13頁。
179 阮元：《雲南通志》，卷76，見《雲南史料叢刊》，卷12，658頁；嚴中平，1957年，31頁。地方鑄幣活動依然依賴進口日本洋銅，參見木宮泰彥，胡錫年譯：《中日文化交流史》，北京：商務印書館，1980年，680–681頁。
180 阮元：《雲南通志》，卷76，見《雲南史料叢刊》，卷12，660頁；嚴中平，1957年，13頁。
181 《張允隨奏稿》，見《雲南史料叢刊》，卷8，571頁。
182 倪蛻，1992年，571頁。
183 倪蛻，1992年，541–543；571頁。
184 倪蛻，1992年，570–571頁。
185 嚴中平，1957年，14–15頁。
186 Vogel 1987, p. 15.
187 Vogel 1987, p. 15.
188 嚴中平，1957年，17–18頁。
189 嚴中平，1957年，19頁。
190 嚴中平，1957年，25頁。
191 嚴中平，1957年，25頁。
192 阮元：《雲南通志》，卷76，見《雲南史料叢刊》，卷12，659–660頁；《張允隨奏稿》，見《雲南史料叢刊》，卷8，574–579頁
193 吳其濬，卷下，考第6；嚴中平，1957年，27–28頁。
194 嚴中平，1957年，28頁。
195 嚴中平，1957年，28頁；Shulman 1989, p. 51.
196 王大鵬審視了形塑東南亞地區海外華人一百五十載的西婆羅洲「公司」（Kongsi）這一組織，他追溯「公司」的起源至清代——乃至於明代——雲南的礦業組織。就此而言，雲南對於現代東南亞史頗有其貢獻。參見 Wang Taipeng, *The Origins of Chinese*

Studies 12, nos. 3 and 4 (Dec., 1949), 445；Shulman 1989, p. 150.

149 關於清初努力爭取日本洋銅進口之事，參見John Hall 1949, pp. 444–461；Shulman 1989, pp. 147–215.

150 關於負責日本洋銅進口的中國商人，參見Helen Dunstan, "Safely Supplying with the Devil: The Qing State and Its Merchant Suppliers of Copper," *Late Imperial China*, 13, no. 2 (1992): pp. 42–81.

151 Shulman 1989, p. 155. 英國商人然後將銅賣到印度，銅會在印度鑄成錢幣。

152 John Hall 1949, p. 455.

153 John Hall 1949, pp. 453-454.

154 John Hall 1949, pp. 451-452.

155 John Hall 1949, p. 452.

156 席裕福，沈師徐，卷165，191頁。

157 托津等編：《欽定大清會典事例》，卷173，7907頁。

158 《皇朝經世文編》，卷53，59a-59b頁。

159 參照John Hall 1949, p. 452.

160 Shulman 1989, pp. 167-169；John Hall 1949, p. 455.

161 關於此番辯論以及清王朝的回應，參見Shulman p. 169-172.

162 嚴中平，1957，4頁；公元1716年，清廷指派八個省分（江蘇、浙江、安徽、江西、湖南、湖北、福建、廣東）負責供應銅；但是，其餘六個省分都其實都仰賴江蘇與浙江，此情反映中國內部銅料供給的耗竭。1721年，朝廷下令江蘇與浙江擔負起他省的責任。關於這個複雜的故事，參見阮元：《雲南通志》，卷76，見《雲南史料叢刊》，卷12，655–660頁。

163 嚴中平，1957年，4頁。

164 嚴中平，1957年，4頁。

165 《清史稿》，卷124，659頁。乾隆皇帝下詔，規定三品以上的官員才可以使用銅製器具；不久之後，朝廷的規範變成唯有一品官員才能使用銅器。

166 阮元：《雲南通志》，卷76，見《雲南史料叢刊》，卷12，656頁。

167 阮元：《雲南通志》，卷74。銅課是考核地方官員績效的一項指標，所以官員們有對礦工徵收重稅的趨勢。

168 嚴中平，1957年，8頁。

169 嚴中平，1957年，4頁。

170 嚴中平，1957年，4頁。

171 嚴中平，1957年，11頁。

172 嚴中平，1957年，11頁。

128 James Lee 1982, p. 297.

129 James Lee 1982, p. 712.

130 James Lee 1982, p. 731.以下為李中清研究之摘要，James Lee 1982, pp. 711-746.

131 James Lee 1982, p. 304.

132 James Lee 1982, pp. 300-301.

133 William T. Rowe, *Saving the World: Chen Hongmou and Elite Consciousness in Eighteenth–Century China* (Stanford, Calif.: Sanford University Press, 2001).

134 關於雲南的銅礦產業以及清代銅政，可參見（清）吳其濬：《滇南礦場圖略》，上海古籍出版社，1995年；（清）王昶：《銅政便覽》，臺北：學生書局，1986年；阮元：《雲南通志》，卷74–77；托津等編：《欽定大清會典事例》，《中國近代史史料叢刊三編》，臺北：文海出版社，冊66，卷173–176，7881–8183頁；賀長齡等編：《皇清經世文編》，北京：中華書局，冊3，卷52-53，1275–1340頁；席裕福，沈師徐輯：《皇朝正典類纂》，臺北：文海出版社；《近代中國史料叢刊續編》，臺北：文海出版社，1982年，冊88，卷162–167，107–250頁；嚴中平：《清代雲南銅政考》，北京：中華書局，1957年；全漢昇：《清代雲南銅礦工業》，香港中文大學中國文化研究所學報，卷7，第1期，1974年，155–182頁；Anna See Ping Leon Shulman, "Copper, Copper Cash, and Government Controls in Ch'ing China (1644–1795)," dissertation, University of Maryland College Park, 1989.

135 《元史》，卷94，見《雲南史料叢刊》，卷2，647頁。

136 蔡毓榮：《籌滇第四疏》，見《雲南史料叢刊》，卷8，428頁。

137 蔡毓榮：《籌滇第四疏》，見《雲南史料叢刊》，卷8，428頁。

138 蔡毓榮：《籌滇第四疏》，見《雲南史料叢刊》，卷8，428頁。

139 蔡毓榮：《籌滇第四疏》，見《雲南史料叢刊》，卷8，428頁。

140 《雲南通志》，卷76，見《雲南史料叢刊》，卷12，655–656頁；嚴中平，1957年，6頁。

141 本段為嚴中平著作之摘要，見於嚴中平，1957年，6–7頁。

142 嚴中平，1957年，8頁。.

143 有關案例可參見邵式柏對於臺灣邊疆之研究。Shepherd 1993.

144 關於此一體制的討論，參見Hans Ulrich Vogel, "Chinese Central Monetary Policy, 1644–1800," *Late Imperial China* 8, no. 2, 1987, pp. 1-52.

145 Vogel 1987, p. 3.

146 Vogel 1987, p. 10.

147 Vogel 1987, p. 10.

148 John Hall, "Notes on the Early Ch'ing Copper Trade with Japan," *Harvard Journal of Asiatic*

國瑜，2001年，卷3，581–582頁。

105 方國瑜：《概說》，見《雲南史料叢刊》，卷11，678頁；《雲南通志》（道光本），卷45，見《雲南史料叢刊》，卷11，717-719頁。

106 方國瑜：《概說》，見《雲南史料叢刊》，卷11，678頁；《雲南通志》（道光本），卷45，見《雲南史料叢刊》，卷11，717-719頁。

107 方國瑜：《概說》，見《雲南史料叢刊》，卷11，676–677頁；《雲南通志》（道光本），卷46-47，見《雲南史料叢刊》，卷11，7–0-741頁。

108 《雲南通志》（道光本），卷45，見《雲南史料叢刊》，卷11，733–736頁；方國瑜，2001年，卷3，582頁。

109 《威遠廳志》（道光本），卷3；方國瑜：《概說》，見《雲南史料叢刊》，卷11，677–678頁

110 「瘴」大致是熱帶及副熱帶各疾病的總稱，其中最能致命的就是瘧疾。史上中國人的南進過程因此多災多難。

111 方國瑜：《清代各組勞動人民對山區的開發》，見《方國瑜文集》，卷3，583頁。

112 方國瑜：《清代各組勞動人民對山區的開發》，見《方國瑜文集》，卷3，583頁。

113 參照方國瑜：《概說》，見《雲南史料叢刊》，卷11，677-678頁。

114 《元江府志》（道光本），卷3。參照方國瑜：《概說》，見《雲南史料叢刊》，卷11，677頁。

115 《普洱府志》（道光本），卷7。參照方國瑜：《概說》，見《雲南史料叢刊》，卷11，677頁。

116 《雲南通志》（道光本），卷30。

117 江濬源：《條陳稽查所屬夷地事宜議》。參照方國瑜：《概說》，見《雲南史料叢刊》，卷11，679頁。

118 方國瑜，2001年，卷3，586–587頁。

119 至十八世紀時，玉米和馬鈴薯已不僅是漢人移民的主要作物，也是少數族群如彝人人的重要作物。

120 James Lee 1982, p. 298.

121 James Lee 1982, p. 298.

122 James Lee 1982, p. 299.

123 James Lee 1982, p. 742.

124 （清）謝聖綸：《滇黔志略》，冊6，卷14，17a，雲南大學圖書館，1964年。

125 （清）吳大勳：《滇南聞見錄》，見《雲南史料叢刊》，卷12，17頁。

126 James Lee 1982, p. 712.

127 James Lee 1982, p. 729.

82 Hans Ulrich Vogel 1993.

83 陸韌，2001年，136–137頁。

84 關於印度洋貿易結構，參見James Heimann 1980, pp. 48–69.

85 Janet Abu–Lughod, "Discontinuities and Persistence: One World System or a Succession of Systems?" in *The World System, Five Hundred or Five Thousand?*, ed. Andre Gunder Frank, and Barry K. Gills (New York: Routledge, 1996), p. 279.

86 關於「世界經濟」的定義，以及「世界經濟」與「世界體系」兩者的差異，參見Immanuel Wallerstein, *The Modern World System* (New York: Academic Press, 1974, 1980, and 1988).

87 Wallerstein 1974, 1980, and 1988.

88 Janet L. Abu–Lughod, *Before European Hegemony* (New York and Oxford: Oxford University Press, 1989). 珍娜．阿布勒赫的世界體系比較像是貿易網絡，華勒斯坦則比較重視結構性的整體分工（structurally integrated division of labor）。

89 關於世界體系的理論與論辯，參見Andre Frank and Barry K. Gills 1996，以及*Review*當中的諸多論文。

90 Ranabir Chakravarti 1999, pp. 194-211.

91 阿布勒赫注意到這項事實，但她只把它歸因於海外貿易，這就是孫來臣所說的海洋心態。詹尼絲．斯圖加特則精彩地呈現出，海上與陸上貿易是如何塑造緬甸沿岸與上緬甸的地方政權。參見Janice Stargardt 1971.

92 Heimann 1980, pp. 56-58.

93 Heimann 1980, p. 48.

94 Heimann 1980, p. 48.

95 阿布勒赫實際上把雲南放進她的東亞次體系（subsystem）之中；我認為，公元1250至1350年這段時期的雲南至少應該被視為Circuit VII（孟加拉灣區域）和Circiut VIII（東亞）兩者重疊地帶的一部分。參見Abu–Lughod 1989, p. 34.

96 關於此用詞，參見William McNeill 1991, p. XXII.

97 James Lee 1982, pp. 279-304.

98 James Lee 1982, pp. 282.

99 陸韌，2001年。

100 James Lee 1982, pp. 285-286.

101 James Lee 1982, pp. 293-294.

102 James Lee 1982, p. 294.

103 James Lee 1982, p. 295.

104 《雲南通志》（道光本），卷43–47，見《雲南史料叢刊》，卷11，681–791頁；方

54 《明太祖實錄》，卷241，見《雲南史料叢刊》，卷4，162頁。
55 《明太宗實錄》，卷16，見《雲南史料叢刊》，卷4，162頁。
56 《雲南史料叢刊》，卷7，292–294頁。
57 方慧，1997a，132頁。
58 李家瑞，1997年，110–111頁；方慧，1997a，133–134頁。
59 《明英宗實錄》，卷35，見《雲南史料叢刊》，卷4，162頁。
60 《明英宗實錄》，卷68，見《雲南史料叢刊》，卷4，162頁。
61 《明太宗實錄》，卷116，見《雲南史料叢刊》，卷4，162頁。
62 李家瑞，1997年，112頁。
63 倪蛻，1992年，588頁。
64 Han Ulrich Vogel, "Cowry Trade and Its Role in the Economy of Yunnan: From the Ninth to the Mid–Seventeenth Century (Part II)," *Journal of the Economic and Social History of the Orient* 36, no. 4 (1993): p. 319.
65 《明世宗實錄》，卷421，見《雲南史料叢刊》，卷4，163頁。
66 《明世宗實錄》，卷421，見《雲南史料叢刊》，卷4，164–165頁。
67 清代的倪蛻指出：「民間用肥如故，銅錢無法通行。」參見倪蛻，1992年，570頁。
68 《明神宗實錄》，卷48，見《雲南史料叢刊》，卷4，164頁。
69 倪蛻，1992年，570頁。
70 倪蛻，1992年，570頁。
71 《明世宗實錄》，卷421，見《雲南史料叢刊》，卷4，165頁。
72 閔洪學：《條答錢法疏》，見《雲南史料叢刊》，卷4，673-677頁。
73 《明世宗實錄》，卷83，見《雲南史料叢刊》，卷4，164頁。
74 倪蛻，1992年，570-571頁。
75 江應樑：《雲南用貝考》，見《貝幣研究》，楊壽川主編，昆明：雲南大學出版社，1997年，81–93頁。
76 楊壽川：《雲南用海貝作貨幣的歷史考察》，見《貝幣研究》，楊壽川主編，昆明：雲南大學出版社，1997年，122-123頁。
77 楊壽川，1997年，122-123頁。
78 楊壽川：《論明清之際雲南「廢貝使錢」的原因》，見《貝幣研究》，1997年，162-164頁。
79 方國瑜：《雲南用貝作貨幣的時代時代及貝的來源》，見《貝幣研究》，1997年，54頁。
80 方國瑜，1997年，56頁。
81 張彬村：《十七世紀雲南貝幣崩潰的原因》，見《貝幣研究》，178–208頁。

34 James Heimann, "Small Changes and Ballast: Cowrie Trade and Usage as an Example of Indian Ocean Economic History," *South Asia* 3, no. 1 (1980): p. 56.

35 鄭和的船隊曾經數度造訪馬爾地夫。參見Roderich Ptak, "The Maldive and Laccadive Islands (Liu–shan) in Ming Records," *Journal of the American Oriental Society* 107, no. 4 (1987): pp. 675–694.

36 楊壽川：《貝幣研究：中原與雲南用海貝作貨幣的歷史》，見《貝幣研究》，楊壽川主編，昆明：雲南大學出版社，1997年。

37 主流意見對貝幣的運用時期，有春秋時代（770 BCE–476 BCE）晚期、戰國時代（475 BCE–222 BCE）、秦漢時期乃至公元九世紀等各種看法。參見《貝幣研究》，楊壽川主編，昆明：雲南大學出版社，1997年。

38 Michèle Pirazzoli–t'Serstevens, "Cowry and Chinese Copper Cash As Prestige Goods in Dian," in *Southeast Asian Archaeology 1990: Proceedings of the Third Conference of the European Association of Southeast Asian Archaeologists*, ed. Ian Glover, Central for South–East Asian Studies, University of Hull, 1992, p. 49.

39 Hans Ulrich Vogel, "Cowry Trade and Its Role in the Economy of Yunnan: From the Ninth to the Mid–Seventeenth Century (Part I)," *Journal of the Economic and Social History of the Orient* 36, no. 3 (1993): pp. 246–247.

40 在2003年度亞洲研究學會（AAS）大會當中，有一場關於中國考古學的研討會發表，江西新幹的晚商時期遺址裡也有發現海貝，考量距離問題之後，這些海貝推測應是來自太平洋；不過，江西、四川、雲南地區的海貝有哪些相似處，目前尚不清楚。

41 Paul Pelliot, *Notes on Marco Polo* (Paris: Imprimerie Nationale, 1959), pp. 531–563.

42 方國瑜：《雲南史料目錄概說》，北京：中華書局，1984年，卷1，2頁；方國瑜，2001年，卷2，373–375頁。

43 Hans Ulrich Vogel 1993, p. 220.

44 李京：《雲南志略》，見《雲南史料叢刊》，卷3，128頁。

45 李京：《雲南志略》，見《雲南史料叢刊》，卷3，130頁。

46 《元史》，卷126，見《雲南史料叢刊》，卷2，557頁。

47 《元史》，卷9，見《雲南史料叢刊》，卷2，489頁。

48 《元史》，卷94，1595–1596頁。

49 《元史》，卷176，見《雲南史料叢刊》，卷2，598頁。

50 參照方慧，1997a，149–150頁。

51 《元典章》，卷20；參照方慧，1997a，151頁。

52 《元史》，卷21，見《雲南史料叢刊》，卷2，500頁。

53 《明憲宗實錄》，卷222，見《雲南史料叢刊》，卷4，163頁。

16 宋應星：《天工開物》，鍾廣言校注，廣州：廣東人民出版社，1976年，343–344頁。

17 《明英宗實錄》，卷290，見李春龍主編，《雲南史料選編》，昆明：雲南民族出版社，1998年，535頁。

18 《明英宗實錄》，卷290，見李春龍主編，《雲南史料選編》，昆明：雲南民族出版社，1998年，535頁。

19 全漢昇：〈明代的銀課與銀產額〉，《新亞書院學術年刊》（9），1967年，245–267頁。

20 全漢昇，1967年，247–267頁。

21 James Lee, "State–Regulated Industry in Qing China, The Yunnan Mining Industry: A Regional Economic Cycle, 1700–1850," paper presented at the 1984 Conference on Spatial and Temporal Trends and Cycles in Chinese Economic History, *980–1980*, sponsored by the ACLS and SSRC, at Bellagio, Italy, August 17–23, 1984, p. 3, 參引Armijo–Hussein, Jacqueline Misty 1996, p. 179.

22 《明史》，卷314，見《雲南史料叢刊》，卷3，454頁。

23 《明史》，卷314，見《雲南史料叢刊》，卷3，454頁。

24 John Deyell 1994.

25 John Deyell 1994, p. 119.

26 帝國文獻見於《雲南史料叢刊》，卷4，126-128頁。

27 Richard Von Glahn, *Fountain of Fortune: Money and Monetary Policy in China, 1400–1700* (Berkeley, Los Angeles, and London: University of California Press, 1996), p. 1.

28 Von Glahn 1996, p. 7.

29 Von Glahn 1996, p. 8.

30 U. Thakur, "A Study in Barter and Exchange in Ancient India," *Journal of Economic and Social History of the Orient 15* (1972): pp. 297–315.

31 撒庫爾（U. Thakur）斷定，在十一、十二世紀之前，以物易物乃是印度地區的主要交易體制。以物易物在雲南存在的時間更長久，宋代中國與大理之間的貿易即可反映此事；直到十八世紀貝幣停止流通之前，銅錢並不是雲南市場的主宰者，甚至到十九、二十世紀時，以物易物依然是雲南對外貿易的流行作法。參見Thakur 1972.

32 關於海貝在東亞地區的傳播，參Namio Egami, "Migration of Cowrie–Shell Culture in East Asia," *Acta Asiatica* 26 (1974): pp. 1–52.

33 從事奴隸貿易活動時使用貝幣及海貝的優點，參見For the advantages of cowry money and cowries in slave trade, see Jan. Hogendorn and Marion Johnson, *The Shell Money of the Slave Trad*e (Cambridge: Cambridge University Press, 1986).

將北直隸改為直隸省，南直隸則改為江南省（江南省後來分為江蘇和安徽二省），以及把湖廣分成湖南及湖北，總共有十八個省分，此外加上邊疆地區（黑龍江、吉林、奉天、伊犁）設置的「將軍」，再算進臺灣省（1885年建省），總計有二十三個省級單位。

246 魏源：《聖武記》，卷1，北京：中華書局，1984年，93頁。

247 魏源：《聖武記》，卷1，北京：中華書局，1984年，93頁。

248 楊慎：《論民》，見《升庵全集》（1795年本），48頁，6b–9a頁。參照James Lee 1982, p. 292. ——李中清引用的《升庵全集》版本作者未能找到，故譯文無法核對。

249 謝肇淛（明），2001年，冊1，卷4，77頁。

250 Davies 1909, p. 368.

251 Davies 1909, p. 369.

252 Tim Oakes 2000.

第六章

1 金正耀：《晚商中原青銅的礦料來源研究》，見《科學史論集》，方勵之主編，合肥：中國科技大學出版社，1987年，365–386頁；李曉岑：〈商周中原青銅器礦料來源的再研究〉，《自然科學史研究》，卷12，1993年第3期。

2 《漢書》，卷24，見《雲南史料叢刊》，卷1，39頁。

3 《後漢書》，卷86，見《雲南史料叢刊》，卷1，57頁；《華陽國志》，卷4，見《雲南史料叢刊》，卷1，252頁。

4 《華陽國志》，卷4，見《雲南史料叢刊》，卷1，252頁。

5 《華陽國志》，卷4，見《雲南史料叢刊》，卷1，254頁。

6 《太平御覽》，卷813，見《雲南史料叢刊》，卷1，205頁。

7 《蠻書》，卷7，見《雲南史料叢刊》，卷2，67頁。

8 《蠻書》，卷7，見《雲南史料叢刊》，卷2，66頁。

9 雲南省文物工作隊：《大理崇聖寺三塔的實測與清理》，見《二十世紀大理考古文集》，大理白族自治州王陵調查課題組編，昆明：雲南民族出版社，2003年，471–499頁。

10 《蠻書》，卷8，見《雲南史料叢刊》，卷2，73頁。

11 《元史》，卷42，見《雲南史料叢刊》，卷2，647頁。

12 《元史》，卷94，1596頁。

13 全漢昇：〈明清時代雲南的銀課與銀產額〉，《新亞學報》，1967年，62頁。

14 馬可．孛羅：《雲南遊記》，見《雲南史料叢刊》，卷3，142頁。

15 馬可．孛羅：《雲南遊記》，見《雲南史料叢刊》，卷3，147頁。

223 《雲南志》，卷2，見《雲南史料叢刊》，卷6，127頁。
224 《雲南通志》，卷7，見《雲南史料叢刊》，卷6，579–594頁。
225 《明世宗實錄》，卷98，見《雲南史料叢刊》，卷4，81頁。
226 明代史料見於《雲南史料叢刊》，卷4，116–118頁。
227 李元陽（明）：《李中溪全集》，卷5，雲南圖書博物館，1913年，25頁。
228 《明英宗實錄》，卷192，見《雲南史料叢刊》，卷4，498頁。
229 陸韌，2110年，309頁。
230 James Lee 1982, 292.
231 下文為周振鶴著作的摘要，見於周振鶴，1997年，324-348頁。參見周振鶴：《明代雲南區域文化地理》，見《中國歷史文化區域研究》，周振鶴主編，上海：復旦大學出版社，1997年，324–359頁。
232 臨安在清代時期又更加華化，十八世紀末年的徐鐸曾經如此描述臨安：「阿僰三千皆稼穡，土司十二盡衣冠。」參見江濬源編：《臨安府志》（1799年本），卷19，〈藝文〉6，〈七言古〉。
233 張萱：《西園聞見錄》，見《雲南史料叢刊》，卷5，210–211頁。
234 《明太宗實錄》，卷32，見《雲南史料叢刊》，卷4，494頁。
235 《明史》，卷198。關於楊一清此人，亦可見《雲南史料叢刊》，卷7，271–277頁。
236 《明史》，卷224。
237 《明史》，卷262。
238 鄧凱：《也是錄》，見《雲南史料叢刊》，卷4，725頁。
239 「民族」是中華人民共和國政府所承認的族群團體，更進一步的探究請見本書第七章。
240 費孝通，1989年；1999年。
241 譚其驤：《中國文化的時代差異與地區差異》，載《中國傳統文化的再評估》，復旦大學歷史學編，上海人民出版社，1987年，23–42頁。
242 譚其驤，1987年。
243 Tim Oakes, "China's Provincial Identities: Reviving Regionalism and Reinventing 'Chineseness,'" *The Journal of Asian Studies 59*, no.3 (August 2000): pp. 667–692.
244 Tim Oakes 2000, p. 684.
245 元王朝有十一個行省（嶺北、遼陽、河南、陝西、四川、甘肅、雲南、浙江、江西、湖廣、征東，還有中書省轄下的「腹裡」（主要為山東、山西、河北）；明王朝時期僅有些微更動，有十三個省分（山東、山西、河南、陝西、四川、湖廣、浙江、江西、福建、廣東、廣西、雲南及貴州），還有兩個首都區（南直隸和北直隸）。清王朝基本上依循明代，最終確立了現代的省級結構，保留十三個省分，並

203 《萬曆野獲編》，卷30，見《雲南史料叢刊》，卷5，181-182頁。

204 （明）蘭陵笑笑生：《金瓶梅詞話》，白維國、卜鍵校注，長沙：岳麓屬蛇，1995年，1冊，卷16，447頁。

205 （明）謝肇淛：《五雜組》，郭熙途校注，瀋陽：遼寧教育出版社，2001年，2冊，卷12，256頁。

206 以下為安東尼·瑞德（Anthony Reid）著作之摘要，見Anthony Reid 1988, 146–151.

207 Reid 1988, p. 149.

208 Reid 1988, pp. 149–150.

209 這種工具已經改良成現代版，在臺灣和香港可以買得到。.

210 汪寧生：〈佤山漢族礦工族群認同的改變〉，見《中國民族學縱橫》，北京：民族出版社，2003年，189-200頁。

211 Yang Li, *The House of Yang: Guardians of an Unknown Frontier* (Sydney, NSW: Book Press, 1997).

212 參照方國瑜，2001年，卷3，588頁。

213 以上為施傳剛著作（2001）的摘要，見於Chuan–Kang Shih, "Genesis of Marriage among the Moso and Empire–Building in Late Imperial China," *The Journal of Asian Studies* 60, no.2 (May 2001): pp. 381–412.

214 Frederick Jackson Turner, *The Turner Thesis: Concerning the Role of the Frontier in American History*, 3rd edition, Edited and with an introduction by George Rogers Taylor (Lexington, Mass., Toronto, and London: D. C. Heath, 1972), p. 3.

215 Richard White, *The Middle Ground: Indians, Empires, and Republics in the Great Lakes Region, 1650–1815* (Cambridge: Cambridge University Press, 1991).

216 Giersch 1998. 關於世界體系觀點之討論，請見本書導論與第六章。

217 Daniel Herman, "Romance on the Middle Ground," *Journal of the Early Republic* (1999): pp. 279–291.

218 Von Glahn 1987.

219 《萬曆野獲編》，見《雲南史料叢刊》，卷5，181頁。

220 引人興趣的是，即便積極進取如鄂爾泰，他本人並不贊同將所有土司移置到中國並沒收其武器的激進意見；鄂爾泰瞭解土著社會的社會根基無法輕易清除或改變，雖然他廢除了自身轄下的許多土司土酋；與此同時，他還在邊境地帶設置了小土司。因此，無論是廢除土司還是創建土司，這都是促進帝國控制與滲透邊疆的方法，不同只在於時機而已。

221 Daniel Herman 1999, p. 288.

222 陸韌，2001年，238頁。

183 《雲南圖經志書》，卷6，見《雲南史料叢刊》，卷6，93頁。

184 《蒙化府志》（康熙本），卷1；參照參照方國瑜，2003年，卷3，318頁；城鎮地區的漢人和山區「蠻夷」一樣穿戴青色頭巾與羊皮。

185 謝肇淛：《滇略》，見《雲南史料叢刊》，卷6，700頁。

186 《蒙自縣志》（1791年本），卷2，39b頁。據記載，吃生食是古代人認為的健康作法，「亦古人鮮食之道也」，所以這種吃法不但不被認為是野蠻，反而因為有其古代淵源而獲得正當性。

187 Giersch 1998, p. 112. 耐人尋味者在於，連共產黨在1950年代到來的時候，他們也用了類似方式來贏取地方村民之信任。

188 《滇略》，見《雲南史料叢刊》，卷6，697–698頁。

189 浴佛節是佛教節日當中最神聖的，此節慶標誌著佛陀的誕生、悟道與涅槃。傣族的潑水節則是浴佛節的另一種版本。

190 劉文徵：《滇志》，卷16，549–554頁。

191 《蒙自縣志》（1791年本），卷3，2a–3b頁。

192 《蒙自縣志》（1791年本），卷5，37a。

193 例子可見謝肇淛的《滇略》，《永昌府志》，1885本，1–6頁。後者將其記錄於卷58，當中收錄許多土著字詞並將它們分作十九個類別。

194 「夷娘漢老子」這句話在今日雲南及貴州的村莊還是經常能聽到，當地村民認知自己是明代軍人的後嗣。舉例來說，毛澤東有祖先是明代從江南到雲南殖民的軍戶，而且與土著女性結婚，後來，部分毛氏族人又遷到湖南定居。

195 徐霞客，938頁。

196 《騰越州志》（1791年本），卷2，18a。

197 這些群體或者會被鄰居們稱為「老漢人」，因為他們保持著明代的風尚，這在中國其他地方都已經看不到了。

198 就算民族主義激情蒙蔽了中國學者們對此一事實的認知，但他們也不能否認，許多到東南亞地區的早期中國移民與其後裔，已經被同化入當地社會中。

199 Giersch 2001, p. 217.

200 Giersch 2001, pp. 36, 52；Davies 1970, p. 28.

201 中國方面的史料表示莽應里是莽瑞體的兒子，但是姚枬認為莽應里是莽瑞體的連襟。姚枬、許鈺編譯：《緬王莽瑞體莽應里辨》，見《古代南洋實地叢考》，香港：商務印書館，1958年，3–47頁。

202 岳鳳之事見於明史》，卷247，見《雲南史料叢刊》，卷3，415-417頁；卷314-315，見《雲南史料叢刊》，卷3，467，470-471頁；《萬曆野獲編》，卷30，見《雲南史料叢刊》，卷30，見《雲南史料叢刊》，卷5，181-182頁。

160 《滇略》，卷4，見《雲南史料叢刊》，卷6，695–696頁。
161 《永昌府志》（1885年本），《保山輔文館》重印於1936年。
162 Francis L. K. Hsu 1971, p. 17.
163 H. R. Davies. *Yunnan, the Link between India and the Yangtze* (Cambridge: Cambridge University Press, 1909), pp. 367–369.
164 余英時，1967年，202-215頁。何炳棣在他近年的論文〈捍衛華化：駁斥羅友枝的《再觀清代》〉（"In Defense of Sinicization: A Rebuttal of Evelyn Rawski's 'Reenvisioning the Qing'"）當中，也以長時期的取徑詳審過這個激辯中的議題，該文章生動地闡述了中國史上的文化互動交流。關於「漢化／華化／中國化」的論辯，參見Rawski, "Reenvisioning the Qing: The Significance of the Qing Period in Chinese History," *Journal of Asian Studies* 55.4 (1996): pp. 829–850；Ho, "In Defense of Sinicization: A Rebuttal of Evelyn Rawski's 'Reenvisioning the Qing'," *Journal of Asian Studies* 57.1 (1998), pp. 123–155.
165 何炳棣則較為偏好使用「中亞化」（Central–Asianization）或「西亞化」（Western–Asianization）等詞，因為他的討論主要關注於北方邊疆。何炳棣1998年，134頁。
166 余英時，1967年，212–213頁。
167 《漢書》，卷94，1226–1227頁。
168 關於中行說，事見《漢書》，卷94，1228–1229頁；余英時，1967年，37–38頁。
169 陸韌，2001年。
170 陸韌，2001年，145頁。
171 陸韌，2001年，145–146頁。
172 方國瑜，2003年，卷3，318-319頁。方國瑜指出，有很多土著風俗傳播開來，而且有許多漢人被吸收到土著社會之中。
173 《通典》，卷187頁，見《雲南史料叢刊》，卷1，452頁。
174 方國瑜，1987年，卷2，1132頁。
175 下文的部分，筆者會採用明代和清代史料來呈現「土著化」歷程，其中關鍵因素是由於明代僅有少數文獻堪用；再者，若土著習俗的證據存在於清代，它們在明代自然存在。
176 《滇略》，卷4，見《雲南史料叢刊》，卷6，698頁。
177 《鶴慶州志》（1894年本），臺北：學生書局，1969年，卷5，153頁。
178 James Lee 1982, pp. 711–746.
179 《元史》，卷125，見《雲南史料叢刊》，卷2，557頁。
180 《滇略》，卷4，見《雲南史料叢刊》，卷6，695頁。
181 《滇略》，卷4，見《雲南史料叢刊》，卷6，697頁。
182 《大理府志》，康熙本，1b頁。

135 《雲南通志》，卷3。
136 劉文徵：《滇志》，卷30，998頁。
137 《蒙自縣志》（1791年本），卷5，37a頁。
138 Francis L. K. Hsu, *Under the Ancestors's Shadow* (Stanford, Calif.: Stanford University Press, 1971).
139 劉文徵：《滇志》，卷30，995頁。
140 劉文徵：《滇志》，卷30，977頁。
141 方國瑜：《雲南史料目錄》，北京：中華書局，1984年，1162頁。
142 徐霞客，964–966頁。
143 《明史》，卷314，見《雲南史料叢刊》，卷3，454頁。
144 劉昆：《南中雜說》，見《雲南史料叢刊》，卷11，355頁。
145 劉昆：《南中雜說》，見《雲南史料叢刊》，卷11，355頁。
146 劉文徵：《滇志》，卷15，520頁；至於高鵠，亦可參見《滇略》，見《雲南史料叢刊》，卷6，713頁。
147 《鄧川州志》，卷12，15a-b頁。阿鈺的本名為「榮宗」（Rongzong），意思是榮耀祖宗，反映出儒家價值的影響。
148 《鄧川州志》，卷12，15b-16a頁。
149 劉健：《庭聞錄》，見《雲南史料叢刊》，卷8，392–393頁。
150 劉文徵：《滇志》，卷15，538頁。
151 劉文徵：《滇志》，卷15，538頁。在上述兩個案例中，土著女性保衛自己土地的程度確實高過保衛明朝的疆土，但是在明代的儒家觀念之下她們成為忠於帝國政府的形象，而且還受到朝廷獎賞。
152 《騰越州志》（1790年本），見《中國方志叢書》，臺北：成文出版社，1961年，50a-56頁。
153 劉文徵：《滇志》，卷15，520頁。
154 《鄧川州志》，卷12，5a-6b。
155 劉文徵：《滇志》，卷15，538頁。
156 關於明清時期貞節族群婦女的整體介紹，參見沈海梅：《明清雲南婦女生活研究》，昆明：雲南教育出版社，2001年，245-262頁。
157 劉文徵：《滇志》，卷15，528，529，536，538，539頁。考慮地點，前述案例顯然不屬於白人。確實，考量其姓名與位置所在，《滇志》當中的白人貞潔女性數量似乎較多，此事無須訝異，因為白人是受漢文化影響最深的族群。
158 《永昌府志》（1885年本），1-6，卷57，2a頁。
159 張履程：《彩雲百詠》，見《雲南史料叢刊》，卷8，46-47頁。

106 劉文徵：《滇志》，卷8，275頁；《南詔野史》，見《雲南史料叢刊》，卷4，771頁。
107 查繼佐（明）：《罪惟錄》，卷26，5a頁。
108 《雲南圖經志書》，見《雲南史料叢刊》，卷6，1-102頁。
109 《明太宗實錄》，卷126，149，185，197，見《雲南史料叢刊》，卷4，495頁。
110 木芹、木霽弘：《儒學與雲南政治經濟的發展及文化轉型》，昆明：雲南大學出版社，1999年，92頁。
111 《雲南史料叢刊》，卷4，492–495頁。
112 劉文徵：《滇志》，卷8–9，285、323、326頁。
113 同上，275–333頁。
114 一般來說，書院是由地方官所推動促成並提供場地。
115 劉文徵：《滇志》，卷8-9，275-333頁。這個數目並不齊全，《新纂雲南通志》當中則列出六十五所書院。
116 《明太宗實錄》，卷203，204，見《雲南史料叢刊》，卷4，492–493頁。
117 謝肇淛：《滇略》，卷9，見《雲南史料叢刊》，卷6，778頁。
118 劉文徵：《滇志》，卷23，767頁。
119 《雲南圖經志書》，卷1，見《雲南史料叢刊》，卷6，16頁。
120 《明會典》，卷77，見《雲南史料叢刊》，卷3，719頁。
121 《請加額解疏》，見劉文徵：《滇志》，卷23，767-768頁。
122 《明史》，卷192。
123 《元史》，卷125，見《雲南史料叢刊》，卷2，556-557頁。
124 《中慶路學講堂記〉，見《雲南史料叢刊》，卷3，277-278頁。
125 〈為美縣尹王君墓誌銘》，見《雲南史料叢刊》，卷3，331頁。
126 〈元宣慰史止庵王公墓誌銘〉，見《雲南史料叢刊》，卷3，331-332頁。
127 《元史》，卷167，見《雲南史料叢刊》，卷2，563頁。
128 《雲南圖經志書》，卷2，見《雲南史料叢刊》，卷6，36頁。
129 《鄧川州志》（1853年本），卷15，〈藝文志〉。
130 《雲南通志》，卷2。
131 《雲南志》，卷3，見《雲南史料叢刊》，卷6，138頁。
132 《楚雄府志》（1568年本），見《日本藏中國罕見地方誌叢刊》，北京：書目文獻出版社，1992年，42頁。根據這部地方誌的內容，鄂嘉縣城很有可能沒建城牆，此事顯示縣令將何等心力放在教育方面。
133 《雲南通志》，卷3。
134 《雲南通志》，卷3。

刊》，卷6，580頁。

86 周嘉謨：《清理莊田策疏》，見《雲南史料叢刊》，卷4，669頁。

87 趙子元：《賽平章德政碑》，見《雲南史料叢刊》，卷3，267頁。

88 關於洱海的灌溉建設與環境衝擊，參見Elvin, Mark, Darren Crook, Shen Li, Richard Hones, and John Dearing, "The Impact of Clearance and Irrigation on the Environment in the Lake Erhai Catchment from the Ninth to the Nineteenth Century," *East Asia History* 23 (June 2002): pp. 1–60.

89 《雲南圖經志書》，卷1，見《雲南史料叢刊》，卷6，6頁。「里」、「尺」、「丈」是長度單位，十尺等於一丈，一百五十丈等於一里。尺的實際長度隨時代而有別，明代的時候，一尺大約是二十五公尺。

90 陳文：《南壩閘記》，見劉文徵，《滇志》，昆明：雲南教育出版社，1991年，卷19，634頁。《滇志》裡有好幾篇文章都在談灌溉建設。

91 《雲南志》，卷2，見《雲南史料叢刊》，卷6，125頁。

92 《陸涼州志》（1844），卷5。

93 《明宣宗實錄》，卷84，見《雲南史料叢刊》，卷4，115–116頁。

94 陸韌，2001年，258–260頁。

95 《明會典》，卷24，見《雲南史料叢刊》，卷3，708頁。「石」是重量單位，一石有一百二十斤，一斤大約五百公克。

96 《明會典》，卷24，見《雲南史料叢刊》，卷3，708頁。

97 《雲南通志》，卷6，見《雲南史料叢刊》，卷6，559頁。公元1578年的數字是小麥35,567石、稻米107,123石；到1632年時數量有些微增長，小麥37,716石、稻米111,073石，參見劉文徵：《滇志》，卷6，212頁。

98 之所以在此處強調儒家教育，是因為它可以被衡量，而且它是「文以化之」舉措的關鍵部分；但是，我並不認為儒家文化就等同於漢文化。確實有很多中國的非儒家文化體制和習俗在雲南落地生根。例如頗流行於雲南部分山區的河神或水神崇拜，李中清指出，這一定是來自長江流域的移民所引入的；明、清時期中國式佛教的傳播，也是一種「主宰」土著宗教基礎建設的方式。

99 趙子元：《賽平章德政碑》，見《雲南史料叢刊》，卷3，266-267頁。

100 郭松年《中慶路學碑記》，見《雲南史料叢刊》，卷3，275-276頁。

101 《元史》，卷167頁，見《雲南史料叢刊》，卷2，563頁。

102 《元史》，卷32，見《雲南史料叢刊》，卷2，644頁。

103 《中慶路增置學田記》，見《雲南史料叢刊》，卷3，277頁。

104 《中慶路增置學田記》，見《雲南史料叢刊》，卷3，277頁。

105 《元史》，卷32，見《雲南史料叢刊》，卷2，644頁。

56 《明太祖實錄》，卷187，見《雲南史料叢刊》，卷4，155頁。
57 陸韌，2001年，183-184頁。
58 《雲南志》，卷2，見《雲南史料叢刊》，卷6，129頁。
59 《雲南志》，卷2，見《雲南史料叢刊》，卷6，129頁。
60 《安寧州志》（康熙本），卷2，12b頁。
61 《楚雄府志》（康熙本），卷2，25a、32b頁。
62 《雲南志》，見《雲南史料叢刊》，卷6，103-516頁。此為筆者所計算。
63 《雲南志》，卷2，見《雲南史料叢刊》，卷6，130頁。
64 陸韌，2001年。189頁。
65 《雲南志》，卷2，見《雲南史料叢刊》，卷6，129-130頁。
66 《雲南志》，卷2，見《雲南史料叢刊》，卷6，130頁。
67 《雲南志》，卷2，見《雲南史料叢刊》，卷6，122–232頁。
68 《何文簡疏議》，卷8，見《雲南史料叢刊》，卷5，338頁。
69 徐霞客，《徐霞客遊記》，朱惠榮校注，昆明：雲南人民出版社，1985年，770頁。在徐霞客抵達之際，「哨」已不復存在，過去軍哨的兵士可能被吸收到地方社會之中。
70 此情況在多數清代地方誌當中都很明顯，例子可見《陸涼州志》（1844年）；《鄧川州志》（1853年）與《馬龍州志》（1723年）。
71 《尋甸府志》（嘉靖本），上海：上海古籍出版社，1963年，卷1，5b-7a頁。平民村落的數量是三十九，軍屯村落的數量為二十一。
72 《陸涼州志》（1844年），卷1，15a-18b頁。
73 James Lee 1982, p. 715；現在雲南耕地約為四千三百萬畝，參見雲南民族學院編：《雲南》，昆明：雲南教育出版社，1999年，5頁。
74 參照方國瑜，2003年，卷3，250頁。
75 《景棟府志》（1732年），卷2。
76 Von Glahn 1987.
77 吳大勛：《滇南見聞錄》，見《雲南史料叢刊》，卷12，17-18頁。
78 《明史》，卷126，見《雲南史料叢刊》，卷3，390頁。
79 同上，391頁。
80 《元史》，卷100，見《雲南史料叢刊》，卷2，643頁。一「雙」大約等於五畝。
81 《雲南志》，卷2，見《雲南史料叢刊》，卷6，126頁。
82 《元史》，卷100，見《雲南史料叢刊》，卷3，644頁。
83 《雲南志》，卷4，見《雲南史料叢刊》，卷6，148頁。
84 《雲南志》，卷1，見《雲南史料叢刊》，卷6，109頁。
85 《雲南通志》，卷6，見《雲南史料叢刊》，卷6，559頁；卷6，見《雲南史料叢

32 《通典》，卷187，見《雲南史料叢刊》，卷1，452頁。

33 關於明代的中國移民，可參見James Lee 1982, 279 –304；江應樑：《傣族史》，成都：四川民族出版社，1983年，314-322頁；陸韌，2001年。

34 陸韌，2001年，13頁。

35 陸韌，2001年，13頁。另外，江應梁指出，明代兵士不會少於三十萬人，參見江應樑，1983年，315-317頁。

36 關於政府贊助的移民活動，參見陸韌，2001年，69-78頁。

37 James Lee 1982, p. 289.

38 陸韌，2001年，136-137頁。

39 James Lee 1982, p. 715.

40 James Lee 1982, p.285.

41 漢人移民的來源紛繁，見James Lee 1982, p. 290.

42 James Lee 1982, pp. 290–291.

43 《後漢書》，卷86，見《雲南史料叢刊》，卷1，57頁；《華陽國志》，卷10，見《雲南史料叢刊》，卷1，276頁。

44 《通典》，卷187，見《雲南史料叢刊》，卷1，452頁。

45 《蠻書》，見《雲南史料叢刊》，卷2，49頁；李京：《雲南志略》，見《雲南史料從叢刊》，卷3，128頁。

46 James Lee 1982, pp. 717–720.

47 《雲南志》，卷2，見《雲南史料叢刊》，卷6，126頁。

48 《雲南志》，卷2，見《雲南史料叢刊》，卷6，108頁。這十七個衛分別是雲南左衛、雲南右衛、雲南中衛、雲南前衛、雲南後衛、大理衛、臨安衛、曲靖衛、景東衛、楚雄衛、洱海衛、平夷衛、越州衛、蒙化衛、六涼衛、大羅衛；三個軍民指揮使司分別是金齒、瀾滄、騰衝軍民指揮使司；六個守禦千戶所則是宜良、易門、安寧、馬龍、楊林堡、木密關守禦千戶所。

49 《雲南志》，見《雲南史料叢刊》，卷6，122-124頁。

50 《雲南通志》，見《雲南史料叢刊》，卷6，580-594頁。總計在主要的城市裡，共有173座「屯倉」和38座「城倉」；方國瑜，2003，卷3，246-248頁。

51 陳慶江：《明代雲南縣級政區治所的城池》，見《西南邊疆民族研究》，昆明：雲南大學出版社，2001年，卷1，447-467頁。

52 《雲南圖經志書》，卷1，見《雲南史料叢刊》，卷6，7頁。

53 陸韌，2001年，151-152頁。

54 《雲南志》，卷2，見《雲南史料叢刊》，卷6，126頁。

55 《雲南志》，卷2，見《雲南史料叢刊》，卷6，126頁。

6 該習俗早在南詔時期便有，《蠻書》對此有記錄，明、清時期仍有這種吃法，一直延續到今天。

7 Jacqueline Misty Armijo–Hussein (1996) 曾經對李京和馬可・孛羅的記錄進行比較。

8 James Lee, "Migration and Expansion in Chinese History," in *Human Migration: Patterns and Policies*, eds. William McNeill and Ruth S. Adams (Bloomington and London: Indiana University Press, 1978), pp. 20–47.

9 關於早期文獻當中「民」與「夷」的討論，參見方國瑜，2001年，卷1，316–320頁。

10 莊蹻的軍事行動可參見方國瑜，2001年，卷1，64–71、94–100頁。

11 方國瑜，2001年，卷1，67、69頁。

12 關於早期中國移民雲南的情況，參見方國瑜，2001年，卷1，303-304頁；卷2，80-103頁。

13 方國瑜，2001年，卷1，308-309頁。

14 《華陽國志》，卷4，見《雲南史料叢刊》，卷1，257頁。

15 呂不韋是戰國時代晚期的富有商人，他還曾當上秦國的丞相。

16 方國瑜，2001年，卷1，311-312頁。

17 關於唐、宋時期的中國移民，參見方國瑜，2001年，卷2，80-103頁。

18 《通典》，卷187，見《雲南史料叢刊》，卷1，451頁。

19 《舊唐書》，卷106，見《雲南史料叢刊》，卷1，433頁。

20 不少文人或詩人筆下曾經寫到對南詔動武之事及其災難，例如李白；《雲南史料叢刊》，卷2，143–144頁。

21 《太平廣記》，卷166，見《雲南史料叢刊》，卷2，119-123頁。

22 《舊唐書》，卷197，見《雲南史料叢刊》，卷1，376。所謂「沒蕃將衛景深、韓演等」，他們可能是被吐蕃俘虜的唐朝將領，而後被南詔俘虜帶到雲南。

23 《蠻書》，見《雲南史料叢刊》，卷2，62頁。

24 《舊唐書》，卷17，見《雲南史料叢刊》，卷1，357頁；《資治通鑑》，卷244，見《雲南史料叢刊》，卷1，639頁。

25 雍陶，參見《雲南史料叢刊》，卷2，152-156頁。

26 《資治通鑑》，卷250，見《雲南史料叢刊》，卷1，643頁。

27 《新唐書》，卷222，見《雲南史料叢刊》，卷1，399頁。

28 關於中國史上的私人移民活動，參見James Lee 1978, pp. 20–47.

29 張柬之：《請罷兵戍姚州疏》，見《雲南史料叢刊》，卷2，110頁。

30 《蠻書》，見《雲南史料叢刊》，卷2，36頁。

31 《通典》，卷187，見《雲南史料叢刊》，卷1，451頁。

見《雲南史料叢刊》，卷4，499頁。

123 《明太祖實錄》，卷239，見《雲南史料叢刊》，卷4，493頁。

124 《明太祖實錄》，卷239，見《雲南史料叢刊》，卷4，493頁。

125 《明史》，卷314，見《雲南史料叢刊》，卷3，454頁。

126 John Herman 1997.

127 清代的雲南土酋列表，見於《清史稿》，卷301，4056-4062頁。龔蔭，1992年，457-742頁。

128 John Herman 1997.

129 John Herman 1997.

130 關於那些小土酋的列表，參見龔蔭，1992年，462頁。

131 龔蔭，1992年，113-114頁。龔蔭提供的清代雲南土司統計數字並不一致，273人這個數字是根據該書113及114頁（157位土官和80位土司），外加36位低於從九品者；但是在該書462頁處，龔蔭的結論卻是約210位土司。

132 龔蔭，1992年，58與61頁。龔蔭在461頁所列出的數字是332人。

133 尤中，2001年，517頁。

134 倪蜕，581與586頁。

135 倪蜕，586頁。

136 倪蜕，584-589頁。

137 《清史稿》，卷301，4054-4055頁。倪蜕，582–585、588、608–612頁。

138 尤中，1991年，521頁。

139 該事件可見於倪蜕，592-593頁。

140 關於移民以及社會的轉型，請見本書第五章。

141 龔蔭，1992年。463頁。這二十二位土司分別在車里、耿馬、隴川、幹崖（盈江）、南甸、孟連、遮放、盞達、潞江、芒市（潞西）、孟卯（瑞麗）、納樓、虧容、十二關、蒙化、景東、孟定、永寧、富州、灣甸、鎮康、北勝州。

第五章

1 方國瑜判斷，《雲南志略》大約完成於元武宗大德年間（1297–1307）的第七或第八年。參見《雲南史料叢刊》，卷3，121頁。

2 《雲南志略》在明代時已亡佚，但許多書籍曾經引用其內容，讓我們今日仍得以一窺李京著作的部分內容。

3 《雲南志略》該章節的全文翻譯，請見Armijo–Hussein 1996, pp. 131-149.

4 李京的描述偶爾受儒家倫理觀影響而有偏差，麼些人事實上並沒有婚姻這種概念。.

5 這項作法在某些東南亞族群當中也很普遍。

93 《明英宗實錄》，卷27，見《雲南史料叢刊》，卷4，49頁。關於土司繼承的規範，亦可見《明會典》，卷121，見《雲南史料叢刊》，卷3，729-732。
94 《明會典》，卷121，見《雲南史料叢刊》，卷3，729-730。
95 《明會典》，卷8，4b-5a，見《影印文淵閣四庫全書》，臺北：臺灣商務書館，1983，卷617。
96 《明憙宗實錄》，卷273，見《雲南史料叢刊》，卷4，52頁。
97 《明會典》，卷121，見《雲南史料叢刊》，卷3，730頁。
98 《明武宗實錄》，卷7，卷178，見《雲南史料叢刊》，卷4，52頁。
99 《明世宗實錄》，卷112，見《雲南史料叢刊》，卷3，56頁。
100 《明會典》，卷121，見《雲南史料叢刊》，卷3，730。
101 《明會典》，卷121，見《雲南史料叢刊》，卷3，731。
102 《明史》，卷313，見《雲南史料叢刊》，卷3，443。
103 《土官底簿．雲南土官》，見《雲南史料叢刊》，卷5，420頁。
104 《明史》，卷314，見《雲南史料叢刊》，卷3，450。《土官底簿．雲南土官》，見《雲南史料叢刊》，卷5，416頁。
105 《明史》，卷314，見《雲南史料叢刊》，卷3，452-453頁。
106 《土官底簿．雲南土官》，見《雲南史料叢刊》，卷5，415-416頁。
107 《明史》，卷314，見《雲南史料叢刊》，卷3，452頁。
108 《土官底簿．雲南土官》，見《雲南史料叢刊》，卷5，403頁。
109 《明史》，卷313，見《雲南史料叢刊》，卷3，449頁。
110 《明史》，卷314，見《雲南史料叢刊》，卷3，451-453頁。
111 《明史》，卷313，見《雲南史料叢刊》，卷3，446頁。
112 龔蔭，1992年，461頁。
113 《明史》，卷313，見《雲南史料叢刊》，卷3，441-442頁。
114 《明史》，卷313，見《雲南史料叢刊》，卷3，440頁。
115 《明太祖實錄》，卷167.見《雲南史料叢刊》，卷4，26-27頁。
116 《明宣宗實錄》，卷71，見《雲南史料叢刊》，卷4，49頁。
117 Herman 1997.
118 關於佔據武定土司世襲地位的鳳氏家族，參見方國瑜，2003年，卷3，559-580頁。
119 《明史》，卷314，見《雲南史料叢刊》，卷3，451-453。《明實錄》，「武定府」，見《雲南史料叢刊》，卷4，253-255頁。
120 《明太祖實錄》，卷204，見《雲南史料叢刊》，卷4，492-493頁。
121 《明太祖實錄》，卷239，見《雲南史料叢刊》，卷4，493頁。
122 《明會典》，卷78，見《雲南史料叢刊》，卷3，720頁。《明憲宗實錄》，卷212，頃的大小其實隨著時代而有改變。現代的一「畝」為0.0667公頃。

71 陸韌，2001年，128-129頁。

72 鄧渼：《南中奏牘》。參照陸韌，2001年，127頁。

73 《明熹宗實錄》，卷49與卷58，見《雲南史料叢刊》，卷4，94頁。

74 《明史》，卷118，見《雲南史料叢刊》，卷3，387頁；卷126，見《雲南史料叢刊》，卷3，391頁。

75 《明史》，卷126，見《雲南史料叢刊》，卷3，392頁。

76 《明史》，卷126，見《雲南史料叢刊》，卷3，389-393頁。辛法春，1985年，77-220頁。

77 《明史》，卷126，見《雲南史料叢刊》，卷3，389-393頁。關於雲南的沐家，亦可參見方國瑜：《明鎮守雲南沐氏事蹟》，見《雲南史料叢刊》，卷3，685-691頁。《明黔寧王沐氏事蹟史略》，見《雲南史料叢刊》，卷3，691-695。

78 明王朝時期的「總督」只是臨時的職位，例如在出兵時派任；到了清代的時候，總督才變成常任。

79 關於雲南衛所之討論，參見方國瑜，2001年，314-318頁。陸韌，2001年，40-41頁。

80 《明會典》，卷18，見《雲南史料叢刊》，卷3，705頁。上述的比率和數字會隨地方不同而有差異。

81 陸韌，2001年，45頁。

82 設立貴州省的原因並不清楚，短期考量可能是為明代在雲南南方邊境的軍事活動鞏固補給線；再者，雲南範圍太大，難以管理，將它分為兩個部分也有助於限制沐家的勢力。

83 《元史》，卷26，見《雲南史料叢刊》，卷2，503頁。

84 《元史》，卷29，見《雲南史料叢刊》，卷2，504頁。

85 《元史》，卷29，見《雲南史料叢刊》，卷2，505頁。

86 《元史》，卷103，2635頁。

87 John Herman 1997, p. 50. 斷代史書或可支援赫爾曼的論點，《元史》當中沒有任何一卷是專為土酋土司所立，《明史》裡則有十卷是土司們的傳記。

88 《元史》，卷313，見《雲南史料叢刊》，卷3，436頁。

89 在公元1397至1530年間，土司與土官都是受到兵部的監督。

90 龔蔭：《中國土司制度》，昆明：民族出版社，1992年，460-461頁。關於明代的土司，亦可參見江應樑：《明代雲南境內的土官與土司》，昆明：雲南人民出版社，1958年。

91 龔蔭，1992年，58-61頁。

92 龔蔭，1992年，65-66頁。

氏已控制大理地區。此外，其他「諸王」或者駐於大理、或駐於雲南。總合起來，元王朝時期共有二十七位王侯待過雲南。參見夏光南，1968年，68–71頁；辛法春，《明沐氏與中國雲南之開發》，臺北：文史哲出版社，1985年，8–9頁。

51 自從1330年代以降，梁王實際是是雲南真正的蒙古統治者，梁王的宮廷取代了雲南行省。

52 關於蒙古以及穆斯林移民，或可參見夏光南，1968，43–60頁。今日，雲南許多回民都自稱是賽典赤·贍思丁的後代。

53 關於穆斯林商隊，或可參見Andrew Forbes and David Henley 1997.

54 這本書深感遺憾之處以及有可能受到挑戰之處，就是對雲南的穆斯林——尤其是回變（1856–1874）期間——缺乏討論；但是，仔細審視該課題的結果將會肯定本書的論點，亦即瞭解現代雲南的關鍵處在於新身分之認同。滿清之所以能夠鎮壓回變，正是因為它獲得了穆斯林菁英當中重要人物的支持。

55 《南詔野史》，見《雲南史料叢刊》，卷4，798頁。方慧，1999年，105頁。

56 《南詔野史》，見《雲南史料叢刊》，卷4，798頁。

57 《土官底簿·雲南土官》，見《雲南史料叢刊》，卷5，387頁。段保被任命為雲龍土知州。

58 談遷：《國榷》，卷7，見《雲南史料叢刊》，卷5，10頁。

59 衛所制度基本上是依循蒙古人的萬戶—千戶制度而成。

60 陸韌，2001年，13頁。

61 朱元璋是中國歷史上最多疑的皇帝之一。幫助朱元璋踐祚的重要將領功臣，幾乎都遭到處決或被各種方式逼死。

62 《明史》，卷126，見《雲南史料叢刊》，卷3，390。

63 有些帝國時代的學者懷疑沐英實為朱元璋的親生兒子，但兩人的相對年齡駁斥了這項說法。由於兩人的這段關係，沐英是少數可以壽終正寢的開國將領之一。

64 《明史》，卷126，見《雲南史料叢刊》，卷3，390頁。《明太祖實錄》，卷258，見《雲南史料叢刊》，卷4，18頁。

65 《明史》，卷126，見《雲南史料叢刊》，卷3，389-394頁。

66 沐家有時會直接將軍戶開墾的土地納入自家莊園，一份1529年的史料顯示，雲南有六個衛的士兵都變成沐家的私人勞力。《明世宗嘉靖實錄》，卷98。

67 《明史》，卷126，見《雲南史料叢刊》，卷3，391頁。

68 王毓銓：《明黔國公沐氏莊田考》，見《明代社會經濟史論集》，香港：崇文書局，1975年，卷1，116頁。

69 王毓銓，1975，117頁。

70 王毓銓，1975，118頁。「頃」為中國帝國時代的面積單位，一頃等於一百畝，不過

31 關於高氏家族，參見方國瑜，2001，卷2，470–506頁。

32 《元史》，卷4，見《雲南史料叢刊》，卷2，484頁；《元史》，卷121，見《雲南史料叢刊》，卷2，546頁。

33 《元史》，卷126，見《雲南史料叢刊》，卷2，567頁。關於段氏與元人（蒙古人）的關係，參見方慧，1999年。

34 《元史》，卷126，見《雲南史料叢刊》，卷2，567頁。

35 《元史》，卷121，見《雲南史料叢刊》，卷2，567頁。

36 僰人被認為是現代白族的祖先。其他的土著軍隊有麼些軍（納西）、羅羅斯軍（彝）和哈尼軍（哈尼）。

37 有一些爨僰軍人定居於湖南省桑植，中共人民解放軍十大元帥當中的賀龍，據說就是這些移民的後裔。

38 《元史》，卷6，見《雲南史料叢刊》，卷2，485頁。

39 元朝極為重視雲南。夏光南曾經算過《元史》裡的官員，發現《元史》裡有立傳的官員當中，有一百位或七分之一的人曾經在雲南任職過。參見夏光南，1968年，75–105頁。

40 《元史》，卷7，見《雲南史料叢刊》，卷2，485頁；《元史》，卷167，見《雲南史料叢刊》，卷2，562頁。

41 關於賽典赤・贍思丁與其在雲南的經歷，參見Armijo–Hussein, Jacqueline Misty, "Sayyid'Ajall Shams Al–Din: A Muslim from Central Asia, Serving the Mongols in China and Bringing 'Civilization' to Yunnan," unpublished dissertation, Harvard University, 1996.

42 《元史》，卷125，見《雲南史料叢刊》，卷2，556頁。

43 《元史》，卷125，見《雲南史料叢刊》，卷2，557頁。

44 上述諸項措施見於《元史》，卷125，見《雲南史料叢刊》，卷2，556-557頁。關於土司制度，龔蔭在其文獻回顧性質的論文當中，列舉了中文史料與論著；參見龔蔭，2002年，〈20世紀中國土司制度的理論與方法〉，《思想戰線》，28，第5號（2002年），100頁。

45 雲南西北部也有設置土司，主要屬於軍事性質。.

46 帝國官員的品秩主要是根據該職位的權威與職責而定，品之內又分有正與從，在九品制度當中，最高級的是正一品，最低級的是從九品。

47 《元史》，卷103，2635頁；卷26，見《雲南史料叢刊》，卷2，503頁。

48 《元史》，卷103，2635頁。

49 關於元王朝時期的段氏家族，參見方慧：《大理總管段氏世次年曆及其與蒙元政權關係研究》，昆明：雲南教育出版社，1999年。

50 雲南王駐在大理，而梁王駐在昆明。雲南王從1330年開始居住在昆明，這暗示著段

11 《後漢書》，卷86，見《雲南史料叢刊》，卷1，63頁。
12 《後漢書》，卷86，見《雲南史料叢刊》，卷1，58頁。
13 《後漢書》，卷86，見《雲南史料叢刊》，卷1，61頁。
14 《後漢書》，卷86，見《雲南史料叢刊》，卷1，63頁。
15 余英時，1967年，83頁。
16 關於「夷帥」與「大姓」，或可參見方國瑜，2001，卷1，355–389頁；尤中，1990，82–90頁。
17 關於爨氏的討論，參見方國瑜，2001，卷1，459–501頁。
18 《雲南史料叢刊》，卷1，233–240頁。
19 Backus p. 7.爨氏究竟是否為土著，是一個有爭議的問題。舉例來說，方國瑜便認為爨氏是土著，參見方國瑜，2001，卷1，458–501頁。
20 筆者會在本章後面討論這些互動。
21 《三國志·蜀書》，卷13，見《雲南史料叢刊》，卷1，104頁；《華陽國志》，卷13，卷1，254頁。
22 《三國志・蜀書》，卷13，見《雲南史料叢刊》，卷1，104頁；《三國志·蜀書》，卷13，見《雲南史料叢刊》，卷1，108頁。黎虎：《蜀漢「南中」政策二三事》，見《歷史研究》，第4期，1984年，153-166頁。
23 唯一的例外就是寧州長官徐文盛，他似乎做出某種成果，甚至能招募地方人民到中國本部鎮壓叛亂。參見《梁書》，卷46，見《雲南史料叢刊》，卷1，152頁。關於此時期派遣到寧州的長官，見於《雲南史料叢刊》，卷1，157-160頁。
24 《新唐書》，卷222，見《雲南史料叢刊》，卷1，403頁。
25 關於這兩次的征伐，參見Backus 1981, pp. 10–13.
26 《隋書》，卷62，見《雲南史料叢刊》，卷1，337-338頁。
27 《太平廣記》，卷483，見《雲南史料叢刊》，卷2，194頁。
28 《蠻書》，見《雲南史料叢刊》，卷2，76頁。
29 關於南詔與大理的佛教，或可參見方國瑜，2001年，507–522頁、523-540頁、541-557頁、557-562頁、563-582頁、583-601頁、601-636頁；Chapin, Helen B., “Yünnanese Images of Avalokitesvara,” *Harvard Journal of Asiatic Studies 2* (1944): 131–187；Chapin, Helen B., and Alexander C. Soper, “A Long Roll of Buddhist Images,” *Artibus Asiae* 32 (1970): pp. 5-41, 157-199, 259-306；and 33 (1971): pp. 75–142；以及李霖燦：《南詔大理國新資料的綜合研究》（臺北：故宮博物院，1982年）佛教乃是南詔國與大理國的重要特徵，這個領域顯然還沒有被徹底探索，筆者對於本書未能檢視此課題，也覺得很可惜。
30 《南詔野史》，見《雲南史料叢刊》，卷4，782頁。

子以支持孤立政策，見《宋史》，卷347，見《雲南史料叢刊》，卷1，504–505頁。

110 《建炎以來繫年要錄》，卷105，見《雲南史料叢刊》，卷2，214頁。

111 《建炎以來繫年要錄》，卷105，見《雲南史料叢刊》，卷2，214頁。

112 宋室曾經嘗試在長江中游地區養馬，但其結果令人灰心，十多年內只有約二十匹馬出生，而且完全不能上戰場。事見《宋史》，卷198，見《雲南史料叢刊》，卷1，500頁。

113 《續資治通鑑長編》，卷267，見《雲南史料叢刊》，卷2，244–248頁。

114 《宋史》，卷488，5835–5836頁。

115 《宋會要輯稿》，卷183、197，分別見《雲南史料叢刊》，卷1，561頁、521頁。

116 《宋史》，卷412，見《雲南史料叢刊》，卷1，505頁。

117 北宋的兩位皇帝為金人所俘虜。

118 《元史》，卷149，見《雲南史料叢刊》，卷2，587頁；韓儒林：《元朝史》，北京：人民出版社，1982年，第1冊，183頁；Herbert Franke and Denis Twitchett, p. 405. 郭寶玉確實有將這個點子獻給成吉思汗。宋人沿著長江的防禦頗為成功，蒙哥本人竟於公元1259年四川一場正面進攻戰中死亡，此時蒙古人的包圍之勢已然成形。

119 有趣的是，蒙古人的長征路線基本上被二十世紀的中共紅軍所重複，只不過兩者的方向相反。關於蒙古征服大理國一事，或可見《元史》，卷121，見《雲南史料叢刊》，卷2，545–547頁。

120 （清）倪蛻：《滇雲歷年傳》，李埏校註，昆明：雲南大學出版社，1992年，184頁。

121 段氏與明軍信件之往來，參見《雲南史料叢刊》，卷4，549–552頁。

122 《雲南史料叢刊》，卷4，549–552頁。

第四章

1 《史記》，卷116，見《雲南史料叢刊》，卷1，4頁。

2 余英時，1967，65–82頁。

3 余英時，1967，77頁。

4 前述的叛亂事件可見《漢書》，卷95，見《雲南史料叢刊》，卷1，32頁。

5 《漢書》，卷95，見《雲南史料叢刊》，卷1，32頁。

6 《漢書》，卷95，見《雲南史料叢刊》，卷1，32頁。

7 《漢書》，卷95，見《雲南史料叢刊》，卷1，33頁。

8 《後漢書》，卷86，見《雲南史料叢刊》，卷1，58頁。

9 《後漢書》，卷86，見《雲南史料叢刊》，卷1，61頁。

10 《後漢書》，卷86，見《雲南史料叢刊》，卷1，63頁。

252、253，見《雲南史料叢刊》，卷1，651–653頁。

89 《新唐書》，卷222，見《雲南史料叢刊》，卷1，401頁；《資治通鑑》，卷252、255，見《雲南史料叢刊》，卷1，653–654頁。關於聯姻事宜的交涉，參見方國瑜，2001年，卷2，317–323頁。

90 《新唐書》，卷222，見《雲南史料叢刊》，卷1，398頁。

91 《新唐書》，卷148，見《雲南史料叢刊》，卷1，445–456頁；《西南夷本末》，見《雲南史料叢刊》，卷1，682頁。

92 《新唐書》，卷222，見《雲南史料叢刊》，卷1，402頁。

93 陳寅恪：《唐代政治制度史》，上海：上海古籍出版社，1999年，155頁。

94 夏光南：《元代雲南史地叢考》，臺北：中華書局，1968年，61頁。

95 Backus, p. 145.

96 頗具影響力的太監高力士警告唐玄宗，一再於雲南損失兵力，將會導致邊疆毫無防禦，無法控制其他邊疆將領；這些話被玄宗忽視，但高力士的警告後來成真了。以安祿山為代表的北方邊疆將領們握有最強大的兵力，不久之後，安祿山叛變，唐朝的軍隊實在無力抵擋叛軍，玄宗被迫遜位並逃難到四川。因此，唐王朝在雲南的損失，絕對更加惡化它處置內部危機方面的無能。事見《新唐書》，卷206，5860頁。

97 G. H. Luce, "Old Kyaukse and the Coming of the Burmans," *Journal of Burma Research Society* 42 (1959): pp. 76–80.

98 白居易筆下關於南詔與驃的詩篇，見《雲南史料叢刊》，卷2，142–145頁。

99 那些政權包括鄭氏所建立的大長和國（902–928）、趙氏的大天興國（928–929）、以及楊氏的大義甯國（928–929）。關於此一時期，參見方國瑜，2001年，卷2，325–357頁。

100 大理國的二十二位皇帝當中，有八個皇帝遜位出家當和尚，在寺院中度過晚年。方國瑜，2001年，卷2，537頁。

101 關於宋和大理的交流情況，參見方國瑜，2001年，卷2，451–469頁。

102 李京：《雲南志略》，見《雲南史料叢刊》，卷3，126頁；《南詔野史》，見《雲南史料叢刊》，卷4，784頁。

103 辛怡顯：《至道雲南錄》，見《雲南史料叢刊》，卷2，177頁。

104 《宋會要輯稿》，卷192、198，分別見《雲南史料叢刊》，卷1，518–519、522頁。

105 李攸：《宋代事實》，引自方國瑜，2001年卷2，452頁。

106 尤中，1994年，254頁。

107 《宋史》，卷488，見《雲南史料叢刊》，卷1，478頁。

108 《宋史》，卷453，見《雲南史料叢刊》，卷1，505頁。

109 《宋史》，卷353，見《雲南史料叢刊》，卷1，505頁。地方官員們也引用南詔的例

66 《新唐書》，卷222，見《雲南史料叢刊》，卷1，390頁。
67 《資治通鑑》，卷233，見《雲南史料叢刊》，卷1，633頁。
68 《新唐書》，卷222，見《雲南史料叢刊》，卷1，390頁。
69 《新唐書》，卷222，見《雲南史料叢刊》，卷1，391頁。
70 《新唐書》，卷222，見《雲南史料叢刊》，卷1，391頁。
71 《新唐書》，卷222，見《雲南史料叢刊》，卷1，394頁。
72 《唐會要》，卷100，見《雲南史料叢刊》，卷1，465頁；《資治通鑑》，卷236，見《雲南史料叢刊》卷1，636頁。
73 《資治通鑑》，卷249，見《雲南史料叢刊》，卷1，640–641頁。
74 《冊府元龜》，卷976，見《雲南史料叢刊》，卷2，301頁。
75 Edwin O. Reischauer, trans., *Ennin's Diary: The Record of a Pilgrimage to China in Search of Law* (New York: Ronald Press, 1955), p. 90.
76 《新唐書》，卷222，見《雲南史料叢刊》卷1，394–395頁；《資治通鑑》，卷244，見《雲南史料叢刊》卷1，638頁。南詔大約放走了四、五千人，參見《資治通鑑》，卷249，見《雲南史料叢刊》，卷1，639頁。
77 關於九世紀初唐朝和南詔之間的衝突，參見方國瑜，2001年，卷2，291–316頁。
78 《蠻書》，見《雲南史料叢刊》，卷2，80頁。
79 《蠻書》，見《雲南史料叢刊》，卷2，79頁。
80 《蠻書》，見《雲南史料叢刊》，卷2，82頁。
81 《蠻書》，見《雲南史料叢刊》，卷2，80–82頁。
82 《新唐書》，卷222，見《雲南史料叢刊》，卷1，395–396頁；《資治通鑑》，卷249，見《雲南史料叢刊》，卷1，641頁。這跟後來的大理國不同，「理」跟「禮」同音不同字。
83 這些戰役可見於《資治通鑑》，卷249–250，見《雲南史料叢刊》，卷1，641–643；《新唐書》，卷222，見《雲南史料叢刊》，卷1，395頁。十五萬人這個數字也許是誇大的。樊綽在第二次進攻中倖存下來，並編撰《蠻書》留給了後世。
84 《資治通鑑》，卷250，見《雲南史料叢刊》，卷1，644頁。
85 《新唐書》，卷222，見《雲南史料叢刊》，卷1，396頁；《資治通鑑》，卷250，見《雲南史料叢刊》，卷1，645頁。
86 關於公元869年的進攻，參見《新唐書》，卷222，見《雲南史料叢刊》，卷1，396–398頁；《資治通鑑》，卷249、卷252，見《雲南史料叢刊》，卷1，646–649頁。
87 關於公元874年的進攻，參見《新唐書》，卷222，見《雲南史料叢刊》，卷1，398–400頁；《資治通鑑》，卷252，見《雲南史料叢刊》，卷1，649–650頁。
88 《新唐書》，卷222，見《雲南史料叢刊》，卷1，398–400頁；《資治通鑑》，卷

1994年，375頁。

49 Backus, p. 57.

50 馬耀：《雲南簡史》，昆明：雲南人民出版社，1991年，84–84頁；尤中，1994年，130頁。

51 陳楠；Backus p. 70.

52 參見王吉林：《唐代南詔與李唐關係之研究》，臺北：商務出版社，1976年；Backus；方國瑜，2001年，卷2，104–118頁。

53 《蠻書》，見《雲南史料叢刊》，卷2，32頁；《新唐書》，卷222，見《雲南史料叢刊》卷1，403–404頁。

54 關於南詔一爨氏一唐之間衝突的詳情，參見樊綽：《蠻書》，見《雲南史料叢刊》卷2, 32–33頁；《新唐書》，卷222，見《雲南史料叢刊》，卷1，403–404頁，王吉林，1976年，191–196頁；Backus pp. 61–67.

55 參見Backus pp. 64, 69.楊貴妃是當時皇帝最寵愛的妃子，她的族兄楊國忠企圖利用西南軍事行動強化自己在宮廷中的聲望。

56 《舊唐書》，卷197，見《雲南史料叢刊》，卷1，374頁；《新唐書》，卷222，見《雲南史料叢刊》卷1，389頁。

57 《舊唐書》，卷197，見《雲南史料叢刊》，卷1，374頁；《新唐書》，卷222，見《雲南史料叢刊》卷1，389–390頁。

58 《南詔德化碑》，見《雲南史料叢刊》卷2，380頁。

59 《舊唐書》，卷197，見《雲南史料叢刊》卷1，374頁；《新唐書》，卷222，見《雲南史料叢刊》卷1，390頁；《南詔德化碑》，見《雲南史料叢刊》，卷2，380頁。

60 南詔擴張之事可見《蠻書》，見《雲南史料叢刊》，卷1，78–83頁。

61 《資治通鑑》記載，由於吐蕃與回紇作戰時損失慘重，吐蕃遂要求南詔增援一萬人，這件事情暗示南詔兵力曾被派到中亞地區打仗。見《資治通鑑》，卷233、234，見《雲南史料叢刊》，卷1，633–635頁；Christopher I. Beckwith, *The Tibetan Empire in Central Asia: A History of the Struggle for Great Power among Tibetans, Turks, Arabs, and Chinese during the Early Middle Ages* (Princeton, NJ: Princeton University Press, 1987), p. 141.

62 Beckwith, 141.

63 異牟尋在寫給唐朝的信件中把這些因素全部列出來了，見《新唐書》，卷222，見《雲南史料叢刊》，卷1，389–390頁。

64 Beckwith p. 141.

65 《新唐書》，卷222，見《雲南史料叢刊》，卷1，390頁。

31 關於隋朝的征伐行動，參見Backus 1981；方國瑜，2001年，卷2，1–9頁。隋朝在西南地區的軍事進攻並不是例外，與此同時，隋朝在其所有邊疆地區皆採取攻勢，如向朝鮮和林邑（占婆，位於現代越南中南部）出兵。

32 《資治通鑑》，卷188，見《雲南史料叢刊》，卷1，624頁。

33 《太平御覽》，卷791，見《雲南史料叢刊》，卷1，334頁。

34 有些史料則表示有八個政權。關於這六個或八個政權，參見樊綽：《蠻書》，見《雲南史料叢刊》，卷2，22–31頁；方國瑜，2001年，卷2，25–31頁。

35 關於這些族群，參見尤中：《雲南民族史》，昆明：雲南大學出版社，1994；方國瑜，2001年，卷2，10–35, 36–41, 42–79頁。

36 穆根來、汶江、黃倬漢譯：《中國印度見聞錄》，北京：中華書局，2001年，14頁。

37 唐代中國的對外政策與對外關係，或可參見Pan Yihong, "Son of Heaven and Heavenly Qaghan: Sui–Tang China and Its Neighbors," dissertation, Western Washington University, 1997.

38 《新唐書》，卷222，見《雲南史料叢刊》卷1，403頁；《通典》，卷187，見《雲南史料叢刊》卷1，451頁；《唐會要》，卷98，見《雲南史料叢刊》，卷1，460頁。

39 《舊唐書》，卷4，見《雲南史料叢刊》，卷1，351頁；《唐會要》，卷73，見《雲南史料叢刊》卷1，457–458頁。

40 方國瑜：《中國西南歷史地理考釋》，北京：中華書局，1987年，卷1，265頁。

41 《新唐書》，卷222，見《雲南史料叢刊》，卷1，406–407頁。

42 《新唐書》，卷222，見《雲南史料叢刊》，卷1，406–407頁；《資治通鑑》，見《雲南史料叢刊》卷1，626頁。

43 陳楠：〈吐蕃與南詔及洱海諸蠻關係叢考〉，《藏史叢考》，北京：民族出版社，1998年，110–148頁；芮逸夫：〈唐代南詔與吐蕃〉，《中國民族及其文化論稿》，臺北：藝文出版社，1972年，上冊，353–370頁。

44 陳楠，1998年，116–120頁。有關吐蕃在大理地區的征伐與影響，亦可參見方國瑜，2001年，卷2，149–156頁。

45 王堯：〈雲南麗江吐蕃古碑釋讀劄記〉，《唐研究》，北京：北京大學出版社，2001年，7：421–417頁。

46 陳楠，1998年，116–120頁。

47 《蠻書》和《新唐書》都有呈現出雙方這段關係，見於《蠻書》，《雲南史料叢刊》，卷2，23–24頁；《新唐書》，卷222，《雲南史料叢刊》，卷2，401–402頁。

48 尤中，1994年，130頁；王鐘翰：《中國民族史》，北京：中國社會科學出版社，

(London: Cambridge University Press, 1981).

11 「和親」意為和平通婚，指的是中國皇帝將一位漢公主嫁出去以達成聯姻結盟。採取和親政策之下，漢室得將漢公主嫁給匈奴單於，每年還得送穀物、絲綢、鐵等禮物給匈奴人。

12 《史記》，卷116，見《雲南史料叢刊》，卷1，5頁。

13 《史記》，卷116，見《雲南史料叢刊》，卷1，5頁。讀者應注意當時並無所謂的「雲南」，那個時代居住在現代雲南地區的人群，是被中國人稱為「蠻夷」。

14 《史記》，卷116，見《雲南史料叢刊》，卷1，5頁。

15 《史記》，卷116，見《雲南史料叢刊》，卷1，5頁。

16 《史記》，卷116，見《雲南史料叢刊》，卷1，5頁。

17 《史記》，卷123，見《雲南史料叢刊》，卷1，11頁。

18 日本學者注意到中國的中亞政策以及中國向西南擴張兩者之間有密切關係；參見Yoshimi Fujisawa, "Biruma Unnan ruto to tozai bunka no koryu" (The Burma–Yunnan transportation route and East–West cultural contacts: the cultural origins of Nanzhao), *Iwate Shigaku Kenkyu* 25 (1953): 10–21.有趣的是，有一份唐代史料表示，昆明政權與匈奴據說是「兄弟國」，見於《唐會要》，卷98，見《雲南史料叢刊》，卷1，460頁。

19 《史記》，卷123，見《雲南史料叢刊》，卷1，11頁。

20 《史記》，卷30，見《雲南史料叢刊》，卷1，13頁。

21 《史記》，卷116，見《雲南史料叢刊》，卷1，5頁；《史記》，卷123，見《雲南史料叢刊》卷1，11頁。

22 《史記》，卷116，見《雲南史料叢刊》，卷1，6頁。

23 《史記》，卷116，見《雲南史料叢刊》，卷1，6頁。

24 《三國志》，卷3，見《雲南史料叢刊》，卷1，107–108頁。

25 《三國志》，卷13，見《雲南史料叢刊》，卷1，106頁。

26 《三國志》，卷4，見《雲南史料叢刊》，卷1，124頁；《三國志》，卷13，見《雲南史料叢刊》卷1，106頁。

27 《資治通鑑》，卷70，見《雲南史料叢刊》，卷1，614頁；《太平御覽》，卷4，見《雲南史料叢刊》卷2，289頁。

28 《華陽國志》，卷4，見《雲南史料叢刊》，卷1，253頁；資治通鑑》，卷70，見《雲南史料叢刊》卷1，614頁。

29 《華陽國志》，卷4，見《雲南史料叢刊》，卷1，254頁；《資治通鑑》，卷70，見《雲南史料叢刊》卷1，614頁。

30 關於爨氏的討論可參見袁嘉穀：《爨世家》、《爨後之滇》，見《雲南史料叢刊》，卷1，338–349頁；方國瑜，2001年，卷2，35頁。

Mongols," *Journal of Asian History* 30.1 (1996) 27–45.

197 孫來臣，2000年，28頁。

198 孫來臣，2000年，28–76頁。

199 孫來臣，2000年，75頁。

200 此假說可見於William McNeill, *Plagues and People* (New York: Anchor Press, 1976), pp. 160–164.

201 關於馬可．孛羅於西南絲路的旅程，參見方國瑜、林超民，1994年。

202 耐人尋味的是，歐文．拉鐵摩爾審慎地斷定，「雲南穆斯林的源頭可能是阿拉伯人經海路在東南亞的擴張，而不是伊斯蘭教自中亞地區的滲透」。參見Lattimore 1962, p. 182, note 44.

203 與統合相關的評論與批判，參見Thomas Hall, "Incorporation in the World–System: Toward a Critique," *American Sociological Review* 51 (1986): pp. 390–402.

第三章

1 學者們對於China或者Chinese的使用，真的是件很傷腦筋的事情；舉例來說，楚王國是不是Chinese呢？我們必須記住，「中國」（China）或「中國性」（Chineseness）一直是一個歷史過程。所以，秦國的統一可以被視為一種國際性運動，而不是中國的內部衝突。雲南與南亞或印度洋地區的連結也是令人詫異的，參見Bin Yang, "Silver, Horses, and Cowries: Yunnan in a Global Perspective," *Journal of World History* 15, no. 3 (September 2004), pp. 281–322.

2 《華陽國志》，卷3，見《雲南史料叢刊》，卷1，265頁。

3 《華陽國志》，卷3，見《雲南史料叢刊》，卷1，265頁。

4 《史記》，卷116，見《雲南史料叢刊》，卷1，4頁。

5 鄧廷良：《楚裔入巴王蜀說》，見張正明主編，《楚史論叢》，武漢：湖北人民出版社，1984年。

6 朱俊明：《楚向古雲貴開疆史跡鉤沉》，見張正明主編，《楚史論叢》，武漢：湖北人民出版社，1984年。

7 少數學者力主莊蹻其實就是著名的楚國叛徒「盜蹠」。參見馬曜，1991。

8 關於莊蹻的史料可見《史記》，卷116，見《雲南史料叢刊》，卷1，4頁；《華陽國志》，卷4，見《雲南史料叢刊》，卷1，251頁。

9 《華陽國志》，卷3，見《雲南史料叢刊》，卷1，265頁。

10 查爾斯．巴克斯斷定「漢室滿足於對雲南採取不干涉政策，甚至頒授官方印信給滇王以象徵和平關係」，這個想法實在過於樂觀。巴克斯似乎忽視漢室對南方與西南方諸多王國所發起的軍事行動。Charles Backus, *Nanzhao and Tang's Southwestern Frontier*

183 江天健，1994年，309頁。

184 Ranabir Chakravarti, "Early Medieval Bengal and the Trade in Horses: A Note," *Journal of Economic and Social History of the Orient* 42, no. 2 (1999): pp. 194–221. 以下是其研究之摘要。

185 Marco Polo 2002, p. 210. 學者對於Amu（Aniu）在哪裡的意見不一。方國瑜和林超民認為，Amu的位置在今日雲南南部的通海。相關討論參見方國瑜與林超民，1994年。馬可．孛羅提到，自秦漢時代以來，馬和牛便是西南出口到四川的著名產品。

186 Ranabir Chakravarti 1999.

187 申旭：〈中國西南對外關係史研究〉，昆明：雲南美術出版社，1994年，簡介（無頁碼）。

188 考慮長安是起點城市，我們可能會忽略中國「內部的」貿易網絡；但是，在檢視絲路時，我們難道不應忘卻把政治地圖嗎？在民族國家以前的時代，我們難道必須使用「國內的」或「國際的」這種用詞嗎？

189 關於二十世紀初年西藏與外在區域的交通路線與貿易，或可參見Hatsuo Yamagata, ed., *Xizang Tonglan* (A comprehensive view of Tibet) (Taibei: Huawenshuju, 1969)；至於中古時代早期的相同課題，則參見Beckwith 1987以及張雲：〈絲路文化：吐蕃卷〉，杭州：浙江人民出版社，1995；關於長安、西藏、尼泊爾之間的路線，參見盧耀光：《唐蕃古道考察記》，西安：陝西旅遊出版社，1989年。

190 金克木：《三談比較文化》，王樹英編，《中印文化交流與比較》，北京：華僑出社，1994年，114–120頁。

191 關於指空此人，參見指空：《雲南史料叢刊》，卷3，254–255頁；祁慶富：〈指空遊滇建正續寺考〉，《雲南社會科學》2（1995），88–94頁；肖耀輝：〈中韓、韓中指空研究學術討論會綜述〉，《雲南社會科學》4（1998年），92–94頁。

192 季羨林：〈中國蠶絲輸入印度問題的初步研究〉，《歷史研究》4（1955年），51–94頁。

193 季羨林，1955年。

194 黃盛璋：〈關於中國紙和造紙法傳入印巴次大陸的路線〉，《歷史研究》1（1980年），113–132頁。

195 李曉岑：〈中國紙和造紙法傳入印巴次大陸的路線〉，《歷史研究》2（1992年），130–133頁。

196 關於火藥的發明及其對西方的傳播，或可參見馮家昇：〈火藥的發現及其傳播〉，《馮家昇論著輯萃》，北京：中華書局，1984年，225–274頁；〈伊斯蘭教國為火藥由中國傳入歐洲的橋樑〉，《馮家昇論著輯萃》，275–326頁；Iqtidar Alam Khan, "Coming of Gunpowder to the Islamic World and North India: Spot on the Role of the

161 《漢書》，卷95，見《雲南史料叢刊》，卷1，32頁；《華陽國志》，卷4，見《雲南史料叢刊》，卷1，252頁。
162 汪寧生，1980年，35頁。
163 《蠻書》，見《雲南史料叢刊》，卷2，85頁。
164 《蠻書》，見《雲南史料叢刊》，卷2，67頁；《新唐書》，見《雲南史料叢刊》，卷1，388頁。
165 周去非：《嶺外代答》，見《雲南史料叢刊》，卷2，252–253頁。
166 參照方國瑜，2001年，卷2，431頁。
167 關於馬在中國歷史上的角色，參見H. G. Creel, "The Role of Horse in Chinese History," *American Historical Review* 70, no. 3 (1965): 647–672.
168 《三國志》，卷47，174–175頁。
169 《三國志》，卷47，175頁。
170 《三國志》，卷49，199頁。
171 《資治通鑑》，見《雲南史料叢刊》，卷1，640頁；《蠻書》，見《雲南史料叢刊》，卷2，45頁。
172 關於宋王朝時期的茶馬貿易，參見Paul Smith, *Taxing Heaven's Storehouse: Horses, Bureaucrats, and the Destruction of the Sichuan Tea Industry*, 1074–1224 (Cambridge, Mass., and London: Council on East Asian Studies, Harvard University, 1991).
173 《宋史》，卷198，見《雲南史料叢刊》，卷1，500頁。
174 《宋史》，卷198，見《雲南史料叢刊》，卷1，500頁。
175 Marco Polo, *The Travels of Marco Polo*, ed. by Manuel Komroff (New York: Liveright, 2002), p. 194.
176 林文勛，1989年。
177 楊佐的故事記載於《續資治通鑑長編》卷267。參見《雲南史料叢刊》，卷2，244–247頁。楊佐曾經宿於大雲南驛。據方國瑜的說法，這座驛站位在姚州（姚安），在此驛站楊佐看見一幅地圖，其路線東至戎州（四川宜賓），西至身毒國（印度），東南至交趾（安南），東北至成都，北至大雪山，南至海上，里程詳細。此事若屬實，這顯示大理國已非常熟悉西南絲路沿線的交通。
178 周去非：《嶺外代答》，見《雲南史料叢刊》，卷見《雲南史料叢刊》，卷2，250頁。
179 方國瑜，2001年，卷2，450頁。
180 關於元明清時期的滇馬，參見汪寧生，1980年。
181 參照汪寧生，1980年，37頁。
182 江天健：《北宋市馬之研究》，臺北：國立編譯館，1994年，309頁。

145 阮元：《雲南通志》（1835），卷41，見《雲南史料叢刊》，卷11，796–812頁。

146 余英時，1967年，30頁。

147 何炳棣：《李元陽、謝肇淛和明代雲南》，載《紀念李埏教授從事學術活動五十週年史學論文集》，雲南大學歷史系編，昆明：雲南大學出版社，1992，364頁。玉米是否經由西南絲路傳播一事，依然有待討論。

148 參見Chiranan Prasertkul 1989.

149 Warren B. Walsh, "The Yunnan Myth," *Far Eastern Quarterly* 2, no. 3 (1943): pp. 272–285.

150 Arthur Purdy Stout, "The Penetration of Yunnan," *Bulletin of the Geographical Society of Philadelphia* 10, no. 1 (1912): 1–35；John L. Christian, "Trans–Burma Trade Routes to China," *Pacific Affairs* 13, no. 2 (June, 1940): 173–191.

151 例子可參見Louis Pichon, *A Journey to Yunnan in 1892: Trade and Exploration in Tonkin and Southern China* (Bangkok: White Lotus, 1999).

152 H. R. Davies, *Yunnan: The Link between India and the Yangtze* (New York: Paragon Bk. Gall., 1970).

153 關於十九世紀後期的貿易，參見Andrew D. W. Forbes 1987以及Prasertkul 1989. 關於中南半島的穆斯林商人，參見Andrew Forbes and David Henley, *The Haw: Traders of the Golden Triangle* (Asia Film House under license from Sollo Development in conjunction with Robroy Management and the Karen Publishing Serves Partnership, 1997).

154 Ernest G. Heppner, *Shanghai Refugee: A Memoir of the World War II Jewish Ghetto* (Lincoln, NE；London: University of Nebraska Press, 1993), p. 45. 第二次世界大戰期間，有一萬名以上的猶太人因為被歐洲國家拒絕庇護而逃難到上海；或者這是個巧合吧，另外一個曾被提議的猶太人避難地點，就是毗鄰雲南的撣邦。參見Elliott, Patricia, *The White Umbrella* (Bangkok: Post Publishing, 1999), p. 107.

155 東南亞國協（ASEAN）和中國如今正在討論，要興建一條連接新加坡與雲南昆明的鐵路，該鐵路全長將超過三千公里，並穿越七個東南亞國協的會員國，其投資額會達到一百億美元。參見：http://www.zaobao.com/special/forum/pages3/forum_lx060917b.html and http://www.zaobao.com/stock/pages13/china050815a.html (accessed on December 4, 2007).

156 Tzehuey Chiou–Peng, "Horsemen in the Dian Culture of Yunnan," manuscript, p. 15.

157 馬幫和騾幫是遠程貿易的主要運輸方式，雖然無法得知它們是在何時開始出現。

158 汪寧生：〈古代雲南的養馬業〉，《思想戰線》3（1980年），34頁。

159 《史記》，卷129，見《雲南史料叢刊》，卷1，12頁。

160 《後漢書》，卷86，見《雲南史料叢刊》，卷1，58頁；《華陽國志》，卷4，見《雲南史料叢刊》，卷1，252、257頁。

料叢刊》，卷2，27、90頁。據《蠻書》記載，從大理到安南的旅程大約要花費近兩個月時間，參見《雲南史料叢刊》，卷2，90頁

123 林文勛：〈宋代西南地區的市馬與民族關係〉，《思想戰線》2（1989年），66–72頁。

124 周去非：〈嶺外代答〉，卷3，見《雲南史料叢刊》，卷2，248–249頁。

125 陸韌，1997年，146–148頁。

126 關於廣東、廣西與江南、安南、大理、南海之間的交通，參見李桂英：〈宋代兩廣交通簡述〉，見《中國西南文化研究》，卷3，昆明：雲南民族出版社，1998年，129–140頁。

127 周去非：《嶺外代答》，卷3，見《雲南史料叢刊》，卷2，248頁。

128 《蠻書》，見《雲南史料叢刊》，卷2，18頁。關於此一支線的討論，參見趙呂甫：《雲南志校釋》，北京：中國社會科學出版社，1985年；木芹，1985年；馮漢鏞，1988年b；陸韌，1997年，102–104頁；申旭，1998年。

129 《南詔德化碑》，見《雲南史料叢刊》，卷2，379頁。

130 《資治通鑑》，卷244，見《雲南史料叢刊》，卷1，639頁。

131 《蠻書》，見《雲南史料叢刊》，卷2，70頁。

132 參照申旭，1998年，120頁。

133 《蠻書》，見《雲南史料叢刊》，卷2，64頁。

134 關於雲南茶葉之輸出，或可參見陸韌，1997年，292–294頁。

135 關於雲南的「站赤」，或可參見王頲：〈元雲南行省站道考略〉，《歷史地理研究》2（1990年）；方國瑜、林超民：《馬可波羅行記雲南史地》，昆明：雲南民族出版社，1994年。

136 《經世大典》，見《雲南史料叢刊》，卷2，640–641頁。

137 王頲，1990年。

138 詳情參見藍勇，1992年，104–118頁；陸韌，1997年，177–192頁。

139 詳情參見楊正泰：〈明代國內交通路線初探〉，《歷史地理》7（1990年），96–108頁；楊正泰：《明代驛站考》，上海：上海古籍出版社，1994年；藍勇，1992年，119–134頁；陸韌，1997年，203–216頁。

140 《明會典》，卷146，見《雲南史料叢刊》，卷3，741–742頁。

141 陸韌，1997年，207–208頁。

142 陸韌，1997年，208頁。

143 陸韌有列舉出雲南某些通道上構成三角形的官方基地。參見陸韌，1997年，208–216頁。

144 《新纂雲南通志》，卷56；陸韌，1997年，217頁。

104 G. E. Harvey, *History of Burma: From the Earliest Times to 10 March, 1824: The Beginning of the English Conquest* (London: Frank Cass, 1967), pp. 12–13.

105 Harvey 1967, 16.

106 《新唐書》，卷43，見《雲南史料叢刊》，卷2，240頁。相關討論參見黃盛璋：〈文單國——老撾歷史地理新探〉，《歷史研究》5（1962年），147–171頁；William Southworth, "Notes on the Political Geography of Campa in Central Vietnam During the Late Eighth and Early Ninth Centuries A.D.," in *Southeast Asian Archaeology* 1998, ed. Wibke Lobo and Stefanie Reimann (Hull, England: Center for Southeast Asian Studies, University of Hull, 2000): pp. 241–242.

107 《蠻書》，見《雲南史料叢刊》，卷2，78–82頁；關於驃國及獅子國之間的戰爭，參見《南詔野史》，見《雲南史料叢刊》，卷4，778頁。中文文獻中的「獅子國」通常都是指錫蘭；此處的「獅子國」可能是位於孟加拉灣的某個政權。

108 陳茜，1981年，171–172頁；陸韌，1997年，162–163頁。

109 《蠻書》，見《雲南史料叢刊》，卷2，57–58頁；相關討論可參見木芹：《雲南志補註》，昆明：雲南人民出版社，1995年；陸韌，1997年，104–116頁。

110 方國瑜，2001年，卷2，409頁。

111 《舊唐書》，卷91，見《雲南史料叢刊》，卷2，110頁。

112 陶維英，1959年。

113 Pelliot 1955, p. 5.

114 方國瑜，2001年，卷4，370–383頁；嚴耕望：《漢晉時代滇越通道考》，24–38頁。酈道元（第六世紀初）的《水經注》是中國最早的地理學作品。

115 關於馬援的報告，參見《雲南史料叢刊》，卷1，76–78頁；亦可參見《水經註》，見《雲南史料叢刊》，卷1，316頁。

116 關於文齊此人，參見《華陽國志》，卷10，見《雲南史料叢刊》，卷1，276頁。

117 《三國志》，卷39，100–101頁。

118 《華陽國志》，卷4，見《雲南史料叢刊》，卷1，262–263頁；方國瑜，2001年，卷4，372–373頁。

119 關於漢代交趾的海外貿易，可參見余英時1967年以及Wang Gungwu (王賡武), *The Nanhai Trade: The Early History of Chinese Trade in the South China Sea* (Singapore: Times Academic Press, 1998).

120 關於交趾海上貿易的討論，參見劉淑芬：《六朝南海貿易的開展》，《食貨》9–10（1986年），379–394頁；陸韌，1997年，38–42頁。

121 例子參見《三國志》，卷30，見《雲南史料叢刊》，卷1，128頁。

122 《資治通鑑》，卷234，見《雲南史料叢刊》，卷1，635頁；《蠻書》，見《雲南史

Routes, ed. Karl Reinhold Haellquist (London: Curzon Press, 1991), pp. 174, 178.

83 《史記》，卷116，見《雲南史料叢刊》，卷1，第5頁。

84 《史記》，卷123，見《雲南史料叢刊》，卷1，11頁。

85 相關討論或可參見余英時1967年，114–115頁。

86 上述主張參見饒宗頤，1974年；汶江：〈滇越考〉，見《古代西南絲綢之路研究》，1990年，61–66頁；陳孺性1991年和1992年；羅二虎：〈漢晉時期的中國西南絲綢之路〉，《四川大學學報》1（2000），84–105頁；何平：《從雲南到阿薩姆：傣／泰民族的歷史再考與重構》，昆明：雲南大學出版社，2001年，48–71頁。

87 習慣上，「Sham」或「Shan」在中文拼音當中被認定為古代緬甸的「撣國」，但是陳孺性指出，「撣國」應該是「sham」，而不是現代緬甸的「撣邦」（Shan state）。目前我覺得他的說法很有說服力。參見陳孺性：〈朱波考〉，《東南亞研究》6（1970年）：97–105頁；何平，2001年，72–90頁。感謝孫來臣讓我注意到陳孺性的著作。

88 關於上述的使團，參見後漢書，卷86，見《雲南史料叢刊》，卷1，61–62頁。

89 《後漢書》，卷86，見《雲南史料叢刊》，卷1，62頁。

90 《華陽國志》，卷4，見《雲南史料叢刊》，卷1，260頁。

91 余英時，1967年，115–117頁。

92 余英時，1967年，115頁。

93 《三國志》，卷30，見《雲南史料叢刊》，卷1，128頁。

94 《後漢書》，卷86，見《雲南史料叢刊》，卷1，60頁；《華陽國志》，卷4，見《雲南史料叢刊》，卷1，260頁。

95 《華陽國志》，卷4，見《雲南史料叢刊》，卷1，260頁。

96 《續漢書》，見《雲南史料叢刊》，卷1，50頁。

97 《後漢書》，卷23，2745頁。

98 藍勇：《南方絲綢之路》，重慶：重慶大學出版社，1992年，33–34頁。

99 參照陳茜，1981年，170頁。陳茜：〈川滇緬印古道初考〉，《中國社會科學》1（1981年）：161–180頁。

100 九世紀初的僧人釋慧琳詳細記錄了這條路線。參見方國瑜2001年，卷4，353–354頁。

101 方豪：《中西交通史》，武漢：岳麓書社，1987年，210–212頁。

102 這段時期乃是中南半島的黃金時代，許多王國與港口城市在此期間蓬勃興盛，此時貿易必然有其關鍵角色，雖然整體社會經濟背景還需要更進一步的探究。

103 方國瑜2001年，卷2，230–235、406–409頁。方國瑜一一列舉了絕大大多數王國的地理位置。關於早期緬甸周圍的鄰近政權，參見Luce 1924, pp. 138–205.

64 夏鼐，1965年；呂昭義：〈對於西漢時中印交通的一點看法〉，《南亞研究》2（1984年）：58–67頁；王友群：〈西漢中葉以前中國西南與印度交通考〉，《南亞研究》3（1988年）：58–68、117頁。

65 呂昭義，1984年；王友群，1988年。

66 吳焯：〈西南絲綢之路的再認識〉，《文史知識》10（1998年）：19–25頁。吳焯將這兩條路線都列舉出來。

67 Walter Liebentha 1956；羅開玉：〈從考古資料看古代蜀、藏、印的交通聯繫〉，見《古代西南絲綢之路的研究》，1990年，47–60頁。羅開玉主張「蜀布」和「邛杖」是經由四川、西藏進入印度的。

68 這也是為什麼漢武帝要派出四個使節去確定通往印度的路線，其找尋的方向不只是往西南，而且也有往西邊和往西北邊。吳焯追問，如果通道是往西南延伸，為什麼要派漢使節們向西尋找？因此，他否認該路線之存在。但是，我認為這只是顯示漢室對於雲南與該路線所知道的資訊頗少，雖然漢室確定印度位於西方某處而且西南有路可通。參見吳焯1998年。

69 參照Himansu Bhusan Sarkar 1974, pp. 92–93.

70 Wilfred H. Schoff, trans. and annotated, *The Periplus of the Erythraean Sea: Travel and Trade in the Indian Ocean by a Merchant of the First Century* (London, Bombay, and Calcutta: Longmans, Green, 1912), 47–48；亦可參見G. H. Luce, "The Tan and the Ngai Lao," *Journal of the Burma Research Society* XIV, Part II (1924): 129.

71 Wilfred H. Schoff 1912, pp. 255–269.

72 方國瑜，2001年，卷4，350頁。

73 Needham 1974, p. 237.

74 Needham 1974, pp. 237–240.

75 W. W. Tarn, *The Greeks in Bactria and India*, rev. 3rd ed. (Chicago, Ill.: Ares, 1997), p. 87.

76 Needham 1974, p. 237.

77 Needham 1974, p. 237.

78 Schuyler Van R. Cammann, "Archaeological Evidence for Chinese Contacts with India during the Han Dynasty," *Sinologica* 5, no. 1 (1956): p. 5.

79 有些學者宣稱，合金錢幣的真正來源是阿富汗，後來或是因為資源耗盡、或是政府更迭，導致礦業已無法持續執行。參見Cammann 1965, p. 8. 關於中國學者的討論，或可參見李曉岑，1997年，84–91頁。

80 Cammann 1956, p. 6.

81 張增祺：《雲南冶金史》：昆明：雲南滅鼠出版社，2000年，74–75頁。

82 Harald Bockman, "Yunnan Trade in Han Times: Transit, Tribute and Trivia," in *Asian Trade*

52 季羨林：〈中國蠶絲輸入印度問題的初步研究〉，《歷史研究》4（1955年），51–94頁。

53 Tzehuey Chiou–Peng 2003, p. 8，「考古學資料顯示，古代銅鼓標誌出的軌跡，與公元前第二千紀末年以前的活躍路線相符合，此為與金屬貿易——包括原料與成品——相關活動的結果。」

54 夏鼐（作銘）：〈我國出土的蝕花的肉紅石髓珠〉，《考古》6（1974年）：382–385頁。夏鼐是中國最負盛名的考古學者之一。.

55 張增祺，1997年，289–292頁。

56 「琉璃」指的是透明或半透明的玻璃。在中國文獻當中，「琉璃」與「玻璃」兩者並無清楚的分別，這兩個字的來源都是梵文。其討論可參見Liu Xinru, *Ancient Indian and Ancient China: Trade and Religious Exchange ad 1–600* (New Delhi: Oxford University Press, 1999), pp. 58–63.

57 張增祺，1997年，289–292頁。

58 余英時，1967年，116–117頁。

59 張增祺，1997年，293–298頁。

60 Michele Pirazzoli–t'Serstevens, "Cowry and Chinese Copper Cash As Prestige Goods in Dian," in *Southeast Asian Archaeology 1990: Proceedings of the Third Conference of the European Association of Southeast Asian Archaeologists*, ed. Ian Glover (Center for South–East Asian Studies, University of Hull, 1992), pp. 45–52.

61 中國學者及西方學者都提出這個問題，例子可見於Schuyler Van R. Cammann, "Archaeological Evidence for Chinese Contacts with India during the Han Dynasty," *Sinologica* 5, no. 1 (1956), pp. 1–19；夏鼐：〈中巴友誼的歷史〉，《考古》7（1965年）：357–364頁。

62 學者們同意「蜀布」並不是絲綢，但他們對於這是哪一種布的意見分歧，對此有兩派意見：一派認為這是古代文獻中所記載的「黃潤細布」；另一派主張這是苧麻製品。相關討論可參見桑秀雲：《蜀布邛竹傳至大夏路徑的蠡測》，見伍加倫、江玉祥，1990年，175–200頁；饒宗頤：〈蜀布與Cinapatta一論早期中、印、緬之交通〉，《中央研究院歷史語言集刊》45.4 (1974年)：561–584頁；任乃強：《蜀布邛竹入大夏考》，見(晉)常璩撰，任乃強校注：《華陽國志校補圖註》，上海：古籍出版社，1987年，323–328頁。

63 夏鼐，1965年；吊詭的是，支持西南絲路的學者們主張此區域有豐富的資源、成熟的經濟、複雜的地方社會，能夠促進遠距離貿易；反對的學者們則強調氣候與地形方面的不利、原始的生產及經濟、混亂的地方社會，故秦漢時代之前該路線不可能暢通。

定是有問題的。

40 參見Charles Higham 1999.三星堆的發現對於1980年代所提出的中國文明多元起源論，有很大的貢獻。

41 關於中國與越南史上的交通，或可參見陳玉龍：《歷代中越交通道里考》，開封：河南人民出版社，1987年。

42 關於這條路線，參見方國瑜2001年，4：370–83頁；嚴耕望：〈漢晉時代滇越通道辨〉，《香港中文大學中國文化研究所學報》，卷8，期 1 (1976)，24–38、39–50頁；伯希和：《交廣印度兩道考》，馮承鈞譯，北京：中華書局，1955年。

43 關於義淨和玄奘的記載，參見方國瑜2001年，4，338–369頁。

44 雖然《蠻書》是由樊綽在當時所編纂，但他有許多資料是在記錄更早之前的地方社會。此事之討論可參見方國瑜，2001年，2，367–394頁。樊綽在安南都護府任職，南詔攻下安南時，得以生還，並將自己所讀到、聽到的事情記起來，雖然他並沒有親身進入雲南。

45 關於賈耽的紀錄，參見《新唐書》，卷43，見《雲南史料叢刊》，卷2，240頁；關於該路線之討論，參見嚴耕望，1955，1976a–1976b；以及方國瑜，2001，卷2，657–684頁、卷4，338–369頁。二十世紀初年中國學先驅學者戈登・盧斯（G. H. Luce），曾利用中國史料來探討緬甸周圍的國家及城邦，參見Luce, "Countries Neighboring Burma," *Journal of the Burma Research Society* 14, Part II (1924): pp. 138–205.

46 李華德（Walter Liebenthal）質疑，為什麼人們要走南邊的迂迴路線前往卡林加（Kalinga），而不是花幾天時間搭船就好了呢？理由其實就在於貿易，這些旅人乃是商旅，他們是為了牟利，而不是以走捷徑為考量。Walter Liebenthal, "The Ancient Burma Road—A Legend?" *Journal of the Greater India Society* 15, no. 1 (1956): 10.

47 John Deyell, "The China Connection: Problems of Silver Supply in Medieval Bengal," in *Money and the Market in India 1100–1700*, ed. Sanjay Subrahmanyam (Delhi: Oxford University Press, 1994), p. 128. 依曼蘇・布森・薛卡（Himansu Bhusan Sarkar）也指出連結孟加拉與中國的三條路線，參見Himansu Bhusan Sarkar, "Bengal and Her Overland Routes in India and Beyond," *Journal of the Asiatic Society* (Calcutta, India) 16 (1974): p. 105.

48 Nisar Ahmad, "Assam –Bengal Trade in the Medieval Period: A Numismatic Perspective," *Journal of the Economic and Social History of the Orient* 33 (1996): pp. 176–177.

49 Deyell p. 128.

50 此事之討論可參見馮漢鏞：〈川藏線是西南最早國際通道考〉，《中國藏學》5，1988，147–156頁；陸韌：《雲南對外交通史》，昆明：雲南民族出版社，1997年，102–104頁；申旭，1998年。

51 《史記》，卷123，見《雲南史料叢刊》，卷1，10頁。

29 Tzehuey Chiou–Peng, "Note on the Collar Disc–Rings from Bronze Sites in Yunnan," paper presented at the Association for Asian Studies annual meeting (March 27–31, 2003), New York.

30 Arnold Toynbee, *Mankind and Mother Earth* (New York and London: Oxford University Press, 1976), p. 104. 日本學者也曾注意到雲南出口的銅與錫，參見Yoshimi Fujisawa, "Biruma Unnan ruto to tozai bunka no koryu" (the Burma–Yunnan transportation route and the East–West cultural contact: The cultural origins of Nanzhao), *Iwate Shigaku Kenkyu* 25 (1953): pp. 10–21.

31 金正耀：《晚商中原青銅的礦料來源研究》，方勵之編《科學史論集》（合肥：中國科技大學出版社，1987年）：365–286頁。商政權似乎已經建立某種朝貢體系來獲得鄰近區域的物資如鹽、青銅與鉛。青銅礦石主要取得自南方（湖北與江西）。由此，某種中心—邊緣結構的世界體系於是浮現。舉例來說，在公元前1500年左右，鉛是先經過加工才被運至北方的。參見劉莉和陳星燦：〈城：夏商時期對自然資源的控制問題〉，《東南文化》3（2000年），45–60頁；劉莉和陳星燦：〈中國早期國家的形成〉，《古代文明》，第1卷，北京：文物出版社，2002年，71–134頁。

32 李曉岑，1997年，37–45頁；童恩正，1997年，270–295頁。張光直在《中國考古學》（Chinese Archaeology）最初三個版本當中，將越南北部的東山青銅文化定年至更早的時期，湯恩比也是排除了銅礦可能在北運之前就經過加工的可能性。然而，如今已經確定，雲南與四川的青銅文化其實比東山文化更早。三星堆祭祀坑中的銅器和玉器，其製作者從未見於任何早期的中國文獻當中，目前三星堆文化的重要性顯而易見，而其依然有許多討論空間。

33 張增祺，1997年；邱茲惠（Tzehuey Chiou–Peng）也點出氐、羌文化元素是如何土著化的，參見Tzehuey Chiou–Peng 1998.

34 凌純聲，1979。許多中國學者將古代雲南的滇越視為百越的一支，百越的分布遍及中國東南與南部，但是陳孺性則主張滇越應是位於阿薩姆。.

35 （明）倪輅輯：《南詔野史會證》，（清）王崧校理；（清）胡蔚增訂；木芹會證，昆明：雲南人民出版社，1990年，17–18頁、21頁。

36 僰人也稱為「百夷」，但是考量到這九個國家的地理位置，作者傾向相信這裡的白夷是指傣族。

37 身毒的「身」應該發音為「yan」或「juan」，雖然它通常的發音是「shen」，這應該是來自印度語音譯，先前許多西方學者遺漏了此事。

38 《史記》，卷123，見《雲南史料叢刊》，卷1，頁10。一里大約是三分之一英里，只是古老中國文獻中的里程有時只是敘述性的。

39 不幸的是，讀者應當注意四大支線所根據的是現代行政單位，這對世界史家來說一

19 凌純聲：《中國邊疆民族與環太平洋文化》，臺北：聯經出版事業公司，1979年。關於父子連名制，例子可參見Luo Changpei (Lo Ch'angp'ei), "The Genealogical Patronymic System of the Tibeto–Burman Speaking Tribes," *Harvard Journal of Asiatic Studies* 8, no. 3–4 (1945): pp. 349–363.

20 Higham 1999. 孫來臣將雲南與阿薩姆歸屬於東南亞的論點頗佳，參見Sun 2000.

21 費孝通：〈我國的民族識別〉，《中國社會科學》1（1908年）：159頁。費孝通在另一篇論文當中，將雲貴高原上的民族分成六類：傣族、彝族、當地原住民、南島語族（Austronesian）、漢人移民與混血，參見費孝通：〈中華民族的多元一體格局〉，《北京大學學報》4（1989年）：15頁。

22 近期的考古研究可參見李昆聲1998年；Tzehuey Chiou–Peng, "Western Yunnan and Its Steppe Affinities," in *The Bronze Age and Early Iron Age Peoples of Eastern Central Asia*, ed. Victor H. Mair, *Journal of Indo–European Studies* monograph series, monograph no. 26 (in two volumes), 1998, pp. 280–304；Tzehuey Chiou–Peng, "Horsemen in the Dian Culture of Yunnan," manuscript.

23 童恩正：〈試談古代四川與東南亞文明的關係〉，《古代西南絲綢之路的研究》，成都：四川大學出版社，1990年，10–29頁；以及他的其它諸多文章，參見於《南方文明》，重慶：重慶出版社，1998年。

24 陶維英：《越南古代史》，北京：科學出版社，1959年。三星堆的青銅與玉可以追溯至商代晚期（公元前1300年至1046年？），它們雖然與商代物品有共同處，但也有其自身的特色。公元1986年三星堆兩個祭祀坑的發現，刺激出諸多思考與論點，參見Yang Xiaoneng, ed., *The Golden Age of Chinese Archaeology* (Washington: National Gallery of Art, 1999), pp. 140–141and 206–227.

25 Higham, p. 338.

26 Higham, p. 338.

27 關於雲南青銅鼓的起源與傳播，參見汪寧生，1992；童恩正，1998；張增祺，1997；李曉岑，1997。銅鼓起源問題有很多爭論，但是眾人傾向同意，若將民族情緒放一邊，那麼銅鼓是首先在雲南被使用的。不過，有些學者認為越南才是銅鼓的發源地，例子可見Richard M. Cooler, *The Karen Bronze Drums of Burma: Types, Iconography, Manufacture and Use* (Leiden, New York: E. J. Brill, 1995). 另一方面，若雲南不是銅鼓的發源地，雲南也一定在銅鼓於中南半島之傳播方面扮演重要角色，理查．庫爾勒（Richard M. Cooler）相信，卡倫銅鼓（Karen drum）是從雲南傳播出來的，參見Cooler 1995, p. 2.

28 李曉岑，1997年，56–83頁。關於銅鼓的例子，可參見《古代銅鼓學術討論會論文集》，北京：文物出版社，1982年。

方絲綢之路綜合考察課題參考書籍文章目錄〉，《古代西南絲綢之路研究》第1卷，伍加倫、江玉祥編，成都：四川大學出版社，1990年，269–274頁；江玉祥編，《古代西南絲綢之路研究》，第2卷，成都：四川大學出版社，1995年。

8 我們或許應該將「路上絲路」稱為「北方絲路」，這樣才能夠顯示從北到南、從陸至海三條路線的地理位置。本書之所以使用「西南絲路」，是因為我想要比較這三條路線，不過，絲綢並不是西南絲路的主要商品。

9 申旭：《西南絲綢之路概論》，載《西南文化研究》，第1卷，雲南省社科院編，（昆明：雲南民族出版社，1996年），5頁；Sun Laichen 2000, pp. 3–4.

10 Sun Laichen 2000, p. 3.

11 Janice Stargardt, "Burma's Economic and Diplomatic Relations with India and China from Medieval Sources," *Journal of Economic and Social History of the Orient* 14 (1971), pp. 38–62；Sun Laichen, 2000.

12 Andrew D. W. Forbes, "The 'Cin–Ho' (Yunnanese Chinese) Caravan Trade with North Thailand During the Late Nineteenth and Early Twentieth Centuries," *Journal of Asian History* 27 (1987): p. 3.

13 緬甸境內的伊洛瓦底江是可以航行的；紅河在越南境內的河段以及在雲南的一小段河道，是可以進行水運的。

14 Charles Higham, *The Bronze Age of Southwest Asia* (Cambridge: Cambridge University Press, 1999), p. 1.

15 Zhang Zhongpei, "New Understandings of Chinese Prehistory," in *The Golden Age of Chinese Archaeology*, ed. Yang Xiaoneng (Washington: National Gallery of Art, 1999), 591–526. 關於雲南的考古研究，參見汪寧生：《雲南考古》，昆明：雲南人民出版社，1992年；張增祺：《滇國與滇文化》，昆明：雲南教育出版社，1997年；李昆聲：《雲南考古學論集》，昆明：雲南人民出版社，1998年；童恩正：《南方文明》，重慶：重慶出版社，1998年。

16 另外一種對元謀人的調查，定年為距今五六十萬年前，這嚴重削弱了前述的假設，參見K. C. Chang, *The Archaeology of Ancient China*, 4th ed. (New Haven, Conn., and London: Yale University Press, 1986), p. 40. 但是，中國的學者們再次驗證他們的理論，並且堅持原先的結論，見李昆聲，1998年。

17 Zhang Zhongpei 1999, p. 519. 關於考古學與中國民族主義的關係，參見Barry Sautman, "Peking Man and the Politics of Paleoanthropological Nationalism in China," *Journal of Asian Studies* 60, no. 1 (February 2001): pp. 95–124.

18 干欄式建築也出現在美洲與歐洲，感謝貢德・法蘭克（Andre Gunder Frank）和陳星燦（Chen Xingcan）的提醒。

互動交流之理解，方可達到全面透徹的地步。參見Liu Hong, "Sino–Southeast Asian Studies: The End as the Beginning," in *Sino–Southeast Asian Studies: Theoretical Paradigms, Interaction Patterns, and Case Analyses,* ed. Liu Hong (Beijing: Zhongguo Shehuikexue Chubanshe, 2000), p. 4.

40 Thomas Hall 1989.

41 Wallerstein Immanuel Wallerstein, *The Modern World System*, Vols. 1, 2, 3 (New York: Academic Press, 1974, 1980, and 1988).

42 David Wilkinson, "Central Civilization," in *Civilization and World Systems,* ed. Stephen K. Sanderson (Walnut Creek, Calif.；London；and New Delhi: AltaMira, 1995), pp. 46–74.

43 關於日本學者對雲南的研究成果，可參見Kurihara Satoshi, "Yunnan Historical Studies in Japan: Development and Current Issue," *Asian Research Trends* 1 (1991), pp. 135–153.

44 在中華人民共和國統治之下，「民族」的意思是由國家所規定的族群單位，更進一步的討論請見第七章。

第二章

1 舉例而言，孫來臣（Sun Laichen）曾批評從前某些東南亞學者的「海洋心態」（maritime mentality），認為他們「多數僅研究從海上來的中國、印度、歐洲元素」。參見Sun Laichen, "Ming–Southeast Asian Overland Interactions, 1368–1644," dissertation, University of Michigan, 2000, pp. 7–8.

2 方國瑜：〈雲南與印度緬甸之古代交通〉，《方國瑜文集》，林超民編，第4卷，昆明：雲南教育出版社，2001年，第338–369頁；Gu Chunfan (谷春帆，Kuo Tsung–fei), "A Brief History of the Trade Routes Between Burma, Indochina and Yunnan," *T'ien Hsia Monthly* 13, no. 1 (1941): pp. 9–32.

3 夏光南：《中印緬道交通史》，北京：中華書局，1948年。

4 Joseph Needham, *Science and Civilization in China*, Vol. 1 (Cambridge: Cambridge University Press, 1954), p. 174.

5 D. P. Singhal, *India and World Civilization*, Vol. 1 (East Lansing: Michigan State University Press, 1969), pp. 294, 422.

6 余英時，1967；李約瑟的《中國科學技術史》或許是另一個例子，見Joseph Needham, *Science and Civilization in China*, Vol. 5, Part II (Cambridge: Cambridge University Press, 1974), pp. 237–240.

7 孫來臣曾列出關於這條國際路線的研究成果清單，但他的清單依舊不夠周全；中國學者們曾經編輯兩卷的西南絲路研究（1990、1995年），研究書目在第一卷當中完成了。有興趣的學者最好能同時參考他們的書目及本人的書目。江玉祥：〈古代南

頁。

33 中國學者認為滇越國是在騰衝與德宏境內，然而陳孺性（Chen Ruxing）卻主張它是位於阿薩姆。參見陳孺性：〈朱波考〉，《東南亞研究》6（1970年）：97–105頁；〈關於「驃越、盤越與滇越的考釋〉，《大陸雜誌》84.5（1991年），198–202頁。

34 Owen Lattimore, *Inner Asian Frontiers of China* (Boston: Beacon Press, 1962).

35 Robert Lee, *The Manchurian Frontier in Ching's History* (Cambridge, Mass.: Harvard University Press, 1971)；James Lee 1982a–1982b；Von Glahn 1987；John Robert Shepherd, *Statecraft and Political Economy on the Taiwan Frontier* (Stanford, Calif.: Stanford University Press, 1993)；James A. Millward, B*eyond Pass: Economy, Ethnicity, and Empire in Qing Central Asia, 1759–1864* (Stanford, Calif.: Stanford University Press, 1998)；Dai 1996；Ness 1998；Giersch 1998；Giersch, *Asian Borderlands: The Transformation of Qing China's Yunnan Frontier* (Cambridge, Mass.: Harvard University Press, 2006)；John E. Herman, "Empire in the Southwest: Early Qing Reforms to the Native Chieftain System," *Journal of Asian Studies* 56, no. 1 (1997), pp. 47–74；John E. Herman, *Amid the Clouds and Mist: China's Colonization of Guizhou, 1200–1700* (Cambridge, Mass.: Harvard University Asia Center: Distributed by Harvard University Press, 2007)；Emma Jinhua, *Taiwan's Imagined Geography: Chinese Colonial Travel Writings and Pictures, 1683–1895* (Cambridge, Mass.；London: Harvard University Asia Center, 2004)；David G. Atwill, *The Chinese Sultanate: Islam, Ethnicity, the Panthay Rebellion in Southwest China, 1856–1873* (Stanford, Calif.: Stanford University Press, 2005)；Jennifer Took, *A Native Chieftaincy in Southwest China* (Leiden and Boston: Brill, 2005)；Peter Perdue, *China Marches West: The Qing Conquest of Central Eurasia* (Cambridge, Mass.: Harvard University Press, 2005)；Leo Kwok–Yueh Shin, *The Making of the Chinese State: Ethnicity and Expansion on the Ming Borderland* (Cambridge and New York: Cambridge University Press, 2006).

36 Backus 1981. 李中清根據其學位論文而撰寫專著，據說曾計畫於2004年由哈佛大學出版社出版，書名為*A Frontier Political Economy, Southwest China*，不過，出版計畫後來卻被取消了。

37 舉例而言，專著作品可參見Atwill 2005；Took 2005；Giersch 2006；Leo 2006；and Herman 2007.

38 Frederick Jackson Turner, *The Turner Thesis: Concerning the Role of the Frontier in American History*, 3rd edition, ed. with an introduction by George Rogers Taylor (Lexington, Mass., Toronto, and London: D.C. Heath and Company, 1972).

39 劉宏（Liu Hong）指出，中國與東南亞相交的區域受到學界忽視，他且呼籲學界將這些區域視為研究分析的起點、而不是終點，由此，對於亞洲或「中國—東南亞」

20 Robert A. Kapp 1978, pp. 448–459.

21 這是個籠統的說法，四川南部併入中國則是稍晚的事情，參見Richard Von Glahn, *The Country of Streams and Grottoes: Expansion, Settlement, and the Civilizing of the Sichuan Frontier in Song Time* (Cambridge, Mass., and London: Harvard University Press, 1987). 畢竟，那些省分的現代邊界在歷史上有所變異，換句話說，在古代並沒有清楚的邊界，那些後來被畫定為省分的地區，從前乃是當地部落所控制的領土。

22 祁慶富：《西南夷》，吉林：吉林教育出版社，1990年，第5頁。

23 徐新建：《西南研究論》昆明：雲南教育出版社，1992年。

24 關於中國學界如何批評西南研究領域的中國中心論觀點，可參見雲南教育出版社「西南研究書系」（Southwest China Study Series）的總序，舉例來說，楊庭碩與羅康隆在他們的著作中（為該系列的其中一本書），談到西南與中原的關係，並強烈批評中國學界的文化偏見。參見楊庭碩、羅康隆：《西南與中原》，雲南教育出版社，1992。

25 可見藍勇的相關作品，例如藍勇：《西南歷史文化地理》，重慶，西南師範大學出版社。

26 方國瑜：《中國西南歷史地理考釋》，北京：中華書局，1987年，二卷。方國瑜（1903–1983）是現代雲南研究的創始人。

27 關於十九世紀的跨邊界貿易系統，參見Chiranan Prasertkul, *Yunnan Trade in the Nineteenth Century: Southwest China's Cross–Boundaries Functional System* (Bangkok: Chulalongkorn University Printing House, 1998)；關於南方邊界的討論，可參見Shih–chung Hsieh, "On the Dynamics of Tai/Dai–Lue Ethnicity," in Stevan Harrell 1995, pp. 301–328；Geoff Wade, "The Southern Chinese Borders in History," in *Where China Meets Southeast Asia: Social and Cultural Change in the Border Region*, ed. G. Evans, C. Hutton, and K. E. Kuah (New York: St. Martin's；Singapore: Institute of Southeast Asian Studies, 2000), pp. 28–50.

28 有些西方學者沿襲這種中國中心的說法，威廉．麥克尼爾認為，雲南是在公元600至1000年之間加入中國的，也就是唐、宋時代，或說是「南詔—大理」時期，此說當然不對。參見McNeill 1991, pp. 476–477.

29 關於早期族群的討論，參見方國瑜：《中國西南歷史地理考釋》，卷1，9–28頁。

30 關於夜郎國的近年學術研究，可見於1999年的夜郎研究學術會議成果，參見《夜郎研究》，貴陽：貴州人民出版社，1999年。

31 滇王與漢使者言曰：「漢孰與我大？」見於《史記》，卷116，摘自方國瑜編：《雲南史料叢刊》，昆明：雲南大學出版社，1998年，13卷，卷1，5頁。

32 相關討論的例子可見尤中：《雲南地方史》，昆明；雲南人民出版社，1990年，1–3

與動能。頗為奇妙的是，著名中國諺語「雲從龍，風從虎」暗示了此種文化連結，龍乃是中國文化的象徵，而虎則為中南半島的象徵之一。

11 例證可參見Anthony Reid, *Southeast Asia in the Age of Commerce 1450–1680*, Vols. I, II (New Haven, Conn.: Yale University Press, 1988 and 1993).

12 Nicholas Tarling, *The Cambridge History of Southeast Asia, Vol. 1, From Early Times to c. 1800* (Cambridge and New York: Cambridge University Press, 1992).

13 Thomas Hall, *Social Change in the Southwest, 1350–1880* (Lawrence: University of Kansas Press, 1989).

14 Robert A. Kapp, "Themes in the History of 20th–Century Southwest China," *Pacific Affairs* 51, no. 3 (1978): pp. 448–459.

15 關於此定義，可見雲南教育出版社出版的西南研究系列。有關此處的例子，可見楊庭碩、羅康隆的《西南與中原》，昆明：雲南教育出版社，1992年。

16 William Skinner, *The City in Late Imperial China* (Stanford, Calif.: Stanford University Press, 1977).

17 James Lee, "The Legacy of Immigration in Southwest China, 1250–1850," *Annales de demographie historique* (1982): pp. 279–304；James Lee, "Food Supply and Population Growth in Southwest China, 1250–1850," *Journal of Asian Studies* 41 (1982): pp. 711–746；James Lee, "The Southwest: Yunnan and Guizhou," in *Nourish the People: State Granaries and Food Supply in China, 1650–1850*, ed. Pierre–Etienne Will and R. Bin Wong, with James Lee (Ann Arbor: Center for Chinese Studies, University of Michigan, 1991). 余英時也是在此意義下使用「西南」一稱，見Yu Yingshi, *Trade and Expansion in Han China: a Study in the Structure of Sino–Barbarian Economic Relations* (Berkeley and Los Angeles: University of California Press, 1967).

18 Lee 1982, pp. 711–746.

19 William T. Rowe, "Education and Empire in Southwest China," in *Education and Society in Late Imperial China, 1600–1900*, ed. Benjamin A. Elman and Alexander Woodside (Berkeley, Los Angeles, and London: University of California Press, 1989), pp. 417–457；Dai Yingcong, "The Rise of the Southwestern Frontier Under the Qing 1640–1800," dissertation, University of Washington, 1996；John E. Herman, "Empire in the Southwest: Early Qing Reforms to the Native Chieftain System," *Journal of Asian Studies 56,* no. 1 (1997), pp. 47–74. 舉例來說，戴瑩琮認為西南邊疆包括四川、雲南、貴州，雖然他也了解這麼做的問題，參見Dai 1996, pp. 3–4；Herman於1997年的研究並沒有為「西南」一詞定義，但是他的論文主要檢視之區域是雲南、貴州，以及部分的四川及湖廣，也就是沿續了施堅雅的「雲貴」大區域。

注釋

第一章

1 C. P. FitzGerald, *The Southern Expansion of the Chinese People* (New York and Washington: Praeger, 1972), p. 8.

2 費子智曾比較中古初期與二十世紀的雲南與越南（安南），但似乎感興趣的學者不多；在這裡我謹延伸他的論點。FitzGerald 1972, pp. 8–9.

3 William McNeill, *The Rise of the West: A History of the Human Community* (Chicago: University of Chicago Press, 1991), pp. 476–477.

4 參見Denis Twitchett, ed., *The Cambridge History of China*, Vol. 3 (Cambridge, London, New York, and Melbourne: Cambridge University Press, 1979)；Herbert Franke and Denis Twichett, eds., *The Cambridge History of China*, Vol. 6 (Cambridge, London, New York, and Melbourne: Cambridge University Press, 1994).

5 參見《中國歷史年表》，北京：氣象出版社，2002；《中國歷史紀年手冊》，北京：氣象出版社，2002。事實上，這些北方王國全部被寫入教科書讓學生背誦。

6 關於現代中國史的南方觀點、取徑，參見Edward Friedman, "Reconstructing China's National Identity: A Southern Alternative to Mao–Era Anti–Imperialist Nationalism," Journal of Asian Studies 53, no. 1 (1994): pp. 67–91.

7 此等案例可見於彭慕蘭（Kenneth Pomeranz）的*The Making of a Hinterland: State, Society, and Economy in Inland North China, 1853–1937* (Berkeley, Los Angeles, and Oxford: University of California Press, 1993). 彭慕蘭在其研究中顯示，清朝在西方的挑戰之下重新分配「黃河—運河」（Huang–Yun）地區的資源，使此地區的社會結構難以繼續自我延續。於是，全球性的改變促成中國「腹地」的出現，此種狀況同樣也發生在雲南。

8 在1990年代時，中國政府決定的策略是，為了所謂「可持續成長」而發展西部地區，此策略的目的是要解決1980年代以來，沿岸與內部地區日漸極端的落差。

9 William McNeill, *The Great Frontier: Freedom and Hierarchy in Modern Times* (Princeton, N.J.: Princeton University Press, 1983).

10 本書英文原名為*Between Winds and Clouds: The Making of Yunnan*（Second Century BCE to Twentieth Century CE）。雲南與此二文明的關係，很重要地反映出其自身的力量

大學出版社，173-208頁。
張增祺：《滇國與滇文化》，昆明：雲南教育出版社，1997年。
張增祺：《雲南冶金史》，昆明：雲南美術出版社，2000年。
張雲：《絲路文化：吐蕃卷》，杭州：浙江人民出版社，1995年。
趙呂甫：《雲南志校釋》，北京：中國社會科學出版社，1985年。
趙鼎漢編：《雲南省地圖冊》，北京：中國地圖出版社，1999年。
晁中辰：《明成祖傳》，北京：人民出版社，1994年。
周振鶴：〈明代雲南區域文化地理〉，見周振鶴編，《中國歷史文化區域研究》，上海：復旦大學出版社，1997年，324-359頁。

吳晗：〈明初衛所制度之崩潰〉，見《吳晗文集》第一卷，北京：北京出版社，1988，338-349頁。
夏光南：《中印緬道交通史》，北京：中華書局，1948年。
夏光南：《元代雲南史地叢考》，臺北：中華書局，1968年。
夏鼐：〈中巴友誼的歷史〉，《考古》，7（1965年），357-364頁。
夏鼐：〈我國出土的蝕花的肉紅石髓珠〉，《考古》，6（1974年），382-385頁。
肖耀輝：〈中韓、韓中指空研究學術討論會綜述〉，《雲南社會科學》，4（1998年），92-94頁。
謝韻秋、雨農（音譯）編：《雲南》，北京：民族出版社，2000年。
辛法春：《明沐氏與中國雲南之開發》，臺北：文史哲出版社，1985年，8-9頁。
修世華：〈關於「共同心理素質」的思考〉，《中央民族大學學報》，1（1995年），48-52頁。
徐新建：《西南研究論》，昆明：雲南教育出版社，1992年。
牙含章：《民族問題與宗教問題》，成都：中國社會科學出版社，1984年。
嚴中平：《清代雲南銅政考》，北京：中華書局，1957年。
楊壽川：〈貝幣研究：中原與雲南用海貝作貨幣的歷史〉，見楊壽川編，《貝幣研究》，昆明：雲南大學出版社，1997年。
楊壽川：〈貝幣研究：中原與雲南用海貝作貨幣的歷史〉，見楊壽川編，《貝幣研究》，昆明：雲南大學出版社，1997年，1-27頁。
楊壽川：〈雲南用海貝作貨幣的歷史考察〉，見楊壽川編，《貝幣研究》，昆明：雲南大學出版社，1997年，119-126頁。
楊壽川：〈論明清之際雲南「廢貝使錢」的原因〉，見楊壽川編，《貝幣研究》，昆明：雲南大學出版社，1997年，158-171頁。
楊庭碩、羅康隆：《西南與中原》，昆明：雲南教育出版社，1992年。
楊正泰：〈明代國內交通路線初探〉，《歷史地理》，7（1990年），96-108頁。
楊正泰：《明代驛站考》，上海：上海古籍出版社，1994年。
姚枬、許鈺編譯：〈緬王莽瑞體、莽應里辨〉，見《古代南洋實地叢考》，香港：商務印書館，1958年，3-47頁。
易謀遠：〈五六十年代民族調查的片段回憶〉，見郝時遠編，《田野調查實錄》，北京：社科文獻出版社，1999年，318-327頁。
尤中：《雲南地方史》，昆明：雲南人民出版社，1990年。
尤中：《雲南民族史》，昆明：雲南大學出版社，1994年。
張彬村：〈十七世紀雲南貝幣崩潰的原因〉，見楊壽川編，《貝幣研究》，昆明：雲南

施聯朱：《中國的民族識別》（章三、四），黃光學，施聯朱主編，北京：民族出版社，1995年，93-173頁；211-217頁。
湯國彥、雷加明：《雲南貨幣歷史》，昆明：雲南人民出版社，1989年。
山縣初男編：《西藏通攬》，臺北：華文書局，1969年。
譚其驤：〈中國文化的時代差異與地區差異〉，見《中國傳統文化的再評估》，復旦大學歷史系編，上海人民出版社，1987年，23-42頁。
譚其驤編：《中國歷史地理圖集》（8卷），北京：中國地圖出版社，1996年。
陶維英：《越南古代史》，北京：科學出版社，1959年。
童恩正：〈試談古代四川與東南亞文明的關係〉，見《古代西南絲綢之路的研究》，成都：四川大學出版社，1990年，10-29頁。
童恩正：《南方文明》，重慶：重慶出版社，1998年。
王建民，張海洋，胡洪保：《中國民族學史》（2卷），昆明：雲南教育出版社，1997年。
王吉林：《唐代南詔與李唐關係之研究》，臺北：商務出版社，1976年。
王連芳：《王連芳雲南民族工作回憶》，昆明：雲南人民出版社，1999年。
王友群：〈西漢中葉以前中國西南與印度交通考〉，《南亞研究》，3（1988年），58-68頁。
王頲：〈元代礦業考論〉，《歷史地理研究》第一期，復旦大學歷史地理研究所：復旦大學出版社，1986，156-173頁。
汪寧生：〈古代雲南的養馬業〉，《思想戰線》，3（1980年），34-40頁。
汪寧生：《雲南考古》，昆明：雲南人民出版社，1992年。
汪寧生：《西南訪古三十五年》，濟南：山東畫報出版社，1997年。
汪寧生：《佤山漢族礦工族群認同的改變》，見《中國民族學縱橫》，北京：民族出版社，2003年，189-200頁。
王頲：〈元雲南行省站道考略〉，《歷史地理研究》，2（1990年）。
王毓銓：〈明黔國公沐氏莊田考〉，見《明代社會經濟史論集》，卷1，香港：崇文書局，1975年。
王戰英：〈前蘇聯與中國民族政策之比較〉，《中央民族大學學報》，1（1997年），18-22頁。
王鐘翰：《中國民族史》，北京：中國社會科學出版社，1994年。
汶江：〈滇越考〉，見《古代西南絲綢之路研究》，1990年，61-66頁。
伍加倫、江玉祥編：《古代西南絲綢之路研究》，卷2，成都：四川大學出版社，1995年。
吳焯：〈西南絲綢之路的再認識〉，《文史知識》，10（1998年），19-25頁。

南人民出版社，1998年，861-881頁。
馬曜：〈雲南民族社會歷史調查回顧〉，見《中國民族研究年鑑1999》，北京：民族出版社，2000年。
牟本理：〈民族區域自治制度的比較研究〉，《民族研究》，5（2001年），1-8頁。
穆根來著，汶江、黃倬漢譯：《中國印度見聞錄》，北京：中華書局，2001年。
木芹：《雲南志補註》，昆明：雲南人民出版社，1995年。
木芹、木霽弘：《儒學與雲南政治經濟的發展及文化轉型》，昆明：雲南大學出版社，1999年。
木宮泰彥著，胡錫年譯：《中日文化交流史》，北京：商務印書館，1980年。
祁慶富：《西南夷》，吉林：吉林教育出版社，1990年。
祁慶富：〈指空遊滇建正續寺考〉，《雲南社會科學》，2（1995年），88-94頁。
全漢昇：〈明代的銀課與銀產額〉，《新亞書院學術年刊》，9（1967年），245-267頁。
全漢昇：〈明清時代雲南的銀課與銀產額〉，《新亞學報》，11（1967年），61-79頁。
全漢昇：〈清代雲南銅礦工業〉，《香港中文大學中國文化研究所學報》，7：1（1974年），155-182頁。
全國人民代表大會民族事務委員會、雲南民族調查組和雲南省少數民族社會歷史研究所編，《明實錄有關雲南歷史資料摘抄》，昆明：雲南人民出版社，1959。
饒宗頤：〈蜀布與Cinapatta一論早期中、印、緬之交通〉，《中央研究院歷史語言集刊》，45:4（1974年），561-584頁。
饒宗頤：〈談印度河谷的圖形文字〉，見《東方學論集》，汕頭：汕頭大學出版社，1999年，279-299頁。
芮逸夫：〈唐代南詔與吐蕃〉，見《中國民族及其文化論稿》，臺北：藝文出版社，1972年，上冊，353-370頁。
芮逸夫：〈西南少數民族蟲獸偏旁命名考略〉，見《中國民族及其文化論稿》，臺北：逸文印書館，1972年，上冊，73-117頁。
孫仲文：〈南方絲綢之路貨幣初探〉，《南洋問題研究》，第一期（1993年），46-52頁。
桑秀雲：〈蜀布邛竹傳至大夏路徑的蠡測〉，見伍加倫、江玉祥編，《古代西南絲綢之路研究》，卷1，1990年，175-200頁。
申旭：《中國西南對外關係史研究》，昆明：雲南美術出版社，1994年。
申旭：〈西南絲綢之路概論〉，《西南文化研究》，1（1996年），1-27頁。
施聯朱：〈中國民族識別研究工作的特色〉，《中央民族大學學報》，5（1985年），18頁。

李霖燦：《南詔大理國新資料的綜合研究》，臺北：故宮博物院，1982年。
李紹明：〈我國民族識別的回顧與前瞻〉，《民族研究》，12（1998），201-211頁。
李曉岑：〈中國紙和造紙法傳入印巴次大陸的路線〉，《歷史研究》，2（1992年），130-133頁。
李曉岑：〈商周中原青銅器礦料來源的再研究〉，《自然科學史研究》，3（1993年）。
林文勛：〈宋代西南地區的市馬與民族關係〉，《思想戰線》2（1989年），66-72頁。
林耀華：〈中國西南地區的民族識別〉，見《民族研究論文集》，北京：中央民族學院民族研究所，1984年，1-9頁。
凌純聲：《中國邊疆民族與環太平洋文化》，臺北：聯經出版事業公司，1979年。
劉鍔：《中國的民族識別》，黃光學，施聯朱主編，北京：民族出版社，1995年。
劉宏：《中國—東南亞學：理論建構．互動模式．個案分析》，北京：中國社會科學出版社，2000年。
劉莉、陳星燦：〈城：夏商時期對自然資源的控制問題〉，《東南文化》，3（2000年），45-60頁。
劉莉、陳星燦：〈中國早期國家的形成〉，《古代文明》，1（2002年），71-134頁。
劉淑芬：〈六朝南海貿易的開展〉，《食貨》，9-10（1986年），379-394頁。
劉文徵：《滇志》，昆明：雲南教育出版社，1991年。
盧耀光：《唐蕃古道考察記》，西安：陝西旅遊出版社，1989年。
陸韌：《雲南對外交通史》，昆明：雲南民族出版社，1997年。
陸韌：《變遷與交融：明代雲南漢族移民研究》，昆明：雲南教育出版社，2001年。
呂昭義：〈對於西漢時中印交通的一點看法〉，《南亞研究》，2（1984年），58-67頁。
羅二虎：〈西南絲綢之路的考古调查〉，《南方民族考古》，5（1992年），四川科技出版社，372-403頁。
羅二虎：〈漢晉時期的中國西南絲綢之路〉，《四川大學學報》1（2000年），84-105頁。
羅開玉：〈從考古資料看古代蜀、藏、印的交通聯繫〉，見《古代西南絲綢之路的研究》，1990年，47-60頁。
馬長壽：《南詔國內的部族組成和奴隸制度》，上海：上海人民出版社，1961。
馬戎：〈關於「民族」的定義〉，《雲南民族學院學報》，17：1（2000年），1-13頁。
馬曜：〈雲南簡史〉，昆明：雲南人民出版社，1991年。
馬曜：〈中國西南民族研究的回顧與展望〉，見《馬曜學術論著自選集》，昆明：雲南人民出版社，1998年，253-267頁。
馬曜：〈周保中與雲南統戰工作和民族工作〉，見《馬曜學術論著自選集》，昆明：雲何平：《從雲南到阿薩姆：傣／泰民族的歷史再考與重構》，昆明：雲南大學出版社，2001年。
何炳棣：《李元陽、謝肇浙和明代雲南》，載《紀念李埏教授從事學術活動五十週年史學論文集》，雲南大學歷史系編，昆明：雲南大學出版社，1992年，363-368頁。
黃光學：〈我國的民族識別〉，見黃光學，施聯朱主編，《中國的民族識別》，北京：民族出版社，1995年。
劉鍔：〈中國的民族識別〉，黃光學，施聯朱主編，《中國的民族識別》，北京：民族出版社，1995年。
黃盛璋：〈文單國——老撾歷史地理新探〉，《歷史研究》，5（1962年），147-171頁。
黃盛璋：〈關於中國紙和造紙法傳入印巴次大陸的路線〉，《歷史研究》，1（1980年），113-132頁。
季羨林：〈中國蠶絲輸入印度問題的初步研究〉，《歷史研究》，4（1955年），51-94頁。
江天健：《北宋市馬之研究》，臺北：國立編譯館，1994年。
江應樑：《明代雲南境內的土官與土司》，昆明：雲南人民出版社，1958年。
江應樑：《傣族史》，成都：四川民族出版社，1983年
江應樑：〈雲南用貝考〉，見楊壽川編，《貝幣研究》，昆明：雲南大學出版社，1997年。
江玉祥編：《古代西南絲綢之路研究》，第2卷，成都：四川大學出版社，1995年，81-93頁。
金克木：〈三談比較文化〉，王樹英編，《中印文化交流與比較》，北京：華僑出社，1994年。
金正耀：〈晚商中原青銅的礦料來源研究〉，見《科學史論集》，方勵之主編，合肥：中國科技大學出版社，1987年，365-386頁。
藍勇：《南方絲綢之路》，重慶：重慶大學出版社，1992年。
藍勇：《西南歷史文化地理》，重慶，西南師範大學出版社，1997年。
（明）蘭陵笑笑生：《金瓶梅詞話》，白維國、卜鍵校注，長沙：岳麓書社，1995年，共4冊。
李春龍主編：《雲南史料選編》，昆明：雲南民族出版社，1998年。
黎虎：〈蜀漢「南中」政策二三事〉，見《歷史研究》，期4，1984年，153-166頁。
李桂英：《宋代兩廣交通簡述》，見《中國西南文化研究》，卷3，昆明：雲南民族出版社，1998年，129-140頁。
李昆聲：《雲南考古學論集》，昆明：雲南人民出版社，1998年。

民出版社，1987年，1-48頁。
陳玉龍：《歷代中越交通道里考》，開封：河南人民出版社，1987年。
程美寶：《地域文化與國家認同：晚清以來「廣東文化觀」的形成》，北京：三聯書店，2006年。
鄧廷良：〈楚裔入巴王蜀說〉，見張正明主編，《楚史論叢》，武漢：湖北人民出版社，1984年。
范文瀾，〈試論自秦漢時中國成為統一國家的原因〉，《歷史研究》，1954年。
方國瑜：〈雲南史料目錄概說〉，北京：中華書局，1984年。
方國瑜：《中國西南歷史地理考釋》（二卷），北京：中華書局，1987年。
方國瑜：《雲南用貝作貨幣的時代時代及貝的來源》，見楊壽川編，《貝幣研究》，昆明：雲南大學出版社，1997年，65-80頁。
方國瑜：《雲南史料叢刊》13卷，昆明：雲南大學出版社，1998年。
方國瑜：〈雲南與印度緬甸之古代交通〉，見林超民編，《方國瑜文集》，第4卷，昆明：雲南教育出版社，2001年。
方國瑜、林超民：《馬可波羅行記雲南史地》，昆明：雲南民族出版社，1994年。
方豪：《中西交通史》，武漢：岳麓書社，1987年。
方慧：《大理總管段氏世次年曆及其與蒙元政權關係研究》，昆明：雲南教育出版社，1999年。
費孝通：〈關於我國民族的識別問題〉，《中國社會科學》，1（1980年），94-107頁。
費孝通：〈中華民族的多元一體格局〉，《北京大學學報》，4（1989年），1-19頁。
費孝通：〈我的民族研究和思考〉，見馬戎、周星主編，《中華民族凝聚力的形成與發展》，北京：北京大學出版社，1999年，1-18頁。
馮家昇：〈火藥的發現及其傳播〉。《馮家昇論著輯萃》，北京：中華書局，1984年a 225-274頁
馮家昇：〈伊斯蘭教國為火藥由中國傳入歐洲的橋樑〉，《馮家昇論著輯萃》，275-326頁
馮漢鏞：〈唐五代時劍南道的交通路線考〉，《文史》，14（1982年），41-66頁。
馮漢鏞：〈川藏線是西南最早國際通道考〉，《中國藏學》5（1988年），147-156頁。
龔蔭：《中國土司制度》，昆明：民族出版社，1992年。
龔蔭：〈20世紀中國土司制度的理論與方法〉，《思想戰線》，28：5（2002年），100頁。
韓錦春、李毅夫：〈漢文「民族」一詞的出現及其初期使用情況〉，《民族研究》，2（1984年），36-43頁。
韓儒林：《元朝史》，北京：人民出版社，1982年，

李元陽（明）：《李中溪全集》，共十卷，雲南圖書博物館，1913年。
倪蛻（清）：《滇雲歷年傳》，李埏校注，昆明：雲南大學出版社，1992年。
常璩（晉）、任乃强校注：《華陽國志校補圖註》，上海：古籍出版社，1987年。
王昶（清）：《銅政便覽》，臺北：學生書局，1986年。
王定保（唐）：《述進士上篇》，見《唐摭言》，卷1，北京：古代文學出版社，1957年。
魏源（清）：《聖武記》，卷1，北京：中華書局，1984年。
吳其濬（清）：《滇南礦場圖略》，上海古籍出版社，1995年。
謝聖綸（清）：《滇黔志略》，雲南大學圖書館抄本，1964年。
謝肇淛（明）、郭熙途校注：《五雜組》，瀋陽：遼寧教育出版社，2001年。
宋應星（明）、鍾廣言校注：《天工開物》，廣州：廣東人民出版社，1976年。
徐霞客（明）、朱惠榮校注：《徐霞客遊記》，昆明：雲南人民出版社，1985年。
席裕福、沈師徐輯：《皇朝正典類纂》（50冊），臺北：文海出版社，1988年。
雲南省文物工作隊：〈大理崇聖寺三塔的實測和清理〉，《考古學報》，2（1982年），245-281頁。
中國銅鼓研究會編：《古代銅鼓學術討論會論文集》，北京：文物出版社，1982年。
周鍾岳纂：《新纂雲南通志》，1949年。
朱俊明：〈楚向古雲貴開疆史跡鉤沉〉，張正明編，《楚史論叢》，武漢：湖北人民出版社，1984年，195-214頁。
曹樹基：〈清代北方城市人口研究〉，《中國人口科學》，4（2001年），15-28頁。
陳楠：〈吐蕃與南詔及洱海諸蠻關係叢考〉，《藏史叢考》，北京：民族出版社，1998年，110-148頁。
陳茜，〈川滇緬印古道初考〉，《中國社會科學》，1（1981年），161-180頁。
陳慶江，〈明代雲南縣級政區治所的城池〉，見《西南邊疆民族研究》，1（2001年），447-467頁。
陳孺性：〈「朱波」考〉，《東南亞研究》，6（1970年），97-105頁。
陳孺性：〈「撣國」考〉，《大陸雜誌》，83：4（1991年），145-148頁。
陳孺性：〈關於「驃越」、「盤越」與「滇越」的考釋〉，《大陸雜誌》，84：5（1992年），198-202頁。
陳世松編：《四川通史》，卷5，成都：四川大學出版社，1994年，160-161頁。
陳寅恪：《唐代政治制度史》，上海：上海古籍出版社，1999年，155頁。
陳寅恪：〈序〉，見陳垣主編，《明季滇黔佛教考》，北平：北平輔仁大學，1940年，1-2頁。
陳炎：〈中緬文化交流兩千年〉，見周一良主編，《中外文化交流史》，鄭州：河南人

of Art, 1999.
Yu, Yingshi. *Trade and Expansion in Han China*. Berkeley and Los Angeles: University of California Press, 1967.
——. "Han Foreign Relations." In *The Cambridge History of China, Volume I: The Ch'in and Han Empire, 221 b.c.-a.d. 220*, ed. Denis Twitchett and Michael Loewe. London, New York, Melbourne, and Sydney: Cambridge University Press, 1986, pp. 377-462.
Zhang, Juzhong and Wang Xiangkun. "Notes on the Recent Discovery of Ancient Cultivated Rice at Jiahu, Henan Province: A New Theory Concerning the Origin of Oryza japonica in China." In "Special Selection: Rice Domestication," *Antiquity*, Vol. 72, no. 278 (Dec. 1998), pp. 897-901.
Zhang, Zhongpei. "New Understandings of Chinese Prehistory." In *The Golden Age of Chinese Archaeology*, ed. Yang Xiaoneng. Washington, D.C.: National Gallery of Art, 1999, pp. 591-526.
Zhao, Zhijun. "The Middle Yangtze Region in China Is One Place Where Rice Was Domesticated: Phytolith Evidence from the Diaotonghuan Cave, Northern Jiangxi." In "Special Selection: Rice Domestication," *Antiquity*, Vol. 72, no. 278 (Dec. 1998), pp. 885-897.
《雲南縣志》（1890年）
《安寧州志》（康熙本，1709年）
《鄧川州志》（1853年）
《楚雄府志》（1568年本）
《陸涼州志》（道光本，1844年）
《馬龍州志》（雍正本，1723年）
《蒙自縣志》（1791年本）
《騰越州志》（1790年本）
《鶴慶州志》（1894年本）
《景棟府志》（1732年）
《尋甸府志》（嘉靖本）
《永昌府志》（1885年本）
《明會典》
江濬源編：《臨安府志》（1799年本）
阮元：《雲南通志》（1835本）
查繼佐（明）：《罪惟錄》（1936年本）
賀長齡（清）等編：《皇清經世文編》，北京：中華書局，1993年。

University Press, 2001, pp. 421-427.

Wang, Shuiqiao. "Mingdai Lijiang Mushi Zhuyaoshiji jiqi Zhushu kao" (A study of the major achievements and works by the Mus in Lijiang during the Ming dynasty). *Wenwu*, no. 2, 1992, pp. 100-109.

Wiens, Herold J. *Han Chinese Expansion in South China*. Hamden, Conn.: The Shoe String Press, Inc., 1967.

Wilkinson, David. "Central Civilization." In *Civilization and World Systems*, ed. Stephen K. Sanderson. Walnut Creek, London, and New York: AltaMira Press, A Division of Sage Publications, Inc., 1995, pp. 46-74.

White, Richard. *The Middle Ground: Indians, Empires, and Republics in the Great Lakes Region, 1650-1815*. Cambridge and New York: Cambridge University Press, 1991.

Wu, David Y. H. "Chinese Minority Policy and the Meaning of Minority Culture: The Example of Bai in Yunnan, China." *Human Organization*, Vol. 49, no. 1 (1990), pp. 1-13.

Yan, Gengwang. "Tangdai Meizhou exiting Tubo Liangdao Kao" (A study on the two westward roads from Meizhou to Tubo in the Tang dynasty). *Journal of the Institute of Chinese Studies of the University of Hong Kong*, Vol. 1 (1968), pp. 1-26.

———. "Tangdai Minshan Xueling Diqu Jiantongtu Kao" (A study of road communications in the Min Mountain and Xueling regions in the Tang Dynasty). *Journal of the Institute of Chinese Studies of the University of Hong Kong*, Vol. 2, no. 1 (1969), pp. 1-42.

———. "Hanjin Shidai Dianyue Tongdao Kao" (A study of the communication between Yunnan and Vietnam during the Han and Jin Dynasties). *Journal of the Institute of Chinese Studies of the University of Hong Kong*, Vol. VIII, no. 1 (1976a), pp. 24-38.

———. "Tangdai Dianyue Tongdao Bian" (A study of the communication between Yunnan and Vietnam during the Tang Dynasty). *Journal of the Institute of Chinese Studies of the University of Hong Kong*, Vol. VIII, no. 1 (1976b), pp. 39-50.

———. "Tangdai Chengdu Xi'nan Diqu Jiaotong zhi Luxian" (The East-West communications network in the southwest of Chengtu in the Tang dynasty). *Journal of the Institute of Chinese Studies of the University of Hong Kong*, Vol. VIII (1982), pp. 1-18.

Yang, Bin. "Horses, Silver, and Cowries: Yunnan in Global Perspective." *Journal of World History* 15.3 (Sept. 2004), pp. 281-322.

Yang, Li. *The House of Yang: Guardians of an Unknown Frontier*. Sydney, N.S.W.: Bookpress, 1997.

Yang, Xiaoneng, ed. *The Golden Age of Chinese Archaeology*. Washington, D.C.: National Gallery

Cambridge, London, New York, and Melbourne: Cambridge University Press, 1979.

Tzehuey, Chiou-Peng. "Horsemen in the Dian Culture of Yunnan." Manuscript.

____. "Western Yunnan and Its Steppe Affinities." In *The Bronze Age and Early Iron Age Peoples of Eastern Central Asia*, ed. Victor H. Mair. Journal of Indo-European Studies Monograph Series Monograph No. 26 (in two volumes), 1998, pp. 280-304.

____. "Note on the Collard Disc-Rings from Bronze Site in Yunnan." Paper presented at the Association for Asian Studies annual meeting, March 27-31, 2003, New York.

Vogel, Hans Ulrich. "Chinese Central Monetary Policy, 1644-1800." *Late Imperial China*, Vol. 8, no. 2 (1987), pp. 1-52.

____. "Cowry Trade and Its Role in the Economy of Yunnan: From the Ninth to the Mid-Seventeenth Century (Part I)." *Journal of the Economic and Social History of the Orient*, Vol. 36, no. 3 (1993), pp. 211-252.

____. "Cowry Trade and Its Role in the Economy of Yunnan: From the Ninth to the Mid-Seventeenth Century (Part II)." *Journal of the Economic and Social History of the Orient*, Vol. 36, no. 4 (1993), pp. 309-353.

Von Glahn, Richard. *The Country of Streams and Grottoes: Expansion, Settlement, and the Civilizing of the Sichuan Frontier in Song Times*. Cambridge, Mass.: Council on East Asian Studies, Harvard University, Distributed by Harvard University Press, 1987.

____. *Fountain of Fortune: Money and Monetary Policy in China, 1400-1700*. Berkeley, Los Angeles, and London: University of California Press, 1996.

Wade, Geoff. "The Southern Chinese Borders in History." In *Where China Meets Southeast Asia: Social and Cultural Change in the Border Region*, ed. G. Evans, C. Hutton, and K. E. Kuah. New York: St. Martin's Press; Singapore: Institute of Southeast Asian Studies, 2000, pp. 28-50.

Wallerstein, Immanuel. *The Modern World System*, Vols. 1-3. New York: Academic Press, 1974, 1980, and 1988.

Walsh, Warren B. "The Yunnan Myth." *The Far Eastern Quarterly*, Vol. 2, Issue 3 (1943), 272-285.

Wang, Gungwu. *The Naihai Trade: The Early History of Chinese Trade in the South China Sea*. Singapore: Times Academic Press, 1998.

Wang, Taipeng. *The Origins of Chinese Gongsi*. Selangor Darul Ehsan: Pelanduk Publications, 1994.

Wang, Rao. "Yunnan Lijiang Tobobei Shidu Zaji" (Notes on old Tibetan inscription found in Lijiang Yunnan). *Tang Yanjiu* (Studies on the Tang dynasty), Vol. 7. Beijing: Beijing

———. "Rural Marketing in China: Repression and Revival." *The China Quarterly* (1984), pp. 393-413.

Smith, Paul. *Taxing Heaven's Storehouse: Horses, Bureaucrats, and the Destruction of the Sichuan Tea Industry, 1074-1224*. Cambridge, Mass., and London: Council on East Asian Studies, Harvard University, 1991.

Southworth, William. "Notes on the Political Geography of Champa in Central Vietnam during the Late 8th and Early 9th Centuries a.d." In *Southeast Asian Archaeology 1998*, ed. Wibke Lobo and Stefanic Reimann. Hull, U.K.: Center for Southeast Asian Studies, University of Hull, 2000, pp. 237-244.

Stalin, J. V. "Marxism and the National Question." *Works*, Vol. II. Moscow: Foreign Languages Publishing House, 1954, pp. 300-381.

Stargardt, Janice. "Burma's Economic and Diplomatic Relations with India and China from Medieval Sources." *Journal of Economic and Social History of the Orient*, Vol. 14 (1971), pp. 38-62.

Stout, Arthur Purdy. "The Penetration of Yunnan." *Bulletin of the Geographical Society of Philadelphia*, Vol. 10, no. 1 (1912), pp. 1-35.

Struve, Lynn A. *The Southern Ming 1644-1662*. New Haven, Conn., and London: Yale University Press, 1984.

Sun, E-Tu Zen. "The Transportation of Yunnan Copper to Peking in the Ch'ing Period." *Journal of Oriental Studies*, Vol. IX (1971), pp. 132-148.

Sun, Laichen. "Ming-Southeast Asian Overland Interactions, 1368-1644." Ph.D. diss., University of Michigan, 2000.

Tarling, Nicholas. *The Cambridge History of Southeast Asia, Vol.1, From Early Times to c. 1800*. Cambridge and New York: Cambridge University Press, 1992.

Tarn, W. W. *The Greeks in Bactria and India*. Rev. 3rd ed. Chicago: Ares Publishers, Inc., 1997.

Teng, Emma Jinhua. *Taiwan's Imagined Geography: Chinese Colonial Travel Writings and Pictures, 1683-1895*. Cambridge, Mass., and London: Harvard University Asia Center, distributed by Harvard University Press, 2004.

Thakur, U. 1972. "A Study in Barter and Exchange in Ancient India." *Journal of Economic and Social History of the Orient* 15 (1972), pp. 297-315.

Took, Jennifer. *A Native Chieftaincy in Southwest China*. Leiden and Boston: Brill, 2005.

Toynbee, Arnold. *Mankind and Mother Earth*. New York and London: Oxford University Press, 1976.

Twitchett, Denis. *The Cambridge History of China, Vol. 3, Sui and T'ang China, 589-906*.

Journal of Asian Studies 60.1 (Feb. 2001), pp. 95-124.
Schein, Louisa. *Minority Rules: The Miao and the Feminine in China's Cultural Politics*. Durham, N.C.: Duke University Press, 2000.
Schoff, Wilfred H., trans. and anno. *The Periplus of the Erythraean Sea: Travel and Trade in the Indian Ocean by a Merchant of the First Century*. London, Bombay, and Calcutta: Longmans, Green, 1912.
Schwarz, Henry G. *Chinese Policies toward Minorities: An Essay and Documents*. Bellingham, Wash.: Western Washington State College, East Asian Studies, Occasional Paper No. 2, 1971.
Shepherd, John Robert. *Statecraft and Political Economy on the Taiwan Frontier*. Stanford, Calif.: Stanford University Press, 1993.
Shen, Xu. "Lishi Shang de Dianzang Jiaotong" (Communications between Yunnan and Tibet in history). In *Xi'nan Wenhua Yanjiu* (Southwest China cultural studies), ed. Yunnan Social Science Institute, Vol. 3. Kunming: Yunnan Minzu Press, 1998, pp. 100-128.
Shin, Leo Kwok-Yueh. *The Making of the Chinese State: Ethnicity and Expansion on the Ming Borderlands*. Cambridge and New York: Cambridge University Press, 2006.
Shih, Chuan-Kang. "Genesis of Marriage among the Moso and Empire-Building in Late Imperial China." *Journal of Asian Studies* 60.2 (May 2001), pp. 381-412.
Shue, Vivienne. *The Reach of the State: Sketches of the Chinese Body Politic*. Stanford, Calif.: Stanford University Press, 1988.
Shulman, Anna See Ping Leon. "Copper, Copper Cash, and Government Controls in Ch'ing China (1644-1795)." Ph.D. diss., University of Maryland, College Park, 1989.
Sima, Guang. *Zizhi Tongjian* (Comprehensive mirror for the aid of governance). Beijing: Guji Chubanshe, 1956.
Singhal, D. P. *India and World Civilization*. Vol. I. East Lansing: Michigan State University Press, 1969.
Skinner, William. "Marketing System and Social Structure in Rural China. I, II, & III." *Journal of Asian Studies*, Vol. 24, nos. 1, 2, and 3, pp. 1964-1965.
——. "Introduction: Urban Development in Imperial China." In *The City in Late Imperial China*, ed. G. William Skinner. Taibei: Rainbow-Bridge, pp. 1983, 3-31.
——. "Regional Urbanization in 19th Century China." In *The City in Late Imperial China*, ed. G. William Skinner. Taibei: Rainbow-Bridge, 1983, pp. 211-249.
——. "Cities and the Hierarchy in Local Systems." In *The City in Late Imperial China,* ed. G. William Skinner. Taibei: Rainbow-Bridge, 1983, pp. 275-352.

Perdue, Peter. *China Marches West: The Qing Conquest of Central Eurasia*. Cambridge, Mass.: Harvard University Press, 2005.

Peters, Heather A. "The Role of the State of Chu in Eastern Zhou Period China: A Study of Interaction and Exchange in the South." Ph.D. diss., Yale University, 1983.

Pichon, Louis. *A Journey to Yunnan in 1892: Trade and Exploration in Tonkin and Southern China*. Bangkok: White Lotus, 1999.

Pirazzoli-t'Serstevens, Michele. "Cowry and Chinese Copper Cash as Prestige Goods in Dian." In *Southeast Asian Archaeology 1990: Proceedings of the Third Conference of the European Association of Southeast Asian Archaeologists*, ed. Ian Glover. Center for South-East Asian Studies, University of Hull, 1992, pp. 45-52.

Polo, Mar. *The Travels of Marco Polo*. Ed. with Intro. Manuel Komroff, illus. Withold Gordon. New York: Liveright Corp., 2002.

Pomeranz, Kenneth. *The Making of a Hinterland: State, Society, and Economy in Inland North China, 1853-1937*. Berkeley, Los Angeles, and Oxford: University of California Press, 1993.

Prasertkul, Chiranan. *Yunnan Trade in the Nineteenth Century: Southwest China's Cross-Boundaries Functional System*. Bangkok: Chulalongkorn University Printing House, 1998.

Rawski, Evelyn S. "Reenvisioning the Qing: the Significance of the Qing Period in Chinese History." *Journal of Asian Studies* 55.4 (1996), pp. 829-850.

Reid, Anthony. *Southeast Asia in the Age of Commerce 1450-1680*. 2 Vols. New Haven, Conn., and London: Yale University Press, 1988.

Reischauer, Edwin O. *Ennin's Diary: The Record of a Pilgrimage to China in Search of Law*. New York: Ronald Press, 1955.

Rowe, William T. "Education and Empire in Southwest China." In *Education and Society in Late Imperial China, 1600-1900*, ed. Benjamin A. Elman and Alexander Woodside. Berkeley, Los Angeles, and London: University of California Press, 1989, pp. 417-457.

——. *Saving the World: Chen Hongmou and Elite Consciousness in Eighteenth-Century China*. Stanford, Calif.: Sanford University Press, 2001.

Sands, Barbara and Ramon H. Myers. "The Spatial Approach to Chinese History: A Test." *Journal of Asian Studies XLV*, no. 4 (1986), pp. 721-743.

Sarkar, Himansu Bhusan. "Bengal and Her Overland Routes in India and Beyond." *Journal of the Asiatic Society* (Calcutta, India), Vol. 16, pp. 92-119, 1974.

Satoshi, Kurihara. "Yunnan Historical Studies in Japan: Development and Current Issues." *Asian Research Trends*, No. 1 (1991), pp. 135-153.

Sautman, Barry. "Peking Man and the Politics of Paleoanthropological Nationalism in China."

Harvard Journal of Asiatic Studies, Vol. 8, Issue 3/4 (1945), pp. 349-363.

Mackerras, Colin. *China's Minorities: Integration and Modernization in the Twentieth Century*. Hong Kong: Oxford University Press, 1994.

____. "Conclusion: Some Major Issues in Ethnic Classification." *China Information*, 18 (July 2004), pp. 303-313.

Malone, Caroline. "Introduction." In "Special Selection: Rice Domestication," *Antiquity*, Vol. 72, no. 278 (Dec. 1998), p. 857.

McNeill, William. *Plagues and People*. New York: Anchor Press, 1976.

____. *The Great Frontier: Freedom and Hierarchy in Modern Times*. Princeton, N.J.: Princeton University Press, 1983.

____. *Polyethnicity and National Unity in World History*. Toronto: University of Toronto Press, 1986.

____. *The Rise of the West: A History of the Human Community*. Chicago: University of Chicago Press, 1991.

Millward, James A. "New Perspective on the Qing Frontier." In *Remapping China*, ed. Gail Hershatter, Emily Honig, Jonathan N. Lipman, and Randall Stross. Stanford, Calif.: Stanford University Press, 1996, pp. 113-129.

Mullaney, Thomas S. "Ethnic Classification Wirt Large." *China Information*, 18 (July 2004), pp. 207-241.

Needham, Joseph. *Science and Civilization in China*, Vol. 1. Cambridge: Cambridge University, 1954.

____. *Science and Civilization in China*, Vol. 5. Cambridge: Cambridge University Press, 1974.

Oakes, Tim. "China's Provincial Identities: Reviving Regionalism and Reinventing 'Chineseness.'" *Journal of Asian Studies* 59.3 (Aug. 2000), pp. 667-692.

Pan, Yihong. "Son of Heaven and Heavenly Qaghan: Sui-Tang China and Its Neighbors." Ph.D. diss., Western Washington University, 1997.

Ptak, Roderich. "The Maldive and Laccadive Islands (Liu-shan) in Ming Records." *Journal of the American Oriental Society* 107.4 (1987), pp. 675-694.

Pei, Anping. "Notes on New Advancements and Revelations in the Agricultural Archaeology of Early Rice Domestication in the Dongting Lake Region," in "Special Selection: Rice Domestication." *Antiquity*, Vol. 72, no. 278 (Dec. 1998), pp. 878-885.

Pelliot, Paul. *Jiaoguangyindu Liangdao Kao* (Deux itineraires de Chine en Inde à la bu du VIII e Siecle). Trans. Feng Chengjun. Beijing: Zhonghuashuju, 1955.

____. Notes on Marco Polo. 3 Vol. Paris: Imprimerie Nationale, 1959.

Ethnic Groups in Thailand, China, and Vietnam." *Journal of Asian Studies* 61.4 (2002), pp. 1163-1203.

Kuo Tsung-fei. "A Brief History of the Trade Routes between Burma, Indochina and Yunnan." *T'ien Hsia Monthly*, Vol. 13, no. 1 (1941), 9-32.

Lattimore, Owen. *Inner Asian Frontiers of China*. Boston: Beacon Press, 1962.

Lee, James. "Migration and Expansion in Chinese History." In *Human Migration: Patterns and Policies*, ed. William McNeill and Ruth S. Adams. Bloomington and London: Indiana University Press, 1978, pp. 20-47.

——. "The Legacy of Immigration in Southwest China, 1250-1850." *Annales de demographie historique* (1982), pp. 279-304.

——. "Food Supply and Population Growth in Southwest China, 1250-1850." *Journal of Asian Studies* 41 (1982), pp. 711-746.

——. "The Southwest: Yunnan and Guizhou." In *Nourish the People: The State Civilian Granary System in China, 1650-1850*, ed. Pierre-Etienne Will and R. Bin Wong, with James Lee. Ann Arbor: Center for Chinese Studies, University of Michigan, 1991, pp. 432-474.

Leslie, Donald Daniel. *The Survival of the Chinese Jews: The Jewish Community of Kaifeng*. Leiden: E. J. Brill, 1972.

Li Linchan. *A Study of the Nan-Chao and Ta-Li Kingdoms in the Light of Art Materials Found in Various Museums*. Taibei: National Palace Museum, 1982.

Li, Zefen. *Yuanshi Xinjiang* (New talks on the Yuan history). 5 Vols. Taibei, 1978.

Liebentha, Walter. "The Ancient Burma Road—A Legend?" *Journal of the Greater India Society*, Vol. XV, no. 1 (1956), pp. 5-19.

Liu, Xinru. *Ancient Indian and Ancient China: Trade and Religious Exchange* ad 1 - 600. Oxford: Oxford University Press, 1999.

Luce, G. H. "The Tan and the Ngai Lao." *Journal of the Burma Research Society*, Vol. XIV, Part II (1924a), pp. 100-137.

——. "Countries Neighboring Burma." *Journal of the Burma Research Society*, Vol. XIV, Part II (1924b), pp. 138-205.

——. "Old Kyaukse and the Coming of the Burmans." *Journal of the Burma Research Society*, Vol. 42 (1959), pp. 75-109.

Lu, Tracey L. D. "Some Botanical Characteristics of Green Foxtail (Setaria viridis) and Harvesting Experiments on the Grass." In "Special Selection: Rice Domestication," *Antiquity*, Vol. 72, no. 278 (Dec. 1998), pp. 902-907.

Luo, Changpei. "The Genealogical Patronymic System of the Tibeto-Burman Speaking Tribes."

279-291.
Herman, John. E. "Empire in the Southwest: Early Qing Reforms to the Native Chieftain System." *Journal of Asian Studies* 56, no. 1 (1997), pp. 47-74.
____. *Amid the Clouds and Mist: China's Colonization of Guizhou, 1200-1700*. Cambridge, Mass.: Harvard University Asia Center: Distributed by Harvard University Press, 2007.
Higham, Charles. *The Bronze Age of Southeast Asia*. Cambridge and New York: Cambridge University Press, 1999.
Higham, Charles, Tracey L.-D. Lu. "The Origins and Dispersal of Rice Cultivation." In "Special Selection: Rice Domestication." *Antiquity*, Vol. 72, no. 278 (Dec. 1998), .pp. 867-877.
Ho, Ping-Ti. "In Defense of Sinicization: A Rebuttal of Evelyn Rawski's 'Reenvisioning the Qing.'" *Journal of Asian Studies* 57, no. 1 (1998), pp. 123-155.
Hogendorn, Jan, and Marion Johnson. *The Shell Money of the Slave Trade*. Cambridge: Cambridge University Press, 1986.
Hostetler, Laura. Qing Colonial Enterprise: *Ethnography and Cartography in Early Modern China*. Chicago and London: University of Chicago Press, 2001.
Hsieh, Jiann. *The CCP's Concept of Nationality and the Work of Ethnic Identification amongst China's Minorities*. Hong Kong: Institute of Social Studies, Chinese University of Hong Kong, 1987.
Hsieh, Shih-chung. "On the Dynamics of Tai/Dai-Lue Ethnicity." In *Cultural Encounters on China's Ethnic Frontiers*, ed. Stevan Harrell. Seattle and London: University of Washington Press, 1995, pp. 301-328.
Hsiao, Ch'i-Ch'ing. "Chapter 6: Mid-Yuan Politics." in *The Cambridge History of China, Volume 6, Alien Regimes and Border States, 907-1368*, ed. Herbert Franke and Denise Twitchett. Cambridge: Cambridge University Press, 1994, pp. 490-560.
Hsu, Francis L.K. *Under the Ancestors' Shadow*. Stanford, Calif.: Stanford University Press, 1971.
Huang, Shumin. *The Spiral Road*. Boulder, Colo: Westview, 1998.
Kapp, Robert A. "Themes in the History of 20th-Century Southwest China." *Pacific Affairs* (1978), pp. 448-459.
Kaup, Katherine Palmer. *Creating the Zhuang: Ethnic Politics in China*. Boulder, Colo., and London: Lynne Rienner, 2000.
Keyes, Charles. "Who Are the Tai? Reflections on the Invention of Identities." In *Ethnicity Identity: Creation, Conflict, and Accommodation*, ed. Lola Romanucci-Ross and George A. De Vos. Walnut Creek, Calif.: AltaMira Press, 1993, pp. 137-160.
____. Presidential Address: " 'The Peoples of Asia'—Science and Politics in the Classification if

Modern Frontier, 1700-1880." *Journal of Asian Studies* 60, no. 1 (February 2001), pp. 67-94.

——. *Asian Borderlands: The Transformation of Qing China's Yunnan Frontier*. Cambridge, Mass.: Harvard University Press, 2006.

Gladney, Dru C. *Muslim Chinese: Ethnic Nationalism in the People's Republic*. Cambridge, Mass.: Council on East Asian Studies, Harvard University (Harvard East Asian Monographs 149), 1991.

Gros, Stephane. "The Politics of Names." *China Information*, 18 (July 2004), pp. 275-302.

Guldin, Gregory Eliyu. *The Saga of Anthropology in China: From Malinowski to Moscow to Mao*. New York: M. E. Sharpe, 1994.

Hall, Thomas D. "Incorporation in the World-System: Toward a Critique." *American Sociological Review*, Vol. 51 (1986), pp. 390-402.

——. *Social Change in the Southwest, 1350-1880*. Lawrence: University of Kansas Press, 1989.

Hall, John. "Notes on the Early Ch'ing Copper Trade with Japan." *Harvard Journal of Asiatic Studies*, Vol. 12, Issue 3/4 (Dec. 1949), pp. 444-461.

Hansen, Mette Halskov. "'We Are All Naxi in Our Hearts': Ethnic Consciousness among Intellectual Naxi." In *Cultural Encounters: China, Japan, and the West*, ed. Soren Clausen, Roy Starrs, and Anne Wedell-Wedellsborg. Aarhus: Aarhus University Press, 1995.

Harrell, Stevan. "Ethnicity, Local Interests, and the State: Yi Communities in Southwest China." *Comparative Study of Society and History* 32, no. 3 (1990), pp. 515-548.

——. "Languages Defining Ethnicity in Southwest China." In *Ethnicity Identity: Creation, Conflict, and Accommodation*, ed. Lola Romanucci-Ross and George A. De Vos. Walnut Creek, Calif.: AltaMira Press, 1993, pp. 97-114.

——. ed. *Cultural Encounters on China's Ethnic Frontiers*. Seattle and London: University of Washington Press, 1995.

Harvey, G. E. *History of Burma: From the Earliest Times to 10 March 1824, the Beginning of the English Conquest*. London: Frank Cass, 1967.

Heberer, Thomas. *China and Its National Minorities: Autonomy or Assimilation?* Armonk, N.Y., and New York: M. E. Sharpe, Inc., 1989.

Heimann, James. "Small Changes and Ballast: Cowrie Trade and Usage as an Example of Indian Ocean Economic History." *South Asia* 3, no. 1 (1980), pp. 48-69.

Heppner, Ernest G. *Shanghai Refugee: A Memoir of the World War II Jewish Ghetto*. Lincoln and London: University of Nebraska Press, 1993.

Herman, Daniel. "Romance on the Middle Ground." *Journal of the Early Republic* 19 (1999), pp.

to the Nineteenth Century." *East Asia History*, no. 23 (June 2002), pp. 1-60.

Esherick, Joseph W. "Ten Theses on the Chinese Revolution." *Modern China*, Vol. 21, no. 1 (1995), pp. 45-76.

FitzGerald, C. P. *The Southern Expansion of the Chinese People*. New York and Washington, D.C.: Praeger, 1972.

Fitzgerald, John. "The Nationless State: The Search for a Nation in Modern Chinese Nationalism." In *Chinese Nationalism*, ed. Jonathan Unger. New York: M. E. Sharpe, Inc., 1996, pp. 56-85.

Forbes, Andrew D. W. "The 'Cin-Ho' (Yunnanese Chinese) Caravan Trade with North Thailand during the Late Nineteenth and Early Twentieth Centuries." *Journal of Asian History*, Vol. 27 (1987), pp. 1-47.

Forbes, Andrew, and David Henley. *The Haw: Traders of the Golden Triangle*. Asia Film House Pty under License from Sollo Development Limited in conjunction with Robroy Management and the Karen Publishing Serves Partnership, 1997.

Foucault, Michel. "Two Lectures." In *Power/Knowledge*, ed. Colin Gordon. New York: Pantheon Books, 1980, pp. 78-109.

Frank, Gunder Andre. "A Theoretical Introduction to Five Thousand Years of World System History." *Review* 13, no. 2 (1990), pp. 155-248.

——. "A Plea for World System History." *Journal of World History*, Vol. II, no.1, (1991), pp. 1-28.

Frank, Gunder Andre, and Barry K. Gills. "The 5,000-Year World System." In *The World System: Five Hundred Years or Five Thousand?*, ed. Gunder Andre Frank and Barry K. Gills. New York: Routledge, 1996, pp. 3-58.

Franke, Herbert and Denis Twitchett. *Alien Regimes and Border States, 907-1368*. The Cambridge History of China, Vol. 6. Cambridge, London, New York, and Melbourne: Cambridge University Press, 1994.

Friedman, Edward. "Reconstructing China's National Identity: A Southern Alternative to Mao-Era Anti-Imperialist Nationalism." *Journal of Asian Studies*, Vol. 53, Issue 1 (1994), pp. 67-91.

Fu, Heng (Qing), ed. *Huang Qing Zhigongtu Tu* (Illustrations of the tributary peoples to the Qing Empire). Shenyang: Liaoshen Chubanshe, 1991.

Fujisawa, Yoshimi. "Biruma Unnan ruto to tozai bunka no koryu" (The Burma-Yunnan transportation ruote and the East-West cultural contact: the cultural origins of Nanzhao). *Iwate Shigaku Kenkyu*, No. 25 (1953), pp. 10-21.

Giersch, Charles Patterson. "A Motley Throng: Social Changes on Southwest China's Early

Chapin, Helen B. "Yünnanese Images of Avalokitesvara." *Harvard Journal of Asiatic Studies*, Vol. 2 (1944), pp. 131-187.

Chapin, Helen B., and Alexander C. Soper. "A Long Roll of Buddhist Images." *Artibus Asiae*, Vol. 32 (1970), 5-41, 157-199, 259-306, and Vol. 33 (1971), pp. 75-142.

Chang, K. C. *The Archaeology of Ancient China. 4th ed. New Haven, Conn.*, and London: Yale University Press, pp. 1986.

Christian, John L. "Trans-Burma Trade Routes to China." *Pacific Affairs*, Vol. 13, Issue 2 (June 1940), pp. 173-191.

Cooler, Richard M. *The Karen Bronze Drums of Burma: Types, Iconography, Manufacture and Use*. Leiden, New York, and Kolin: E.J. Brill, pp. 1995.

Crawford, Gary W. and Chen Shen. "The Origins of Rice Agriculture: Recent Progress in East Asia." *Antiquity*, Vol. 72, no. 278 (1998), pp. 858-867.

Creel, H. G. "The Role of Horse in Chinese History." *American Historical Review* 70.3 (1965), pp. 647-72.

Crossley, Pamela Kyle. "Thinking about Ethnicity in Early Modern China." *Late Imperial China* 11, no. (1990), pp. 1-34.

Dai, Yingcong. "The Rise of the Southwestern Frontier under the Qing 1640-1800." Ph.D. diss., University of Washington, Seattle, 1996.

Dali Baizuzizhizhou Wanglingdiaochaketizu, ed. *Ershi Shiji Dali Kaogu Wenji* (Works on Dali archaeology in the twentieth century). Kunming: Yunnan Minzu Chubanshe, 2003.

Davies, H. R. *Yunnan: The Link between India and the Yangtze*. New York: Paragon, 1970.

Deyell, John. "The China Connection: Problems of Silver Supply in Medieval Bengal." In *Money and the Market in India 1100-1700*, ed. Sanjay Subrahmanyam. Delhi: Oxford University Press, 1994, pp. 112-136.

Diamond, Norma. "Ethnicity and the State: The Hua Miao of Southwest China." In *Ethnicity and the State*, ed. Judith D. Toland. New Brunswick, N.J.: Transaction Publishers, 1995, pp. 55-78.

Dunstan, Helen. "Safely Supplying with the Devil: The Qing State and Its Merchant Suppliers of Copper." *Late Imperial China* 13.2 (Dec. 1992), pp. 42-81.

Egami, Namio. "Migration of Cowrie-Shell Culture in East Asia." *Acta Asiatica* 26 (1974), pp. 1-52.

Elliott, Patricia. *The White Umbrella.* Bangkok: Post Publishing Public Company Limited, 1999.

Elvin, Mark, Darren Crook, Shen Li, Richard Hones, and John Dearing. "The Impact of Clearance and Irrigation on the Environment in the Lake Erhai Catchment from the Ninth

參考書目

Abu-Lughod, Janet L. *Before European Hegemony*. New York and Oxford: Oxford University Press, 1989.

Ahmad, Nisar. "Assam-Bengal Trade in the Medieval Period: A Numismatic Perspective." *Journal of the Economic and Social History of the Orient* 33 (1996), pp. 169-198.

Allen, Barry. "Power/Knowledge." *In Critical Essays on Michel Foucault*, ed. Karlis Racevskis. New York: G. K. Hall, 1999, pp. 69-81.

Armijo-Hussein, Jacqueline Misty. "Sayyid'Ajall Shams Al-Din: A Muslim from Central Asia, Serving the Mongols in China and Bringing 'Civilization' to Yunnan." Ph.D. diss., Harvard University, 1996.

Atwill, David G. *The Chinese Sultanate: Islam, Ethnicity, and the Panthay Rebellion in Southwest China, 1856-1873*. Stanford, Calif.: Stanford University Press, 2005.

Backus, Charles. *Nanzhao and Tang's Southwestern Frontier*. London: Cambridge University Press, 1981.

Basham, A. L. *The Wonder That Was India*. New York: Grove Press, 1959.

Beckwith, Christopher I. *The Tibetan Empire in Central Asia: A History of the Struggle for Great Power among Tibetans, Turks, Arabs, and Chinese during the Early Middle Ages*. Princeton, N.J.: Princeton University Press, 1987.

Bockman, Harald. "Yunnan Trade in Han Times: Transit, Tribute and Trivia." In *Asian Trade Routes*, ed. Karl Reinhold Haellquist. London: Curzon Press, 1991, pp. 174-180.

Brown, Melissa, ed. *Negotiating Ethnicities in China and Taiwan. Berkeley: The Institute of East Asian Studies*, University of California, pp. 1996.

Caffrey, Kevin. "Who 'Who' Is, and Other Local Poetics of National Policy." *China Information*, 18 (July 2004), pp. 243-274.

Cammann, Schuyler Van R. "Archaeological Evidence for Chinese Contacts with India during the Han Dynasty." *Sinologica* 5, no. 1 (1956), pp. 1-19.

Cartier, Carolyn. "Origins and Evolution of a Geographical Idea." *Modern China* 28, no. 1 (2002), pp. 79-143.

Chakravarti, Ranabir. "Early Medieval Bengal and the Trade in Horses: A Note." *Journal of Economic and Social History of the Orient* 42:2 (1999), pp. 194-211.

流動的疆域

全球視野下的雲南與中國

Between Winds and Clouds: The Making of Yunnan
(Second Century BCE to Twentieth Century CE)

作者　楊斌（Yang Bin）
譯者　韓翔中

總編輯　富察
主編　洪源鴻
責任編輯　穆通安、涂育誠
特約編輯　鄭天恩
企劃　蔡慧華
封面設計　莊謹銘
排版　宸遠彩藝

社長　郭重興
發行人兼出版總監　曾大福

出版發行　八旗文化／遠足文化事業股份有限公司
地址　新北市新店區民權路108-2號9樓
電話　〇二－二二一八－一四一七
傳真　〇二－二二一八－八〇五七
客服專線　〇八〇〇－二二一－〇二九
信箱　gusa0601@gmail.com
部落格　gusapublishing.blogspot.com
臉書　facebook.com/gusapublishing

法律顧問　華洋法律事務所／蘇文生律師
印刷　成陽印刷股份有限公司

出版日期　二〇二一年五月（初版一刷）

定價　六〇〇元整

ISBN　9789865524890（平裝）
9789865524876（EPUB）
9789865524883（PDF）

流動的疆域：全球視野下的雲南與中國
楊斌著／韓翔中譯／初版／新北市／八旗文化／
遠足文化事業股份有限公司／2021.05
譯自：Between winds and clouds : the making of Yunnan (second century BCE to twentieth century CE)

ISBN 978-986-5524-89-0（平裝）

一、歷史　二、雲南省

673.52
110006521